互联网+
大融合与大变革

薛金福 李忠玉◎著

中国经济出版社
CHINA ECONOMIC PUBLISHING HOUSE
北 京

图书在版编目（CIP）数据

互联网+：大融合与大变革／薛金福，李忠玉著．
北京：中国经济出版社，2015．4
ISBN 978－7－5136－3786－2

Ⅰ．①互… Ⅱ．①薛… ②李… Ⅲ．①产业经—经济发展—研究—中国 Ⅳ．①F121．3

中国版本图书馆CIP数据核字（2015）第070518号

责任编辑　于　宇　方　雷
责任审读　贺　静
责任印制　马小宾
封面设计　任燕飞

出版发行　中国经济出版社
印 刷 者　北京科信印刷有限公司
经 销 者　各地新华书店
开　　本　710mm×1000mm　1/16
印　　张　23
字　　数　320千字
版　　次　2015年4月第1版
印　　次　2015年9月第2次
定　　价　48.00元
广告经营许可证　京西工商广字第8179号

中国经济出版社　**网址** www.economyph.com　**社址** 北京市西城区百万庄北街3号　**邮编** 100037
本版图书如存在印装质量问题，请与本社发行中心联系调换（联系电话：010－68330607）

序 言

商海融通 静思笃行

天下大势，浩浩荡荡，商业洪流，圆融会通……

在时代变局中，一群群穿着T恤衫的年轻人不再筚路蓝缕，他们怀着勃勃雄心，以一种前所未见的方式逆袭而来，突然跨界翻墙，打家劫舍，弯道超车，颠覆替代，以启山林。

面对这群突然闯进的“野蛮人”，先行者茫然不知所措，发现以往赖以生存的经验、人脉、资本、技术、战略、商业模式突然失灵。而巨头垮台、技术更迭、秩序错乱、腐败阴霾以及大数据的喧嚣加剧了人们心中的焦虑、彷徨与不安。

全球化、信息化与技术革新让商业世界变得纷纷扰扰、复杂不堪，人们的生活方式、思维方式正在重构，从而促进商业秩序与管理思维的蜕变。“互联网+”引发的产业大融合正在推动这股商业洪流滚滚而来，经济形态、战略理念、商业模式、组织模式、思维方式正在经受前所未有的大颠覆。

“互联网+”产业大融合打破产业与产业之间原有的边界，产业边界被模糊，产品被重新定义。人们不得不重新认识商业的本质、规律及窥视其趋势。产业大融合带来无穷无尽的商业机会与无处不在的商业威胁。站在产业边界消失的路口，跨界商机从身边掠过，而跨界对手随时都可能弯道超车。这是最好的时代，也是最坏的时代。

“互联网+”推动产业价值链复杂而有序地交错，产业原有的价值交换关系被打破，复杂多变的产业价值网替代原有的价值链，并催生出以资源转移、交叉补贴为基础的价值网商业模式。大融合与大变革时代的思维模式正在颠覆和取代工业时代思维模式。

“互联网+”在产业大融合过程中占据主导地位。今天，移动互联网正大肆渗透到各传统产业中，掀起一场场产业变革。大融合与大变革时代，越来越多传统企业开始借助“互联网+”思维实现跨界融合、战略变革和模式创新，而大数据在这场在变革中将成为经济核心。

连接一切，融合所有，这是当下正在发生的未来。人与人、人与物、物与物大连接，线上与线下、虚拟与现实、比特与原子大融合，这就是“互联网+”驱动的大融合时代。而人依然是这个大时代的中心，一个以人为本，更加尊重人性的网络新生态值得期待！

窥得大势且布局求变者，必将高屋建瓴先发致胜，赢得先机弯道超越；踌躇不前且患得患失者，则易步步受制进退维谷，反失领先局面，走入萧瑟困局。天下大变之际，我们依然要保持一份宁静。这份宁静帮助我们冷静地洞悉商业大势，重新审视产业大局，科学布局战略未来，及时变革思维方式。

Chris hsueh

2015.3.29

目录

第二篇　网模式——“互联网+”颠覆商业模式

第一篇

经济网

——“互联网+”颠覆商业形态

第一章 互联网+：推动世界产业大融合

一、经济网：产业融合，产业边界在哪儿

在2007年1月9日这天，苹果Macworld大会上，世人见证了苹果公司首席执行官史蒂夫·乔布斯发布一款革命性的产品：1984年我们带来Macintosh，它改变的不仅仅是苹果公司，还有整个电脑行业。2001年首款iPod诞生，它不仅改变了我们听歌的方式，还改变了整个音乐行业。而今天我们要介绍三样革命性产品。第一是一款触控宽屏iPod，第二是一款革命性移动手机，而第三则是一个互联网通信设备。一共三样：触控宽屏iPod、革命性移动手机以及互联网通信设备。一台iPod、一款手机以及一个互联网通信器；一台iPod、一款手机……你们有头绪了吗？它们可不是三款独立设备，而是一款设备，我们称之为iPhone！

定义与重新定义都是人类认知的伟大进步。一旦被定义或被重新定义，带来的将是革命性的变化与颠覆性的创新。iPhone的伟大之处不在于多功能，而是正如iPod一样颠覆了一个产业，颠覆了人们的思维方式，重新定义了手机，重新定义了一种商业模式。

如果你使用它的时候，20%在听iTunes的音乐，50%在上网，20%在玩游戏，只有不到10%在通话，我想再称之为手机似乎很牵强。那么我们该叫它播放器？移动电脑？游戏机？还是……

在正在掀起的产业融合大潮中，iPhone不过是一种网世界、经济网、

网模式的普通派生物。今天乃至未来，我们逐渐发现，定义层出不穷的新产品变得越来越困难，众多产品之间的界限越发模糊。云电视是电视还是计算机？计算机是PC还是家电？谷歌眼镜是眼镜还是移动终端？苹果手表是手表还是智能控制器？

为什么我们会陷入重新定义产品的困扰中？

这些困扰源于产业边界的模糊甚至消失。研究发现，在某些因素的推动下，产业出现横向发展，产业边界不断扩张，并与其他产业关联、融合，甚至消失，最终催生融合型的新产品、新市场和新业态，由此带来产业属性的根本变化。智能手机已经完全模糊了功能手机时代清晰的产业边界；原有漫画产业的边界如今已经面目全非，从最初的出版业延伸到IT、影视、地产、服装、玩具、文化等；我们今天已经很难将苹果公司再定义为一家电脑公司，或手机公司，或一家软件公司。

这种产业界限越来越模糊化，甚至于需要重划产业界限的现象，被称之为产业融合。20世纪70年代以来，随着全球信息化进程的不断推进和经济“服务化”趋势的加剧，一些基于工业经济时代大规模生产分工的产业边界逐渐模糊或消融，并在原有的产业边界处融合发展成新的产业形态，成为价值的主要增长点和经济增长最具活力的源泉与动力①，这一堪称“革命性”的产业创新首先引起了西方发达国家的广泛关注。

早在1977年，日本NEC公司首次导入了“电脑与通信”（Computer and Communication，C&C）的公司口号，预测到产业融合时代即将到来。该公司认为，以半导体技术为核心，伴随着真空管到晶体管和大规模集成电路的发展过程，电脑将趋于分散式处理，而通信将趋于数字网络化；随着计算机的功能越来越强大，以及通信技术可以处理的信息越来越多的数字化，计算机和通信将不可避免地趋于技术融合。

1978年，麻省理工学院媒体实验室的尼古拉·尼葛洛庞蒂（Negroponte）用三个重叠的圆圈来描述计算机、印刷和广播三者的技术边界，认

① 李美云．国外产业融合研究新进展［J］．外国经济与管理，2005，27（12）：12－27.

为三个圆圈的交叉处将成为成长最快、创新最多的领域。进入 20 世纪 80 年代后，哈佛大学的欧丁格（Oettinger）和法国作家罗尔（Nora）与敏斯（Mince）分别创造了 Com – punctions 和 Telemetriqu 两个新词来试图反映数字融合的发展趋势，并把信息转换成数字后，将照片、音乐、文件、视像和对话透过同一种终端机和网络传送及显示的现象称为"数字融合"。美国学者 Greenstein 和 Khanna 指出"产业融合作为一种经济现象，是指为了适应产业增长而发生的产业边界的收缩或消失"①。

1997 年 6 月 27 日至 28 日，在加州伯克莱分校召开的"在数字技术与管制范式之间搭桥"的会议对产业融合及其有关的管制政策也进行了讨论。哈佛论坛和伯克莱会议表明产业融合作为一种经济现象，开始得到了经济学界、管制机构和商界的真正关注。

1997 年，欧洲委员会发表的"绿皮书"（GreenPaper），是产业融合问题研究中一份很有影响力的文献②。"绿皮书"深入分析了融合现象，认为电信、广播电视、出版以及其他信息技术产业之间的融合不仅仅是一个技术性问题，更是涉及服务以及商业模式乃至整个社会运作的一种新方式，并把产业融合视为新条件下促进就业与增长的一个强有力的发动机，融合将扩展至整个信息市场，乃至催化今后世界经济的综合。

西方学者通过科学论文、专利技术和合作项目三个方面来测度、论证产业融合。2001 年，费（Fai）和唐泽曼（Tunzelmann）从美国 867 家公司或分支机构中选择了 32 家公司，依据其在 1930—1990 年间的专利活动记录，将它们所授予的专利分为化学、电子、机械、交通运输四个行业，分别计算了各行业所占的专利百分比，并运用计量经济分析方法中的相关系数分析法来检验产业相互之间专利份额的相关系数，以此判断产业间技

---

① Greenstein S & Khanna T. What does industry convergence mean? [A]. In: Yoffie, D (ed.): Competing in the age of digital convergence [C]. Boston, 1997: 201 – 226.

② European Commission. Green paper on the convergence of the telecommunications, media and information technology sectors, and the implications for regulation [R]. http://www.ispo.cec.be, 1997.

术融合趋势的存在性[①]。研究结果显示，1960 年技术融合发生于化学与机械产业部门之间且得到了发展；1975 年电子与机械产业呈现显著的相关性。之后，柯伦（Curran）等以植物固醇在 NFF 和药妆品领域的使用作为案例的实证研究，证明了产业融合存在。

产业融合最初被定义为“技术融合”，是因为技术进步尤其是 20 世纪 70 年代开始起步的信息技术是直接驱动力。最早发轫于信息技术领域的计算机、电信和广播三者的融合也就成了产业融合的典型案例。传统电信业及有线电视业的技术属于模拟技术，而计算机产业的技术属于数字技术，三者的网络结构、技术标准和通信协议不同，形成技术性进入壁垒。而信息技术创新使语音技术、视频模拟技术和计算机技术相互融合，形成了大量的综合性信息技术，如流媒体传输技术、数字电话技术以及视频会议技术等。值得注意的是数字技术属于通用技术，通用技术能使不同产业原本无关的企业产生相互依赖性，加强了产业之间的关联。因此，数字技术的出现是产业融合的重要驱动力。随着电信网、有线电视网及计算机网技术的逐步演变，不同的网络平台都能一同传送电话信息、电视信息、电脑信息和数据。计算机业、有线电视业、电信产业之间传统边界模糊，出现产业融合现象。

汤马斯·佛里曼的畅销书《世界是平的》讲述了信息技术推动“世界被抹平”的全球化历史。在信息技术的推动下，网络化、智能化快速渗透到各个产业，大大加速了各产业边界的模糊。

《连线》杂志主编克里斯·安德森在其新作《创客：新工业革命》中写道：20 年的创新史可以用两句话概括：过去的 10 年，人们在找寻通过互联网创造、发明以及合作的新方式；未来的 10 年，人们将把这些经验应用于现实世界中。

IT 人士谢文在评论《第三次工业革命》一书时更为清晰地勾勒了互联

---

① Fai, F. and Tunzelmann, V. N. Industry – Specific Competencies and Converging Technological Systems; Evidence from Patents [J] . Structural Change and Economic Dynamics, 2001, (12).

网的“入侵之路”：网络业的发展史就是一部不断扩张地盘，挖其他传统产业墙角，整合创新的历史。互联网先寄生于电信业，然后喧宾夺主；进而挺进媒体业，然后取而代之；接下来连续进军影视娱乐业、零售物流业、IT业，然后呼风唤雨；现在轮到了设计制造业，然后一步步走向人类社会生活的中心位置。如果说一场新工业革命即将到来，那么其推动力和主角一定是互联网业，而不是什么能源业、生物制药业、材料科学业，因为整个世界都在互联网化，万事万物都在数据化。互联网是纲，其他都是目，纲举才能目张。

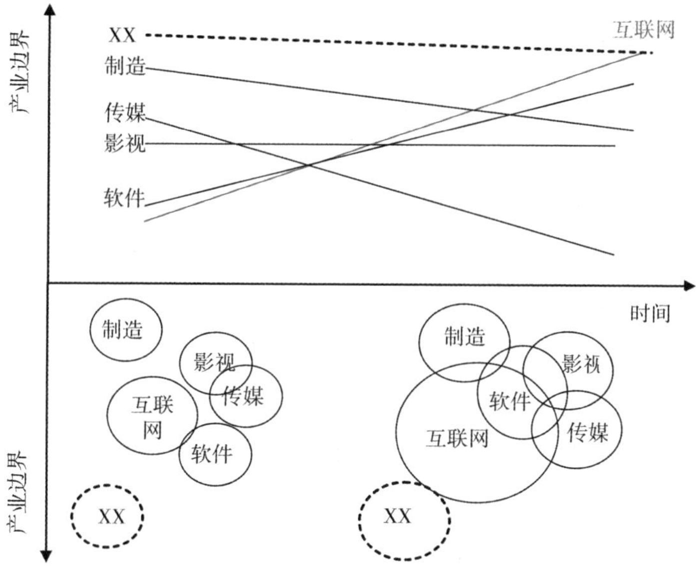

图1－1 “互联网＋”产业融合网

民用互联网的兴起始于1994年，在短短不到20年时间，互联网以迅雷不及掩耳之势将全世界串联，让世界触手可及。中国赣南老区的果农都可以通过互联网将脐橙卖到新加坡；股民再也不用挤在证券大厅交易股票，只要轻轻点击鼠标，一切尽在网上搞定；老板远在拉斯维加斯赌场都可掌管印度公司。

马云先生早在2001年就指出：互联网不是新经济，它只是一个工具，它将帮助旧经济转向新经济。互联网是一种引爆传统产业革命的工具。

今天互联网融合价值已经上升到了国家战略。2015 年“两会”腾迅公司创造人马化腾提交了《关于“互联网 +”为驱动，推动我国经济社会创新发展的建议》。提案中说明：“互联网 +”是以互联网平台为基础，利用信息通信技术与各行业的跨界融合，推动产业转型升级，并不断创造出新产品、新业务与新模式，并将其上升为国家战略——“互联网 +”行动计划。通过“互联网 +”计划推动互联网与传统产业融合促进创新、创造，以及发展经济新形态。

“互联网 +”，即是连接，是融合，是变革。“互联合 +”加速产业融合，将世界控制于手掌之中，创造丰富多彩的产品。互联网技术就像魔爪一样渗透到其他产业，模糊产业边界，改造产业格局；互联网平台整合其他产业，形成庞大的产业系统。互联网与媒体产业融合催生了第四媒体——门户网站；互联网与零售产业融合诞生了新型交易平台——电子商务；互联网与手机产业融合重新定义了手机——智能手机；互联网与汽车产业融合创造了全新的驾车方式——无人驾驶……

如今人类正在进入移动互联网时代，一场引向线下的商业革命正在爆发。个性化、社交化、本地化、移动化的移动互联网开始打通比特世界与原子世界的界限，促进了线上与线下的融合。种类繁多的移动 App 与各行各业各领域关联在一起，极大地强化了互联网与实体经济的关联。以汽车产业为例，购车、打车、拼车、租车、修车、车险、二手车置换等 App 几乎渗透进汽车产业链各个环节，正在改变汽车及交通运输产业的生存法则和竞争格局。

“信息技术变革随处可见，但是如今信息技术变革的重点在‘T’（技术）上，而不是在 I（信息）上。现在，我们是时候把聚光灯打向‘I’，开始关注信息本身了。”大数据专家维克托·迈尔 - 舍恩伯格站在信息社会的最前沿给我们指明了新的方向——大数据。

在过去的半个世纪里，信息技术对领融合、经济网络的推进是迅猛而深刻的。但是，接下来的大数据时代，大数据将接过信息技术的权杖，以更强大的力量引领信息产业整合实体经济，推动产业深度融合。移动互联网将传统产业数据上传到比特世界，大数据则通过挖掘处理重新将数据应用到原子世界中。大数据以无形的力量将比特与原子世界整合，将看似不相关的两个领域融合，如搜索数据应用到果业生产，促进互联网与农业关联。以汽车产业为例，在各种汽车类 App 的支持下，大数据可以对乘客、司机、需求、位置、价格、汽车等数据进行分析，然后相应地应用到汽车产业各经营环节，甚至石油、交通、保险、餐饮等。

“互联网 +”是产业融合的微观因素，而管制放宽是宏观因素。

自 1984 年美国的 AT&T 解体开始，发达国家电信业相继实施规制改革，放松价格规制和进入规制，打破垄断，引入竞争，允许更多的公司进入电信业。进入 20 世纪 90 年代，信息技术创新及网络融合对信息产业规制政策提出了挑战，促进新《电信法》的诞生。1996 年 2 月，美国新《电信法》得到批准并颁布实施。新《电信法》主要体现了竞争和放松规制的精神，联邦通信委员会（FCC）不再限制电信业和有线电视业之间的相互进入以及长途电话和地方市话业之间业务的相互进入，以保持电信业的潜在可进入性，形成潜在竞争压力。新《电信法》促进了各类电信公司、有线电视公司及计算机公司之间的相互竞争，从而加速了技术之间的渗透、业务之间的关联和产业之间的融合。

当下，中国正在推进“三网”融合，该项工程涉及电信、广播电视与互联网三大产业，关系到众多利益部门。“三网”融合的技术门槛并不高，关键是主管部门出台鼓励竞争和合理管制的政策法规，打破利益僵局，实现充分竞争，促进技术、市场与产业的融合。

在金融改革之初，为了控制金融风险，防止金融危机过渡延伸，中国政府采用“分业经营，分业管理”的监管模式，金融业由“一行三会”进行监管。随着全球金融业的深入发展，中国金融改革做出了重大调整：银行、保险、证券不再分业经营、独立发展。这意味着银行、保险和证券将紧密关联，中国金融行业将出现大融合局面，金融混业经营将成为中国所有金融企业未来主导的发展模式。平安集团、招商银行等正在谋篇布局，构建大金融混业模式。这有利于促进银行、保险、投资、证券行业的融合，形成大金融体系。

而金融又是推动产业融合的间接力量。金融的力量源于杠杆效应和货币乘数效应，资本通过金融机制作用之后呈倍数放大，一旦渗透到实体产业将产生巨大的撬动力。陈志武在其畅销书《金融的逻辑》中指出：一个国家有没有“钱”取决于它能不能将各种未来收入流和“死”财富作证券化、票据化，不取决于它有多少金银。

金融业起源于公元前2000年巴比伦寺庙和公元前6世纪希腊寺庙的货币保管、收取利息的放款业务。但是直到17世纪，金融业务都还存在有限的低水平阶段，产业影响力非常小。1694年英国建立了第一家股份制银行——英格兰银行，标志着现代意义的金融业张开了遨游世界的“翅膀”。

不过，此时金融的杠杆效应对经济系统尤其是对实体经济的作用依然有限，直到一个人的出现——法国著名的空想社会主义者圣西门。18世纪，圣西门基于一个假说提出了著名的“圣西门思想”，即金融推动工业发展。圣西门认为，成立股份制工业银行，即让银行成为国家工业进步与经济发展的发动机和制动器，既具有促进作用又具有调控作用。

由于圣西门声名远播，其忠实信徒拿破仑三世和佩雷尔兄弟对“圣西门思想”都深信不疑。拿破仑三世在上台之前就与法兰西银行行长拉斐特、佩雷尔兄弟和福尔德家族一同积极实践“圣西门思想”。拿破仑三世登基后，法国已经初步形成了一个全新的现代银行体系：商业银行、工业银行、抵押银行和互惠银行。在这个体系中，佩雷尔兄弟于1852年12月创办的动产信贷银行对法国及世界金融影响深远。

动产信贷银行的伟大之处在于，它实践了“圣西门思想”，通过工业银行与大型工商企业交叉持股的方式推动了金融资本与工业资本融合。通过这种方式，动产信贷银行控制了巴黎6家煤气公司、电车公司及法国盐业，建立了两家保险公司、“泛大西洋公司”及专门服务于巴黎工程建设的“不动产公司”。

工商银行的金融资本注入实业，很大程度上解决了实业的资金压力，并极大地推动了大型商业及重工业发展；反过来，大型工商企业成了工业银行的强大后盾和信用保证。动产信贷银行对法国经济的推动作用已经产生了巨大的模仿效应。1854 年，第一个复制品德国达姆施塔特工商银行出现后，动产信贷银行模式开始风靡全球。不久，美国人摩根创办了摩根公司，德国人西门子创办了德意志银行，日本人涩泽荣一创办了日本第一家近代银行和股份制企业——第一国立银行以及日本近代第一个大型企业集团——株式会社。这些企业青出于蓝胜于蓝，变革成为集团化控股公司，成了统治经济世界的“托拉斯”。金融之手就像一只无形的手，将不同国家、不同领域、不同产业撮合在一起。

以信用活动为中心的银行垄断与工业垄断资本相互渗透，形成金融资本，控制了经济命脉。这种以金融资本为纽带的产业关联并非真正意义上的产业融合，但是在金融资本和集团化组织模式作用下，大大推进了产业在技术、业务与市场方面的融合。

在投资领域，金融资本就像工业血液一样渗透到各个产业，调动整个经济系统的神经。20 世纪后 50 年，美国金融业向地产、汽车、零售、信息等实业大肆渗透，美国经济因此形成了以金融业为核心的经济体系。以摩根财团为例，其通过金融资本控制了包括钢铁、铁路、电力、IT、电气、军火、保险等在内的众多产业。金融资本为各产业之间的合作提供了平台，促进了产业之间的关联和融合，并催生了产业地产、商业地产、智能电力、网络金融、零售银行、高速铁路等新型交叉产业。

在消费领域，金融资本犹如催化剂刺激着各种消费品的诞生和消费需求的膨胀，使产业融合率先在消费领域爆发。数十年来，华尔街数不清的金融衍生品如洪水猛兽般向全球各国家、各产业泛滥，刺激产业发展的同时加速了产业融合和经济全球化。“中国制造”源源不断地输入美国以满足金融衍生品刺激的超前消费，这些产品不乏智能手机、消费信贷电脑、智能家电等产业融合新产品。更为重要的是，金融资本的刺激加速了消费需求往多样化、高标准、重体验方向发展，从而推进了产业之间的合作与融合以满足需求的变化。

消费需求是产业发展和经济进步的根本动力，是一切经济价值的源泉。技术进步和管制放宽是助推器，金融资本是润滑剂，消费需求才是产业融合的发动机。任何不被消费需求所接受的产业融合的产物都是没有价值的。iPod的风靡不是苹果公司创造了需求，而是其较早发现并满足了大众追求数字播放的需求。

当今，一家企业或一个产业往往难以满足多样化、高标准、重体验的消费需求，因此跨产业之间的合作也就成了必然，产业融合因此发生。当人们追求购物的同时又能休闲、饮食、娱乐，地产、零售产业的边界便开始扩展，最终融合形成了新型的商业地产形态——Mall；无人驾驶汽车需求的出现，促进了传统汽车制造业与IT业融合；在中国，“丈母娘经济”促成了银行与地产公司合作开发房产信贷。

与传统的以生产为中心的产业合作所创造的规模经济不同，这种发轫于消费需求端的产业融合同时创造规模经济和范围经济，我们称之为“需求端”规模经济和范围经济。“需求端”规模经济和范围经济的同时存在，源于以需求为主导的产业竞争协同，整合了古典经济学的分工与新兴制度经济学的协同。

产业实际上是一种社会分工，而产业融合是对社会分工的修正而不是否定，是一种新型的产业分工协同模式。产业分工协同模式实际上是将产业分立转化为“大产业”下的竞争协同。在产业融合的作用下，即实现了产业分工与竞争带来的生产成本的降低，同时又实现了产业协同带来的交易成本的降低；即实现了高效分工带来的规模经济，又实现了协同共享与定制带来的范围经济。产业之间的竞争协同共同推动产业系统交叉升级，为消费者提供一整套解决方案，最终共同实现“需求端”规模经济和范围经济。

以新型团购为例，为了满足消费者在网上购买实体商家的优惠服务或产品的需求，互联网提供平台并整合众多实体商家的优惠服务或产品。互联网与实体商家融合催生新型团购，既实现了商家的规模经济，又实现了团购网满足多样购买需求的范围经济。在此之前，人们只能在街边接到零星的不能即时购买商品的促销广告单，商家的促销转化购买率也很低。

技术无疆，政策无槛，金融无敌，需求无限，产业无界。

产业融合促使产业边界模糊、扩张、交叉、重划，产业边界随着产业间的相互交叉而日趋模糊甚至重划，并形成纵横交错的网络化状态。当今，正是各个产业融合之后的无数产业边界才编织成了一个巨大的全球经济网。

北京大学光华管理学院王建国在其著作《1P 理论》阐述了网状经济现状：在以信息、网络、知识和文化为经济本质的网状经济的前提下，许多产业已经没有明显的，甚至干脆没有了边界。

2008 年华尔街金融危机席卷全球证明了全球化经济网的事实。美国金融与地产的关联网中出现了"瘟疫"——次贷危机，次贷危机最终拖垮了美国第四大投行雷曼兄弟。而第一张多米诺骨牌倒下之后，全球经济发生了连锁反应，包括朝鲜在内的全球各个国家和地区、各个产业几乎都遭受金融海啸的冲击。

产业大融合时代已经来临！

在宏观领域，全球化经济的蝴蝶效应越来越强；在中观领域，产业融合将全球经济编织成一个巨大的网络；在微观领域，技术合作、资本渗透、业务交叉无处不在。在大融合时代，软件与硬件、线上与线下、虚拟与实体融合，产业与产业构成大产业格局。

让人不安的是，产业融合正在颠覆经济形态、产业结构、市场格局、战略思想、商业模式甚至政策法律；正在创造新产业、新市场、新客户和新商机；正在制造产业危机、市场不均衡、企业突然死亡和战略模式困局。

这一切正在发生……

二、经济网：竞争无界，危机无处不在

在产业大融合时代，"世界是平的"，产业边界的保护墙逐渐被磨平，跨行业的企业可以通过"网"直接参与竞争。于是，竞争无界，跨产业竞

争越来越频繁，危机无处不在。

20 世纪之交，Windows 98 和 Windows XP 产品的热销让微软和比尔·盖茨如日中天。此时，斯坦福大学的学生宿舍内，两名学生开发的在线搜索引擎并没有引起微软的注意。他们通过免费模式推广在线搜索引擎，在短短几年时间，实现狂奔式发展。微软有些按捺不住了，但是在关键时刻微软做出了错误的判断，他们认为免费的在线搜索引擎无法实现盈利不会成功。这两个学生开发的免费在线搜索引擎就是今天的谷歌！

后来的历史证明，后起之秀的谷歌给微软带来极大的挑战和威胁，甚至可以说打败了微软。虽然微软依然是全球第一大软件公司，但是这已经不重要了。谷歌在互联网领域，特别是搜索引擎和移动操作系统领域的霸主地位，是微软望尘莫及的。

曾经有人说："微软最大的威胁是美国政府的反垄断审查"，今日听来令人哑然失笑。在大融合时代，企业的灭亡比任何时候都更加令人猝不及防！乔布斯在其最后的光阴里如此评论微软："要指出微软的不足很容易。他们显然已经丧失了统治地位，变得基本上无关紧要。"

为何曾经不可一世的微软竟然被一家互联网公司击败？为何依然庞大的微软却被认为"无关紧要"？

20 世纪整个 70 年代，软件行业进入"解决方案提供商阶段"，此时软件与硬件分开定价，微软正是抓住这个有利机会，为 PC 机编写操作系统软件，并取得巨大成功。进入 80 年代，PC 引爆大众软件，微软凭借其 PC 操作系统软件的控制优势，广泛开发浏览器、音频播放器、电子邮件、办公软件等 PC 产品，并利用捆绑销售方式确立领导地位。进入 90 年代后，微软乘胜追击，相继推出 Windows 98 和 Windows XP 产品，使其登峰造极。

1995 年前后，互联网行业开始兴起，并迅速与软件行业融合。互联网对软件行业的改造是惊人的，大部分 PC 软件不再孤立开始网络化。这意味着 PC 软件必须依赖于互联网平台才具有生存空间。

不过，此时登峰造极的微软将自己放在软件行业的"陷阱"里正在独孤求败，并没有意识到这种变化，比尔·盖茨对此更是不以为然。就在此时，比尔·盖茨出版《未来之路》一书，并做出众多惊人的预言。然而书中对互联网的错误预言最终影响了微软的战略决策，使其在“未来之路”上付出了沉重代价。全书286页，涉及万维网的部分仅有4页，他认为互联网只是“信息超级高速公路”的一个子集，扮演着辅助角色。

比尔·盖茨时代的微软一直对互联网行业没有在战略上和模式上引起足够的重视。2005年后，新上任的微软总裁史蒂夫·鲍威尔已经意识到互联网的重要性。但是，企业文化、利益格局让这家巨头的转型设置了重重障碍。时至今日，微软在文化革新、战略转型、商业模式创新、销售模式变革、互联网产品开发方面都显得尤为艰难。

微软公司的衰落是科技公司没落的一个缩影。RIM、雅虎、巴诺、索尼、松下、夏普、摩托罗拉、惠普、诺基亚、柯达等巨头正如微软一样在大融合时代遭遇“无边界危机”。

产业融合促使产业边界模糊，企业的竞争对手不再局限于本产业，企业遭到跨产业企业狙击的可能性大大增加。在大融合时代，过去的迈克尔·波特（Michael Porter）“五力竞争模型”被颠覆，竞争扩大到无边界而不是“五力”。这就意味着任何企业都在相互竞争，而竞争的最终目标是消费者剩余、时间和空间。

遥控器曾经被认为是电视广告的天敌，广告商想方设法让观众不换台。结果，电视广告商没有夺走观众回避广告的权利，网络广告商则亲手把屏蔽广告的权利交给了网民。越来越依靠网络生活的“80后”“90后”逐渐告别了电视，电视广告商突然发现网络广告才是他们最强大的竞争对手。央视近年对安分守己的百度频频“开炮”，令人引发百度正在抢夺央视广告的猜想。

在争夺消费者剩余的战场上，合作伙伴也存在相互竞争的关系，甚至突然变成你死我活的死敌。苹果与微软亦敌亦友，苹果与三星曾经是伙伴关系，而如今竞争色彩更为浓烈。面对三星咄咄逼人的竞争，苹果加快“去三星化”步伐。

然而，苹果今天遭遇的真正危机并不是三星所致，相反，三星与苹果面临同样的危险。目前而言，苹果的系列产品本身并没有出现大的问题。iPad 依然独步天下，iMac 依然强势，App Store 依然是全球最大的应用程序平台。或许，只是人们习惯了苹果的出人意料，对于库克时代的苹果“商业化”感到不满。

苹果的真正危机不是因为产品，苹果的增速放缓实际上与产业关系颇深。笔记本电脑、数字音乐播放器、智能手机，尤其是高端智能手机三大产业的增速都在放缓，三大市场进入成熟甚至衰退阶段。硬件市场的逐渐饱和必然降低应用程序市场的增速。三星也同样面临产业增速放缓的危机，只是三星所覆盖的高中低端长产品线带来的销售额膨胀掩盖了这一切。正当潮水退去时，小米手机的崛起扒掉了三星的泳裤，裸泳者有些猝不及防。

三星和苹果在这三大市场中都难有更大作为。二者或其他 IT 企业想要击败对手，必然要做出新的战略抉择，在新的产业领域先发制人，正如当年苹果在智能手机中所为一样。实际上，苹果、谷歌、三星等巨头都在探索新的 IT 增长极，包括智能手表、智能眼镜、无人驾驶汽车、智能电视等。

今天，IT 技术快速扩张，IT 业逐渐与电子、家电、汽车、飞机等产业融合，并形成或正在爆炸性的新兴市场。谁能更快速、更准确地识别产业融合带来的新市场、新商机，谁就能在战略选择上获得先机。反之，可能重蹈微软覆辙。

如果苹果在战略上获得成功却难逃没落厄运，那么原因只有一个，就是封闭的生态系统模式。战略和模式是企业经营的两大基石，战略在宏观上解决方向选择问题，模式在微观上解决价值实现问题。封闭的生态系统模式曾经让苹果错失了可视化操作系统的绝佳机遇，成就为了微软的软件帝国；也是苹果在消费电子市场领域的制胜之道。

与其说乔布斯是一位伟大的 CEO，不如说是一位伟大的产品经理。兼具艺术家和科学家基因的乔布斯，以其苛求完美的性格创造了从各种应用软件、操作系统到硬件一系列近乎完美的产品。然而，先人已逝，库克不是乔布斯，是个商人。库克难以打造完美的且符合每一个顾客要求的生态系统。就连乔布斯也有搞砸产品的时候，更何况在“长尾时代”消费者的需求越来越多样化且难以捉摸。iPhone 5c 与 iPhone 6 的发布预示着，苹果以更加开放的姿态迎合消费者的需求。

如果苹果想要在 Watch、Car、TV 领域取得像 iPhone 一样辉煌的成就，或许应该以更开放的经营思维，打造更为开放的生态系统。毕竟，产业融合并不代表产业合并，智能眼镜、智能汽车、智能电视领域的客户需求各异。苹果想要打造新的完美的封闭生态系统，将会付出巨大的成本。

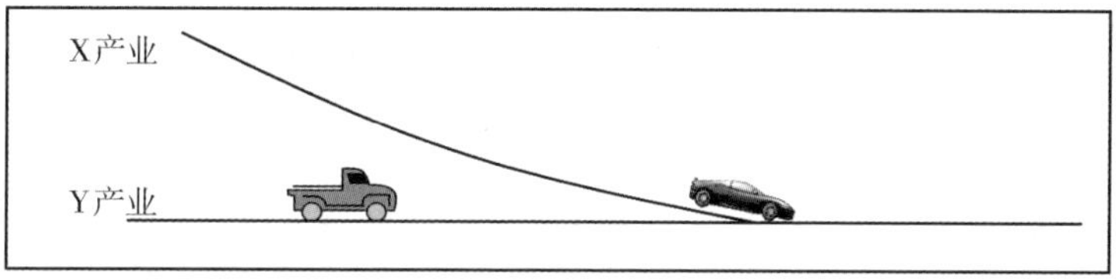

图 1－2　产业融合竞争示意图

在大融合时代，产业无时无刻不在走向融合，企业就像行驶在公路网中的汽车，随时有可能被另一辆行驶在另一条公路线上的汽车在交叉路口中超越，这就是弯道超车理论。就像苹果、中国移动、工商银行这样的大企业都应该高瞻远瞩地认清产业融合趋势（公路交叉）和正在其他线路上疾驰的汽车（跨产业竞争对手）。

2000 年 1 月，世界上最大的互联网服务公司美国在线收购了世界上最大的媒体公司时代华纳，交易额达 1840 亿美元，成为历史上最大的并购案，代表了传统媒体产业和网络产业的融合，同时也成为国际产业融合发展的标志性事件。为了应对电信和有线电视的融合，美国许多电信公司都通过多元化战略进入有线电视业。不过，这场“世纪婚姻”走过十年后因文化冲突最终分离。可见，在产业融合的道路上，实际上布满了因产业信息不对称形成的重重陷阱。

2006年6月，中国移动（香港）有限公司收购星空传媒集团所持凤凰卫视部分股份，以12.78亿港元获得凤凰卫视19.9%的股权，成为凤凰卫视第二大股东。中国移动先发制人，走在“三网融合”之前率先挺进电视传媒领域。

在“三网融合”的过程中，产业边界模糊化，产业隔阂逐渐被打破，三个产业展开相互竞争与合作的态势。中国移动的竞争对手不仅有中国电信、中国联通，腾讯公司、天威视讯、各大卫视甚至广电总局都是其竞争对手。

随着智能手机和3G网络的大范围使用，移动通信与互联网逐渐融合于移动终端。这就意味着腾讯公司直接与中国移动争夺通信客户。腾讯QQ作为即时通信软件，早已实现了PC端、智能手机端的文字、语音和视频的免费通信。糟糕的是，腾讯公司推出了杀手级移动互联网应用——微信。微信直接将用户电话簿中的人际关系网直接复制到微信中，同时提供文字和语音通信服务。这无疑从后门抄了移动运营商的老家。财大气粗的运营商很快与曾经的合作伙伴腾讯公司翻脸，以微信占用过多信息资源为由拟对其收费。事实上，运营商的负隅顽抗已经无法阻挡时代的潮流，移动通信产业必然遭遇互联网产业。正如美国联邦通信委员会主席 Michael Powell 所言：“当我下载完 Skype，我意识到传统通信时代结束了。”

互联网是产业融合的驱动力，其魔爪伸到哪里，哪里就面临危机。招商银行行长马蔚华多次抛出银行业将来遭遇互联网企业强势竞争的言论。他说：“比尔·盖茨对我影响很大。我到招行以后，读了比尔·盖茨的一些IT方面的书。他说：‘传统的银行如果不改变现状，他们就是一群21世纪行将灭绝的恐龙。’在我看来，银行就是IT企业，IT的发展会对银行业产生重大影响。”

互联网与银行业融合形成一种新型的金融模式——网络金融。网络金融可以借助互联网平台的优势，跳过银行中介，直接建立起的个人信贷和融资平台。届时，银行的融资平台将被架空，整个行业遭遇互联网行业的打击。马蔚华甚至直接指出银行业未来的竞争对手是 Facebook 这类互联网巨头：“Facebook 上市后，银行业的对手已不仅是第三方支付平台，而是 Facebook 这样的巨无霸。”在马蔚华看来：“Facebook 有 8.4 亿实名制用户，完全可以借助云计算，梳理出需要借贷的客户，搭建类似 P2P（个人对个人信贷服务）的中介融资平台，弱化银行融资媒介的功能。”在金融产业与信息产业融合的路上，银行面临“去中介化”的尴尬，不得不进入他们原本不擅长的网络支付、网络金融及大数据领域。

可怕的是互联网企业抢先一步，并备受投资者青睐。P2P 借贷平台 Prosper 获红杉新一轮领投 2000 万美元，Google 前 CEO 施密特继续跟投。Lending Club 也获 KPCB 和摩根士丹利前 CEO 1750 万美元投资，“互联网女皇”Mary Meeker 加入董事会，公司已经开始盈利。

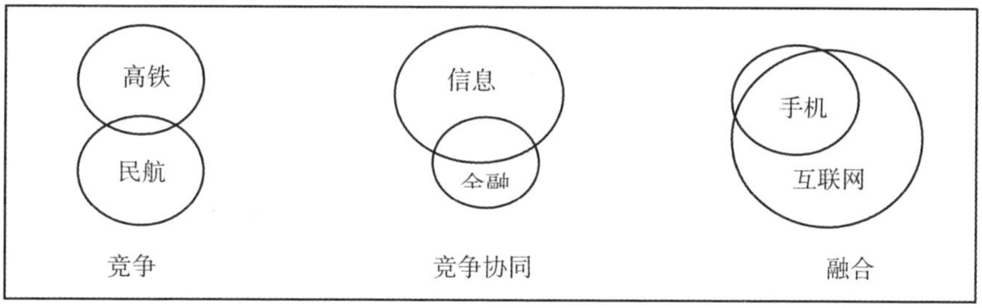

图 1-3　产业融合三种竞争形态

值得注意的是，在经济网时代，由于产业之间“无边界竞争”，企业之间的竞争已经上升到产业之间的竞争，部分产业可能会被周边强势产业控制、打压甚至收购。在产业融合中，如果产业都还保有核心竞争力，那么产业依然存在，产业边界也相对清晰，处于竞争关系；如果产业丧失了部分核心竞争力，那么产业边界出现模糊，需要重新界定，处于竞争协同关系；如果产业彻底丧失了核心竞争力，那么这个产业边界将消融，产业将被重新定义，处于融合关系。

过去的十年，互联网崛起并对软件业形成持续打压之势。而如今，互联网企业正在加速收购和控制手机企业，谷歌甩卖摩托罗拉，微软吞噬诺基亚。而苹果手机、三星手机、小米手机、华为手机、中兴手机没有一家是传统的手机厂商。手机行业几乎被周边行业控制，或者说真正意义上的手机行业已经不复存在。我们很难预料，在网络金融时代，银行业是否会步手机业的后尘。

虽然神奇的12306系统遭到全国民众和媒体的共同讨伐，但是IT技术和互联网对铁路运输的渗透和改造是显而易见的。在高铁“大跃进”的中国，全自动驾驶系统和控制系统的高速火车没有解决民众回家难的问题。

试问中国国际航空公司的最大竞争对手将是谁？南方航空吗？海南航空吗？春秋航空吗？是高铁！如今中国民航业必须明白，他们都必须面对一个共同的敌人——高铁。未来，中国民航与高铁为争夺“便捷出行”乘客而展开直接竞争。

目前，神州遍地都在新建高铁，我国高铁运营里程早已上升为世界第一位。根据调整后的《中长期铁路网规划》，在2020年，我国将建成“四纵四横”高铁网络总里程为1.6万公里的客运专线。“四纵四横”高铁网络中的42条专线建成后，2013年中国航空业将与高铁展开一场“空陆对战”。而在这场战役中，投资者普遍为航空公司感到担忧，高铁概念热炒时航空板块却持续下跌。

与民航相比，高铁具备价格低廉、车站比机场更靠近城市中心、运量大、中短途性价比高的优势。以武广高铁为例，武广高铁的一等车厢票价为780元，二等车厢是490元，分别相当于相应航班飞机票价的8折和5折。高铁运行时间比飞机多一个多小时，但是算上旅客到机场和候机的时间，高铁出行与飞机出行耗时差不多。时间成本相当的情况下，武广高铁票价比飞机低一半，前者经济成本优势明显。在500公里以内短途运输中，高铁几乎对飞机形成完全的替代优势；500公里到1200公里之间，高铁也具有明显的性价比优势。随着武广、京武、合武等高铁的开通，武汉停飞了600公里以内的包括往返南昌、南京、宜昌、襄阳等七成航线，而往返广州、上海航线的乘客严重流失。

高铁对航空运量的冲击相对较小，对其票价的冲击非常大。航空公司一方面背负居高不下的成本，另一方面受高铁冲击票价下跌，将直接陷入盈利困境，甚至被迫停飞。这方面国外早有先例。日本新干线开通后，日航的东京至大阪、名古屋等航线被迫停飞，两年后东京至仙台航线也被迫停飞。

在航空与高铁“空陆对战”的时代，航空已经不再是少数人独享的出行方式，而是变成像铁路一样的大众出行方式。国航等航空公司必须快速转变经营理念，清晰判断竞争形势，直面高铁竞争。

20 世纪 70 年代，美国已经建成了贯穿东西南北的高速公路网络和铁路网络，这也就直接导致美国短途航空运输全面亏损。美国各大航空巨头纷纷回避短途航空运输，争相拼抢长途航空运输市场。但是，美国西南航空却另辟蹊径，不与美国各大航空巨头竞争，而是与高速公路上的汽车和铁轨上的火车竞争短途运输市场。美国西南航空通过不断地压低成本，开辟“低廉航空”模式，成功崛起并持续 33 年赢利，成为美国连续盈利时间最长的航空公司。不过，2008 年金融危机袭来，西南航空公司还是被成本压垮。

被誉为“中国未来的西南航空”的春秋航空试图通过中国式的“低廉航空”模式成功崛起。不过在“中国式”的高铁面前，春秋航空依然生存艰难。

铁路是中国最重要的大众出行方式，属于政府运营的公共交通，很大程度上具有不计投资成本、不计利润收益的特点。在与高铁竞争时，不管是拥有国资委背景的国航，还是“低廉航空”模式的春秋航空都难获得价格优势。在大融合时代，西南航空的“低廉航空”模式已经被高铁打败，中国民航业该如何化解危机?

三、经济网：创新驱动，商机无时不有

在大融合时代，企业遭遇“无边界竞争”的威胁，反过来，同样享受着“无边界机会”的礼遇。行者无疆，企业举手投足、东张西望皆机会，商机无处不在。

在产业融合中，产业边界逐渐扩张、交叉、消失，这意味着企业将面

临新需求、新客户和新市场。商机就此出现。金融、互联网两个强势的产业正在全方位扩张，并与其他产业融合催生了众多新市场，如智能家电、智能交通、智能楼宇、零售银行、网络金融、移动支付、房产信贷等。在这些机会面前，金融企业和互联网企业往往具备先发的整合优势。

当多数人以为互联网只是第四媒体的时候，亚马逊（amazon. cn）首开先河，创建了第一个电子商务平台。亚马逊在人们的惊诧和质疑声中，大量销售音乐零售 CD、录影带、DVD、软体、家电、玩具等标准化产品。当人们为其盈利感到担忧时，亚马逊负责人回应说“我们现在没有时间考虑这些，一切发展太快了”。当人们认为服装、鲜食、饮料、日化品及个性产品不适合在网上卖时，亚马逊用无条件退货策略和快速物流系统，将产品范围扩大到这些品类中。亚马逊已经成为全球最大的 B2C 电子商务网站，直接挑战传统零售巨头沃尔玛。互联网公司抓住了机遇威胁到传统零售公司，这就是大融合时代的机会与威胁。

近年，家电巨头国美、苏宁的实体店大规模亏损，遭遇前所未有的危机。国际家电巨头百思买、万得城则直接退出了中国市场。而这一切都源于电子商务。不过，在这次危机面前，苏宁显然比国美更敏锐与主动，大有一条道走到黑的魄力。

2013 年 2 月 19 日，苏宁电器宣布拟将公司名称变更为“苏宁云商集团股份有限公司”，以便更好地与企业经营范围和商业模式相适应，转型云服务模式。在电子商务的机遇与挑战面前，苏宁战略乾坤大挪移，不但大力发展电子商务，还不断地去“家电化”，追求“云商”战略目标。苏宁董事长张近东将“云商”模式概括为“店商 + 电商 + 零售服务商”，它的核心是以云技术为基础，整合苏宁前台后台、融合苏宁线上线下，服务全产业、服务全客群。

产业融合的“十字路口”是超越竞争对手的最好时机，而一些竞争对手却全然无知。在经济网时代，慢则退。面对同样的机遇与挑战，看谁能更快抓住机遇。

创立于 1880 年的柯达，在过去一百多年的历史进程中记录了人类历史上无数次重要的时刻，留住了人们无限美好的记忆，成为“胶卷时代”的领跑者。然而，2012 年 1 月 19 日，这家百年巨头宣布破产！

与索尼当年沉迷于随身听无视数字播放相似，当数字影像时代到来时，柯达依旧眷恋传统胶片市场。柯达的收入和利润分别在 1996 年和 1999 年达到巅峰，分别为 160 亿和 25 亿美元。然而就在此时，数码相机开始席卷全球，柯达巨额的收益未能挡住科技的浪潮。从 2000 年开始，柯达的收入和利润快速锐减，到 2012 财年柯达亏损达 13.8 亿美元。虽然柯达早在 1976 年就开发出了数字相机技术，并于 1991 年推出 130 万像素的数字相机。但是原来传统胶片市场带来稳定回报和低风险，促使柯达把大量的资金用于胶片生产和冲印店开发，最终忽视了数字产品的开发。

面对富士、佳能等企业咄咄逼人的竞争和自身销售利润的一再萎缩，柯达痛定思痛于 2003 年下半年开始战略转型。柯达从战略上放弃传统的胶卷业务，将经营重心向新兴的数字产品转移。柯达甚至采用极具炒作色彩的方式——炸掉百年厂房，以表其进军数字产品的决心。然而，此时的柯达已经失去了开拓时代的勇气和动力。在经历近 10 年纠结艰辛的转型后，柯达成为一个衰老的巨人，在那些引领风潮的动人时刻渐行渐远。

就在柯达宣布破产的同一个月，富士在拉斯维加斯召开的消费电子展（CES）发布了重量级单电相机 X Pro 1。富士的风光无限映衬出柯达的悲凉。此时，富士市值高达 120 亿美元，而柯达不足 1.5 亿美金。

同样是面对数字时代的挑战，富士则果断转型，大力拓展数码相机市场。柯达是胶片时代毫无争议的霸主，而富士则成为数码时代的先驱。虽然直到 1997 年才推出首台民用数码相机，但富士在数码相机的路上更为坚决和敢于牺牲。

在古森重隆接掌富士胶片的 2000 年，正是彩色照相胶片发展的顶峰。然而，古森重隆却果断出击，达到大刀阔斧地砍掉胶片业务，利用 1999 年研发的 Super CCD 技术开始着重开拓数码业务。2002 年，富士产品数字化比例已经达到了 60%，而柯达只有 25%，2004 年开始，富士大规模收缩胶片业务，进行全球大规模裁员。2005 年和 2006 年，富士胶卷果断地削减了2000亿日元（约合25亿美元）以上的支出，其中大多数削减支出措施都是针对其照相胶片业务而采取的。2008年金融危机爆发后，富士主要针对相机胶片业务再度削减了1750亿日元（约合23亿美元）支出。

富士胶片首席执行官古森重隆惋惜柯达：“富士胶片和柯达都知道，数字时代正在对我们造成冲击。问题在于，应该对此做些什么。”并指出富士与柯达成败的根本原因：“我们取得成功的最具有决定性的因素是，我们有能力在数字化时代到来时转型自身业务。”

在产业融合的道路上，新的机遇往往对原有业务形成打击，要抓住新的机遇往往需要牺牲固有的业务。这需要决策者的果敢、魄力和不怕牺牲的精神。富士在数字化的转型中，成千上万的工作岗位成了牺牲品，许多制造工厂都被关闭。但是，富士成功了！

除了出击数码市场，富士看得更远，做得更多。富士决策层早已看到自己所处行业与其他众多行业的融合趋势。为了抓住多产业融合带来的众多机遇，富士的做法是，利用该公司在化学方面的专业技术拓展更加宽泛的业务，如药品、液晶显示器面板、化妆品市场和医疗器械。

不过，令人感到欣慰的是，柯达公司决定于2013年4月按照美国《破产法》第11章的要求提交重组计划。这意味着，柯达公司将退出破产保护，进一步重组重新起航。柯达公司已经关闭了数码相机业务，将数字成像专利卖给了苹果、谷歌等公司，并从中获益5.27亿美元。

普遍认为，柯达退出破产保护的底气来自于业务重点从摄影转向打印。作为胶片时代的王者，柯达公司退出数码业务令人感到惋惜。不过，柯达发力打印市场依然值得期待。因为甩掉包袱的柯达亏损正在收窄，融资的可能性增大。更重要的是，随着印刷与信息产业深度融合，柯达希望能在数码打印市场中获得转机。

技术进步是产业融合的重要驱动力，很多产业融合首先从技术融合开始，进而拓展到业务、市场的融合。因此，企业在操作方法上可以先从技术着手，将通用技术转移到交叉产业形成新的业务增长点。药品、护肤品、化妆品之间，数码影像、液晶显示器面板、医疗器械之间都存在技术共享，而富士正是抓住这点实现范围经济，成就集团格局。

产业融合带来的机遇降临于每一个人身上，不仅仅是那些大集团公司。

雅昌集团，中国文化艺术印刷产业的领跑者，成功印制《北京2008年奥运会申办报告》《上海2010年世界博览会申办报告》等国家级重要印刷品，开拓了中国新经济文化产业。然而，成立于1993年的深圳雅昌彩色印刷有限公司（雅昌集团前身）当时只是一家名不见经传的传统印刷公司。

不过，就在公司成立当年，董事长万捷深受两本书——日本印刷协会会长冢田益男的著作《印刷大趋势》和日本学者林一博的《出版大崩溃》的启发。这两本书先后预测数字化时代出版及印刷业将面临生死攸关的变局，而作为出版的下游产业，印刷业在危机中生存下去的出路便是和信息产业结合。

为了不陷入传统印刷业将要面临的困局，雅昌公司在公司成立第二年便不惜重金引进了DTP电脑制作系统，成功迈入电脑制作时代，从而成为中国最先使用苹果电脑的印刷企业。

雅昌集团在大力拓展艺术品印刷业务的同时，推出了战略性业务——雅昌艺术网。雅昌集团并没有像一般印刷企业一样成立印刷官方网，而是跳出印刷行业，站在印刷业与文化艺术产业融合的高度，打造了中国艺术品门户。

雅昌艺术网成立于2000年10月，拥有艺术品拍卖资讯、艺术品数据库、艺术品市场指数信息和艺术家社区等重要频道。目前，雅昌艺术网已经成为全球最大最重要的中国艺术品门户，是获取艺术资讯的首选媒体平台，是艺术品收藏投资及爱好者不可或缺的工具。

早在20世纪70年代，信息技术在美国崛起之时，美国学者就开始预测传统印刷、出版与计算机产业开始融合。随着产业融合深度发展，文化产业也加入其中。在产业融合的大潮中，雅昌公司抓住了文化艺术印刷的新机遇，开创了“传统印刷+IT技术+文化艺术”新模式。艺术品印刷是雅昌的核心业务，文化产业是雅昌的品牌，艺术网是雅昌整合行业的平台。万捷认为“雅昌要做最优秀印刷品的文化产业，而不是最优秀的印刷厂”。

随着金融产业与文化艺术产业的融合，文化艺术金融衍生品又是雅昌艺术下一个延伸的业务。目前，雅昌艺术市场指数已经成为艺术品爱好者值得信赖的投资分析工具和反映中国艺术品市场行情的“晴雨表”。雅昌集团将利用雅昌艺术市场指数的巨大优势，深挖文化艺术金融衍生品这座金矿。

金融与文化艺术产业融合，促进艺术品金融化，艺术金融成为了新的市场机会。2005 年，中国国际画廊博览会上，来自西安的“蓝马克”艺术基金以 50 万美元收购刘小东的《十八罗汉》组画。自此，艺术与金融擦出绚丽的火花，艺术银行、艺术基金、艺术按揭、艺术抵押、艺术保险、艺术品产权交易层出不穷，艺术品投资市场继股市、楼市之后成为投资增长的“第三极”。

金融是一个可怕的家伙，到哪里，哪里就遍地开花，而有些花可能只是人们的幻觉。金融一只手给地产商投资信贷，一只手给民众消费信贷，房地产就这样拔地而起。快速发展的房地产也与其他产业融合，催生出旅游地产、产业地产、商业地产等新市场。

地产建起，商业兴起！地产与商业融合之后，商业地产兴衰几乎决定了零售业的兴衰。房地产业兴起意味着零售业的商业机会。洲际酒店、沃尔玛等大型零售商都是通过与商业地产战略合作，以最快最准确的方式抓住商业机会。洲际酒店与地产商合作，开辟了酒店经营服务模式。有 20 多个酒店品牌都与万达地产合作，并获得天时地利人和的商机。深圳最高繁华奢华的现代化综合商圈——万象城就是华润置地打造的。华润置地打造的“商城”，在业态上无疑超越了沃尔玛、摩登等零售商的“商店”。华润万家具备先天地产优势对沃尔玛、家乐福等竞争对手构成严重的威胁。

地铁与地产结合催生巨大的地铁物业商机。地铁物业商机为投资回收周期长、投资规模及风险巨大的地铁投资开辟了解决之道。香港地铁公司开创了“物业模式”，深入开发地铁物业，成为全球为数不多的地铁盈利公司。在香港，香港地铁公司其实是最大的房地产企业！如今，香港地铁公司已经联合深圳、北京等内地城市地铁运营商，试图复制“物业模式”实现盈利。

站在产业边界编织成的经济网中央，我们左顾右盼都能发现产业融合带来的众多商机。我们只有提前发现产业融合的趋势，驾驭产业融合，才能抓住新商机。

每当你驾驶汽车被堵在北京四环不能动弹时，会感到非常的无奈和焦躁。未来，交通产业与信息产业融合之后，智能交通与智能汽车可能会帮你解决这个难题。如果你的野心更大一点，未来无人驾驶的“飞车”或许可以带你飞天遁地。本田公司创始人本田宗一郎当年将通信机上的小汽油机改装后安装到自行车上，做成一种新型的“机器脚踏车”。后来，本田公司从摩托车发展到汽车、飞机制造，甚至研发推出机器人。而谷歌、苹果、微软等公司正在加入其中。

我们将这个话题扩大，似乎发现事物关联往往产出新的事物。汽车与飞机关联产生“飞车”；沙发与苹果关联产生苹果型沙发；物理学与社会学关联产生社会动力学；信息技术与电视关联产生智能电视……

任何事物都有其特质（温度、形状、功能等），事物特质之间相互关联产生新事物，聪明的你发现了一种重要的创新方法！

大融合时代的商业机会不仅仅是大公司的礼遇，更是小公司、无数创业者的机会。产业与产业交叉融合诞生的众多新兴市场，将是创业者的天堂。信息时代的预言家凯文·凯利近年不断强调，未来颠覆性的竞争都来自于边缘，而不是中心，这是小公司挑战大公司的机会。而这个边缘市场，正是来源于产业与产业边界交叉融合催生的机会市场。

未来，产业之间相互融合，人与事物之间相互关联，世界的智能化、网络化正在加速，大数据、云计算和物联网正在将世界变成“智慧地球”。机会井喷的时代正在来临！

四、网世界：大数据与物联网连接一切

在过去几十年里，我们见识了信息技术的可怕。它到哪里，哪里就被颠覆。从数码打印机、智能播放器、智能手机、智能眼镜、智能电视到智能交通、智能电力、智能楼宇，再到无人驾驶汽车、无人驾驶飞机、机器人……我们很难想象，未来还有什么东西不被信息产业所改变。

更为可怕的是，所有被改变的产业、产品甚至包括人在内都串联形成一个以信息产业为中心的世界网，并受它的控制。

中国物联网校企联盟提出一个新的科技模型。在该模型中，信息技术是重要支柱，不同的科技在上升过程中逐渐失去界限，呈交叉和凝结状，并在最高点汇聚成一点。这个科技模型实际上解释了过去几十年和正在发生的产业融合中的技术融合现象。而当下最接近该模型顶端的科技概念和应用应该就是物联网①。

网世界中不仅仅包括物联网，而物联网却是网世界形成的重要驱动力。随着信息产业不断地推动产业融合，被信息技术改造或重新定义的新产品和事物将会越来越多，并形成以信息技术为核心的物联网。物联网将继信息处理 PC 机、互联网和通信网络之后，成为了未来信息产业的主流，推动信息产业进入第三次浪潮。

作为新事物，物联网还很难被准确定义，通俗的解释是利用云计算、射频感应等技术整合互联网、通信网络、芯片制造、物体，形成物物相连、虚拟与实体相连、人与物理相连的网络社会。

物联网的实践最早可以追溯到 1990 年施乐公司的网络可乐贩售机——Networked Coke Machine；1999 年，在美国召开的移动计算和网络国际会议

---

① 物联网的定义是通过射频识别（RFID）、红外感应器、全球定位系统、激光扫描器等信息传感设备，按约定的协议，把任何物品与互联网相连接，进行信息交换和通信，以实现对物品的智能化识别、定位、跟踪、监控和管理的一种网络。另根据国际电信联盟（ITU）的定义，物联网主要解决物品与物品（Thing to Thing，T2T），人与物品（Human to Thing，H2T），人与人（Human to Human，H2H）之间的互联。

首先提出“物联网”这个概念；2005年，在突尼斯举行的信息社会世界峰会上，国际电信联盟发布了《ITU互联网报告2005：物联网》，正式提出了“物联网”的概念。

物联网是产业融合的必然结果。随着产业融合加速，物联网的应用实践将会越来越广泛，不同国家、众多不同产业的企业必将在战略层面强力角逐。作为物联网概念的发起者，美国已经像当年布局互联网战略一样将物联网提升到国家战略的高度。

2009年，IBM首席执行官彭明盛在一次商业会议上向美国总统奥巴马提出“智慧的地球”项目。“智慧的地球”项目大致为将感应器嵌入和装备到电网、铁路、建筑、大坝、油气管道等各种现实物体中，形成物物相连，然后通过超级计算机和云计算将其整合，实现社会与物理世界融合。“智慧的地球”项目实际上是构建一个宏大的物联网。IBM表示，“智慧的地球”是未来十年IBM核心发展战略，IBM每年将一半研发费用投资在“智慧的地球”项目上。

2009年6月，欧盟制订了物联网产业最详细的发展规划——《物联网——欧洲行动计划》。欧盟已将物联网及其核心技术纳入到高达500亿欧元预算，并开始实施欧盟“第七个科技框架计划（2007—2013年）”。这也是1994年以电信业为代表的“欧洲之路”战略、1999年E－Europe战略的最新延伸。

为了抢占战略制高点，日本、韩国、新加坡等亚洲国家正在加速部署物联网战略规划。2012年是中国物联网战略性开启之年。2012年2月14日，工信部颁布了中国第一个物联网五年规划——《物联网“十二五”发展规划》（以下简称《规划》）。《规划》将超高频和微波RFID标签、智能传感器等领域明确为支持重点，并明确在九大领域开展示范工程。未来，智能卡技术、二维码识别、RFID片、传感器等细分行业被认为发展前景广阔。

继颁布《规划》之后，国务院接连发布《推进物联网有序健康发展的指导意见》《国家重大科技基础设施建设中长期规划（2012—2030年）》

两份关于物联网的重量级政策文件。这些利好政策让中国物联网的未来充满期待。

2012年，我国物联网产业市场规模达到3650亿元，同比增长38.6%。预计未来十年物联网将实现大规模的应用，到2015年全球物联网市场规模将接近3500亿美元。目前，物联网的应用层已涉及智能工业、智能农业、智能物流、智能交通、智能电网、智能环保、智能安防、智能医疗、智能家居等。

物联网的应用并非所有事物的联网，而是如同互联网一样也有广域与局域之分。目前，中国物联网还处于政府主导推进、技术标准待定的阶段，消费端的产品应用还不成熟。北京、上海、天津、杭州、无锡等城市正在物流、交通、电力、安防等领域尝试构建物联网。在消费端，海尔U－home首推“物联网冰箱”，视图抢占物联网应用的先机。不过，这种物联网应用与我们的美好想象还相去甚远。未来，物联网还面临国家技术标准、运营商网络、终端产品应用三大难题。

农业经济时代，采用分散经营方式，实现自给自足一条龙；工业经济时代，采用集中经营方式，实现大生产式规模经济；信息经济时代，采用整合经营方式，实现需求端的规模经济和范围经济。工业经济我们慢人几步，以至于今天的中国还处于基本实现工业化的阶段。信息产业第三浪潮迎面而来，物联网在中国被寄予厚望。我们期望抓住产业融合大潮下的物联网机会，推进工业信息化，最终实现“两化融合”。

国务院发展研究中心研究员李广乾博士认为，智能化是信息化与工业化“两化融合”的必然途径，其技术核心无疑就是物联网。

而当下，物联网还处于概念普及阶段。未来，物联网的发展阻力远比我们想象大得多。除了工业基础薄弱、技术标准缺失、隐私保护等问题外，大数据处理是必须迈过的一道技术门槛。

工业革命以后，书籍等以文字为载体的知识大约每十年可以翻一番；1970年以后，知识大约每三年就可以翻一番；如今，全球信息总量每两年就可以翻一番；2010年互联网的数据量，比之前所有年份的总和还要多。

你每天使用谷歌搜索、QQ 聊天、京东购物，甚至在任何一个应用程序中的任何一个操作都转化成结构性或非结构性的天量数据存储在信息世界的各个角落。信息时代，每一个人产生的信息量已经将人类社会带入了一个 PB（1024TB）量级的数字社会。可以设想下，未来随着物联网应用的扩大，各个实体产业的海量信息会通过物联网转化成超 PB 量级数据。到 2020 年，全球数据使用量预计将暴增 44 倍，达到 35.2ZB。不过，大数据里的“大”并非绝对的天量，而是“大数据时代的预言家”维克托教授所说的“相对意义而不是绝对意义，也就是说这是相对所有数据来说的”。

在物联网时代，大数据将颠覆传统世界，让整个社会进入完全数字化。IBM 把大数据概括成了三个“V”，即大量化（Volume）、多样化（Variety）和快速化（Velocity）。这三“V”特征都是我们必须面对和解决的。在当今数据库中，80% 的数据都是具有突发性的非结构性数据，且每年都以 60% 的速度增长。这些庞大的非结构性数据是传统计算机无法处理的。这意味着企业的存储架构、数据中心的基础设施、数据仓库、数据挖掘、商业智能等各个应用环节都面临大数据的挑战。

正如美国奥巴马总统委员会的科技顾问 Stephen Brobst 所说：“过去 3 年里产生的数据量比以往 4 万年的数据量还要多，大数据时代的来临已经毋庸置疑。我们即将面临一场变革，新兴大数据将成为企业发展的当务之急，而常规技术已经难以应对 Pb 级的大规模数据量。这一变化所带来的挑战，是成功的企业在未来发展过程中必须要面对的。只有那些能够运用这些新数据形态的企业，方能打造可持续的重要竞争优势。”

大数据是信息社会进步的必然结果，也是物联网发展必须逾越的技术门槛。事实上，主要国家在宏观上布局物联网战略的同时，在微观上正在大力发展大数据研究。2012 年 3 月 29 日，奥巴马政府发布了《大数据研究与发展计划倡议》，宣布启动对大数据的研发计划，6 个联邦部门和机构将新投入超过两亿美金推动大数据提取、存储、分析、发现等领域技术与工具的发展。

大数据是物联网发展的一个基础，也是未来经济的核心要素。大数据犹如一座巨型金矿，关键是看如何挖掘。挖掘大数据将成为信息产业的核心竞争力。2011 年 5 月，麦肯锡全球研究院发布了名为《大数据：创新、竞争和生产力的下一个前沿》的研究报告，报告中指出大数据将成为企业的核心资产，对大数据的分析将成为竞争的关键，并会引发新一轮生产力的增长与创新，对海量数据的有效利用将成为企业在竞争中取胜的最有利武器。

正如维克托教授在《大数据时代》中所描述的：大数据的真实价值就像漂浮在海洋中的冰山，第一眼只能看到冰山的一角，绝大部分都隐藏在表面之下。而发掘数据价值、征服数据海洋的“动力”就是云计算。

云计算比大数据更早被人熟知，但直到大数据热炒的今天，大多数人才理解云计算的真正价值。大数据是宝藏，云计算是存储空间和挖宝工具，通过云计算才能挖掘出云端存储的大数据的经济价值和社会价值。

云计算的力量在于可以根据用户需求挖掘大数据，帮助用户实现价值。在云计算的世界里，利用大数据在端口的消费者个体行为与偏好，挖掘出消费者的个性化需求信息。云上的大数据处理和端口的个性化需求同时实现，真正体现了经济网时代的需求端的规模经济和范围经济。未来，云营销将为消费者提供意想不到却正中下怀的产品或服务。

亚马逊无疑是云计算和大数据应用的先行者，亚马逊已经在云计算市场份额上占据了超过 70% 的绝对领导地位。2009 年，亚马逊就推出了大规模数据集并行计算的技术——亚马逊弹性（MapReduce）。这项技术运行在亚马逊的弹性计算云（Amazon EC2）和亚马逊简单存储服务（Amazon S3）上，实现了云计算与大数据的结合应用。

云计算最终会形成 IaaS（基础设施即服务）、PaaS（平台即服务）、SaaS（软件即服务）等服务。不过，你无须了解这些今天看来深奥的科技名词就可以享受贴心的服务。因为当大数据与云计算完全融合之后，大数据即服务。你根本无须理会云计算是如何进行大数据挖掘的，只管享受呈现在眼前的服务。正如现在你无须了解搜索引擎爬虫是如何实现的，只管要求其搜索到自己想要的信息。

亚马逊通过弹性（MapReduce）已经实现“大数据即服务”的初步构想。经过大数据挖掘，亚马逊在每一本书的销售页面和用户系统中提供了推荐服务。要知道，亚马逊网站所销售的图书超过一半是靠这个方式卖出去的。虽然这与传统的“啤酒 + 尿布”的交叉销售模式无本质的区别，但对大数据而言，要综合挖掘销售记录、购买偏好、搜索结果、流量信息等天量非结构化数据是沃尔玛过去的销售系统无法完成的工作。

麦肯锡预测，通过对大数据的合理使用可以使零售业的经营利润提高60%以上。不管麦肯锡的预测能否变为现实，大数据将要带来的商业变革已经不可逆转。在云计算的支持下，大数据能够呈现出顾客的大概率需求。亚马逊弹性（MapReduce）帮你发现了你潜意识想要的图书，你或许会大为惊喜。满足个性需求的范围经济和高效率供应的规模经济的同时实现，必将最大限度地刺激经济发展。

未来的商业世界，云计算不是帮助消费者找到“想要的”，而是“需要的”，因为有些“需要的”连他自己都没想到。这就意味着，云计算和大数据为商业经济装上了一台挖掘刺激需求和高效供应的引擎，商业经济的爆炸性增长值得期待。

不仅仅如此，大数据、云计算与物联网的梦幻未来是一场正在改变人类世界的商业革命。未来，经济结构、竞争格局、管理模式、生活方式乃至思维方式都有可能发生根本性的变化。

以大数据和云计算为基础的物联网必然促进农业、工业与信息产业大融合。未来，传统三大产业的界定将会被颠覆，而经济网的呈现已经成为必然。在经济网中，产业交叉将促成庞大的采购端和客户端。要知道，汽车从诞生发展至今日，整个产业的采购端已经倍增，采购涉及的行业由最初的钢铁、木材扩展到电子、软件等。待汽车完全智能化的一天，我们再将汽车归为汽车产业会显得有些牵强。

不可否认，产业的概念依然存在，但是因为产业关联错综复杂，再根据传统的纵向思维去划分产业显得困难许多。未来，或许很多新产品或被改造的传统产品都可能会被归为“智能产业”。智能灌溉、智能供应大大缩短了田园到餐桌的距离，且更加安全和高效。3D打印技术出现后，从设计、生产到服务的产业链被大大压缩。而产业边界又在横向扩张，这就意味着未来无数条简短高效的产业链将组成庞大的产业经济网。

在大融合时代，大数据将所有产业链划分成“云”和“端”两个部分。根据大数据即服务的理念，大数据从纵向将所有产业划分为服务和供应两大产业。在大融合时代，或许只有服务和供应两大产业。云计算从大数据中挖掘消费的个性化需求服务，供应产业则整合设计、生产、物流来满足这种需求服务。

在颠覆经济结构的未来，国家、地区、城市、企业间的竞争格局将会发生改变。中国、印度是农业经济时代的霸主；英国、美国是工业时代的领导者；日本在电子时代称雄一时；韩国在信息时代快速崛起。电子产业快速互联网化的今天，日本传统电子产业逐步衰落，而美国依然是信息时代的领跑者。“金砖国家”的大数据、云计算和物联网的战略布局依然落后于美、日、韩、英等国。不过，物联网时代是“金砖国家”工业化和信息化同步提速，缩小差距甚至迎头赶上的有利时机。

美国互联网巨头凭借信息技术优势占领了技术制高点。亚马逊的绝对领导地位正在遭受谷歌、IBM、苹果、微软的挑战。谷歌云计算引擎Computer Engine表现不俗，其还在欧洲设立了三个数据中心；IBM着力于为用户提供基于OpenStack提供私有云服务以及相关应用；苹果的iCloud云服务实现了苹果系硬件同步。未来将会出现越来越多如谷歌、Facebook、苹果一样突然崛起的公司。当然，科技巨头的衰落也将比微软、诺基亚、柯达来得迅猛得多。

自2009年开始互联网巨头针对大数据领域的收购兼并已有数十起，涉及的企业包括EMC、IBM、Oracle和HP。其中最为活跃的当属EMC，先后收购了7家数据领域的创新企业。另外，EMC中国研究院下设了大数据、云基础构建、云平台与应用三个实验室。在中国，华为、中兴、阿里巴巴、腾讯、苏宁等公司已经有所行动。阿里巴巴确定了平台、金融和数据三大战略，并组建了云计算公司和阿里云数据平台。不过，多数公司处于战略摸索、技术准备、概念热炒阶段，如云电视。

云计算和大数据具有更为精准、快速和可预见性的特点，这将颠覆传统的国家管理、社会管理和企业管理的思维模式。相关机构可以通过谷歌搜索关键字（咳嗽、流感、感冒等）、气候信息、病史、其他国家流感情况等大数据的挖掘，判断和预测流感爆发的时间和面积。阿里巴巴也可以通过电子商务平台的销售信息、新闻资讯、社区信息等大数据的挖掘，分析国民经济的发展状况。正如马云所言，通过大数据可以知道经济将发生什么，这个国家将要发生什么。云计算和大数据为社会的预防应急管理提供了强大的技术支撑，同时也在向政府发起争夺统治权的挑战。

在企业管理层面，管理思想和商业模式的变革会更为突出。在产业融合之前，企业就必须在战略层面跳出原有产业思维的局限，站在产业融合的高度运用整合思维抓住新机遇。在管理层面，信息技术将管理标准化、流程化、制度化提升到新的高度，管理精英整合专业人才的能力成为企业的竞争优势，柔性管理、人本管理和艺术管理成为企业管理的核心竞争力。在经营层面，大供应、精益生产、个性服务越来越突出，企业应该压缩产业链，实现流程重组和再造，构建产业网，同时实现规模经济和范围经济。在营销层面，云营销会成为生力军，并着重体现在“精”和“湿”两个方面，创造需求、精确细分、精准定位、心理定价、个性生产、顾客设计、精准推广、柔性服务成为趋势。

未来，大数据、云计算和物联网带来的商业模式的颠覆是极其可怕的。商业模式变革是企业在价值实现上形成超越的撒手锏。可以预测，随着经济网的形成，传统价值链下的链模式被打破，取而代之的是多元化价值实现的网模式。在发展方向上，基础应用产品与增值应用产品将形成价值交换的网模式。然而，移动互联网正在破坏这种以“大水库”（平台）为核心的网模式，移动互联网中一个个“小水坑”（App）割裂了资源转移和交叉补贴的线路。不过，在大数据的支持下，以大数据为核心的一端多云的网模式即将形成。

对于普通大众而言，人们的生活会更加虚拟化，在虚拟世界中活动的时间会更长，当然虚拟世界会更加真实化。在20世纪60年代，哈佛大学的米尔格兰姆（Stanley Milgram）利用包裹作为其研究媒介完成了一次有意思的社会关系实验。该实验得出了著名的“六度空间”理论：世界上任意两个人之间建立联系，最多只需要6个人。Facebook、QQ空间等社交网站是“六度空间”理论的实践者，并正在改写这个理论。在微博上，泛社交理念大大缩短了人与人之间的距离。物联网时代，人与人之间的距离会更近，唯一能阻碍这种趋势的是人对隐私权的保护。未来，人与人之间面对面的交流会显得弥足珍贵且极为重要。

维克托教授最具洞见之处在于，他明确指出，大数据时代最大的转变就是，放弃对因果关系的渴求，而取而代之关注相关关系。也就是说人们只要知道“是什么”，而不需要知道“为什么”。这颠覆了千百年来人类的思维惯例，对人类的认知和与世界交流的方式提出了全新的挑战。

亚马逊推荐的书未必一定是你喜欢的书，当它出现时，你和大众一样都可能会说“Yes”，而没有认真考虑“Why”。为什么？因为亚马逊通过云计算和大数据在帮你选择需求概率最大的图书。未来，你可能还没来得及考虑甚至自己都不知道晚饭要吃什么，而冰箱就通过物联网将美食单推荐到你手机上。更有意思的是，你会对冰箱说：“亲，正合我意，Yes!”为什么？因为冰箱根据你的饮食记录、饮食偏好、食物营养、食物来源、季节气候等大数据分析得出你想要的美食。而你无需知道“为什么”，因为那是冰箱的工作。

就像人和电脑比猜拳，人经过多回合比拼后一定会输掉。因为电脑通过对你出拳信息的数据分析，能够发现你出拳的规律。可能你在中途会故意改变出拳规律，殊不知你这种“故意”也是电脑能够追踪的路径依赖。如果你通过抓阄的方式出拳，经过多回合较量，人和电脑会打成平手。电脑对这种完全等概率事件呈现出均等的相关性。类似于分析出拳规律这样的“为什么”的工作都是云计算在完成。

不过，《大数据时代》译者天才教授周涛则不这么认为，“放弃对因果性的追求，就是放弃了人类凌驾于计算机之上的智力优势，是人类自身的放纵和堕落”。

其实，机器在相关性方面的计算远超人类，却完全没有因果性的计算能力。人类超越其他生物和机器的第一思维就是“Why”，即思考因果关系。一直以来，计算机科学家进入了一个误区：让计算机听懂人的语言，并主动思考。实际上，计算机永远无法理解自然语言，也永远无法思考因果关系。大数据中云计算推演的“为什么”并非真正的因果性，而是精确的相关性。

与猜拳比拼不同，在围棋、象棋比拼中，人类能赢计算机。原因是，计算机纵然可以在棋局博弈中利用云计算精确地推演出每一步的相关性，并做出最有利的选择，却永远无法像人类一样思考“围魏救赵”“声东击西”“明修栈道，暗度陈仓”的因果性。

我们经常使用计算器、谷歌搜索等便捷工具解决问题，但是人类自身依然没有堕落，思维依然没有停滞。相反，今天乃至未来，人类会在宇宙起源、人类前途、情感心理、人际关系、竞争资源、艺术创作等更深层次的领域激发人类因果性思维的潜能。

第二章 软件与硬件融合：智能改变未来

一、移动控制终端：手机不再是手机

本书开头谈到苹果当下所面临的问题。从目前来看，能够威胁苹果手机霸主地位的对手主要是三星。数据显示，在全球智能手机市场中，三星最畅销，苹果最赚钱，两者难分伯仲。

在互联网时代，盈利往往不是判断创业公司成功与否的重要标准。亚马逊、谷歌、Facebook 等科技巨头都是在巨亏中快速崛起，并在占领市场后才实现盈利。互联网时代的商业模式是一个网状形态，业务之间的交叉补贴和资源转移非常多，也就是说企业收入来源多元化。正如谷歌不需要向用户收费，就可以从广告商中获得巨额广告费。京东刘强东的经营逻辑是，“在不该赚钱的时间点赚钱的公司都是愚蠢的”。并称“谁有钱谁就能获得更大市场”。当当正在被京东的市场规模打压。先占领市场后转型盈利，这就是互联网时代的商业逻辑：市场快速发展时期，市场份额比利润更重要；市场成熟期才是实现利润的最佳时机。

当年，微软就在这里栽了跟头。微软高层并不相信谷歌这种免费模式能够成功，并坚信捆绑销售模式，从操作系统销售中获取利润。事实上，微软确实在软件业务中赚得盘钵满盈，却被互联网时代所抛弃。令人担心的是，苹果会成为下一个微软。

在经济网时代，信息技术日新月异，新产品层出不穷，商业模式不断革新。要想驾驭经济网时代，理念上必须比这一切变得更快。

世界上第一部手机是由摩托罗拉公司工程技术员马丁·库帕于1973年4月发明的，马丁·库帕因此被称为现代“手机之父”，摩托罗拉也凭借其先发优势开启并见证了手机行业的发展历史。

移动通信技术的革命推动手机行业的发展，因此手机也通常以移动通信技术名称来命名。1995年，第一代移动通信技术（1G）催生了1G手机，中国大陆很少人使用过1G手机，但是在欧美、香港影片中，我们经常看到的像砖头般大的“大哥大”就是1G手机。1G手机只能进行语音通话，收讯效果差，无法接收数据。随着第二代移动通信数字技术的快速发展，两年之后，第二代移动通信数字技术手机（2G手机）取代了1G手机。诺基亚以价格低廉质量过硬的优势很快取代摩托罗拉成为2G时代的霸主，并促进2G手机在全球范围内普及。

随着第三代移动通信数字技术革新和爆炸性应用，在短短几年的时间，3G手机如脱缰野马一路狂奔，苹果异军突起，诺基亚不幸落败。我无需对3G手机过多解释，因为全球有超过10亿用户正在体验它。今天，美国人使用移动设备时80%的时间都在使用应用程序，智能手机完全颠覆了传统手机。

由于与联通、电信在3G市场竞争中处于落后被动的态势，中国移动加快4G网络建设与布局。不过，人们也不再关心手机是3G还是4G。因为今天人们已经不再用移动通信技术来定义手机。

iPhone重新定义了手机，“再一次改变了世界”。iPhone让手机从移动通信世界中跳出来，成为移动终端设备。“三网”融合之后不管是4G还是移动互联网都只是信息高速公路，智能手机是在信息高速公路上疾驰的跑车。

未来的互联网都是移动互联网。随着移动互联网与移动通信网融合，互联网公司纷纷角逐智能手机，以占领移动互联网的先机。自从金山软件董事长雷军推出小米手机之后，阿里巴巴、百度、腾讯、新浪、奇虎、网易、盛大等互联网巨头纷纷携手手机厂商推出智能手机。国外，亚马逊、谷歌、微软、Facebook 都在尝试做智能手机。更为可怕的是，谷歌收购了摩托罗拉（后转让给了联想公司），微软与诺基亚“联姻”（如今后者成为了“弃儿”）。传统手机厂商已经彻底衰败，并正在被互联网企业吞噬。

这是一种人类产业发展史上前所未有的现象。手机产业并不是像以前的火柴产业一样被替代，相反与互联网产业融合之后进入智能时代形成大爆发局面。为什么传统手机厂商会衰败？难道手机行业真的要被互联网行业统治？这种现象下面蕴藏着怎样的商业逻辑？

也有不少人唱衰互联网企业做手机。李开复认为，互联网公司做手机会失败不仅是因为企业基因不同，更主要的是这些企业只是“不以用户需求为使命，而为嵌入自己服务为目标，无法得到用户口碑”。同时指出，“不愿意嵌入用户爱戴的竞争对手的服务会被诟病”。

李开复以基因论和动机论唱衰互联网企业做手机。不过，动机论可以技术层面来掩饰，基因论也不完全成立，要知道诺基亚曾卖木材，三星曾卖面。从产业发展和融合角度更能够理解这种商业的逻辑。

值得注意的是，功能手机体现工业时代的分工特点，智能手机则体现经济网时代的竞争协同。用户选择功能机时更多地关注质量和价格，而不是用户体验。当互联网与手机融合之后，智能手机的用户体验大大加强，并拉近了手机产业链与用户的距离。质量和价格不再是用户关注的焦点，设计、触屏、CPU、操作系统、应用程序等一系列形成的用户体验才是用户所关注的。诺基亚一位工程师一句话道出了诺基亚衰败的根源：在 iPhone 刚面市时，我们给它做了抗摔测试，结果很糟糕，以此断定 iPhone 无前途。

无法跳出传统手机产业的思维局限和难以果断转型，这是大多数传统手机厂商落败的根本原因。手机智能化后，手机产业发生深刻变化：整个产业与用户更为接近，产业链每一个环节都不可忽视，产业重心由制造向用户体验转移；商业模式由单一硬件销售向平台化增值服务模式转变。

这种变化要求手机厂商聚焦于全产业链的用户体验，而缺乏互联网基因的传统手机厂商往往无法完成复杂的操作系统、应用程序的构建。此时，互联网企业就有机可乘。但是，互联网企业就一定能够实现全产业链的用户体验？

事实上，互联网与传统手机厂商一样都面临巨大的挑战。于是，竞争协同就成为了经济网时代主流竞争形态。正如周鸿祎在回应李开复唱衰论中辩解：“所以360自己不做手机，而是借助360对互联网的理解和资源帮助手机厂商转型互联网模式。”实际上是，二者相互协同促进。

阿里巴巴与天语合作、360与国虹合作都是互联网公司的内容优势和传统手机公司的渠道、服务优势的结合；百度与戴尔合作，为后者提供操作系统，并植入百度相关应用程序；新浪与HTC合作方式比较简单，只是新浪应用程序的植入。

为什么是互联网企业主导传统手机厂商？

从全球范围来看，互联网企业确实比手机厂商更为强势。“微诺联姻”后，诺基亚依然为微软单独推出手机而惴惴不安，最终诺基亚的担心成真。谁更能控制顾客，谁就拥有更大的主动权，谁就获得更大的利益。这是适用于所有产业的商业定律。在整个产业链形成的用户体验中，操作系统和应用程序平台显得尤为重要，且控制了用户的钱袋（移动市场的营收模式主要依靠互联网增值服务），互联网企业因此获得更大的主导权。

一些互联网企业与手机厂商合作，只是为了嵌入自己的服务，争夺移动互联网的入口。如360手机主推安全概念，阿里手机主打网购优势，Facebook Home主打社交。而手机的用户体验好坏关系手机厂商生死存亡。互联网企业的短视很可能伤害手机厂商的同时错失移动互联网发展的良机。

微软与诺基亚虽然联盟但依然各怀鬼胎；三星与安卓精诚合作抗击苹果，如今却有分道扬镳之势；谷歌收购摩托罗拉后尚无起色。这些说明跨产业协同的艰难性和竞争性。

与跨产业协同模式相比，苹果显得独一无二。苹果利用其强大的软件和硬件技术，构建了“iPhone + App Store”的封闭生态系统。小米手机正打着互联网公司的旗号模仿苹果模式。雷军也清楚地认识到小米与苹果的差距："苹果爬的是珠穆朗玛峰的南坡，小米是北坡。小米做不了，也不想做苹果。"

苹果的综合实力是打造封闭生态系统的前提。不过，苹果模式正在遭到庞大的安卓系特别是三星的挑战。三星在市场份额上超越苹果占据榜首后，投资界、IT界、媒体界对苹果的质疑声四起。苹果对外界的质疑并未置若罔闻，甚至在产品方面做出调整。

当竞争对手咄咄逼人之时，企业一定要稳住阵脚，认真分析自己与竞争对手的优劣势，不可盲目自废武功。在传统的互联网商业模式理念中，基础平台控制用户，增值服务获取收益。如安卓系统开放先占领市场，再应用程序收费。据此，安卓系应该是这种商业模式的主流趋势，而苹果会因封闭生态系统导致基础平台用户不足而落败。而事实是，苹果成功了，至今也没有失败。

值得注意的是，以上推理的前提是根据传统的互联网商业模式理念。而iPhone身处移动互联网之中，传统的互联网商业模式理念适用于移动互联网，但不完全。基础平台+增值服务的商业模式已经非常普遍，最典型的是免费模式。中国是互联网免费模式实践的前沿阵地，免费模式成就了阿里巴巴、腾讯、百度等巨头。

不过，当这些巨头正想借助这种免费模式在移动互联网中再创辉煌时，恰恰又是这种模式绊住了他们的双腿。中国网民已经尝到了免费模式的甜头，以至于依然想在移动应用中免费到底。苹果公司在中国市场的发展困惑也源于此。根据艾瑞网统计，2012年中国手机游戏、手机电商市场份额不过189亿元，智能手机年出货量2.24亿部，均摊到每部智能手机上不足90元。这说明，先低价智能机占领市场后通过增值服务创收的模式在中国有待成熟。不可否认，这必然是个趋势。

还有一个趋势却被大多数人忽略。在移动互联网市场上，当互联网的效率与智能产品的品牌结合之后，原有商业模式注入了更强的品牌理念。因此，原有商业模式催生出高价智能手机+深度增值服务的模式，这种模式就是苹果首创。

在传统互联网世界中，用户对谷歌、新浪、腾讯的关注更多体现在效率、安全、信任和初级用户体验上；在移动互联网的世界中，用户对实体智能产品的品牌、用户体验、心理情感、品位地位、自我实现方面有更高的追求。在手机视频媒体公司 Vuclip 开展的一项调查显示，61% 的受访男性认为，他人最先注意到自身的不是衣服、汽车、眼镜，而是手机品牌。

与 PC 相比，智能手机更强调用户体验。你可能对 Window 8 捆绑的 Out-Look 无视，却无法容忍智能手机被植入金山杀毒软件。即使送给你一台高级智能化的奥拓或一台高级智能化的国产电视机放在客厅，你或许感觉很伤自尊。这就是智能产品与传统互联网不一样的理念，也就形成两种并行的模式。

从细分市场的角度来看，iPhone 和安卓系并非完全是竞争对手，大量低价智能机面对的用户与 iPhone 不同。如果苹果推出 iPhone 低价机，这将极大地伤害“果粉”的品牌自尊心和苹果的品牌价值，并将陷入安卓系的红海之中；如果苹果开放 ios 系统，苹果所构建的生态系统就前功尽弃，优势荡然无存。在苹果的生态系统中，高端用户的品牌忠诚和应用程序的深度消费是其两大优势。这也是苹果获得巨额利润的逻辑所在。三星与苹果各走各的路，苹果最佳战略是以不变应对三星，只要继续做好自己的生态系统。不过，前提是苹果能够做到。

在智能时代，包括智能电视、智能汽车、智能手表在内的大量智能产品都将形成这两种极端又并行的产品形态和商业模式。大众化智能产品：以量取胜，先通过低价产品占领庞大的市场份额，再通过应用程序获利；高端品牌智能产品：以质取胜，先通过高端品牌控制高端用户，再通过应用程序的深度消费巨额利润。

不过，苹果也必须做出一些改变。这些改变不是因为三星，而是外部环境正在快速变化。三星也和苹果一样面临外部环境的考验。全球智能手机市场逐渐饱和，高端智能手机更是增长有限。市场的瞬息万变远远超过我们的想象，苹果、三星不得不提前做好准备。要知道，就在 2007 年，诺基亚的市场份额还高居全球第一，达到 40%；而排名第二的三星只有

14%，苹果才刚推出 iPhone 一代。三年之后，苹果、三星横扫诺基亚、摩托罗拉，智能手机完全取代功能手机成为行业主流。

实际上，智能手机从键盘到触屏、窄屏到宽屏，iPhone 出现后已经被定义了。之后的智能手机都只是在硬件和软件上进行用户体验的技术升级。

大众的群体性审美观和科技观远落后于设计精英和技术精英。大众对设计的欣赏和技术的使用有一个适应过程。智能手机进化的主旋律绝非"更大、更快、更薄、更清晰"，CPU 配置绝非越高越好。在一定时间段，大众对手机设计与配置有一个相对恒定的认知。今天很多产品的最新技术实际上是技术公司几年前已开发出来，技术进入市场是一个按需投放的过程。

未来智能手机领域的竞争，演变成以用户体验为核心的软硬件综合升级战（软件升级战更为激烈）。腾讯科技雷霆第 2 期开展了一项关于智能手机创新的网络调查："哪些提升能吸引你?"最多为软件新功能（21.8%），其次是 CPU 和内存、屏幕尺寸和分辨率；用户最期待的突破是"要真的智能起来"（42.48%）和交互体验再度革命（29.75%）。归结起来，未来智能手机还是围绕"智能体验"而发展，智能软件的升级成为竞争的焦点。在大众用户需求与认知尚未改变之前，不管软硬件如何升级，智能手机还是智能手机，竞争就会很残酷和激烈。

竞争的突破口来自重新定义智能手机，重新定义源于产业融合，产业融合的驱动力是用户需求与认知的改变。用户需求与认知的改变促使苹果重新定义了手机。而下场定义革命正在用户需求变化推进的产业融合中悄悄酝酿。

现在的智能手机已经是集上网、游戏、音频播放、照相、摄影、GPS 等多功能于一体的移动终端。不过，这还远远不够。你或许想过通过手机控制电脑、电视机，甚至下班途中利用手机打开家里的热水器。你这种想法正在推进一场空前的产业融合——物联网，并正在重新定义手机——移动控制终端。

Galaxy S4 有一项容易被人忽视的技术——红外线 LED，有了它手机可进行远程控制。这项技术并不复杂，但是它体现的远程控制却是未来手机革命性变革的方向。谷歌最新申请了一项控制专利，即可以让穿戴式设备借助无线网络来控制周围的物体。如果这项技术应用于谷歌眼镜，那么谷歌眼镜会使用视觉识别，通过比如 RFID、蓝牙、红外线甚至是 QR 码，来识别并控制电视、冰箱、车库等设备。

未来五年，主打互联网功能、拥有丰富互联网应用的云手机会成为主流，本地化应用受限于用户体验等因素，将逐渐被淘汰。手机会在云计算的推动下走向云端，云应用大大加强了用户体验。不过，这不是智能手机的终点。

未来，随着家电、电力、楼宇、汽车等与信息产业结合并形成物联网，手机将成为物联网中的移动控制器。IT 人士蒋平中认为，智能手机其实是物联网建设中最重要的一个环节，它是所有物体互联的控制器。

谷歌负责 Android 业务的高级副总裁安迪·鲁宾曾表示，要让用户手中的设备能和家中的其他设备相互连通，就像现在很多手机企业普遍使用 Android 操作系统一样，在不久的将来，闹钟、洗衣机、电冰箱、照明灯等所有的家电器材都将会使用到 Android。

在物联网中，个人云将成为未来移动终端的核心，通过个人云控制设备是智能手机的未来趋势。届时，控制云应用将大有可为，手机所获取的信息量将大大增加。各个控制端形成的内容挖掘成为手机的主体，而手机功能会更强大但难免被分化。摄像机、平板电脑、电子阅读器、智能眼镜等将强化专业性以分化手机功能。

最近，三星公司的研究人员开发了一款智能手机，可以检测人的情绪。该手机没有利用专用传感器或相机，而是根据用户使用手机的方式来推测其情绪状态。软件的机器学习算法能够检测到这种情绪状态，精确率为 67.5%。该项工作小组的研究员霍萨博·李认为，将来会有更多的潜在应用。他说：“如果知道了每个用户的情绪，我们就能够提供更多的个性化服务。”难道未来的手机还能控制人的情绪？

机器永远不可能具备像人类一样的因果性思维，也就不可能统治人类。但机器却可以通过人类难以企及的相关性计算，接近人类的思维、情感与心理，与人类形成交流。正如吴军博士在其著作《数学之美》中所言：“文字和语言与数学，从产生起原本就有相通性，虽然它们的发展一度分道扬镳，但是最终还是能走到一起。”

大数据将大大提升手机的智能化体验和终端控制功能。手机可以通过分析用户的语言、语速、短信、操作速度等信息转化的数据，判断用户的情绪，以提供相应的提示或服务。在物联网中，所有终端所产生的信息都可以发送到云端，云计算分析数据得出相应的结论后，通过手机提示用户。例如，你在办公室刚对下属发完脾气，又急匆匆地外出打开车门开启发动机引擎。此时，你的手机可能会提醒你：开心驾驶，注意安全。因为你发脾气的信息可能被你办公室的电脑或手机记录，急匆匆开车门的信息也被汽车记录，而这些信息都被发送到手机中，通过相关性计算得出情绪焦躁的结论并做出提示。当你下班之时，你的手机已经帮你计算了各路交通状况、路程、天气等信息数据得出最佳回家路线。

手机已经经历了从移动通信设备（功能机）到移动智能终端（智能机）的变革，并继续向云移动智能终端（云手机）、移动控制终端变革。大数据、云计算和人机交换将成为颠覆手机产业的重要力量。每一次变革都将颠覆整个产业甚至多个领域，必将重新定义手机。未来，手机不再是手机。

二、客厅娱乐平板：电视不再是电视

自20世纪70年代，信息大潮开始席卷全球，电子制造产业融入其中，并形成今天所称的“电子信息产业”。通信设备、计算机、视听设备及导航设备与信息产业融合之后形成颠覆性创新。其中，计算机与手机带来革命性的融合效应，计算机创造了互联网时代，手机创造了移动互联网时代。下一个会是谁？

智能家电！在2013年初的拉斯维加斯国际消费电子展（CES）上，除了传统的手机、电脑，智能家电和家居领域同样是最热门的亮点。而电视将会成为家电产品融入信息产业的先行者。具备媒体化特点的智能电视最有可能成为继计算机、智能手机之后的第三种信息访问终端。从 2011 年到 2012 年已经扩展 4 倍之多，2013 年达到 2600 万台，产品渗漏率将达到 90%，智能电视到 2015 年将超过 90%。

电视产业拥抱信息产业是产业融合规律使然，也是电视产业自我救赎的绝佳机会。在 PC、平板电脑、智能手机的冲击下，电视已经被不少人特别是消费能力强的年轻人所忽略，已经成为家庭主妇和中老年人的专属品。调查显示，北京地区的电视开机率仅为 30%，跟三年前相比下降了 40%。

手机、计算机和电视原本各司其职，缘何对后者形成打击？电视失宠的实质是，传统媒体与新媒体——互联网、移动互联网竞争落败的必然结果。新媒体互交、共享、移动的 2.0 竞争优势是电视等传统媒体不具备的。另外，介入电视的广播电视网络和移动通信网一样，不具有互联网的增值业务平台。不仅仅是电视，报纸、杂志、图书、广播等传统媒体已经日薄西山。那么，电视能够摆脱淘汰宿命吗？

智能电视在传统电视基础上往高清化、网络化、智能化发展。智能电视改变宿命的不是智能化，而是网络化。“三网”融合之后，电视的媒体特征将被颠覆，电视将从传统媒体进入新媒体。与传统电视不同，智能电视与新媒体一样拥有互交、共享的 2.0 特征，已经完全进入新媒体行列。

不仅仅是媒体特征被颠覆，电视也将像当年手机一样被重新定义。试想一下，一台接入互联网、拥有操作系统、可以下载应用程序、可触屏的智能电视还是电视吗？这无疑是一台超大屏幕的平板电脑。电视、计算机、互联网完全融合之后，智能电视与平板电脑并无本质区别，只有屏幕尺寸之差。这意味着，智能电视被重新定义的时代即将来临，电视与信息产业融合催生了一种新型产品——客厅娱乐平板。

事实上，不管未来的手机（移动控制终端）有多强大都不可能统治一切，相反智能产品专业化是不可抗拒的趋势。这就是智能电视存在的理由。智能电视机绝对不会成为大号的平板电脑，平板电脑也不会对智能电视构成太大的威胁。因为功能差异化是未来智能产品生存的王道。正如智能手机与电脑并无本质区别，但是智能手机主打移动通信与移动娱乐，电脑主打信息处理。客厅娱乐平板（智能电视）将会突出客厅与娱乐两个方向：客厅意味着大屏、高清、难以移动以及拥有足够的社交空间；娱乐强调可多人面对面互交共享。而平板电脑的移动娱乐与网络互交共享的特征更为明显。

当然，随着信息技术和电子技术进步，未来的电视影像或许可以在任何介质上呈现，也可以任意缩放。届时，我们确实难以区分电视和平板电脑。不过，那时的客厅娱乐平板将不复存在，电视将再一次被定义。

当下是智能电视爆发的前夜，是平板电脑和智能手机对电视市场挤压最严重的时期。随着智能电视时代的到来，客厅娱乐平板将与平板电脑和智能手机共同争夺消费者的时间资源。智能电视将挽救电视产业重新将年轻人留在客厅与老人孩子共享快乐生活。正如乐视网 CTO 杨永强所言：“它（智能电视）有望成为家庭智能娱乐中心的核心，让年轻人的娱乐回归客厅，让儿童拓展视野、寓教于乐，让老年人享受到数字化夕阳红生活。”

智能电视只要做好“分内之事”，以产业融合的理念做好电视本身，依然可以成为家庭智能娱乐中心的核心。电视机可供多人娱乐、增进家庭交流与情感的作用是平板电脑和手机无可比拟的。

零点研究咨询集团调查显示，在智能电视的众多功能中，消费者最普遍的需求是“在线点播收看影视剧”，有 88% 的消费者提出此需求；其次是“收看电视节目”（77.9%）；消费者对从应用商店下载使用各种应用程序的需求明显低于其他，但也占到 51.9%。

这个调查结果充分体现了中国智能电视产业的发展趋势及主要问题。首先，消费者对“在线点播收看影视剧”的需求已经超过了“收看电视节目”，这意味着智能电视的网络化迎来绝佳的发展机会，在线影视剧点播将成为智能电视用户最普遍的需求。

在美国，电视依然是家庭娱乐的核心，这是因为美国电视产业拥有非常丰厚的影视积累，影视资源的品质一直对网络平台形成压倒性优势。在中国，层出不穷的“抗日神剧”、翻拍烂片把观众赶到了互联网上。所以，高质量的影视剧资源是智能电视生存的根本。

在线影视剧点播与收看电视节目的需求比重高于“从应用商店下载使用各种应用程序”，这说明智能电视不会变成真正意义上的平板电脑，其的核心需求还是收看影视剧。但是，用户对下载应用程序的需求也得到了51.9%，这又说明与传统电视不同，智能电视需要在应用程序方面大力拓展。这两个结论并不矛盾。未来，智能电视作为客厅娱乐平板，在电脑的互交共享与应用程序下载的基本功能上，强化和突出影视点播与收看的娱乐功能。

不过可以预测，未来用户对智能电视的下载应用程序、浏览资讯、处理信息、在线点播等网络化需求将会扩大。因为用户的网络化需求受制于目前智能电视的笨拙操作。根据零点研究咨询集团的调查，有85.2%的受调查人群表示需要智能电视操作简单，有52.6%的人认为使用现有遥控板操作不便。

智能电视网络化操作复杂和用户体验感差是目前智能电视亟须解决的问题。目前，智能电视用户的网络平台和在线点播的访问量很低，智能电视不幸沦为普通电视。问题突破点都聚焦在遥控器上。

近年来，苹果手机的操作简单和体验感强使其备受用户青睐。不过，与触手可及的手机相比，电视机的控制和体验要更难得多。电视触屏功能无法从根本上解决问题，极简的远程操作触屏将成为智能电视突破的方向。以前，鼠标的主动控制优势领先于遥控器，而远程操作触屏出现后，这一切将发生改变。远程操作触屏直接推动电视由传统媒体向互交共享的新媒体转变。远程操作触屏让用户掌控收看、传播、互交、共享的主动权，人们不再被动地收看电视节目。

“传统的电视是一点对多点的广播式传输，受众是被动地接受，与互联网的精神背离。”易观国际新媒体业务中心总经理荆雷说，“电视正在从传统的广播式传输向互联网化改造。”

零点的调查还显示，有 76.2% 的访问者对智能电视提出外接智能手机、Pad、电脑等数码设备的需求。无线数码设备控制也是智能电视简化操作、增强体验的重要途径。正如 Galaxy S4 的红外线 LED 具备远程控制功能。这种控制会通过无线互联网或物联网来实现。未来，手机将成为超级移动控制终端，必然通过物联网控制智能电视。

智能电视被认为是乔布斯在人生的最后时刻想要攻破的堡垒。《乔布斯传》如此描述乔布斯的设想：“乔布斯希望创建一款完全易用的整合电视，能够与用户所有设备和 iCloud 无缝同步，无须在各种遥控器之间切换，拥有最简单的用户界面。”

不管是远程操作触屏还是其他数码设备都将带来智能电视的突破性提升。再加上日益成熟的虚拟现实、体感控制和语音控制技术，智能电视的操作体验感将大幅度提升。届时，人们只要动动手指或说说话就可以玩转大屏幕，智能电视才真正实现革命性颠覆。

2013 年是智能电视普及之年，如智能手机普及之时一样，一场血战已经不可避免。中国电视厂商继续推行“宁死千次而不错过一次”的中国式试错法则，打出“互联网电视”“云电视”的旗号，率先进军智能电视市场。而国际家电巨头则奉行“不试错一次”的谨慎原则，重点在技术环节上突破。

不过，智能电视领域的竞争已经不仅仅是国内电视厂商与国际电视厂商之间的角逐。与智能手机一样，智能电视是产业融合的产业，必将引起跨产业竞争。在国际上，IT 行业与家电行业的巨头都已经吹响“占领客厅”进攻号角。当下中国电视厂商打响了“核战”，未来的战场在应用平台与内容。这是智能设备市场的竞争规律决定的：前期主要比拼硬件，后期主要依靠应用平台与内容取胜。

自 1925 年 10 月 2 日“电视之父”苏格兰人约翰·洛吉·贝尔德发明电视机以来，电视产业历经 80 余年的光辉历程。今天，电视产业将融入信息大潮，并进入前所未有的智能时代，电视也将被重新定义。然而，这一切已经不是电视厂商说了算，电视厂商将面临 IT 巨头的激烈竞争。

严格意义上说，智能电视并非由电视厂商发明的，而是 IT 巨头微软和谷歌。虽然世界上第一台智能手机是由传统手机厂商摩托罗拉发明的天拓 A6188，但是最终 IT 巨头成为智能手机时代的统治者。

微软在与苹果、三星、谷歌抢夺移动互联网入口和服务战中落败。这一次正在拉开客厅入口与服务的战役，相信微软不想重蹈覆辙。微软正在实施一个“基于云的电视平台”的宏大计划，并已经推出了 XBOX。微软 CEO 鲍尔默对 XBOX 寄予厚望：“XBOX 正在向任何游戏系统都无法企及的目标迈进。XBOX 将成为家庭娱乐中心。它不仅是一个游戏系统，还是你欣赏电影、电视和体育赛事的平台。你的所有社交互动直接在家中的大屏幕上进行。”

在这场互联网下一个入口争夺战中，苹果和谷歌正在积极备战。苹果已经推出了 itv 电视机顶盒试图抢得先机。在乔布斯临走前，苹果公司公布了“抢占数字化居室”战略，正式进军智能电视市场。谷歌的安卓系统已经遍布国内智能电视，并推出了 Google TV。

不过，Google TV 遭到美国三大电视台的联合封杀，并受到迪士尼、NBC 环球和新闻集团合资的视频网站 Hulu 的联合抵制。这体现了传统电视势力对 IT 企业渗透势力的敌视。

智能电视的出现推动电视产业深度变革：电视产业的边界正在延展，并与 IT 产业融合，单一产业分工合作变成跨产业竞争协同；与智能手机产业一样，智能电视产业链整体往前移，重心向用户终端服务转移；商业模式由原来的单一线性收费模式变成以增值服务为基础的多元化网状收费模式。

在由内容、传输、终端设备、用户组成的原有闭合产业链中，影视公司、广电公司、电视厂商只要控制各自环节便可获得收益。如今，这种闭合产业链和利益格局被打破。由于互联网的接入，用户在内容和网络选择上具有更大选择权，闭合产业链被破坏并向开发产业网发展。与智能手机竞争格局相似，IT 企业在控制用户终端服务方面具有更大优势。他们正在全面吞食内容提供、网络传播、终端设备的市场份额。

更糟糕的是，在大数据时代，掌控电视操作系统及影视、应用平台的互联网公司拥有观众收视、换台、下载、时间等形成的大数据，这些数据将对影视制作到播放各环节而言都具有重要意义。IT 公司通过大数据更加接近观众，更了解和更能掌控观众需求。IT 公司如果将大数据服务与互联网视频服务结合，影视公司则被架空。

能统计美国 2.5 万户家庭的收视行为的尼尔森一直是电视节目收视率的权威机构，但近年来它的影响力日渐式微。人们发现，尼尔森收视率排行榜上的电视剧越来越难看。当然，这并不是美国影视制作水平下降，而是尼尔森收视率调查的传统权威渠道正在遭遇挑战。如今除了电视，观众还可以在智能手机、平板电脑、Apple TV、iTunes 等渠道上收看影视剧——这些平台和设备上的收视率都不会反映在尼尔森的调查上。

媒体业已经进入制播分离的多频时代，一个影视资源在多媒体平台播放已经习以为常。近两年，风靡夏天的《中国好声音》获得超高的收视率，根据央视索福瑞 CSM46 城收视率统计，《中国好声音》第二季第一集收视率 3.62，在当天全国所有节目中排名第一。与此同时，节目播出的 48 小时内，超过 3000 万用户通过搜狐视频反复观看消费中国好声音，创造了超过 1.2 亿的播放量。搜狐视频仅仅用三个月的时间就收回了成本，第二季《中国好声音》给搜狐视频带来的广告收入可能超过两亿元。这一数据意味着搜狐视频成为行业内首次依靠一档综艺节目实现盈利的企业。

更重要的是，人们除了收看影视剧，还会在 Twitter、Facebook 等平台上发表影视观点。在最高峰的时间，Twitter 上 40% 的流量都是有关电视节目的。一部电视剧的 Twitter 关注度和收视率可能同等重要，叫座不一定叫好，叫好不一定叫座。因此，基于收视率、新闻评论等影视大数据将取代尼尔森传统收视率调查方式。不过，尼尔森也做出了改变，收购了 SocialGuide，开始与 Twitter 进行合作，以开展更全面的覆盖网络渠道的收视率调查。

可见 IT 企业对电视产业的改变是极其可怕的。他们早已宣布“智能电视即PC”的口号，认为电视被基于互联技术的智能化后变成PC。他们正在利用互联网技术和理念改变电视产业，试图成为智能电视产业真正的主人。索尼、三星等传统电视厂商则不以为然，认为智能电视依然是以显像技术和影视内容为基础，与PC有本质区别。

不过，对于传统电视厂商而言，要整合由面板厂商、芯片厂商、操作系统供应商、内容集成播控平台、内容供应商、互联网供应商、App应用和配件厂商组成的整个产业链，打造闭合产业生态系统绝非易事。

与智能手机一样，当用户掌控了主动，用户体验就显得极其重要。智能手机小屏（相对于智能电视）突显感官体验，智能电视大屏突显视觉体验。这就意味着产业生态系统中的每个环节都很重要，都要向用户体验看齐。打造基于用户体验的生态产业系统并非电视厂商或IT企业一人之力可成。

与智能手机产业一样，竞争协同成为主流趋势。谷歌更具协同精神，为索尼、创维、TCL等传统家电厂商提供操作系统支持；与三星携手推出“YouTube on TV”服务，并准备推出大量的智能电视应用程序。谷歌还用1亿美元为YouTube加载了很多原创的内容，强化了内容平台。可以看出，谷歌在操作系统平台和影视内容平台上具备较强的优势。而三星巩固原有硬件设备市场，正在拓展应用程序平台。智能电视与其他智能设备连接后，庞大的三星智能手机和电脑用户将成为对手不可忽视的优势。

微软设想用互联网解放手机的方式解放电视。不过，微软由于在互联网和移动互联网方面的优势不足，将面临很大的困难。或许，微软会利用自身传统业务优势——操作系统，与传统电视厂商合作。

这种协同方式尚未形成完整的商业模式。不过，IT界普遍认为，在平板电脑、智能手机领域已经成功的模式将会移植到智能电视中。这就意味着，“硬件+软件+内容”的模式会在智能电视中出现。依据互联网商业模式理念，协同者都会利用低价策略促使电视品牌和操作系统率先占领市场，然后通过应用程序和内容服务获利。最终，通过交叉补贴合理分配收益。这就是“低价智能机+网络增值服务”模式。

这只是其一。之前提到，智能产品时代还有一种苹果公司开创的“高端智能机+深度增值服务”模式。在智能电视市场中，苹果也就成为最值得期待的公司。苹果能否把在iPhone、iPad移动领域的商业模式和辉煌成就拓展至家电市场，像颠覆手机、PC产业一样颠覆电视产业？如果苹果推出自有电视品牌iTV，并与苹果系设备、iCloud无缝同步链接，这可能形成巨大的品牌、客户传导效益。

我们不得不承认，互联网企业统治世界的力量。在智能电视领域的商业模式构建中，互联网企业巨头依然处于强势地位。创维、长虹、康佳等传统电视厂商在网络业务拓展方面显得心有余而力不足，而在营销方面则有过之而无不及。海尔已经提出“网络化战略”，却没有看到商业模式的构建。

不过，我相信，互联网企业在智能电视市场不可能像在智能手机市场一样兴风作浪，形成全面压倒之势。这是由智能电视的属性决定——智能电视不可能成为真正意义上的平板电脑而是客厅娱乐平板，其功能价值是客厅娱乐。

“高端智能机+深度增值服务”模式一定会存在，一定会有公司（如苹果）推出自主品牌的高端电视，并打造产业生态系统。“低价智能机+网络增值服务”模式也必然存在，但不会像在智能手机领域一样大行其道。低价智能电视也不会像低价智能手机一样泛滥。因为广电运营商能够给予智能电视的补贴远不如移动运营商给予智能手机。运营商可以通过手机产生的无封顶通信资费直接补贴手机，从而形成“充话费送手机”的销售捆绑模式；而广电运营商的电视资费固定且有限，无法形成“充电视资费送电视”的销售捆绑模式。

除了网络资费补贴有限，智能电视中应用程序的收益不如智能手机。毕竟，智能电视还是点播和收看影视为主。

值得注意的是，在大数据时代，大数据是企业甚至整个产业的核心资产，智能电视领域的大数据或许会成为商业模式创新的突破口。

从营销的角度，智能电视更新换代周期缩短但是依然不如智能手机，消费者购买智能电视时会更谨慎并有品质倾向。

综合以上因素，低价位智能电视不会太泛滥，中价位产品会兴起。这就意味着，传统电视厂商控制的收益比重不会锐减，而互联网企业控制的收益比重相比智能手机领域有所下降。互联网企业的产业统治力自然减弱。决定产业统治力的领域在于在线点播影视。因为在线点播影视将成为智能电视主要的增值收益来源。

在线点播影视平台与资源争夺是一场跨产业的大会战。除了传统家电厂商，影视传媒公司、广电运营商、通信营运商都将大举进入该领域。影视传媒公司拥有高质量资源优势，运营商拥有网络优势，互联网企业面临的竞争压力不小。

在三网融合的推进下，这场战役已经提前打响，竞争的焦点也提前到了盒子上。因为控制了盒子，就控制了网络接入端口和影视点播平台。目前，电信运营商主推的 IPTV 网络接入、互联网企业推行的 OTT（Over The Top，基于开放互联网的视频服务）接入与有限数字电视网接入三者角逐。

电信运营商已经发放了大量盒子，通过专有网实现 IPTV 接入。互联网企业推行的 OTT 试图打破这种模式，强调与物联网络无关联的互联网接入，实现内容集中与平台分发的统一。数字电视接入是广电公司原有业务。三者竞争涉及大量的政策限制和利益集团。

近年来，中国移动在政策限制下依然想方设法进入固网市场。中国移动的移动业务出现衰退趋势，2012 年 11 月中国移动新增用户仅 380 万，创七年来新低；2012 年中国移动语音业务利润出现十年来首降的同比负增长，为 -0.5%；而无线上网业务则快速增长，流量同比增长 187.6%。传统语音业务增长有限甚至衰退以及来自互联网的威胁迫使中国移动亟须进入固网，分食三网融合形成的大蛋糕。

广电总局成立的中国广播电视网络有限公司获得财政部 45 亿元注资，并可能获得固网牌照。不过，与动辄千亿的固网建设费用相比，45 亿元注册资本无疑是杯水车薪。广电总局非常明白，要抗衡电信运营商就必须联合互联网企业推行 OTT 模式。

2011年10月28日广电总局发布了181号文件《关于印发“持有互联网电视牌照机构运营管理要求”的通知》，推动中国OTT合法化，但仅有中国网络电视台、百视通、杭州华数、南方传媒、湖南电视台、中国国际广播电台和中央人民广播电台七家公司获得经营权。

政策一出，意味着已经推出盒子的小米和乐视面临无牌照风险。不过，2013年初，小米和乐视最终都通过与CNTV合作获得经营合法化。这意味着，传统势力已经无法阻止互联网企业进入该竞争市场。或许，腾讯、新浪等互联网企业很快会获得虚拟网络运营商牌照。

目前，互联网企业中乐视的行动力强。除了推出机顶盒，乐视还大力发展应用商店Letv Store，并与创维、康佳、海尔等电视厂商达成合作，植入其智能电视中。

2012年12月21日，工信部联合五大部门发布《关于普及地面数字电视接收机的实施意见》，要求从2014年1月1日起，境内市场销售的40英寸及以上电视机需具备地面数字电视接收功能。而从2015年起，境内销售的所有电视机都应具备地面数字电视接收功能，即“无盒化”。这对“盒子们”形成不小的打击。不过，电视厂商又获得更多的主动。

随着“三网”融合的推进，政策限制将无法阻挡互联网的疯狂。电信运营商的IPTV提供的视频仅能在电视进行显示。互联网提供的庞大内容信息，可以实现笔记本、PAD、手机连接显示的优势，这是电信运营商无法比拟的。网络提供商不可避免地沦为“管道商”。

互联网企业依然会是智能电视领域角逐的主角，但是并不轻松。互联网企业还是能够将伴随着互联网长大的一批人拉回到客厅玩转智能电视。不过，互联网企业要做的不是将智能电视做成PC，也不能完全用智能手机理念开发智能电视。把握智能电视产业本质，做好互联网该做的，才是成王之道。

三、学习解决方案：出版不再是出版

身在传统出版领域，我深切地体会到信息产业对这个产业带来的巨大冲击。传统出版突显凋零之势：美国西部将近150年历史的《西雅图邮讯报》纸质版已经停刊多年；拥有整整130年历史的美国巴诺书店面临被收购风险；在中国，一本纸质书一年销量能达3万册就算非常不错。

与之形成鲜明对比的是，数字出版一日千里爆发强劲增长态势：数字信息量早已超过人类历史所有纸质信息量的总和；25家美国最大的报纸几乎都转向电子报；《华尔街日报》付费电子报读者数量达到纸版读者数的4倍；网络作家迅速在文学网站中崛起。

数字技术推动信息产业与文化出版产业融合，数字出版业（本文所提到的数字出版特指数字书刊出版）压倒传统出版业的事实，大众已经深切感知并从中受益。列举数据来论证已经显得多余。iPad诞生之日即宣告传统出版业死亡。

当出版业进入数字时代，整个产业已经发生了深刻的变化。

出版业的行业边界越来越模糊，并与信息产业融合。互联网企业、移动通信企业将与传统出版商共同分食数字出版蛋糕。由作者、出版商、销售商、读者形成的原有闭合产业链被打破，内容平台整合作者、多阅读平台分销的产业生态系统正在形成。

数字出版不是简单地将纸质内容放到网上，产业链各个环节的属性发生变革，内容属性数字化，传播媒介网络化，阅读介质智能化。读者获取信息的成本大大降低，并具有主动的阅读选择权。媒体2.0时代，“以产品为中心”的“内容为王”时代逐步转变成了“以用户为中心”的“受众为主”时代。读者不再“出版什么读什么”，而是“读想要读的”，甚至主动评论、参与内容创造中来。这促使整个产业重心正往终端阅读服务转移。

用户阅读需求变得日益多元化、个性化与社会化。由于数字鸿沟的存在，传统读者依然习惯于阅读纸质书籍，而伴随互联网成长的一批人的阅读习惯已经转移到互联网上。专业性、功能性、教育性的需求依然很稳定，阅读习惯偏向于纸质书籍。信息爆炸推动社会化阅读需求大幅度提升。越来越多的人更少阅读专业著作，转而阅读大量的社会化的电子信息。

美国著名科技作家尼古拉斯·卡尔在其著作《浅薄》中揭示了一个惊人发现：电子阅读正在改变我们的思维。他认为纸质图书可以让我们进入聚精会神的状态，从而促进深度思维和创造性思维的发展。而追求效率至上的互联网浅阅读正让我们丧失了专注能力、沉思能力和反省能力。

不可否认，面对庞大的阅读信息量，很多人培养了碎片化、浅浏览的阅读习惯。不过，这恰恰强化了人们的横向思维和信息整合能力。人们更善于处理庞大的碎片化的信息，并从中发现因果性。这恰恰是人类思维所需要的进步。

人们横向思维能力增强，并不意味着纵向思维能力弱化和专注能力下降。尽管卡尔在书中利用大量的生物学理论来论证其观点，但事实是今天依赖于网络的文学创作、艺术设计、技术研究水平并没有呈下降趋势。事实上，信息爆炸和简易搜索大大促进了专业知识常识化，人们的专业知识（已经变成了常识）和专业思维（已经变成基本思维）比以前更强。例如，PM2.5 以前是环境学专业知识，判断 PM2.5 的危害性原本是环境学家的事情。如今，大多数中国人天天与 PM2.5 打交道。

更为重要的是，网络信息的全息化特点反而增进了人类深度思考、专注和创新的能力。信息的全息化是指在信息挖掘、抓取与聚合技术以及多媒体技术的支持下，单一的文字变成一个个相关性强的信息触点，并通过文字、图片、视频、音频、动画等多种形式呈现出来。相关性信息大大降低了搜索的成本和引导人们进入深度思考，多种呈现形式大大提高了人们的理解能力。例如，当人们遇到“流动性陷阱”一词不解时，就可以立即搜索并且阅读大量有关于流动性陷阱的文章，这无疑可以增进专业知识与思维；电脑构建的大量数学模型无疑可以增进人的深度思维。而若回到“纸质年代”，基于窄信息量的专注、沉思和反省才真正显得浅薄。

为什么大篇幅地讨论卡尔的观点？因为目前数字出版业出现的众多问题都是因为没有真正认识到用户阅读需求、习惯及思维模式的变化。

在多数人的观念中，数字阅读是浅浏览，纸质阅读是深阅读。大量低品质、同质化的电子书籍充斥数字产品市场，而高质量的原创内容难以数字化。高质量的原创内容缺失成为数字出版发展的瓶颈。

不少人并没有真正理解，数字出版与传统出版的真正区别。数字出版只是纸质内容网络化，即读者在网上看书。这种观念将纸质阅读强加在数字阅读上，将电子书定义为“图书”。这种观念大大降低了数字阅读的全息化体验。其实，读者真正需要的不再是图书，而是全息化体验的学习解决方案。例如，读者不是要阅读《人类货币史》这本书，而是快速轻松地学懂人类货币史。

数字出版并非数字技术与传统出版的简单组合，而是颠覆性变革。数字出版将阅读主动权交还给了读者。与智能电视一样，掌握主动权的读者必然向硬件厂商、数字平台、内容提供商索要更容易学习的用户体验。读者希望出版商为其解决找书难、看书难、理解难、修改难、发表难、分享难等所有学习遇到的问题。

整个产业生态系统都必须围绕全息化用户体验来构建。数字内容提供商应该以易理解、高体验为追求，通过文字、图片、视频、音频、动画等多种形式将内容呈现出来。数字内容提供商提供的不再是文字内容，而是易学习易理解的信息。数字内容提供商还应该利用挖掘、搜索、聚合技术，提供合适的注解信息、相关信息以及深度阅读信息。这是利用互联网共享优势，对传统纸质书有限的注解和参考书目进行无限、精准的扩充。这将大大强化用户丰富阅读的体验。同时，数字内容提供商还应该利用互联网 2.0 媒体的互交优势，为用户提供内容修改、添加、注解、评论及互联网分享的功能。阅读、领悟与分享结合，真正带给读者知识、智慧与快乐的体验。数字内容平台应该在书海中快速找到并提供给用户真正需要的信息，并且操作简便、人性化。

斑马骑士的徐毅斐说：“电子书：内容上似乎没有变化，但是信息的关联性、多媒体交互形态实际上是对内容巨大的增值，从媒介上它更容易传播了，使用体验更好了，学习效率更高了，目前看惠及的受众面也是巨大的。所以，这是变革，是所有教育变革的基础之一，平民化用户友好的

iPad 是变革的催化剂!”

所以，真正的电子书并非等同于 TXT，也不是“低成本、易制作”。京东图书负责人揭示了电子书制作的复杂性：“真正意义的电子书是由各种格式、图表、链接、颜色等众多元素集合而成的产品，这其中包括上下角标、数学化学符号、图表位置、字体字号、对齐方式、注释注码、篇章截取、目录生成等内容，与纸书排版类似，电子书制作同样要对源数据整理、校对、排版、格式调整加工、初审、复审、终审、加密、入库等一系列加工环节，还不包括淘汰、返修等情况，精加工的电子书甚至比纸书还要精美。”

与纸质书相比，电子书成本优势在于超低的边际成本，而制作成本并不低。当当网 2012 年在电子书加工制作上投入就超过 500 万元，但销售收入仅 300 万元，出现亏损。不过，由于边际成本超低，电子书卖得越多，制作成本就会被分摊，价格就越低。

在国内，由于不少电子书没有原始电子文档、格式不统一，增加了制作的难度和成本，再加上没有形成规范的定价体系，电子书经营商肩负着高成本、低收益的压力。目前，电子书还处于抢占平台及行业标准的阶段，与真正意义的全息化体验的电子书相去甚远。

未来，在大数据与云计算的支持下，全息化用户体验将得到空前的提升。云储存为用户提供 PB 量级的信息，大数据能帮助用户挖掘到称心如意的图书和惊喜，云计算提升内容呈现、相关信息挖掘、内容精准扩充、互交共享的人性化体验。

阅读器厂商应该着力加强触屏显示、语音控制、体感控制、眼球跟踪、健康阅读等方面的用户体验。目的在于让用户专注于信息获取而不是欣赏阅读器，正如用户是看电视剧而不是看电视机。亚马逊 CEO 杰夫·贝佐斯曾说，从设计的角度来看，让 Kindle 越快“消失”越好。言下之意，设计简化到让用户忘记 Kindle 的存在，而专注于所阅读的内容。

届时，数字出版和电子书将颠覆现有的观念，回到产业融合规律和用户体验上来。电子书将成为可互交、易学习的自主移动媒体，或许应该叫它学习自主媒体更合适。

媒体2.0促进学习2.0，学习不再是单向的输入（阅读），而是双向的输入（阅读、视听）、输出（阐述、撰写与分享）以及加工（思考、领悟）。这是一场学习方式的革命，真正回归到学习的本质。

在纸质年代，学习遇到的搜索难度、阅读扩充、答疑解惑比现在大得多，而思考障碍、撰写发表、交流分享也困难许多。过去，遇到问题只有老师、图书馆能够帮你，发表新观点新主张也只能求助于出版社。如今自媒体时代，搜索成为“第一老师”，思考的信息基础大大增加，而新观点的发表、传播与分享掌控在自己手中，正如微博的“发布”与“转发”一样简单自如。

数字阅读时代，资讯会变得更快捷与精练，而主张则更丰富、个性与深入；阅读变成全息化体验，学习变得双向互动。这就要求数字内容提供商对内容具有更强的加工能力。

不少人认为，数字出版的产业链被压缩，中间环节被砍掉，出版商将会消失。这是一个误区。数字出版的产业链不会被压缩，而是整个产业的重心往终端用户服务转移。出版商的消失不代表中间商被砍掉。

如今的出版业与十年前的唱片业极为相似。业内人士正在唱衰传统出版业，甚至断言：出版业必蹈唱片业覆辙。其实，唱片业倒了，但是音乐在数字时代却获得了新生。音乐数字化后，其播放媒介已经从广播、电视、随身听扩张到KTV、手机、数字播放器、电脑甚至任何数字设备。手机铃声、音乐下载、KTV点播给音乐产业带来巨大的产值。

人们认为，网络压缩了音乐产业的价值链，让唱片公司和音乐人失去了生存空间。其实，网络并没有压缩音乐产业的价值链，也没有挤占唱片公司和音乐人的生存空间，而是改变了音乐属性、播放媒介和收听方式。你会发现，今天大多数歌手依然没有直接与百度音乐、iTunes等音乐平台签约。唱片公司和音乐人依然存在，只是转变了角色。唱片公司转变成了经纪公司，音乐人变成了经纪人。在时代浪潮面前，没有顺势转型的公司与个人必然死去。

数字音乐时代，歌手需要更专业的包装、推广及商业化，音乐需要投放到更多媒介，歌手的演出与商业活动更多。这些都必须依赖于经纪公司或经纪人。

而数字出版正在朝着数字音乐的方向奔跑。出版商、图书策划人与唱片公司、音乐人一样不但不会消失，反而能够发挥更大的作用和价值。不过，出版商、图书策划人必须转变角色，做好数字产业生态系统赋予的新职能。

出版商不再是仅依靠垄断书号生存的出版社，而是学习解决方案提供商；图书策划人也不再是修改文字的编辑、推广图书的策划人，而是学习体验的促进者。图书策划人应以图书全息化改造及提供读者需要的信息为己任，旨在促进读者学习体验；出版商提供的不仅仅是图书，而是一系列学习解决方案，旨在帮助读者学习所遇到的所有问题。而是由于数字内容的边际成本接近于零，出版商的收益模式由垄断书号转向多平台分发的市场模式。

四、下次产业革命：智能智造与智慧

《商业价值》杂志曾刊登了一副“智能设备人体侵略图”，图中的人物从头到脚都被智能眼镜、智能手表、智能触控表、智能腰带、智能鞋子等智能设备武装。这并非科幻，而是实实在在的场景。如今谷歌开发了智能眼镜，耐克发布了智能鞋，松下发布了智能耳机，……

不过相信不久的将来，这一切会变得很老土。在云计算的支持下，你拥有“私有云”，并通过物联网掌控所有智能居家。

微软正在测试其研发数年的 HomeOS 智能家居。HomeOS 以电脑为核心，通过网络与智能手机、电视、游戏主机、打印机、空调等外围设备连接在一起。SmartThings 是一家从事智能家居领域的物联网公司，他们希望能够把日常生活中的设备通过无线连接起来，为消费者提供一个智能的家居环境。

智能化如“点睛之笔”，将原本呆若木鸡的物质世界恢复活力，并连成一体。服务业发达的今天，制造业依然是基础，这个物质世界依然是“制造”出来的。不过，当今的物质文明成果并不能完全归功于制造业，而是信息产业、制造业与金融业融合的结果。

当下，被认为是第三次工业革命的前夜，而智能化将是下一次工业革命的引爆点。当人们正在将目光专注在通用、富士康等制造工厂，翘首期盼“比特”颠覆世界的时候，一个被称为“3D 打印机”的“神器”横空出世，正在挑战人们的世界观。

在电脑上用软件设计好产品，然后按下“打印”键，旁边的机器就能够将你设计好的产品一点点地打印出来。这就是 3D 打印，而旁边的机器就是 3D 打印机。是不是感觉很神奇？

3D 打印机不仅仅可以快速打印出鞋子、礼服、玩具、饼干等小玩意儿，还能打印出 AK47 步枪、房子、混合动力汽车、人体器官等大家伙。世界首款 3D 打印汽车 Urbee 2 已经面世，耗时 2500 个小时。总之，3D 打印机能把你的想象打印成现实。

这种神奇的打印制造技术已经在全球引起轩然大波。美国总统奥巴马发布新任期内的首份国情咨文时表示，美国将在俄亥俄州再投资三个制造业中心，来推动 3D 打印技术的发展，并将把这里打造成一个高科技中心。奥巴马认为，3D 打印将给几乎所有产品的制造方式带来革命性变化。

3D 打印其实是一种俗称，其学术名称是快速成型技术，是指通过可以“打印”出真实物体的 3D 打印机，采用分层加工、迭加成形的方式逐层增加材料来生成 3D 实体。

3D 打印技术的核心制造思想最早起源于 19 世纪末的美国，到 20 世纪 80 年代后期 3D 打印技术发展成熟并被广泛应用。后来，意大利发明家恩里科·迪尼发明了 3D 打印机。

3D 打印是科技融合体模型中最新的高“维度”的体现之一。3D 打印技术被认为是“制造业 2.0”的革命：一场产品制造的革命、设计的革命、材料的革命、生物的革命、知识产权的革命。胡迪·利普森在其著作《3D 打印：从想象到现实》中揭示 3D 打印机的革命性逻辑：“在未来（或是在星际纪年的未来)，机器可以制造机器。3D 打印机就是第一波新一代智能机器，它们能设计、制造、修理、回收其他机器，甚至能够调整和改进其他机器，包括它们自己。”

“信息时代的精神领袖”《连线》杂志主编克里斯·安德森同样提出了基于开源设计与3D 技术的“创意转变为现实”的制造发展趋势。安德森在其新作《创客》中预言，创客促使数字制造和个人制造合二为一，创客运动工业化引爆第三次工业革命。

未来预测大师里米·里夫金在其著作《第三次工业革命》中预言，互联网与新能源融合将引发第三次工业革命；而安德森则认为，互联网和制造业融合是新工业革命的开端。

不管是新能源还是制造业，以互联网为核心的信息产业融合将会引爆第三次工业革命。我们关注的是智能化将如何引爆新工业革命。传统的观念是，机器智能化将大大提高生产效率，实现规模经济最大化的同时实现范围经济。而 3D 打印机出现后，这种观念似乎被创客们颠覆。

3D 打印机可以控制物体的形状、构成及制造行为，从而实现物体结构、材料和活性的统一。产品无需机械加工或模具，就可以直接从计算机图形数据中打印出来。这意味着产品的生产周期大大缩短，生产效率和生产成本则大大降低。这种绝对个性化的生产方式实现了范围经济最大化，摒弃了制造业一直奉行的规模经济铁律。3D 打印机一开动，意味着智能机器（机器人）已经成为了过去时。

从规模经济到范围经济、企业设计到顾客设计、计划生产到即时生产，如果这种逻辑推理是正确的，那么我们传统的商业理念、制造业发展方向及智能化应用或许都是错的。制造业也就可能面临灭顶之灾。多年前，科幻作家科利·多克托罗在其一部也叫《创客》的科幻小说中这样描述创客对未来制造业的影响：“通用电气、通用磨坊以及通用汽车等大公司的时代已经终结。”

LinkedIn（领英，全球最大的职业社交网站）创始人 Reid Hoffman（里德·霍夫曼）认为，未来“新的硬件，将由原子而不是字节构成”。

比特（字节）与原子是虚拟世界与物质世界根源性差别。在信息化兴起的那一天，人类就不断地推进机器智能化，试图通过比特改变原子组成的物质世界，让其更加智能化、更富有“灵魂”。如果霍夫曼所言是对的，那么以上推理都是错误的，也就意味着人类的物质世界智能化将无果而终。

事实上，3D 打印和创客思想的疯狂渲染，已经让很多人形成错觉，甚至像以上推理一样怀疑已有的世界观。在 3D 打印的热炒中，我们需要更多的是冷思考，更多地从物质世界本源、商业逻辑及规律去反思。

信息产业与实体产业的融合、物质世界的智能化趋势，过去现在将来一直在延续。虽然物质世界依然是原子构成，但是比特正在融入并改造物质世界。如果一定要把比特世界与原子世界区分开来，就容易陷入上面的误区。

实际上，数码打印机就是比特融合原子构成的制造机器，而 3D 打印产品是在信息 2.0 时代比特与原子结合的产物。

其实，早在 20 世纪 70 年代，信息产业方兴未艾之时就快速地与传统印刷业融合，形成数码印刷业，创造智能化的数码打印机。80 年代后，3D 打印技术已经日趋成熟。中国物联网校企联盟把 3D 打印称作“上上个世纪的思想，上个世纪的技术，这个世纪的市场”。

为什么是“这个世纪的市场”？主要原因有两点：需求与材料。随着信息 2.0 与制造业深度融合，消费者的 DIY 理念得到强化，希望拥有自己设计、制造的产品。在互联网中，Facebook、Youtube 等 2.0 企业已经让用户实现了自主创造（设计、编辑、互动与分享）。3D 打印只不过是制造产业中掀起的信息 2.0 革命。

3D 打印机与数码打印机虽然是完全不同的概念，但是从快速成型的角度来看是一样的。3D 打印技术本并不难，材料才是关键。只是因为材料由原来的纸张、石墨扩展到粉末状金属或塑料等可黏合材料，3D 打印才快速兴起。

3D 打印并不神秘，与你平时打印照片并没有本质区别。我们真正需要关注的是打印制造与传统制造逻辑顺序。传统制造是减材制造，而打印制造是增材制造。例如，传统制造衣服的方法是根据板型剪裁布料再缝接而成，而3D打印是按照3D图纸添加材料成型。随着3D打印技术的进步，人们担心增材制造完全颠覆甚至取代减材制造。如果担心变成现实，那么传统制造工厂就迎来3D打印革命。

增材制造与减材制造这两种制造方法一直存在，增材制造自古有之，如制陶、制冰棍、制砖、毛笔作画、制糖、做豆腐、炒菜等。你可能会发现，之前的增材制造原材料只局限于泥土、水、墨等极少种类。所以，增材制造（3D打印）是否有发展前途，能否带来第三次工业革命，关键看材料技术的进步。

以色列的Object是掌握最多打印材料的公司。它已经可以使用14种基本材料并在此基础上混搭出107种材料。这些材料与成千上万的制造材料相比犹如沧海一粟，且难以满足人们个性化、多样化的材料需求。

华中科技大学王运赣教授认为，未来传统的减材制造法依然是主流，增材制造法是补充手段，3D打印技术目前尚不具备取代传统制造业的条件。

“目前为止，3D打印技术仍然是一个非常昂贵的技术。设备购置、材料成本以及技术维护都还非常昂贵，”柏林工业大学3D实验室主任哈特穆特·施万特教授看好3D技术但不认为其会带来第三次工业革命，“还有一个更大的问题，即3D打印是非常劳力密集型的应用，3D打印任务不可能点击一个按钮就自动产生。大部分的工作在于密集的数据准备。”

实际上，3D打印并没有人们想象的那么简单，也没有创客们想得那么美好。打印前的数据准备、3D设计，打印后的打磨、烧结、切割、组装，费时费力且非常专业，并非一般创客能够完成的。这种顾客设计的范围经济实际并不“经济”，而是低效率、高成本。虽然3D打印的有些小塑料部件已经安装在了奔驰、宝马汽车上，但是3D打印技术在工业级别的应用依然有限。

就在奥巴马发表“推动3D打印产业发展”的国情咨文演讲之后，美国3D打印概念股受累于香橼做空而大幅下跌。投行认为，3D打印已经炒得过热，股票已经虚高。

投行自有投行的说法，但是这无疑给我们提了一个醒：任何新技术都无法逃脱硅谷发现的那该死的技术成熟度曲线①。不过，哥本哈根未来研究学院（CIFS）的名誉主任约翰·彼得·帕鲁坦更有见地：“我们的社会通常会高估新技术的可能性，同时却又低估它们的长期发展潜力。”

我们不能过分期望于3D打印技术立即引爆第三次工业革命，而是要真正认识到3D打印对制造业升级及产业发展趋势的启示。

与传统制造设备相比，3D打印是相对智能化的机器。3D打印技术实际上是在推进制造产业智能化。正如中国电子信息产业发展研究院院长罗文所说：“3D打印实质上是制造业向智能化不断演进的历程。”我们要将把对3D打印的注意力转移到制造业智能化改造中。

随着增材材料使用不断扩大，3D打印必然有其更为广阔的发展空间。这对传统的减材制造而言无疑是一个巨大的挑战，不过同时也是一次重要的机遇。与智能手机、智能电视不同，制造产业不可能发展成为3D打印业。

海尔集团董事局主席张瑞敏认为，“3D打印从表面上看是颠覆了产品的制造方式，但从本质上看却是传统产业面对的挑战和机遇。从某种意义上说，3D打印对现有企业而言，要么是天使，要么是魔鬼。”

减材制造正在挑战增材制造，同时也正在与减材制造融合。如手机外壳可以是增材制造，手机屏幕是减材制造。在制造业领域，对可以使用增材制造材料的设备进行3D打印智能化改造无疑可以极大地提高劳动生产率，如注塑机。

3D打印机被认为是传统高成本模具行业的杀手。与模具相比，3D打印具备周期短、成本低、客户体验强、风险小的优势。制造企业引入3D

---

① 后技术成熟度曲线（The Hype Cycle），又称技术循环曲线、光环曲线、炒作周期，指的是企业用来评估新科技的可见度，利用时间轴与市面上的可见度（媒体曝光度）决定要不要采用新科技的一种工具。

打印设备替代开模，可以降低成本和风险，提高生产效率，同时可以在产品设计上投入更多的资金与资源。

3D打印的“入侵”，实际上在告诉传统减材制造设备需要加快智能化升级。全球制造业智能化升级已是大势所趋。2008年全球金融危机已经让美国人认识到制造业之于美国经济发展和就业增长的重要性，以及制造业“空心化”的危险性。奥巴马强调，通过产学研之间协调合作，用美国人强大的创造力升级制造业以形成智能生产的竞争优势。

中国制造劳动力廉价的竞争优势所剩无几，政界、学界及企业界都已经认识到“中国制造”转型升级为“中国创造”的紧迫性。工信部批复了广东顺德创建“装备工业两化深度融合暨智能制造试点”，顺德提出在智能产品方面将打造一批“无人工厂”。不过，中国的创新环境和高端产业工人不足将阻碍中国制造智能化提升。

制造业与信息产业融合对整个产业构成颠覆性改造。整个产业的重心将向终端消费者转移。消费者在信息2.0支持下，享有更多的话语权、设计建议、生产想法等。这一点，3D打印已经走在了前面，且实现了消费者自主设计、生产。在未来物联网的支持下，消费者可以简单清楚地知道产品的生产地、生产厂家以及每一种原料的供应商等信息。消费者可能会因为知道面料采购存放时间长而放弃购买这件衣服；或知道原料产自刚果（金）东部的矿产资源而放弃购买这部手机①。

3D打印所提倡的个性化需求和范围经济，也是制造业智能化升级不可忽视的。制造企业真正以消费者需求为中心，智能化改造产业链和设备，必然能够同时实现规模经济与范围经济。事实上，这些已经在丰田、大众等汽车厂商中正在实践。

基于智能化的增材制造与减材制造在竞争协同中相互促进、相得益彰。只有如此，制造企业成功转型升级，才能兼顾规模经济与范围经济；

---

① 为了争夺矿产资源，该地区爆发大规模武装冲突，有些消费者或不想间接支持非法武装冲突而放弃购买。

消费者同时享受物美价廉又满足个性需求的商品。

克里斯·安德森在《创客》结语中描绘了“制造业的未来”：虽然互联网蓬勃兴起，但通用汽车和通用电气并未消失，美国电话电报公司和英国电信集团也安然无恙。伴随着长尾效应，新时代终结的不是行业龙头，而是行业龙头的垄断。制造业亦是如此。

智能制造必然带来丰富多彩的智能产品，智能产品将入侵世界，但又在人类构建的物联网的掌控之中。一切听起来很美妙，值得期待！

在长达几十亿年的生物进化历程中，具备创造力的大脑演化使人类从宇宙中脱颖而出，从而打破了上帝造物的专属权，划清了人类与生物、人类与机械、人类创造与上帝创造之间的界限。人类一直想征服大脑这个神秘高地，真正洞悉人类与万物的与众不同。

加拿大科学家最近宣布研制出迄今为止最接近真实大脑的大脑模型。在超级计算机支持下的人造大脑逐步接近人类的思维。人造大脑嵌入人类或生物躯体之后，人类与生物、人类与机械的界限正在模糊，人类造物的垄断正在被打破。

美国政府正在规划一项为期10年的科学研究，检查人脑的活动，并绘制一张全面的人脑活动图。该项计划的目的是希望能增进人类对人脑中近千亿个神经元的认识，更好地了解人类的知觉、行为，并最终了解人类意识。

奥巴马将这项花费数十亿美金的计划与当年人类基因组图谱相提并论：“我们对绘制人类基因组图谱的每1美元投资，都获得了140美元的回报。”如果该项计划最后成功，那么医学领域将大大受益——阿尔茨海默氏病、帕金森氏症、自闭症等将能够得到有效的治疗。但不仅仅局限于此，智能科技突破瓶颈正是人类对于大脑的认识和模拟。“人脑地图”可以成功模拟人脑思维，这就意味着机器智能化迎来了一日千里的时机。

这无疑引爆一次革命——第三次产业革命！与第一次、第二次工业革命不同，这次革命是由信息产业与制造产业融合引爆。或许我们应该称之为产业革命而不是工业革命。

每一次产业革命的结果都是机器跟工人抢工作。200 年前，那些曾经在农场、工厂工作的美国人如今多被机器替代。产业革命消灭了很多旧岗位，同时也创造了很多新岗位。那些曾经被替代的人现在或成为了翻译师、分析师、咨询师、设计师、维修工、工程师等。第三次产业革命后，这些人又可能会被机器人替代。到时，人到底该干什么呢？很多很多，很多机器人干不了的事情。未来，人类需要提升的能力不是机器人擅长的——记忆、储存、计算、标准操作、相关性分析等，而是艺术管理、情感沟通、突发控制、快乐生活及因果性分析等。

第三章 线上与线下融合：网络串联生活

一、O2O 教育服务：推翻大学的高墙

经济基础决定上层建筑，产业大融合正在改变人们的世界观、价值观和方法论。产业大融合不仅仅颠覆经济形态、产业格局与商品形式，还改变我们的生活方式、思想理念与服务形式。这节我们要探讨的是后者。

“内事不决问百度，外事不决问谷歌”，搜索引擎谷歌、百度已经成为人们身边的老师。在移动互联网时代，Facebook、微信、Twitter 等社交平台正在成为人们的第二老师。信息大爆炸时代，人们获取信息的成本大大降低，越来越多的“老师”带领我们走向知识的海洋和智慧的殿堂。

在过去十多年，硅谷并没有依靠颠覆性科技推翻大学的高墙，传统教师依然在象牙塔下捍卫其神圣至尊。不过，就在 2012 年，在国际金融资本的助推下，美国互联网企业开始以互联网思维大举“入侵”铜墙铁壁的传统教育领域。

2012 年，MOOC（大规模在线学习）网络教学模式兴起，Coursera KPCB 和 NEA 获 2200 万美元投资，并且上线四个月就积累超过 100 万用户；创立了 17 年的 Lynda. com 第一次获得 1.03 亿美元的大规模投资；Udacity 获得 Andreessen Horowitz 1500 万美元投资。这又是一个被互联网颠覆的领域。

几乎与以往一样，每一次的颠覆运动都率先在信息革命的前沿阵地美

国爆发。国内投资者与创业者时刻关注动向，并期盼这次运动能够传导到中国。

在线教育率先爆发于美国，主要原因是美国教育太出色，而直接原因是美国教育存在的一些问题。二者并不矛盾，美国教育培养的金融、科技、管理、教育精英以及建立的依靠学习、创造取胜的公平竞争环境，为在线教育的起步奠定了基础。而美国高收费教育导致升学率不高，没能上大学的普通民众对知识的渴求变得非常迫切，廉价、便捷、高效的网络教育便成为他们的首选。

在中国，教育本身是一个非常“大”的问题，它涉及经济社会、意识形态、家庭地位、个人素质等。如 1998 年教育改革的目的之一就是通过大学扩招刺激经济，让家庭掏出储蓄刺激消费，提振亚洲金融危机带来的低迷经济；又如一个学生选择什么大学、专业，往往关系到家庭地位、父母情面。

正因为涉及面太广、太敏感，才引发盘根错节的问题。在中国发展线上教育，不得不考虑国情、体制、观念等问题。反过来，我们需要改变的恰恰是国情，问题恰恰是在线教育发展的机会。或许，只有理想主义者不考虑国情、盈利，只考虑让更多人接受教育以及服务于社会的冲动，才能冲出在线教育的发展之路。

时代的拓荒者有可能成为王者，也有可能“死在沙滩上”。与在线视频一样，在线教育主要有 C2C 与 B2C 两种模式。与 Youtube 率先崛起一样，C2C 开启了在线教育模式。

每月都有超过 600 万用户登录可汗学院（Khan Academy），该网站的教学视频被浏览过 2 亿次，为用户解决了超过 7.5 亿个问题。超过 230 万学员在 Coursera 上免费学习科学、商业、经济、艺术和法律课程，这些课程由普林斯顿大学、斯坦福大学、杜克大学等 36 所美国大学提供。

看到这里，或许有人会联想到百度知道、文库、经验，这三个产品为亿万用户解决了亿万问题。不过，这与在线教育完全不是一个概念。或许，我们可以将百度看成为在线学习平台。多年前，不少大学就提供了远程教育服务，不过依然与 Coursera 相去甚远。

由于美国高等教育的私有化和开放性，美国大学更主动地进入在线教育领域，共享传统教育资源。Udacity 和 Coursera 都是由前斯坦福教授创建的，斯坦福大学积极推动在线教育的发展。圣何塞大学是美国第一个把线上课程纳入学分体系的大学。他们统计发现：线上课程的及格率达到 91%，远高于传统的教学方式下的 55%。有趣的是，美国某大学校长因为线上教育工作不得力被董事会辞退。

相比之下，由于中国封闭的教育体制，大学难有积极性对外提供优质的教学资源。传统体制教育机构、线下教育企业对在线教育缺乏开拓的动力，在线教育也就成为了中国互联网理想主义者追逐的平行宇宙。用互联网思维变革教育，或许是中国教育的突破口。正如当年马云用互联网思维颠覆传统商业一样。

新东方、学而思、弘成、安博均开展了 B2C 在线教育业务，而开展在线教育多年的新东方和学而思，二者的在线营收分别仅占总营收的 5% 和 3%。这些公司虽然掌握了教育资源，却担心在线业务营收困难而影响线下主业。

有一个前提我们必须搞清楚：在线教育究竟是教育互联网还是互联网教育？

在线零售的本质依然是零售，用互联网的思维变革零售，但不能改变零售的规律。在线教育也是如此，在线教育本质上还是教育，不能脱离教育的规律。广义的教育是使人素质提升的过程，其本质是以人为本，以促进人类进步为本。发展在线教育，如果没有教育资源、教育方法的支持，光有互联网思维，犹如使劲踩油门却没有汽油。

难道中国在线教育就成了空中楼阁？

当然不是，目前中国教育很大程度上违背了教育的本质和规律，这恰恰是中国在线教育发展的最大机会。人们寄托于互联网使中国教育回到教育的轨道，回归以人为本的教育本质。美国在线教育发展的机会是在传统教育的基础上，利用互联网思维和技术，让更多的人、更低成本、更高效率地获得进步。

孔子是一个伟大的教育家，但后来的统治者却打着孔圣人的旗号，实施灌输意识形态为目的的教育，大大违背了孔子的教育理念。孔子强调因材施教，而科举制的发明大大割裂了教育的对象。在中国古代，造纸技术和活字印刷技术的发明，提高了普通民众接受信息和教育的机会。但是，“赚得英雄尽白头”，科举制将享受教育变为知识分子、皇族贵族的特权，而普通大众目不识丁。这种差距，我们称之为“科举鸿沟”。

到了现代社会，享受教育的权利从精英逐渐回到大众手中，“科举鸿沟”逐渐消失。在信息社会，率先使用信息技术的人可以获得富有的信息，而不使用或少使用的人成为了信息贫乏者。这种信息富有者与信息贫乏者之间的差距，被称为“数字鸿沟”。“数字鸿沟”直接表现为接受教育水平、范围的差距，也表现为一种创造财富能力的差距。

更为可怕的是，在科举时代形成的以灌输意识形态为本的教育，完全违背了教育的本质和规律，其残毒遗留至今。当下，“数字鸿沟”随着信息技术的普及逐渐消失，而以考为本、刻板僵化、填鸭式的教育依然没有回到教育的正规。这是在线教育的机会和责任。

在线教育应该抓住教育的本质——以人为本：将享受教育的权利还给大众；从个人和社会的多元化需求出发，真正做到因材施教；强化用户学习体验，以低成本、高效率的方式提升全民素质和教育效果。

信息技术打破了信息传播的障碍，使获取知识变得更加便捷和高效，专业领域的一道道高墙被打破，越来越多的知识变成了常识。知识常识化是一个不可逆的趋势，越来越多的普通大众可以便捷地学到专业知识（常识）。大学的高墙最终会被在线教育推翻，精英享受教育的特权最终回归大众。

教育需求依然多元化的今天，网络教育正在实践2000多年前孔子提出的因材施教的教育理念。C2C教育平台为多元化教育需求搭建了广阔的学习平台，其实质也是孔子提出的“三人行，必有我师焉”。在C2C教育平台中，人人都是老师，人人都是学生，大家各取所需、互通有无、取长补短。

尊师重道本是一种优秀的品质，但如果将老师奉为神圣天职，无疑违背现代教育的规律，形成教育与被教育者之间的鸿沟。C2C 教育理念中，我为人人，人人为我，千百年来形成的老师神圣光环将褪去，人人之间相互尊重、学习变成常态。

现代教育不再以教为中心，而是以学为中心。低成本、高效率、享受快乐的学习体验才是现代教育的核心。互联网人士车马认为，“学习者体验才是在线教育爆发的关键！遗憾的是，这个关键没有引起中国创业家和投资家的足够重视。如果学习者体验能大幅提升到 2.0，在线教育行业就能升级到 2.0，将获得爆发式增长。”

如果以低成本、高效率、享受快乐三个指标来衡量，目前中国的线下教育的学习体验还高于线上。线下教育中，即时互动、专业解答、学习氛围、社交及集中高效学习都是目前中国线上教育难以企及的。线下教育的学习体验处于 1.5，而目前中国线上教育还处于 1.0。

目前中国的 C2C 教育平台中，UGC（用户生成）的内容质量参差不齐，同质化非常严重，便捷操作优化不够，大大影响了学习效率。C2C 教育平台的实质是帮助用户便捷地学习到自己需要的东西，而不是如同微博一样的社交媒体，也不是像百度文库一样的资料库。

教育平台与视频媒体有很大区别，自拍视频是供娱乐为目的，专业性要求不高；而生成学习资源是供学习为目的，具有很强的专业性。Youtube 类的 C2C 视频网站可以成为主流，但 C2C 教育平台却容易堕落为资讯分享平台。再加上目前中国知识产权环境，UGC 模式泛滥必然成灾，C2C 教育平台成长时间会很长。

正如 C2C 电子商务一样，C2C 教育平台会成为线上教育的冲锋队，但是 B2C 教育平台最终会占据主导地位。B2C 电商是主流，C2C 是补充，这是由商业的专业经营决定的；而 B2C 教育将是主流，C2C 将是补充，这是由知识的专业特点决定的。并不是所有人都能够提供专业知识并且具有教授他人的能力。C2C 电商、教育和视频都是信息 2.0 的产物，都丰富了长尾市场。

信息产业整合传统产业过程中都会出现这样的规律：消费者拥有更大的主动权，需求更加多元化，长尾市场越来越“长”，利基产品越来越多。

B2C 教育的优势在于专业的教育资源和教育方法，其突破点也在于专业市场分工。在中国，应试教育占据了孩子太多的学习时间，再加上线下教辅的学习习惯，中小学在线教辅市场在短时间内难以成长。高等专业的在线教育也因为高校封闭体制而难形成气候。职业教育、职业培训及考试是最有可能爆发的在线教育市场。

在线教育正在改变人们的学习方式，也必将提升学习体验。美国学者埃德加·戴尔通过大量实验在 1946 年提出了“学习金字塔”，划分了学习方式及对应的学习效果。

在塔尖，第一种学习方式——“听讲”，这就是我们常见的老师讲、学生听，但是这种方式的学习效果是最低的，两周以后学习的内容只能留下 5%。第二种，通过“阅读”方式学到的内容，可以保留 10%。第三种，用“声音、图片”的方式学习，可以达到 20%。第四种，是“示范”，采用这种学习方式，可以记住 30%。第五种，“小组讨论”，可以记住 50% 的内容。第六种，“做中学”或“实际演练”，可以达到 75%。第七种在金字塔基座位置的学习方式，是“教别人”或者“马上应用”，可以记住 90% 的学习内容。

爱德加·戴尔提出，学习效果在 30% 以下的几种传统方式，都是个人学习或被动学习；而学习效果在 50% 以上的，都是团队学习、主动学习和参与式学习。

在线教育正在让人的学习方式从金字塔顶端往底部发展。与前面提到的数字阅读一样，我们需要利用互联网不受时空限制的特点和交互共享的精神，对在线教育平台、教育资源提升全息化学习体验，让接受教育和学习不再困难，大大提高教育的效果和学习的效率。在线教育回归了学习输入、输出及思考领悟的三个过程。

只是将书本、课堂视频放到网上，这不是真正的在线教育。在线教育在大数据的支持下，可以帮助用户快速找到其所需的内容；可以提供听讲、阅读、示范、讨论、实际演练、教别人或马上应用的学习方式以及文字、视频、图表、链接等表达方式；以测评学习效果、问题及驱动用户主动学习。更重要的是，应该利用互联网交互分享的精神，让用户把教育、学习变成快乐的事情。正如孔子所说：“知之者不如好之者，好之者不如乐之者。”在孔子的教学模式中，就非常鼓励学生发言、提问和思考。《论语》就是记录孔子及其弟子言行的书，书中一问一答的方式体现了学习的互动性和教育的科学性。今天填鸭式教学模式的执行者应该感到无比的羞愧。

信息学中也有一个金字塔模型，塔基是各种各样的海量信息，塔中是经过提炼的理论，而塔尖是智慧。美国教育心理学家 Benjamin Samuel Bloom 把认知领域的教育目标分为 6 个层次：基本知识、理解、应用、分析、综合、评价。

人们学习方法从金字塔塔尖向塔基扩展，而学习结果则从塔基走向塔尖。教育过程中更加注重学生的理解、分析、思考与评价。人类最终需要的不是海量信息而是智慧之光，这才是教育的最终归宿。

徐毅斐认为，教育的本质是提升人信息处理的能力——信息获取、加工和运用的能力。他并提出，降低信息获取、加工、运用信息的能力以及提升学习的动力四个方面来实现教育的效果的提升。

未来，随着大数据、云计算、虚拟现实等技术推进，学习体验会越来越好，人类在智慧的道路上将大步向前。不过，学海无涯，当越来越多知识常识化，人类追求智慧的脚步不会停歇。

使用工具是人类在星球中崛起的秘诀，使用学习工具是人类自我超越的秘诀。信息技术让我们学习智慧及认知世界变得更加简单。传统大学可能变成知识的荒漠，当然这并不是说线下教育会死亡。即使虚拟现实技术再强大，也无法将课堂搬到家里；即使在线教育学习体验再强，线下教育也有其不可替代的优势。线下教育拥有面对面互动、集中学习、课堂气氛、授课情景、即时分享、实验试验、手把手教人等优势，它将一部分人留在教室。

人们接受线下教育需求或突破了教育本身。就像今天，很多人上街购物，不仅仅是为了满足购物的需求，还有社交、娱乐、存在感、享受尊贵、打发时间等。线下教育中的面对面社交、情感需求、感受认同等是在线教育无法实现的。根据社交逻辑，弱社交走向强社交是社会发展的正能量，而“渐行渐远渐无书”则让人走向陌生。网络社交的正方向是电子邮件、BBS、微博等弱社交必然走向 QQ 即时通信、微信、真人网游等强社交。所以说，所有社交网站都在为腾讯公司打工。而社交进一步的正方向是虚拟社交走向实体社交。面对面社交形成的心理情感积累是虚拟社交不可比拟的。

人类的惰性是一个不可忽略的因素，它导致接受教育的被动性。不要指望 10 岁的小孩会主动在家里接受在线教育，也不要想当然地认为自己在网上一定会坚持认真学习。即使学习变得再简单、轻松，接受教育都不会变得主动、积极，人类懒惰的本性是无法改变的。

像苹果公司重新定义手机一样，美国一家名为 Fitbit 的创业公司利用互联网思维重新定义了计步器。Fitbit Tracker 自问世以来几年时间就在北美掀起了一股运动健康的热潮。Fitbit Tracker 的吸引人的地方在于，当用户运动完毕，所有的数据会自动上传至云端，并生成一系列专业的分析报表提供给用户。在 Fitbit 的社区内，用户之间可以进行运动数据的分享和比较。

跑步作为增进人类身体素质的主要运动，也算是广义的教育。然而，这项运动与各种学习一样，都因为人类的惰性往往半途而废，计步器也就失去了用户黏性。不过，Fitbit 利用数据分析和网络社交两种手段让人坚持不懈。本质上是人类贪婪、好面子的本性击败了懒惰的本性。当数据分析告诉你已经积累到了如此庞大的里程数，你的贪婪就会告诉你不要放弃；当你与朋友在社交网上分享成果时，实际上也在给自己增加了不放弃的群体压力。

线下教育也是如此，老师监督容易让你摆脱懒惰完成作业，同学的监督容易让你按时到校。而线上教育，或许会放大自己的懒惰。

与 Fitbit 所做的一样，未来线上教育与线下教育不但不会分裂，反而会紧密结合。随着移动互联网的发展，大量移动电子产品和多媒体显示将大大增进线上与线下教育的融合。如在苹果应用商店中，教育应用已经成为仅次于图书、游戏和娱乐之外的第四大营收来源。

互联网观察家姜奇平说：“互联网时代不等于说互联网商业模式，实际上目前的互联网商业模式，已经成为网上和网下共同的商业模式。”最终，线上教育的优点和线下教育的优点会整合在一起，并形成 O2O 教育模式。

最初的 O2O 模式是“Online To Offline”，即将线下商务的机会与互联网结合在了一起，让互联网成为线下交易的前台，典型的案例就是团购网模式。不过，本书研究的 O2O 模式并非这种模式，而是这种模式的升级版，即“Online To Offline & Offline To Online”，不仅是从线下到线上，还有从线上到线下，是一种线上线下资源有机融合、信息共享、立体互动的模式。原 O2O 还只是营销模式，是不成熟的商业模式，线上线下整合的 O2O 模式才是真正的商业模式。

O2O 教育模式可以极大地扭转中国教育资源分配不均及教育水平低下的局面。教育资源供给面打破了教育不公平格局，教育资源需求面倒逼教育水平提高。大学的高墙被推翻，北大不再是北京人的北大，复旦也不再是上海人的复旦，这对落后省份学生尤其是农村孩子而言无疑是福音。学习的主动权回到了学生手中，学生不再局限在课堂或某一个老师，可以尽情地在网上网下海阔天空般遨游知识的宇宙。

未来，线上平台可能成为一对多以及自主学习的平台，而线下教育会成为定期讨论分析、集中解答以及情感交流的平台。届时，网上与网下连接，虚拟与现实打通，学习变得超越时空、多维参与、主动体验，教育在“发展人”的道路上快速发展。

不过，目前线下教育与线上教育依然处于博弈阶段，O2O 教育模式尚未形成。全世界最大的教育机构——美国加利福尼亚大学率先试行网络课程教育不到一个月，威斯康星州大学就开始全面为网络学生提供合法学位。加利福尼亚州立法者也提议批准网络课程时，教师议会立即给立法者们发去了一封措辞强烈的反对信函：“加利福尼亚大学的教师们绝对不可能逃避对学生们的责任，将课程的管理权让渡给任何外部机构。”甚至有72%的采用MOOC教学模式的教授不接受网络课程的学生获得大学学位。可以看出，网络教育正在推翻大学的高墙，而高墙内的人开始感到不安。O2O教育模式还有很长一段路要走，这需要参与者的勇气、智慧、开放思维、合作精神及反复博弈。

二、O2O零售服务：发现商业的未来

美团网一类的O2O团购，在短时间内风靡全国，并形成“千团大战”之势（如今已盛极而衰），一时间让人们见识到了O2O模式的威力。其实，人们对O2O模式已经不再陌生，创办于20世纪的携程网应该是这种模式的鼻祖和最佳实践者。

实际上，团购网只是O2O模式的冰山一角，真正的O2O模式具有长远的发展空间，或许会成为将来商业的主流模式。

按照雷克汉姆和德文森蒂斯在《销售的革命》中对基本销售类型的划分，姜奇平先生将O2O划分为交易型销售（对应波特的成本领先竞争战略）与顾问型销售（对应波特的差异化竞争战略）。

交易型销售以销售商品（服务）为核心，低价是其唯一竞争力及存在的理由。如Groupon、拉手网这类的团购模式正是依靠帮助下线商家销售低价促销商品而崛起，是典型的交易型销售。街库网、淘众福、宜乐购、大众点评网、携程网都属于交易型销售。

不过，携程网并非绝对的交易型销售，其存在的一个很重要的理由是打通线下机票、酒店销售提高了便捷性。美国Uber利用O2O模式，开发移动应用程序，利用GPS来连接需要服务的乘客与已注册的私家车，提高了用户的便捷性和节省了成本。美国J. Hilburn利用O2O模式为用户提供个性化定制服装的互联网平台。新浪商业地产招商中心利用O2O模式建立

招商电子商务平台。

像这种交易型销售以及利用互联网渠道做线上销售推广的模式，都是最原本的O2O模式。即Online To Offline，也即将线下商务的机会与互联网结合在了一起，让互联网成为线下交易的前台。

团购网崛起的原因是互联网对廉价商品的集中效应，但是这并不能说明O2O模式只局限于廉价商品或消费者的价格需求。O2O模式的优势也不仅限于互联网的便捷渠道。对于商家而言，O2O模式可以更多地开发互联网在网络社交、即时、品牌营销、增值服务、数据挖掘等方面的价值；对于线上平台而言，O2O模式可以更多地开发下线商家在消费者购物体验、现实社交、情感需求、尊贵服务等方面的价值。因此，O2O模式不仅仅是“Online To Offline”，还应该是“Offline To Online”，应该是一种线上线下资源有机融合、信息共享、立体互动的模式。

O2O模式体现了顾问型销售的理念，其核心不是成本而是利润；其存在价值不是单一的廉价，而是多元化的边界、体验、社交等；其竞争法则不是成本领先，而是产品或服务差异化；其重心不是一个产品为中心，而是以客户为中心，旨在整合线上线下资源提高客户体验，满足客户多元化需求。

O2O模式是原有模式的升级版本，以更高端的战略视角，更开阔的构建理念，以客户为中心全面打通网上网下，真正做到虚拟与现实经营的完美融合。

索妃雅为了与原O2O模式区分开来，将这种电子商务和传统的实体店铺结合，使线上与线下资源有效整合的模式称之为ITM（Interactive Trading Mode，互动交易模式）模式。搜啦网则直接将O2O改成OAO（Online & Offline），强调线下（实体店）和线上（网店）的有机融合。

不管是ITM模式还是OAO模式，实际上就是O2O模式。为了不创造更多没有必要的新概念，我们就将这种线下与线上有机融合的模式还是称之为O2O模式，只是这个“O2O”是“Online To Offline & Offline To Online”。

雷军利用互联网思维杀入智能手机市场，小米手机的一时风靡使得中国互联网大佬们跃跃欲试。正当大家在讨论互联网企业做手机能否成功的时候，有一个现象应引起人们的高度重视。根据中国质量万里行公布的2012年产品投诉排行榜，小米手机位列手机产品投诉第一名。其最受人诟病问题就是“不发货”，其他还包括手机重启现象严重、相机发红、通话回音严重等问题。

“不发货”其实是小米手机向苹果公司学习的所谓的饥渴营销。苹果手机赢得“果粉”排队抢购，而小米则弄得怨声载道。结果差异的原因在于苹果有强大的品牌影响力，而小米没有。还有一个原因是渠道差异，小米通过网络预订销售，苹果除了网上销售还有不少实体渠道。网上购物是一个虚拟平台，当用户网上预订小米手机却迟迟未到时，会引起焦虑和不安。

其实，这反映出实体渠道具有线上渠道不可比拟的优势：眼见为实，放心购买，钱货互易，立马体验。而小米手机的饥渴营销却放大了线上渠道的缺点。就连苹果公司都不惜重金在全球开设品牌专营店，足以看出线下渠道的重要性。

除了实体渠道问题，小米手机的服务站和签约维修点不多，不少用户只能通过快递返厂的方法换机或者维修手机。这给用户带来极大的不便和不满。苹果公司因售后服务渠道不足常常被某些权威媒体批判，不同的是苹果产品质量过硬。

互联网拥有跨越时空界限的优势，但是这也恰恰是其劣势。消费者可以随时随地在网上购买商品，却要等上好一段时间（至少不能立即）才能拿到商品，而且无法享受实体空间购物的快感。阿里巴巴、京东、当当等电子商务公司正在大力自建物流，以提高用户满意度和弥补这些不足。京东试图采用固定派送员的方式，提高快递服务质量和用户收货体验。

不过，这些努力仍然无法弥补互联网渠道根本上的不足。消费者很多需求是互联网无法提供的，快递服务再好也不能替代实体店售货员提供的服务。消费者需要亲自健身、亲自看剧场演出，立马享受获得商品的快感和实体店的尊贵服务；需要和好友在购物中增进感情，甚至通过漫无目的地闲逛以满足猎奇心理和打发无聊时间。

廉价只是消费者其中一部分需求，在过去几年中国电子商务企业大打价格战以满足这种需求。但是，企业的竞争轨迹会从价格竞争，升级到服务质量竞争，最后到品质品牌竞争。政府监管也开始介入价格战，国家工信部已经建立了电商违法数据库，乱打价格战恐被列入黑名单。2013 年开始，中国电商企业已经意识到价格战已经到了尽头，将重心转向服务质量升级。京东商城 CEO 刘强东为京东的 2013 年制订了“修”养生息的战略，“修”主要体现在提升服务质量上，并表示京东将在家电销售上推出新的“送货安装一体化”服务。

可以看出，当互联网的低成本优势耗尽和服务质量提升遇到瓶颈时，电商企业的服务质量战的主战场会在地面打响，各大电商都在积极吸收传统渠道的优势以提升服务质量。这必将有利于打通线上与线下的隔阂，推动 O2O 模式的形成。

“可能很多人认为电商平台与实体商铺（购物中心）只是一个竞争的关系。其实，两者之间还有一个合作发展的机会，这应该是一个未来的趋势。”仲量联行重庆董事总经理苏仲礼这样认为。

在价格战中，团购网抓住互联网低成本和聚集效应优势，创造了 O2O 模式；在服务质量战中，电商企业与实体商家必然联合构建真正的 O2O 模式。

这些年，电商狂飙式发展充分暴露了传统渠道的种种问题。与电商相比，高租金、高库存、低效率已经成为实体商家难以改善的问题。再加上中国地产的推波助澜，不少大型商家都已经到了生死线上。

近年来，匹克、李宁库存高企，关闭门店均超过千家，公司亏损严重。继百思买、万得城退出中国市场，沃尔玛、家乐福也出现关店现象，大卖场门店扩张出现拐点，调整势在必行。

种种迹象表明，实体企业正在遭遇来自电子商务、高房价以及传统经营模式的挑战。不过，从数据显示来看，传统消费依然占据绝对的主导地位。在美国，线上消费与线下消费的比例是8∶92；而在中国，线上消费估计只占3%。

数据可以从两个方面来看。由于传统零售集中度低、边际成本高，即使线下消费占据90%以上的市场份额，实体商家也岌岌可危。更何况，电子商务市场每年都以两位数增长率快速发展，而传统零售却增长缓慢甚至有萎缩的趋势。如此此消彼长，实体商家不得不转型谋生计。

从另外一个角度，传统零售市场份额如此巨大，即使持续萎缩也依然不可忽视。人类作为生活在地球上的生物，在咖啡店、酒吧、娱乐公园、旅游地、加油站、餐厅、健身房、美容店等实体中的消费份额仍然巨大。当线上消费市场增长到一定份额时，电商企业必然觊觎下线市场。

在美国，传统零售体系完整，零售巨头实力超强，而电子商务并没有太大的价格优势。另外，美国电商的IT人才工资、IT系统成本很高，也就抵消了实体门店租金成本。而中国电商的价格优势明显的原因是，企业在IT系统研发和安全维护方面的投入严重不足，以及违法成本低。数据显示，中国互联网公司的安全支出仅占IT支出的1%，而欧美国家的这一比例在8%~10%。这直接导致中国互联网企业在用户数据泄露事件中集体沦陷。

随着中国法治环境的改善，电子商务企业的经营成本必然上升，价格优势不再成为竞争利器。在没穷之前就要思变，所幸的是部分电商企业已经从价格战中脱身，转向质量服务提升。

传统零售企业的转型要更加迫切些，沃尔玛、国美、家乐福等零售企业已经“触网”。不过，传统零售商往往以传统零售思维发展在线零售，更不知道如何解决线上下线的渠道冲突，电商平台被迫沦为鸡肋。

传统零售商都担心实体店沦为展厅。恐惧是生态系统中最大的天敌，恐惧它不如迎接它。美国梅西百货的做法值得借鉴——全渠道融合战略。在梅西新成立的体验店内，用户能够使用设备查询网上顾客评论和在社交媒体上分享购物清单，还可以直接一站式自助购物。手机App可以点对点向顾客发送电子优惠券等信息。

这种整合线上线下资源的全渠道融合战略实际上就是 O2O 模式 2.0。面对电子商务的挑战，国内传统零售商苏宁果断战略大转型，按照全渠道零售理念，整合线上和线下资源，提出打造“沃尔玛 + 亚马逊”的目标。苏宁电器已经改名为苏宁云商，苏宁云商努力执行去电器化、电子商务及科技化，试图以科技来改造传统苏宁。

越来越多的 IT 企业已经认识到实体渠道的价值。继苹果公司在全球开设实体专卖店后，微软、谷歌正在跟进中。最近，他们将目光瞄向一家百年书店——巴诺书店。巴诺书店及其连带企业在全球一共有 2400 余家零售店，这是科技公司最为看重的资产。全球电商领头羊亚马逊也在着力开拓实体渠道，它的储物柜已经安装到了 7－11 便利店、史泰博和 Radio Shack 实体零售店中。而收购巴诺书店，或许是亚马逊整合线上线下渠道，打造 O2O 模式的最佳战略。

万达集团董事长王健林并不赞同马云“电商胜过传统零售”的观点，认为“二者都能活”。他认为线上线下结合会更好：“零售商不会等死，当然，在马云的冲击下，一些不思进取，或者标准化的零售渠道，如果没有应对之策，可能会死掉，但是如果零售商加以自己的发扬，或者作为，线上线下结合，一定会活得很好。美国前十大电商都是零售渠道的案例。”

线上线下资源融合是一个战略性问题，而如何融合是技术型问题，也是商业模式构建问题。融合首要解决的是如何避免渠道冲突，这需要通过商业模式中价值系统的构建来解决。只要价值系统构建起来，价值匹配合理，形成资源转移和交叉补贴，整个 O2O 模式自然运转起来。

商业模式从产业价值链开始构建，线上和线下融合之后，单一渠道变成多渠道或全渠道，整个产业的边界已经扩大，产业价值链变成产业生态系统。与之前介绍的产业融合一样，整个产业生态系统的价值流变得复杂。构建价值系统的关键是，以客户为中心，将线上和线下资源通过分工合作的方式整合到系统中，实现资源价值最大化。

根据消费心理学理论，消费者购物过程的心理活动是：注意—兴趣—比较—需要—购买。我们需要做的是，如何将线上和线下资源合理分配到这五个心理活动中。

注意：在大数据的支持下，互联网平台可以利用技术优势分析数据，挖掘消费需求，为客户推荐商品和服务，使客户注意到真正其需要的商品；实体店为互联网平台提供消费数据。

兴趣：根据大数据的准确计算，线上线下制定相应的销售和服务策略，以提高客户的购买兴趣；实体店可以提供更符合客户需求的体验服务。

比较：实体店为客户提供线上查询、比较商品及相关信息的服务；线上平台为客户提供详细的商品信息，并强化用户体验、品牌服务以提高比较优势。

需要：实体店在与客户沟通中判断客户的核心需求，以满足核心需求激发购买欲望；在线平台，利用大数据分析对实时跟进发现用户的核心需求，并做出有吸引力的推荐。

购买：线上线下渠道、供应相互配合，提高客户购买的便捷性和体验感；利用大数据和实体服务提高客户重复购买率。

以汽车消费为例。消费者在购车之前，平均要花费 18 ~ 19 个小时在互联网上搜寻相关信息。汽车线上平台就可以通过大数据帮助汽车厂商分析客户需求，并推荐客户需要的、感兴趣的汽车。事实上，线上平台还可以利用驾考、收入支配、搜索信息、社交信息等数据分析，提前预测消费者的购车需求。

汽车 4S 店和汽车线上平台可以为客户提供厂商生产汽车过程、原料来源、各项技术指标等详细信息，在销售过程中，准确抓取客户的兴趣点；还可以客户查询比较汽车信息及访问相关社交网站。客户在试车过程中，提高客户体验服务，以促成交易。

为客户提供汽车 4S 店和线上平台两个购买平台，两个渠道相互配合，提高客户购车便捷性和安全感。如今已有企业开始行动，汽车 O2O 尝试会越来越多。

购车结束后，汽修装饰、修理、保养、配件依然是整个汽车产业链中重要环节，也是产业链中最稳定的利润来源，占总利润的60%～70%。因此，汽车线上售后服务平台和线下汽车美容维修店融合，提高售后服务体验感。大数据可以告诉车主定期保养的时间、项目和注意事项等，并为实体店经营提供参考。

最后，汽车网上社交平台与汽车俱乐部融合，将线下和线上社交打通，提高客户分享、社交、互动等体验，提高汽车的重复购买率和品牌的影响力。

O2O模式归根结底是利用线上和线下资源的优势，发挥协同效应。未来，O2O模式发展的关键在于数据服务和客户体验两个方面。

“科技苏宁，智慧服务”四个字实际上抓住了O2O模式的两个关键。未来，苏宁需要利用科技改造传统零售店，大数据将提高零售店的体验服务；而实体店的“智慧”也将提高线上购物的用户体验。

沃尔玛其实是一家科技公司，高效的物流与库存控制系统让其驰骋商界。沃尔玛推出的iPhone自助结账应用及终端设备已经在200多家店中试行。顾客只要用手机扫描商品的条形码，然后到自主结账台扫描二维码，就可以自助结账，轻松走人。这是实体零售店网络化应用及体验服务的典型，相信会有大型零售商跟进效仿。沃尔玛还创造性地推出了一项众包快递服务：让到超市购买商品的消费者，给他们在沃尔玛官网购货的邻居送货。沃尔玛试图借助下线庞大销售系统的优势整合线上平台，已经走在了O2O零售模式的前面。

星巴克正积极“上网”，显得越来越有“科技范儿”。可以看到，科技正在改变这家咖啡店的环境，客户体验感也在增加；也可以预测，大数据将提高它的销售量、用户体验和品牌影响力。亚马逊是全球最大的图书零售商和大数据的领导者，巴诺书店是一家非常有文化气息和体验感的实体书店。如果亚马逊的大数据和巴诺书店的文化体验相结合，科技与文化迸发出来的商业火花令人遐想。

未来，不管是书店、手机店、家电卖场，还是家居店、汽车4S店、服装店、超市、购物中心等都将被网络改造，实现客户体验升级；在线零售也将借助实体渠道实现用户体验升级。O2O 模式才是商业的未来。

有趣的是，已经有人率先吃螃蟹，将互联网元素应用到实体店中。Fliike 是法国初创公司 Smiirl 研发的一款产品，它的主要功能是把 Facebook 页面上的“赞”计数器搬到商户们现实中的橱窗里来。实体化和具象化客户的虚拟身份和数字特征是 Smiirl 的服务宗旨之一。为了让 Fliike 实体化更加彻底，Smiirl 采用传统的机械翻牌式而没有采用电子显示屏。他们要解决的问题就是：很多小型本地商户虽然在网上有着不错的口碑和受欢迎程度，但是在现实生活中他们找不到一个有效且有趣的方式来向路过的行人展示在虚拟世界获得的赞誉。

Fliike 做的事情很简单，就是把商家在网络上积累的信誉资源转化到实体。不过这已经足够让人惊喜，Smiirl 打算以此概念打造一个为商户“重塑虚拟社交和实体身份间链接”的生态系统。其实，豆瓣网完全可以跟新华书店合作，将大量豆瓣网的书评资源转移到书店中，帮助读者选书，提高互动体验。苏宁亦可将苏宁在线的商品评价转移到苏宁电器商店中。苏宁网上网下两条渠道还有很多资源可以共享。网上网下打通，虚拟与实现融合，两个渠道的资源实现共享和最大化，这才是 O2O 模式的真正价值。

以价格为竞争力的电子商务依然是工业经济中的以厂商制造为中心、以成本领先为核心的理念。电子商务与传统零售完美融合之后的 O2O 模式，才是真正以客户为中心，以客户体验为核心。

随着移动互联网的快速普及，线上与线下结合的 LBS 必然会兴起，并推动 O2O 模式的构建。O2O 模式也将走向体验化、社交化、移动化、本地化，一种新的消费价值——即时价值将会被挖掘。所谓即时价值，就是即时即刻出现的需求带来消费价值，这个价值在某个短时间内存在。如当我走在万象城商场，LBS 应用程序提醒我屈臣氏在搞促销活动，我可能会去光顾；但是，如果我走出了商场后才获得这个消息，或许我就失去了兴趣。

在大数据的支持下，LBS 更能够激发 O2O 模式的价值。高德地图将导航地图数据作为基础与核心，和第三方、用户以及各行各业的业务数据进行融合，形成一个大数据体系。再以这个大数据体系为基础，一方面向垂直领域的第三方合作伙伴提供开放服务平台，渗透到各行各业实体经济中；另一方面向用户端提供生活入口服务。高德地图正在以位置服务为切入点，通过大数据体系打通产业之间的间隔，形成一个价值巨大的O2O商业生态系统。

三、O2O医疗服务：保卫健康的生命

OTC药（非处方药）源于60多年前的西方，而在中国2000年才开始上市。中国OTC药的出现、发展与互联网对医药常识的普及分不开。这就是互联网的力量和群众的智慧。互联网促进医学知识常识化，医生像老师一样开始走下神坛。

2003年，中国大面积爆发非典型肺炎，人们出行、就医受到限制。互联网成为了人们求医问药的重要途径，中国互联网医疗迎来发展之机。

互联网医疗是互联网与医疗行业融合的产物，包括以互联网为载体和技术手段的健康教育、医疗信息查询、电子健康档案、疾病风险评估、在线疾病咨询、电子处方、远程会诊，及远程治疗和康复等多种形式的健康医疗服务。与传统医疗相比，互联网医疗主要体现在互联网技术、渠道以及理念对医疗行业的变革。如今，网上购药、网上预约挂号、网上诊断、网上咨询、远程诊疗都已经习以为常。

不过，令人遗憾的是，过去十多年中国医疗事业在医疗改革中无序混乱中发展，互联网医疗远远落后于欧美国家。由于医疗卫生体制弊病和医疗资源分配不均，中国人还在为看病难、看病贵而头疼。

住房、教育、医疗，三者既涉及市场领域，又关系到公共领域，商业机构、社会组织和政府部门需要协同共担责任。但是，由于责任、利益、权力匹配不好，三个主体容易引发冲突。住房、教育，尤其是医疗成为包括美国在内的世界多数国家的难题。

尽管庞大的医疗开支令债台高筑的美国联邦政府头疼不已，但是美国

人对未来战略性的投资从来都没有吝啬过。奥巴马上台之后签署了美国历史上规模最大的医疗改革方案，方案明确提出，未来10年美国政府将投入9400亿美元对美国医疗系统进行全面改革。

教育和医疗是传统而坚固的两大领域，是互联网尚未攻破的、如KPCB合伙人Chi－Hua Chien所说的万亿美元级别的市场。早在2004年，美国经济学家保罗·皮尔泽就将健康产业称为继IT产业之后全球"财富第五波"。网络教育正在推倒大学高墙之时，医疗的铁桶阵也开始被互联网攻破。

医疗行业是一个相对封闭的行业，制药和医疗公司利用专业技术和大量数据设立了较高的竞争门槛，从研发到销售封闭垂直的产业链阻隔了外来入侵者。

随着20世纪80年代信息产业起步，医疗行业开始采用信息技术提高医疗水平，远程医疗在医疗行业铁桶阵中捅开了一个口子。美国最早研发的远程医疗系统是用于对宇航员进行无创伤性监测和战场伤病员急救。后来，远程医疗应用于民用医疗领域，远程咨询、远程会诊、远程控制手术及医学图像信息传输成为了可能。

远程医疗仅体现了信息技术与医疗产业的融合，并未开启互联网医疗革命。不过，在嗜血的金融资本和不可逆的产业融合面前，医疗行业已经守不住固有的堡垒。在金融资本的支持下，外来侵略者主要是IT企业开始入侵医疗行业，传统医疗正在被互联网颠覆。

2012年，一家名为Castlight的互联网医疗创业公司获得美国两只共同基金高达1亿美元的融资。这一消息极大地刺激了互联网创业者的神经，互联网医疗开始如互联网教育一样引起投资者和创业者的高度重视。

旧金山最炙手可热的创业者、Twitter和Square的联合创始人杰克·多西在接受《第一财经周刊》采访时说："如果有下一件能让移动数据通过互联网直接延伸到真实的物理世界，那么它一定是医疗。①"

① 骆铁航．未来医疗和移动互联网结合 用户掌控健康信息［J］．第一财经周刊，2012(1).

实际上，美国华尔街和硅谷已经开始关注这个新兴领域，并有所行动。硅谷创业孵化器孵化出众多著名的公司，这次出现了一个名叫 Rock Health 的投资基金及创业孵化器，专门服务于移动医疗创业项目。

他们已经孵化出一些令人惊喜的成果：Inside Tracker，是一款透过感应器量化身体内维生素和其他营养成分含量的应用工具，它还可以向你推送优化健康和体育运动的建议；Cell Scope，它通过将智能手机的摄像头连接到 Web 平台上，创建了一个让你在家就可以接受疾病诊断的系统。

在中国，互联网医疗还没起步，在线预约挂号、咨询、治疗还存在种种问题。健康网站多以健康资讯为主，没有深入医疗的范畴。不过，好大夫在线在网络医疗领域算走在前面。好大夫在线收录了全国 3000 多家正规医院，300 000 多位大夫，并已建成互联网首个实时更新的医疗咨询、诊断系统平台。腾讯公司与好大夫在线达成了战略合作伙伴，试图以医药信息交互平台为切入点杀入移动医疗市场。

IT 公司任天堂也与拜耳医药保健公司达成战略合作。拜耳医药保健公司副总裁迈克尔·施瓦茨在与 IT 公司任天堂达成战略合作时，说出一席值得医疗行业深思的话："当我们探寻创新的业务模式时，我们也在自问什么时候制药企业应该走出传统的行业界限，什么时候和非传统企业合作，从而为新型业务模式带来更好、更快、更廉价的解决方案。"

安永在发布的 2010 年全球医药产业年度发展报告《转型：Pharma 3.0 时代》① 中指出，全球制药行业正在从 2.0 时代过渡到 3.0 时代。所谓的 3.0 时代，就是指医疗产业的边界开始扩展，越来越多非医疗企业进入医疗产业，并形成新的市场和商业模式。

过去十多年，医疗企业利用 IT 技术来改造自己，而鲜有 IT 企业进入医疗市场。随着产业融合推进，最初的技术融合已经发展到了渠道、市场融合。如果远程医疗是互联网医疗 1.0 的话，那么未来移动互联网程医疗必然是互联网医疗 2.0。

---

① 胡媛．互联网改变医疗产业［J］．商业价值，2010(6).

随着移动互联网的发展，网络医疗开始跨越空间，用户随时随地可以咨询医生和在线就诊。不过，这只是移动互联网医疗的冰山一角。随着感应技术的发展，手机、手表等移动产品开始成为实时跟踪、收集、检测、诊断及治疗的医疗终端。

心脏病医学专家埃里克·托普在洛杉矶TED科技峰会上大声地问听众："你们谁还记得听诊器是什么时候发明的?"并自问自答："那是在1816年。不过到了2016年，等听诊器发明200周年的时候，就没人再需要一个听诊器了，取代它的将是无线的数字设备。"他在台上一边演示一组iPhone手机上的心电图，一边表示心脏病医生可以在世界的任何地方，通过手机实时地监控到病人的心脏和脉搏跳动情况。

埃里克·托普被称为传统医疗工具的终结者，是全美最早把诊疗和对病人的服务搬上移动平台的医生。

医生和医疗机构主动尝试使用数字设备来提高医疗技术和水平，无疑大大促进移动互联网医疗的发展。未来10年，全球会出现几千万移动设备及无线医疗感测器与"医疗局域网"连接，组成形成庞大的移动医疗物联网。

感测器可以植入手机、手表、皮带等可移动设备中，感知和测量人体的体温、血压、心律、心率、脉搏、睡眠深度、胎儿心率等。检测数据通过APP实时反馈到你Pad或医生手机中。移动睡眠监控工具提供商Lark发明了睡眠腕带。当你带着它进入睡眠，它会实时检测你的睡眠状况，并在你手机中绘制一张睡眠深度图表。

医生的工作开始打破了时空限制，治疗准度、精度及提前预判性得到提高。但是，对于医疗机构而言，这无疑是一个巨大的挑战。因为移动互联网医疗都是IT公司擅长的。又是IT公司，这一次他们真的来了。

美国无线电通信技术巨头高通公司，在原有高通无线医疗部门的基础上，成立高通生命公司。高通生命公司旨在开拓无线医疗技术市场，为此高通公司设立了规模高达1亿美元的高通生命基金，用来扶持相关的移动应用创新与设备研发。

苹果、谷歌的应用程序平台也在大力发展移动医疗应用。可以预测，移动医疗应用程序及移动设备医疗功能改造，将为创业者提供两个巨大的市场机会。除手机、Pad 外，手表、腰带、按摩椅、眼镜、电子血压器、电子秤、枕头、药箱等都有可能变成具备医疗功能的智能设备。

移动医疗应用程序大致分为三类：测量类，感知、检测及诊断某一种或多种生理特征和病状，并实时反馈到用户和医生手机中；社交类，互动问答，沟通情感，分享治疗经验等，如稀缺血腥社区、骨髓捐献社区等；数据类，收集并分析用户生理信息、患者病史信息、诊断报告等。

测量类：Pipette 应用程序，能让医生仅使用智能手机就可以帮助各地用户诊断并治疗儿童耳部感染。

社交类：社交网站 PatientsLikeMe 允许用户分享他们的治疗信息，用户也能从相似的患者信息中发现更加符合自身情况的治疗手段。作为一个副产品，PatientsLikeme 还能基于用户自愿分享的数据进行观测性实验（传统方式的临床实验通常非常昂贵）。

数据类：高通生命公司开发的第一个产品就是用于无线医疗终端的 2net 平台和集线器，主要用于基于云计算的医疗数据信息整合与传输。西雅图儿童医院的医护人员正在使用 Tableau 可视化系统，可视化分析遍布医院各处的服务器和数据库里的数以 TB 计的数据。可视化数据分析不但帮助医护人员减少医疗事故，制订临床试验计划，而且还帮医院节省了 300 万美元的供应链成本。

移动互联网医疗无疑可以提高医疗水平，但是对医疗产业形成颠覆性变革应该是大数据。这种颠覆性变革主要体现在两个方面：打破传统医疗机构垄断数据，降低医疗产品、技术的研发周期及风险，提高医疗技术及服务质量；大数据预测每一个患者病变情况及病情发生，真正做到预防代替治疗，提高生命质量。大数据可以称之为移动互联网 3.0。

越来越多的医疗机构意识到大数据的价值和重要性。医疗技术公司 Alliance Health Networks 收购了医疗搜索数据库 Medify，并专门设立了首席数据科学家。

制药企业、医疗器械企业及医院研究机构，在研发新产品和新技术时，都必须依赖于大量的医学、病理及临床数据。产品和技术研发阶段又需要大量的临床试验及数据分析。有限的数据处理技术和持久的上市审批，大大提高了产品、技术的研发周期和风险。这是导致当今全球医疗技术进展缓慢的重要因素。

不少医疗机构采用外包方式降低医疗成本和风险，不过整体状况依然没有得到改善。而擅长大数据处理的 IT 企业无疑是医疗机构合作的首选，也是扭转这一状况的唯一选择。

谷歌曾经倾力打造了一个医疗数据收集的谷歌健康（Google Health）平台。谷歌健康平台一边接受患者上传病历、病史数据；一边与美国药物零售商和医疗机构合作，获得患者的病史数据。不过，这个平台目前并未真正成功。其原因或许是操作出了问题，也或许是用户担心泄露隐私。如果是后者，这就反映了大数据时代应该如何保护隐私的问题。

谷歌健康平台不管成不成功都体现了一个不可逆的趋势：互联网公司正在打破传统医疗行业数据垄断的局面。这一局面被打破，医疗行业将在大数据的支持下彻底变革。顺便说下，这或许还体现了另外一个趋势：搜索引擎的信息不再完全无偿地从互联网上抓取，需要通过购买或合作从线下“信息孤岛”（如医疗数据、犯罪数据）中获取。

一家名为 Apixio 的创业公司做成了更小范围的“谷歌健康平台”，收集大量患者病历至云端，医生可通过语义搜索查找任何病历中的相关信息。

在大数据时代，传统医疗行业积累的数据价值不可限量；在大数据时代，数据的挖掘大大突破了医疗行业所积累的数据范畴。谷歌健康平台不成功，也无碍其在医疗领域发挥作用。

《大数据时代》描述了这样一个真实故事：2009 年，甲型 H1N1 流感爆发并迅速向全球蔓延，美国和其他国家的疾病控制与防御中心，都努力快速地从患者、医院一线收集病情信息。但是，由于信息传递慢，疾控与防御中心通告新病例的时间已经是病发两周后的事情。疾病传播的速度远远快于疾控与防御中心的预防行动，科学预防也就成为了空谈。

在甲型H1N1流感爆发的前几周，谷歌公司的工程师在《自然》杂志上发表了一篇论述谷歌预测冬季流感传播方法的论文。文中阐述了谷歌公司利用大量数学模型分析来自全球超过30亿条的搜索指令，并最终得出流感病发和传播的预测。论文用这种方法预测了2007年、2008年的流感病发和传播，结果与美国疾控与防御中心的官方数据吻合度高达97%。

这一真实案例让我们见识到了大数据在疾控防御中的威力。大数据将计算机的相关性计算推至顶峰，世界万物的相关性被它一一挖掘，原有行业信息“孤岛”逐渐被开发并发挥作用。就像通过谷歌搜索数据分析预防流感传播，通过社交数据分析预测犯罪发生，通过电子商务数据分析预测经济波动，通过生育数据分析预测社会稳定趋势。

对于个人而言，疾病防御肯定胜于疾病治疗。患者或医生都可以通过软件实时数据分析和预防疾病的发生。强生公司在苹果应用程序商店中推出了一款追踪血糖水平的应用程序。血糖仪将血糖数据传输到iPhone软件上，iPhone可以解读数据，计算饮食中糖摄入并让患者按照需要调整药物和饮食。

未来，高血压、心脏病、脑溢血，甚至癌症都可以科学地提前预防。大数据真正做到了让健康、生命掌控自己手中，真正做到了对生命的敬畏。

Seton医疗机构借助大数据低成本地提前发现重大疾病。例如，充血性心脏衰竭的治疗费用非常高昂，通过数据分析，Seton的一个团队发现颈静脉曲张是导致充血性心脏衰竭的高危因素（而颈静脉曲张的诊断几乎没有什么成本）。

不过，互联网医疗无法解决一切问题。未来，生命需要医生、自己、手机、智能医疗设备，当然还有谷歌等，一起保驾护航。当大数据、移动互联网全面渗透到医疗行业，将变革整个产业的竞争格局、商业模式和技术效率。

对于中国而言，网络医疗或许（希望）能在医疗资源分配极为不均、看病难看病贵的医疗卫生环境中打开一个希望的窗口。民众真正掌握医疗的主动权，让生命掌握在自己手中。

四、O2O 能源服务：引爆能源的变革

近年，中国不少城市出现了持续严重的雾霾天气，部分城市的空气质量已经达到严重污染的程度。持续严重的雾霾天气引起了中国乃至全球的高度关注。这让人联想起 1952 年英国“伦敦雾霾事件”。在这次事件中，仅四天时间，死亡人数就达 4000 多人，两个月后，又有 8000 多人陆续丧生。

曾经不可一世的工业帝国在“先污染，后治理”的路上付出了血的代价和教训。随后几十年，英国痛定思痛，大力治理空气污染，推动环保立法，淘汰、搬迁高耗能重工业，推广新能源，最终效果显著，还给了市民一片蔚蓝的天空。

有些国家在其工业化过程中走上了一条“先污染，不治理”的不归之路。高耗能、粗放型、低效率的经济增值模式透支了法律红利、人口红利和环境红利，代价也就随之而来。讽刺的是，中国在 2012 年 2 月才首次增加 PM2. 5 的监测，无疑拖了全球环保的后腿。PM2. 5 走进公众的视野后，立即引起国内民众乃至国际组织的高度关注。社会组织对 PM2. 5 的监测结果让舆论一片哗然，不过随即就得到中国官方的正式否决和警告。

持续严重的雾霾天气出现后，中国官方的监测都频频“爆表”。数据已经不重要了，因为市民已切切实实地感受到它的存在。中国环境污染逼近临界点，已经处于生态系统断裂、经济增长拐点、社会群体事件集中爆发的边缘。经济增长模式、环境保护投入不足、环境立法不力、地方政府忽视、污染成本、资源使用效率低、能源及排污标准低等都是环境污染诱发的因素。从微观角度出发，所有的环境污染几乎都指向能源问题。

在可持续科学发展观的指导下，低碳经济却成为了耗能经济统治中的笑话。不管是工业还是民用，中国都大规模采用煤炭、石油等传统能源作为动力来源，新能源的开发和使用极少。数据显示，中国煤电发电量占发

电总量82%左右。这与当下国际倡导并力行高效新能源格格不入。

经济学的使命是提高资源产出率以满足人们的需求，资源总是有限的，但效率是无限的。经济的进步不在于总量的增加，而在于资源产出率的提高。工业时代，各国都在利用技术、管理等方法提高有限能源的产出率。这一点，欧美国家已经走在了前面。

欧盟于2005年成立“智能电网技术论坛”，促进智能电网研究，希望把电网转换成用户和运营商互动的服务网，提高欧洲输配电系统的效率、安全性及可靠性，并为分布式和可再生能源的大规模应用扫除障碍。

2010年，一个连接英国、德国、法国、比利时、荷兰等北海沿岸9个国家的超级智能电网计划横空出世。这个计划准备将各国的风力发电、太阳能发电和水力发电资源进行整合，组成用于传输可再生能源电力的智能电网。包括欧洲风场运营商、西门子、GE、英国国家电力公司在内的20多家公司将参与该计划。

与之相似的，泛亚太能源网络计划也在亚洲多国的推动下于2013年启动。根据这项计划，到2050年，一个覆盖澳大利亚、东南亚国家、中国的用于传输电能、信息和液体燃料的庞大综合性能源网络将建成。

值得注意的是，这种超级能源网络与传统的电网、石油管网有根本区别。实际上，这是正在进行的能源网络化或智能化革命的产物。欧洲超级电网，并不是简单地将苏格兰的海上风力涡轮机、德国的太阳能阵列、比利时和丹麦的波浪能发电站与挪威的水力发电站连成一片。欧洲超级电网与互联网融合一体，通过信息技术改造电力技术及服务网络，实现智能化控制，数字化运营，执行分布式发电、供电，提高欧洲输配电系统的效率与安全性。

泛亚太能源网络建成后，中国既可以使用自己的风能、太阳能电力，也可以“即插即用”来自澳大利亚的太阳能、风能、潮汐能电力，还可以将多余的电能传输到抽水蓄能或压缩空气装置储存于各地，或转换为氢能，或出售给东南亚国家。

信息技术已经改变了很多产业和领域，显然这一次该轮到电力及新能源了。信息产业与新能源融合必然引发一场能源互联网变革。不过，与网络教育、网络医疗、网络零售不同，能源互联网主要由国家、大型企业主导推进，具有周期长、技术含量高的特点，普通民众参与度不高，暂时还难以感受到其带来的巨大影响。

不过，新能源一旦与互联网融为一体，其带来的影响大大突破了能源产业范畴，甚至引发新一轮的工业革命，以及改变人类与自然的关系。

第一次和第二次工业革命根本上都是能源使用效率的革命。在第一次工业革命中，新发明的蒸汽机将煤炭热能高效地转化成机械动能；在第二次工业革命中，煤炭高效地转化成了电能，电能以及石化燃料高效地转化成了机械动能。而第三次工业革命或许建立在信息产业与新能源、新材料、新制造融合的基础上。不过，人类已经进入信息社会与智力时代，新能源效率的提升未必能够引发如前两次工业革命的经济效应。

更多人相信，下一次经济革命应该是信息革命或产业革命，而非工业革命。下一次经济革命更可能在信息产业与各种传统产业融合中爆发，每一次的爆发都会来得很快，但是整个产业革命过程会持续很长的时间。以至于以原子能、电子计算机、空间技术和生物工程的发明和应用为主要标志第三次科技革命爆发至今，全球学者依然争论着这次科技革命爆发的具体时间。

严格意义上说，第三次科技革命爆发时间在第二次世界大战之后到20世纪80年代初。学者的争论实际上不知不觉地偷换了概念。第三次科技革命实际上是这场持续的第三次产业革命的起点。随着信息产业不断地与传统产业融合，一个个产业革命会接连爆发，过去发生在航空、航天、电子、零售产业，接下来是制造、金融、家居、医疗、教育等。

打一个形象的比喻：第一、第二次工业革命是在一个连续时期内，以炸弹爆炸的方式在工业领域全面开花；而第三次产业革命是在一个间断时期内，以鞭炮引爆的方式在各个产业领域一个个开花。而这个鞭炮的导火线就是信息产业，下个被引爆的“鞭炮”是新能源产业。

未来预言家杰里米·里夫金在其著作《第三次工业革命》中论述了

“互联网与可再生能源结合引爆第三次工业革命”的观点。他认为，曾经支撑起工业化生活方式的化石能源正日渐枯竭，采用一种新的经济模式，才能确保一个更具可持续性的未来；互联网技术和可再生能源将结合起来，为第三次工业革命创造强大的基础，第三次工业革命将改变世界。

如果从“工业革命实质上就是能源产出率革命”这个逻辑来看，能源互联网引爆下一次工业革命的观点不无道理。与零售革命、医疗革命、教育革命相比，这场能源革命或许对整个第三次产业革命影响更大。这个“鞭炮”威力更持久，但是“响声”不够震惊世人。

实际上，当下是新能源互联网革命的前夜。不少国家高瞻远瞩，制订了长达十几年甚至几十年的战略性计划，并开始默默地快速部署。

美国正在构建一张覆盖全美骨干电网、区域性电网、地方电网和微型电网等多层次，可以实现自动化、安全管理、灵活应变的智能电网，预计2030年建成；英国制订了详细的以实现可再生能源发电和强互动性智能配电为主要目的的智能电网建设计划及实施方案，预计2050年实现；德国战略视野更开阔，提出E－Energy概念，并于2008年底打造一个包含智能电网在内的，基于信息和通信技术的能源供应系统；中国也在2009年开始筹备智能电网①和智能能源网。

与以上国家相比，能源大国俄罗斯落在了后面，俄罗斯总统普京为此积极游说。2013年，普京希望能源网络系统发展战略将在最短期限内获得批准。他在发展能源网络系统会议上说：“我希望，这些战略将在最短期限内获得批准，它的起草，以及对涉及这项活动与这些任务的问题的讨论，很遗憾，这些工作被推迟了。”

与传统能源网不同，能源互联网具有分布式和开放性两大优点。

分布式计算是一门计算机科学，它研究如何把一个需要非常巨大的计算能力才能解决的问题分成许多小的部分，然后把这些部分分配给许多计

---

① 国家电网公司坚强智能电网研究工作组定义：智能电网是以特高压电网为主干网架、各级电网协调发展的坚强电网为基础，利用先进的通信、信息和控制技术，构建以信息化、自动化、数字化、互动化为特征的自主创新、国际领先的坚强智能电网。

算机进行处理，最后把这些计算结果综合起来得到最终的结果。分布式能源互联网是“分”与“总”的有机结合，它可以将能源分散到多个独立的供应设备中存储、计算，降低单一服务器的瓶颈；同时也可以由总部统统筹与协调。

以智能电网为例，每一个供电站、供电建筑都有独立的服务器进行单独的电力存储、供应及计算，同时也接入智能电网，由总部统筹与协调。

能源互联网分布式实际上是互联网一对多算法和互交共享精神的应用。这就要求能源供应设备要像计算机服务器一样分布在不同地方，并具有储存、计算能力。这意味着颠覆了传统的能源供应结构，由统购、统销结构转向分散供应与全网流通相统一的结构。以中国电网为例，目前中国电力采用厂网分离、统购统销的集中式模式，即南方电网、国家电网两个巨头先收集众多发电厂的电力，然后统一输送到每家每户。未来，各地方发电站、个体发电单位（各大厦、学校、社区、医院发电）自己发电自己供应及存储，也可以通过智能电网销售到其他终端。不得不提醒电网巨头，他们将遭遇来自互联网的不对称打击。

互联网颠覆了传统能源供应的结构，采用分布式结构，大大降低了能源价格和能源在输送中的损耗，提高了供应效率，促进新能源产业发展。

在厂网分离、统购统销的集中式模式中，国家电网、南方电网从电厂购电后加价 39% 销售给用户，同时赚取 34% 的暴利。如果采用分散供应与全网流通相统一的模式，电价将大幅度下降，无疑可以降低整个经济体系运行的成本。

可见，中国这种厂网分离、统购统销的垄断模式，以及“市场煤”与“计划电”的矛盾体制，已经背离了世界能源互联网发展的趋势。改革势在必行！

另外，长距离、大面积电网输送损耗率较高。电网电能损耗水平是一项反映电网规划建设、生产运行、装备及经营管理水平的综合性技术经济指标，直接反映了电能的利用效率。全球比较，日韩两个国家由于电网完善、平均负荷密度大、输送距离短，网损耗率最低。美国是一个幅员辽阔、平均负荷密度大的国家，但其网损耗率依然较低。主要原因是美国电网完善以及采用就地供电的市场化模式。中国输电客观条件与美国相似，但是因为采用集中供电模式，网损率明显高于美国，为6%左右。

分布式体现了多元化发电、供电及合理存储、销售多余电量的思维，利于减少煤炭消耗和促进新能源的利用。大型火力、电力发电厂一般靠近产煤区或坐落在大型河流湍急处，不具备这两个条件的则会考虑采用风能、太阳能、地热能等新能源发电。在新能源比较丰富的地方，当地企业甚至个人就可以利用新能源发电，实现自给自足、有余销售。

中国电厂燃煤效率非常低，我国每一千瓦用煤是350克，而意大利、日本、韩国仅300克。如果采用分布式，无疑可以减少对煤炭使用和依赖，降低环境污染。

分布式智能电网已经不再是概念，希腊的Kythnos岛的微电网、德国的Mannheim Wallstadt生态城市都已经执行了该模式。苹果公司也是一个最典型的例子。

苹果公司在奥斯汀、德克萨斯、萨克拉门托、加利福尼亚州、以及爱尔兰科克市的办公场所已经实现了可再生能源供电。苹果公司全球75%的办公场所电力都由可再生能源提供，这些可再生能源包括太阳能、风能、水能和地热能源。苹果公司表示将继续努力做到100%的利用可再生能源，并让苹果在全世界的设备实现零排放。

集中式代表了工业时代集中式经营，追求规模经济的理念；而分布式与之前我们所谈到的众多产业融合理念是一致的，即同时实现需求端的规模经济和范围经济。这意味着，那些不可一世垄断能源的巨头们将遭受分布式模式的挑战，集中式的权力中心将受到民主式的挑战。正如杰里米·里夫金所言：“传统的等级化的经济和政治权力将让位于以节点组织的扁平化权力。”未来，在分布模式中，遍布全国乃至全世界的成千上万的企业组织及个人，与原有垄断巨头、国际商业巨头一起构成庞大的能源互联网，共同执掌新能源的权力。

能源互联网开放性优点主要体现在扁平对等、交互流动、即插即用三个方面。

能源互联网促使能源产业重心向终端转移，彻底改变了过去能源卖方市场。消费者掌握了能源消费的主动权，可以按需灵活使用能源。

在能源互联网中，电流在一天24小时内是不断变化的，每栋大厦中分布在数字仪表上的实时信息会采用动态定价的形式，以便消费者能够根据价格变动自动调整用电量。例如，用户选择可以在工业耗电量小、价格低的时间段（如下午6点）提高用电量。

即插即用要依赖于电力储存技术的几步。欧盟表示，当间歇式可再生能源的总量超过电力总量的15%时，将在欧盟基础设施建设中加快使用氢和其他存储技术。

现在有些IT公司已经开始进入智能电网领域。2006年，IBM公司曾与全球电力专业研究机构、电力企业合作开发了“智能电网”解决方案。这个解决方案的完成，标志着智能电网概念的正式诞生。

谷歌与纽约Good Energies金融公司、日本丸红株式会社展开合作，成立一家名为Trans－Elect的电力传输公司。该公司将兴建“电力高速公路”——连接美国东岸，从新泽西州到达拉瓦州，和弗吉尼亚州等地之风力发电机组的海底电缆，提供海上风力发电厂的智能传输，预计投资高达50亿美元。谷歌公司利用其大数据优势，确保电能稳定、安全供应。

能源互联网实际上是原有能源网络中加入信息互联网，新能源与大数据的有机结合。可以断定，大数据将在未来能源互联网中发挥巨大作用。

气象数据对于国民经济具有重要价值，美国商务部曾经一个专项分析，最后得出结论，全国有1/3的GDP产值都和天气情况紧密挂钩。2008年，国家海洋和大气管理局的首席经济学家韦伊尔（Rodney Weiher）估算，仅全国的发电厂，因为得益于该局发布的免费数据，从而可以预测下一天、下一周的发电量、优化资源配置，每年节省的经费达1.66亿美元。①

① Assessing the Economic &Social Benefits of NOAA Data，NAS/OECD Conference，Paris. Rodney Weiher. February 2008，at17－18. Available at http：//www. oecd. org/dataoecd/12/31/40066192. pdf.

不过，能源互联网涉及 IT、电池、光伏等众多领域的高端技术，需要实体发电设备、控电设备及电网智能改造的配合，依靠互联网解决所有问题几乎不可能。严格上说，能源互联网应叫能源物联网更为合适，决策者应该利用物联网的思维，统筹网上网下构建 O2O 能源模式。

为了推进分布式智能电网，欧盟表示，将用激励性措施来鼓励欧盟内部的建筑和房地产行业将数百万建筑大楼改变成微型发电厂。而大量控电设备的智能化更新改造也是一个巨大的工程。

新能源设备的改造及推广中，20 世纪 70 年代欧美国家创立了合同能源管理模式（EPC - Energy Performance Contracting）。合同能源管理不是推销产品或技术，而是推销一种减少能源成本的财务管理方法。客户见到节能效益后，公司才与客户一起共同分享节能成果，取得双赢的效果。例如，EPC 公司与企业客户签订 EPC 合同后，为企业客户免费提供太阳能发电设备。假如客户安装太阳能发电设备后，企业每月同比节省 1000 元电费。EPC 公司则每月从企业节省的 1000 元电费中获得固定比例的收益。合同能源管理模式的实质就是以减少的能源费用来支付节能项目全部成本的节能业务方式。

当下中国光伏产业陷入集体崩溃边缘，全球光伏产业也陷入低迷。光伏低成本应用或许是光伏产业走出困境的重要路径，这符合分布式能源的趋势。2012 年 11 月 3 日，麻省理工大学《科技创业》一篇名为《分布式光伏：黑暗中的唯一曙光》指出：光伏发电成本已经接近甚至在有些地方还低于传统火电的价格，目前正处于太阳能大规模爆发的转折点。2018 年左右，传统能源和新能源可达到平衡。不过，中国光伏平均上网电价是火力发电的一倍以上。

当光伏发电成本与火力发电持平甚至更低，成千上万的地方新能源电力必然兴起。欧盟预计，到 2020 年绿色能源可以生产出三分之一的电力。

未来，原有发电——配送——消费的封闭产业链条被打破，取而代之的是开放式的产业生态系统。原有一对多固定销售的商业模式被颠覆，自给自足、余量销售、多对多销售以及合同能源管理模式于一体的网模式形成。

第四章 虚拟与现实融合：色即空 空即色

一、网络金融：大数据缔造大金融

比尔·盖茨曾断言“传统银行将成为21世纪灭绝的恐龙”。这些年，互联网和金融领域发生的一些事情似乎正在靠近比尔·盖茨的预言。

2012年为互联网金融元年，4月阿里巴巴马云、腾讯马化腾、中国平安马明哲“三马”联合筹备众安在线财产保险公司，准备网上卖保险；12月，苏宁成立重庆苏宁小额贷款有限公司，开辟网络小额贷款业务。2013年，各类互联网金融平台兴起，支付宝钱包、余额宝、微信支付大爆发；9月12日，“苏宁银行”的名称获国家工商总局预核准。2014年为互联网金融创世纪年和风险年，互联网金融服务平台人人贷获得1.3亿美元规模的融资；P2P平台多达几千家，而倒闭潮也随之而来……

依据前面的理论基础和案例分析，或许你已经判断出来了：一场来自金融产业与信息产业的融合革命即将爆发，一个新兴的市场——互联网金融方兴未艾。

信息和金融是产业融合重要驱动力，如今这两个推动产业融合的先锋产业开始融合，带来怎样的颠覆与巨变呢？

2012年，互联网金融元年，互联网企业机遇之年，传统银行企业忧患之年。这一次，信息产业依然占据主动。

最具忧患意识的莫过于前招行行长马蔚华，他曾经在公开场合多次发表以 Facebook 为代表的互联网企业对传统银行将形成严重冲击的观点，揭示金融“脱媒”的趋势，号召银行与互联网融合共同开拓互联网金融业务。

马蔚华强调的金融脱媒，既包括资本的脱媒又有技术的脱媒，所谓资本的脱媒就是银行的份额在减少；所谓技术脱媒，银行支付一统天下的市场，被第三方支付越来越多地蚕食和占领。

技术脱媒，传统银行早已意识到。如今，大多数金融机构利用信息技术实现了电子数字化，并由银行账户管理系统、电子货币、信用卡系统和网上服务系统等组成的数字网络处理业务。大多数商业银行已经推出了互联网转账、支付平台，央行的超级网银也上线。这种利用信息技术发展传统金融业务的方式，我们称之为“互联网金融 1.0”。

不过，“互联网金融 1.0”是金融产业与信息技术融合的结果，强调信息技术改造传统金融业务，与真正意义上的互联网金融相去甚远。网络平台就像没有玻璃隔墙的银行柜台，网络支付就像网络版的自动柜员机。中国金融管制、行业垄断以及垄断带来的巨额利润，导致传统银行缺乏忧患意识、战略眼光及对互联网金融的认知。将互联网理解为金融的渠道、技术，这种认知大大阻碍了银行的互联网金融战略转型。

平安集团董事长马明哲是互联网金融“颠覆论”的倡导者，他已经认识到科技行业对传统金融业的“毁灭性冲击”。他认为，“作为传统金融业，平安未来最大的竞争对手，不是其他传统金融企业，而是现代科技行业。我们现在所面临的，是一场现代科技与传统金融业之间的竞赛，谁跑得快谁就赢。”

所幸的是，“三马”联合网上卖保险事件，让银行业第一次深刻地意识到互联网产业对金融产业将要形成的巨大冲击。就连马哲明自己也在2012 年年报发布致辞中突出强调了互联网对他心理的巨大冲击：两个和我同姓的年轻朋友（马化腾、马云）的成绩让我丝毫不敢有一点沾沾自喜。他们创造的两个数据深深地震撼了我。不少银行人士开始认识到，互联网企业在渠道、管理、商业模式、成本、电子商务以及庞大用户群方面的优势可能对银行形成全面的冲击，更重要的是互联网金融可能颠覆传统金融业的产业形态、竞争格局、核心竞争力及商业模式。

目前，中国互联网金融领域的领跑者非阿里巴巴莫属，阿里集团的金融版图日渐明晰，并最终形成平台、金融、数据三大战略阶段。阿里集团拥有全球最大的B2B、中国最大的B2C、中国最大的C2C三大电子商务平台，为其发展金融业务提供了10多亿的客户资源及网络平台。而全国最大的第三方支付平台支付宝在网络支付领域已经占据了绝对优势，阿里在此基础上构建金融蓝图。

阿里金融事业群与支付宝业务整合的首款消费级金融产品——“信用支付”即将面世。“信用支付”实际上是虚拟信用卡，无疑对传统信用卡构成威胁。“信用支付”面向2亿支付宝用户，这种低成本“开卡”及密切关联电子商务平台、用户的优势，是传统银行不可企及的。

阿里集团董事局主席马云在阿里金融团队开年会议上称：“今天阿里做的金融业务不是改革，而是一场革命，一场金融的革命。”

如果仅仅是网络支付并不能掀起金融革命，革命的真正内涵是阿里金融板块已经覆盖了网络支付、小贷、担保、保险等各个金融业务。这些金融业务都将基于阿里平台大数据、云计算，建立了一套信用评估、风险控制体系。

2013年6月13日，支付宝联手天弘基金上线“余额宝”，短短不到半年时间开户数已超过2900万户，余额宝资金规模突破1000亿元。截至2014年2月，阿里金融服务的小微企业已经超过70万家。虽然与传统银行动辄上千亿元的净利润、上万亿资产规模相比，阿里金融收益与规模不值得一提，但是真正可怕的不是收益，而是颠覆传统金融产业的商业模式。

阿里高层一再强调：阿里集团不会办银行，也不会成为一家银行；阿里金融做的是平台，向银行开放。而实际上，金融平台比传统银行更具有威胁。在金融平台中，个人与个人可以直接完成借贷业务，而银行成为多余。目前，受制于金融管制和银行大佬，阿里巴巴只对银行开放，但终有一天会面向个人。

这种网络借贷模式被称为P2P（peer to peer）金融，或“人人贷”。在P2P金融模式中，个人可以电子商务专业网络平台实现自主借贷，银行被架空。

2011年，斯坦福大学商学院的一群学生创建了P2P金融SOCIAL FINANCE，为学生以低于美国联邦政府贷款的利息提供教育贷款，业务遍及50多所美国高校。而成立于2006年的Prosper，已经成为了全球最大的P2P网站，吸引的投资已经超过7500万美元。在中国金融垄断和地下钱庄逐渐“见光”的大背景下，P2P网贷公司迎来不错的发展前景。自2007年第一个P2P网贷平台拍拍贷成立以来，中国出现了几千家P2P网贷公司。

P2P小额网贷或许无法撼动传统银行的大规模贷款市场，但是由基于大数据的网络贷款、信用支付、网络担保、电子商务、网络保险等构成的互联网金融产业生态系统，无疑是传统金融行业的灾难。

可以预测，不需要多久阿里集团就可以基于平台、数据与金融建成完整的互联网金融产业生态系统。在庞大的电子商务平台中，在大数据的支持下，在担保的配合下，上对企业客户（供应商）提供小额贷款，下对消费者（电商、支付宝用户等）提供信用支付和保险服务，最终形成金融与电商相互促进的互联网金融产业生态系统。

电子商务领域风头正劲的京东也积极加入到这种金融革命中来。京东商城面向供应商提供贷款服务，提供针对采购、入库、结算前、扩大融资的四方面的融资产品，具体包括应收账款融资、订单融资、委托贷款融资、应收账款资产包计划、协同投资、信托计划等。

京东CEO刘强东构想了未来京东“亚马逊 + tmall”的混合模式，即为京东供应商提供仓库、物流、贷款、支付等一系列服务。加入互联网金融争夺战的还有新浪、百度、网易等传统互联网巨头。互联网企业渗透到金融领域，金融企业探路网络金融平台，网络保险、信用支付、网络担保、P2P金融、小额网贷等出现，推进金融业与信息产业深度融合，并进入“互联网金融2.0”。

金融机构真正认识到资本脱媒对银行的威胁，而不仅仅是技术脱媒。交通银行、农行、工行、招行、中信银行等都在尝试构建网络金融服务平台，探路互联网金融市场。

传统银行重拳出击互联网业务，并直捣电子商务，促使人们对传统银行业及互联网金融的思考提到更高的层面。

传统银行真的会消失吗?

在互联网金融中，金融为主导还是信息为主导?

中国投资责任有限公司副总经理谢平预言：20年后，可能形成一个既不同于商业银行间接融资、也不同于资本市场直接融资的第三种金融运行机制，可称之为“互联网直接融资市场”或“互联网金融模式”。

P2P金融应该就是谢平所说的“互联网金融模式”。这种模式的出现，是基于互联网时代信息不对称逐渐弱化、搜索引擎与社交网络的发展、大数据与云计算的进化以及网络信用体系逐渐形成。在这种环境下，信用测评与风险控制的成本大幅度降低，在平台上人与人之间可以直接形成借贷关系。

P2P相当于电子商务中的C2C，跳过了中间商（银行）环节，直接发生交易。交易成本的降低是P2P、C2C存在的经济学理由。

不过，P2P与C2C一样不可能成为互联网金融的主流，只是一种补充。阿里巴巴将C2C淘宝网衍生出B2C天猫商城的真正原因在于此。从交易成本的角度来看，P2P理应存在；但是从核心竞争力（专业化）角度来看，网络银行不但不会消失反而更具有发展空间。

与电子商务一样，C2C以交易成本低而存在，B2C以核心竞争力（专业化）而发展。因为产品营销、品牌打造、物流配送、企业信用、售后服务等是C2C中的个人商家不具备的优势，而恰恰是企业商家的核心竞争力。

纵然网络技术促使信用测评与风险控制的成本大幅度降低，银行信誉、大客户营销、大规模资金借贷、资产证券化、售后服务等是P2P中的个人贷款人不具备的优势，而恰恰是网络银行的核心竞争力。

信息产业与互联网产业融合后，互联网金融产业链依然不会被压缩（主链），网络银行不但不会消失反而会借助互联网做得更加专业。正如数字出版产业，唱片公司、出版商转型为经纪公司、学习解决方案提供商后会获得空前的发展。在互联网平台中出现了自拍、自唱、自主创作的“网络红人”，但那仅是补充。P2P 亦如此，会成为利基业务，拉大长尾市场。

而传统银行则像实体书店、零售店一样依然存在，但是门店数量会大大减少。网络银行的低成本、高控制的优势是传统银行无法相比的。而传统银行也要发挥其能够提供面对面服务的优势，转型成大客户体验店；自动柜员机会分布在更为合理的场所。

传统银行将与网络金融串联，银行服务会被大数据改变。埃森哲发布的《2016 年的银行业》报告中，对未来银行做了更加场景化的描述：当你走进银行营业厅时，大堂的显示屏就会出现专门针对你个人的欢迎语。同一时间，你的客户经理早已拿着移动 Pad 等候你的到来，不仅对你的金融状况了如指掌，而且还配备好了多种可能的投资方案功能参考。甚至你在走动过程中经过大厅内广告牌时，屏幕上便会出现与你极具关联性的个性化广告内容……以拥有一张银行卡为起点，从客户迈入营业厅开始，未来的银行将能够通过智能系统来识别客户、提供差异化的个性服务。

不过，还有一个影响网络银行发展的重要因素——金融监管政策，主要包括金融机构准入机制、利率市场化管控和金融风险监管。

目前，中国政府对民营资本进入金融领域的管控比较严格，大型国企垄断金融行业的现象明显。民营领地的互联网企业想要涉足金融领域，面临准入门槛。如从事第三方网络支付业务的企业必须拿到政府发放的《支付业务许可证》。所幸的是，像阿里巴巴、腾讯等不少民营企业和互联网企业获得许可证。

“非法集资、非法吸存”是悬在 P2P 头上的达摩克利斯之剑，频繁的“跑路”将互联网借贷置于市场漩涡、法律审判边缘的危险境地。缺乏科学监管的金融市场和公平竞争的市场环境，互联网金融也就面临巨大的市场风险和法律风险。

中国尚未完全实现利率市场化，互联网借贷业务的优势受到制约。不过，随着利率市场化改革的深入，互联网直接融资必然会超过传统银行的间接融资。在利率市场化的美国，随着互联网金融业务的发展，银行传统间接融资从 20 世纪 80 年代的 60% 逐渐下降到现在的不到 30% 。如今，中国的银行间接融资超过 80% ，互联网融资还有很大发展空间。央行扩大存贷款浮动的范围对互联网金融而言是利好消息。

为了控制金融风险，目前中国依然采取金融分业经营模式。不过，随着金融混业改革推进，互联网将会成为金融分业经营模式向混业金融模式过渡的重要力量。

传统银行是否应该涉足电子商务，是一个很大的战略性问题。事实上，金融、信息、零售三个产业逐渐融合。不过，这并不是说，银行应该涉足电子商务。

阿里巴巴、京东、苏宁、亚马逊等电商企业涉足金融行业或许会被认为是理所当然，毕竟电子商务平台中涉及大量的货币交易和网络支付。电子商务企业往往具备从事金融业务的基础，他们在网络支付服务、用户信用评估以及大数据服务方面优势明显。就连实体零售巨头沃尔玛也一直觊觎金融业务，并在加拿大、墨西哥等国推出银行卡，以提前锁定消费者和降低支付成本。

迅雷 CEO 邹胜龙曾说过，“互联网发展的本质是先圈地（用户），再建房子（服务或产品），然后再圈地，再建房子”。电子商务企业已经圈好了地（电商用户），并试图在这片地上盖起“互联网金融大厦”。这意味着传统银行业务正在遭受电子企业蚕食。银行当然不会坐以待毙，建行的善融平台正在向电商发起反击。

不过，这种认知过于简单。其实，银行自身在发展过程中形成不同的细分市场——零售银行、批发银行、投资银行等，而与互联网、零售业融合后又形成新的细分市场。像阿里巴巴这类的金融机构可以定义为网络零售银行，其主要为用户提供虚拟消费信贷、担保与个人信托。

而传统的批发银行、投资银行“上网”后，不一定要从事电子商务业务，同样可以借助互联网平台发展基于大数据的客户借贷、网络金融中介业务。农行董秘李振江说：“无论银行介入电商，还是电商介入金融，都不能轻易丢掉自己原有的优势，否则会很容易出现‘邯郸学步’的问题。比如，有人提出银行可做 B2B 或 B2C 的电商，做商品流可能还不是银行的优势，严格意义上法律上也不支持。如果做的是信息流和资金流，采取合作的方式可能会更好。”

所以，传统银行是否应该从事电商业务，应该取决于银行的战略定位。不过，传统银行首先要把自己变成网络银行才有可能做好电子商务。因为电子商务领域的经营理念、战略思维、竞争方式、企业文化与传统银行领域完全不同，传统银行真正缺乏的是互联网思维。

自佩雷尔兄弟创立动产信贷银行以来，金融资本开始在全球各个领域大肆渗透，撬动着一个又一个传统产业。如今，金融已经成为各个国家的经济命脉，华尔街金融起伏直接影响全球经济兴衰。

20 世纪 70 年代开始兴起的信息产业，在短短几十年的时间里，已经彻底改变了世界的面貌。如今，信息产业已经成为各主要国家的主导产业，信息技术成为国家竞争的核心技术。

今天，信息产业与金融产业融合，两个统治世界的王者走在一起，谁会成为领导者？

阿里巴巴副总裁胡晓明说：“我们让银行进来，一起通过互联网技术、大数据、云计算来去识别风险，管理风险，这是我们做的。”这句话的意思是，银行继续做银行业务，阿里巴巴只做信息业务。

表面上看，互联网与金融共融共存、没有冲突。实际上，在产业融合的经济网中，竞争协同是常态，银行与互联网企业协同关系中必然存在竞争关系。简言之，谁该获得更大的主动权、定价权、话语权和利益？正如互联网企业与手机厂商一样，信息主导金融，还是金融主导信息？

2012 年 12 月 14 日，央行发布金融行业移动支付技术标准，基本确立了银联模式。这场被称为“移动 PK 银联”的争夺战，最终银联胜出。这意味着中国金融将主导移动支付技术标准，也反映出中国官方层面主张金融为主体的移动支付技术理念。

在金融与信息的移动支付技术标准争夺战中，以技术著称的信息企业居然落败。中国互联网观察家姜奇平显然不能接受，对于这种“金融行业移动支付技术标准”，他直言不讳地评价：“中国在未来国际竞争中先输一分”“外行领导内行”。

姜奇平提出，除了技术标准，移动支付的另外一个路径——业务标准也要明确“支付业务是金融清算导向，还是信息应用导向。具体到主体上，是金融主导（主体包括银联、商业银行），还是非金主导（主体包括运营商、电子商务第三方支付企业、终端制造商、数据公司等）。”他的观点是：“对互联网支付业务来说，金融应是基础，非金才是主导。”

中国已经成为世界第一大网络支付国家，支付标准与业务标准的优劣将影响我国互联网金融乃至整个经济体的效率与安全。金融主导还是信息主导对支付标准与业务标准的优劣产生直接的影响。

如果金融主导，金融机构为了维护传统金融业务的利益，难免对互联网企业形成排挤，大大影响互联网金融的发展；同时，金融机构在信息理解、数据处理、技术标准方面与互联网企业存在不小的差距。从实际出发，信息主导似乎更为合理。

从金融角度来看，金融就是价值的流通，金融的本质是价值交换，金融的力量源于杠杆。金融的作用在于通过资产重组发挥杠杆作用，提高资产使用效率。按照经济学家陈志武的说法，金融交易是一种将未来收入变现的方式，也就是明天的钱今天来花。

P2P金融的价值就在于，世界各地有闲钱的人与需要现金的人在这个平台上自由交易，从而提高资金的配置效率。金融交易的频繁程度越高，资金配置效率越高，经济效益越高。

金融追求的是资产配置效率或叫资本化。因此，金融在互联网上的主体本身没有发生变化，而发生变化的是资产配置的方式和效率。资产配置的前提是对不对称信息的整合及数据处理，这恰恰是信息产业擅长的，信息技术和大数据能够促使资产配置效率最大化。

从互联网金融产业演变来看，从传统金融到互联网金融，整个产业发生了深刻变化：整个产业的重心由中介平台向终端信息服务转移；客户拥有更大的主动权，并提出追求更高效益的金融服务需求；商业模式由单一销售模式向“基础＋增值”生态系统模式转变。

产业生态系统的中心在信息服务，只有信息服务才能满足客户的需求。例如，银行无法获得第三方网络支付的详细数据（产品信息），而互联网企业却可以得到。更重要的是，互联网企业可以通过数据挖掘，提高资产投资和消费的效益。如我在网上购买了一支牙刷，互联网公司对我的交易数据、消费偏好、消费周期等数据进行处理后，在合适的时间推荐给我需要的牙刷。

在商业模式方面，经济学家斯蒂格利茨提出了“信息＋货币”，德勤也提出了“商务服务＋支付服务”。实际上就是，基础业务（金融）＋增值业务（信息）。信息是互联网金融产业创造价值的主体。

所以，互联网金融的发展取决于信息产业而不是金融产业。互联网金融的主导应该是信息，未来必然是数据。大数据挖掘必然缔造高密度、高精度、高效益的混业大金融。

其实，现代金融诞生的几百年里，数据一直在改变着金融发展的轨迹，最典型的案例莫过于伊萨克·牛顿推动英镑金本位制度的建立。

伊萨克·牛顿，没错！这个牛顿就是那个我们熟悉的物理学家、数学家、天文学家和哲学家，就是那个人类历史上最伟大、最有影响的科学家。牛顿前半生专注于科学，后半生专注于铸币和神学①。1696年，成为国会议员的牛顿逐渐开始疏远甚至厌弃他的科学老本行，转投政界，担任皇家铸币厂监管。

人类历史上最伟大的科学家主管大英帝国的铸币，应该是人类金融史上最伟大的幸事。因为牛顿利用其天才般的数学天赋，不但成功地提高了

① 薛金福，詹志方．货币的力量［M］．北京：电子工业出版社，2012.

硬币铸造的质量和精确度，还精准地计算出并确定金银比价，推动英镑率先走上金本位，开启了人类货币史上的“金权”时代。

1717 年，牛顿在货币大重铸时发现，一个金路易在法国价值为 17 先令 3 旧便士，而在英格兰为 17 先令 6 比便士，这就使得金子大量流入英国。经过认真推算，牛顿提交了一份的货币报告，建议将黄金价格定为每金衡盎司（纯度为 0.9）3 英镑 17 先令 10 便士，黄金的价格固定下来。虽然不擅长金融的牛顿依然认为银子才是唯一的货币本文，但是这已经不重要了，重要的是他的数学天赋和计算已经使自己成为人类货币史上绕不过去的人物。

未来，在大数据和云计算的支持下，信息继续成为金融领域的拓荒工具，将极大地提高金融效益和降低金融风险；数据挖掘越丰富，金融价值越大；金融比重将会越来越小，数据比重将会越来越大。互联网企业可以挖掘信用信息、资产类型、投资偏好、投资风险等数据，给客户定制最优的投资组合。互联网企业也可以挖掘借方、贷方的数据，实现资金的最优配置和风险最低化。

马云说：“阿里巴巴会重建一个金融信用体系，在这个金融体系里面，我们不需要抵押，我们需要信用；我们不需要关系，我们需要信用。”金融只是基础，数据特别是信用数据才是阿里巴巴的核心资产和撬动金融的工具。

中国平安执行董事顾敏也认识到数据的重要性：“未来一两年有两个东西不能放过。一是移动技术，移动技术所产生的客户行为的变化。第二个是大数据，可能对金融机构的营销、客户管理的影响。”

在商业模式中，金融将会成为基础业务，信息是增值业务。在网络支付领域，虚拟货币支付可能免费，而依靠信息开发的增值业务（如股票交易、商品交易）成为收益来源。如 Paypal 网上支付的四个环节：终端、交换器、买卖处理器、清算和结算，其中只有清算和结算是金融业务，其他三个都是数据业务，是业务收入主要来源。

在大数据和云计算的时代，信息产业与金融产业才真正实现融合，并进入互联网金融 3.0。有意思的是，在传统金融领域里，金融杠杆撬动着传统产业疯狂发展；而在互联网金融领域，信息成为了杠杆，撬动金融资产，金融杠杆再撬动传统产业。

事实上，大数据在金融领域的应用远远超过普通产业。美国股市每天的成交量高达 70 亿股，而其中三分之二的交易都是由建立在数学模型和算法之上的计算机程序自动完成的。这些程序运用海量数据来预测利益和降低风险①。这些数学模型能够预测股市涨跌趋势，为投资者提供了有价值的参考。

在大数据时代，金融变得高效、智能、良性和低风险。大数据还有助于我们探究金融的客观规律，摆脱金融洪荒时代，有助于建立稳定的金融体系，预防金融危机的发生。

不过，今天全球数十万金融分析师用无数精确的数学模型都无法预测金融危机的爆发。大数据能够为我们提供精准的计算参考，但无法帮人做出决定。经济危机发生的前后，人类处于贪婪和恐惧最为疯狂的状态，那时人不再信任计算机。理性思考与感性决策，这是人类的本能行为。大数据无法计算的不是经济“黑天鹅”，而是人性的贪婪和恐惧。

二、文化金融：艺术资本殊途同归

漫步在意大利佛罗伦萨的大街小巷，除了随处可以看到美轮美奂的绘画、雕刻、建筑，我们还随时都能感受到一个伟大家族的存在——美第奇家族（Medici Family）。

美第奇家族是 15 世纪前后几百年间欧洲第一名门望族，这个家族诞生了三位教皇、两位法国王后和三位大公。这个发迹于银行借贷的豪门不仅掌控着当时意大利政治、经济、外交、军事以及宗教的最高权势，还是文艺复兴的幕后推动者。

---

① 维克托·迈尔-舍恩伯格，肯尼思·库克耶. 大数据时代［M］. 盛杨燕，周涛，译. 杭州：浙江人民出版社，2013：10.

这个家族以其极大的热情和睿智的眼光赞助了包括米开朗琪罗、达·芬奇、拉斐尔、波提切利、提香在内的众多文艺复兴时期的艺术家，与维斯孔蒂、斯福扎等大贵族一同领导了文艺复兴运动的诞生，被誉为“文艺复兴教父”。有人这样评价这个家族对文艺复兴的贡献：“我们不能说，没有美第奇家族就没有意大利文艺复兴，但没有美第奇家族，意大利文艺复兴肯定不是今天我们所看到的面貌。”

1157 年，威尼斯成立了世界第一家现代银行，聪明的犹太人率先开创了现代金融时代。不过，当时基督教严厉禁止有息贷款，犹太人因此背上沉重的负罪感并成了替罪羊。而作为当时银行业领导者美第奇家族同样无法摆脱上帝的指责，但又无法拒绝财富的诱惑。美第奇王朝的创始人科西莫·美第奇熟读基督教义却无法摆脱财富增加带来的罪恶感。于是，科西莫开始想其他办法向上帝忏悔，让上帝原谅自己，使心灵得到解脱。

不过，银行家的资本即使不是肮脏和血腥的，也不会如此善意和宗教化。当时的欧洲处在黑暗的中世纪时期，宗教束缚的不仅仅是银行家，还有普罗大众、理性与自由。意大利人试图冲破宗教枷锁，恢复古罗马时期的自由平等，便打出“复兴古罗马文明”旗号掀起了文艺复兴运动。

科西莫正好借助这个机会，赞助艺术家、知识分子通过艺术复兴的方式向宗教枷锁提出抗议，为银行借贷行为制造舆论支持；同时，将金钱投入到艺术创造中，将灵魂寄托在艺术作品中，以降低自己的罪恶感。

正如科西莫所希望的，倡导重视人文精神的文艺复兴一定程度上打破了宗教禁锢，让金融市场自由同行。金融资本的现实、自私、功利与文化艺术的理想、精神、情感水乳交融、相得益彰。即便美第奇家族已经没落，但是其商业精神与伟大的艺术杰作一样永世长存。

千百年来，艺术与资本如影随形，艺术作品价值连城甚至是无价之宝，金钱的尺度将艺术作品推至神圣的殿堂。不过，艺术与资本在历史的长河中又渐行渐远。有多少历史文化遗产在商业洪流中渐渐没落、消失，直至被人遗忘。又有多少商人真正如美第奇家族兼顾商业精神与艺术理想投身到艺术事业中。文化艺术的孤高和理想，与商业资本的功利和现实总是若即若离、难越鸿沟。

不过，几百年之后的20世纪80年代，在北美太平洋西岸，“好莱坞”打破了这种维系已久的关系，欧罗巴移民者后裔找到了金融资本与文化艺术共存共融的模式，推进了二者快速融合发展。

美国，在国人的刻板印象中是一个“文不足而化有余”的商业帝国。与五千年历史的华夏文化相比，美国文化显得很年轻；与西方文化源头欧罗巴相比，美国文化显得缺乏内涵。实际上，美国是一个西方文化传承、传播以及吸纳异地文化最好的国家。美国兼收并蓄的开放文化体系是各种文化生存的土壤，而发达的商业机制是其文化传承与发展的动力。

好莱坞，原本是位于美国加利福尼亚州洛杉矶市的西北郊区一个僻静村庄，因具备拍摄电影外景的各种条件，1908年后美国各地的制片商陆续向此处集中，逐渐成为美国电影制片业的中心。20世纪20年代开始，伴随着美国经济崛起和电影消费需求大增，八大制片公司创作了无数经典剧目，好莱坞进入长达几十年的黄金时代。

不过，到了20世纪六七十年代，美国经济与电影业开始衰退，电视行业开始崛起，好莱坞进入低迷待整的阶段。80年代开始，金融资本寻觅到电影开拓全球市场和非影院市场的机会。金融资本大肆渗透到电影产业，主导电影公司的并购重组，传统的好莱坞八大制片公司变成规模宏大的产业集团，好莱坞也就进入了前所未有的“巨兽时代”。

其实，美国金融资本与文化艺术产业颇有渊源。早在1917年，为了让社会资本促进文化产业发展，美国联邦税法规定对非营利性文化团体和机构免征所得税，并减免资助者的税额，鼓励基金会、大公司和个人投资。除了政府拨款、个人及社会组织捐款，文化产业的支助金多来源美国运通、大通银行、沃霍尔、梅隆、卡内基等大企业基金会，以及洛克菲勒、摩根、第一花旗银行、杜邦、波士顿、梅隆、克利夫兰、芝加哥、得克萨斯等财团。

在好莱坞黄金时代，美国大多数主流媒体、电影巨头都被财团控制。电影巨头几乎都像派拉蒙影业一样，依靠财团资本通过垂直整合垄断制片、发行与放映整条电影产业链。不过，“三位一体”的托拉斯组织最终遭到美国反垄断机构的肢解。1948年，派拉蒙影业被裁决肢解，原有的电影巨头体系纷纷瓦解。这无疑破坏了金融资本与电影产业原本亲密无间的关系，华尔街对好莱坞开始敬而远之。

历经了20年的低迷后，美国电影业再次与金融资本靠近，并最终形成新的组织结构和商业模式。与过去垂直整合不同，这次金融巨头采用横向整合的方式，将电影产业与其他传媒或其他产业整合，形成大型的跨产业跨国集团。

1985年，世界传媒巨子默多克的“澳大利亚新闻联合公司”，并购了20世纪福克斯公司，集合电影、电视、新闻、广播于一体的“大文化”传媒跨国集团；1989年，华纳通讯公司与时代公司合并，变成了一家注册资金高达140亿美元的巨型集团——时代华纳；同年，日本索尼斥资34亿美元收购了哥伦比亚娱乐公司，第二年，日本松下斥资60.9亿美元收购了MCA公司，整个美国商界为之震惊!

为了降低电影产业高投资、周期长带来的高风险，投资者将投资组合引入电影产业中，通过分散投资降低风险。具体做法是：私募基金、银行等资方将投资基金分散在十几部或几十部不同风格的电影中。如2005—2006年，Gun Hill Road分别向索尼和环球提供7.5亿美元和5.15亿美元，magic Films给迪士尼投资5.05亿美元，Legendary Pictures给华纳兄弟投资5亿美元，Dune Capital给福克斯投资3.25亿美元。

2010年，卡梅隆导演的3D电影《阿凡达》上映，票房收入超过20亿美元，创下人类电影史上第一票房的佳绩。在高票房的背后，这部电影的投资成本也达到惊人的2.37亿美元，全球营销成本达到1.5亿美元。

早在10多年前，卡梅隆就写好了82页的《阿凡达》剧本雏形，但受制于技术，剧本被迫搁浅。直到近年，3D特效技术的成熟，卡梅隆才决心拍摄该剧。不过，3D电影与普通电影不同，后期特效制作的成本极高，《阿凡达》的技术和材料成本占到制作成本的90%以上。

卡梅隆再度找到老伙伴20世纪福克斯公司需求投资，福克斯面对如此庞大的投资规模也显得犹豫不决。不过，福克斯也担心错失机会，就先给了卡梅隆1000万美元，让他弄点儿东西出来证明他的想法。卡梅隆利用这笔钱制作了一些内容彻底说服了福克斯。结果福克斯投资了3亿美元，赚得盆满钵满，名利双收。

金融资本的冒险给予了艺术家海阔天空般的创作机会，投资者的金融资本与导演的艺术天才的完美结合，创造了永恒的杰作。在好莱坞，这样的案例太多太多，《泰坦尼克号》《蜘蛛侠》《超人》《007》《冰河世纪》等。

今天，中国电影业已经摆脱了20世纪90年代的低迷，跨入了“百亿时代”。银行、私募、风险投资提供了充足资本，发挥了极大的杠杆作用。然而，中国电影业在质（艺术水平）与量（投资回报）两个方面都难谈乐观。如果开放电影进口限制，中国电影业面临全军覆没的危险。不过，只有开放电影进口限制，引入国际竞争机制，中国影业才能真正成长（即使短期内全军覆没）。

中国有五千年的历史文化，是一个无可争议的文化资源大国，却是一个文化资本弱国。主要原因是高管制、高门槛、落后混乱的资本市场无法给予文化产业更多的支持，阻碍了文化与金融产业的融合。

美国商业资本与文化艺术融合演进已经超过百年，如今已经达到“名利双收”的境界。而中国文化金融还处于“两条腿难以并行”的初级阶段。文化艺术与金融资本融合，是文化资源变成文化资本的过程。而文化产权的权证化、证券化、资本化、金融化是这一过程的关键环节。

权证化是证券化、资本化、金融化的前提，文化产权的确权、保护是文化艺术作品创作的动力和投资的基础。而这恰恰是中国文化艺术产业的问题根源所在。

由于长期以来文化产权保护不力，版权、著作权受到随意的侵害，文化艺术创作者的创新创造动力严重不足，抄袭、劣质的作品在市场中极其泛滥。中国电影、电视剧、文学等文化产品因此饱受诟病，翻拍作品不断，创新元素不足。制作方只能依靠大牌明星博取观众眼球，大牌明星因此获得肥约；投资集中流向明星，剧本创作、技术制作的资本支持就更少，进而影响作品质量，文化作品因此进入一个死循环。这一切的根源在于中国电影电视观众的素质有待提升，不过这方面正在快速改变。

只有文化产权的权证化才能降低投资风险，吸引金融资本进入。目前，中国文化金融受制于被管制的资本市场，像皖新传媒、华谊兄弟、奥飞动漫、出版传媒等文化公司都最终选择在境外公开募股上市。

文化公司本身是“轻资产”公司，可抵押的固定资产有限，版权是投行最看重的资产和银行贷款的抵押资产。在文化产业中，知识产权证券化是融资的重要途径。而中国糟糕的知识产权环境和特殊的资本市场大大阻碍了文化企业融资。再加上文化产品具有周期长、投资大、风险大及投行可控性低等特点，中国银行、投行对其敬而远之。即使资本进入，投资者也会因高风险而拼命降低成本、盲目追求效益，最终文化艺术作品显得急功近利，失去艺术色彩。

为了鼓励资方进入文化市场，中国政府也提供了相应的基金。不过，这一举措并未取得好的效果，相反，部分投资人只是为了拿到政府巨额基金而拍片，并不关心作品质量甚至不在乎能否上映。

文化艺术与金融资本的融合，不是简单的相加。我们永远不要践踏艺术的理想、精神与灵魂，也不要排挤资本的逐利、短视与无情。艺术做艺术擅长的事情，资本做资本擅长的事情。

在观众心中，艺术作品的质量永远是第一位，而不是资本投入。艺术创作本身是一项非常专业兼具创新的工作，投资者只能是门外汉。艺术创作者只有真正发挥天才般的创作能力才能赢得资方的认可。要像好莱坞艺术家一样，让艺术屹立于华尔街资本的山头，让狡猾的华尔街无法操纵，更让投资者放心投资。如果创作者践踏自己的创作，无疑让作品染上恶心的铜臭味。

资方并非坐在炕上数钱，也应该干好分内之事。在好莱坞黄金时代，金融资本的垂直整合模式发挥了巨大的威力。但后来的历史事实证明，这种模式已经难以为继。20 世纪 80 年代开始的金融资本横向整合模式，开创了电影产业的新格局。

金融资本不仅仅服务于电影制作与发行，而围绕电影整合电视、互联网、纸媒等媒体，以及旅游、电子、服装等其他产业，构建一个资源共享、交叉补贴的产业生态系统。好莱坞将其定义为“太阳系小宇宙”：影片为主、多种经营、开发衍生产品。在这个生态系统中，作品可以实现多平台出版，作品品牌还可以延伸到增值产品，从而最大限度地挖掘作品价值。如文学作品可以做图书出版，可以做影视剧，甚至可以做网游，还可以做服装、玩具等增值商品。

如今的电影公司如果只靠票房收入，定难以生存。20 世纪 80 年代后，好莱坞电影巨头几乎都通过这种模式重新崛起，最典型的非迪士尼莫属。迪士尼发迹于漫画出版，成长于影视，壮大于媒体集团，成就于围绕电影打造的游乐园、增值商品、电子产品等霸业体系。迪士尼旗下拥有皮克斯动画工作室、惊奇漫画公司、试金石电影公司、米拉麦克斯电影公司、博伟影视公司、好莱坞电影公司、ESPN 体育、美国广播公司（ABC）、卢卡斯影业等资产。

迪士尼的厉害之处不在于其雄厚的金融资本，而是在生态系统中的资产最大化。迪士尼将影视品牌（如米奇）在多平台（图书、网络、电视、电影）出版，并渗透到电子、文具、箱包、服装等增值产品中，最大限度地挖掘了影视品牌的价值。

20 世纪 90 年代，在好莱坞电影公司的营收体系中，影像收入超过了票房收入，而票房收入不过是周边产品收入的 10%。票房收入已经不再是决定电影公司成败的唯一指标，逐渐被资产最大化所取代。2005 年，在 Providence Equity Partners、Texas Pacific Group 和 DLJ Merchant Banking Partners 三大国际私募基金的支持下，索尼公司斥资 48 亿美元收购了成立于 1924 年的米高梅电影公司。其目的就是希望通过索尼的生态系统，激活米高梅资料库中 4000 多部影片以及其控制的美国电影市场一半的影片资源，实现这些资产的最大化。

在中国电影业，票房收入是行业最主要的收入来源，占据 80% 以上的比例。中国电影业整体还处于亏损状态，电影公司的规模与国际电影巨头相去甚远，产业生态系统还没有建立。其中的差距根本上是由中国与美国两国经济网形态的成熟度决定的。

20 世纪 80 年代开始，信息产业和金融产业加快了产业融合，美国经济网形态逐渐形成。在经济网形态中，电影产业已经与出版、传媒、网络及增值产品联系紧密，“大文化”“大娱乐”集团的构建也就水到渠成。

中国的工业化与信息化同时进行，产业经济网也正在形成，电影业和文化产业的横向整合和纵向整合可能同时进行。目前已有工行、招行、交行、北京银行等银行介入文化产业融资市场，并提出版权抵押贷款方式；红杉资本、IDG、北极光、经纬创投、联想投资等投资公司正在探路电影创投；阿里巴巴、百度、盛大、优酷等互联网公司借助互联网媒体布局影视播放平台；拥有巨额资本的恒大、保利、金典、海航、万达等地产公司也在利用商业地产优势强势地争夺院线资源。

银行与投行无疑可以推动中国电影资本化、金融化及文化金融的发展。目前，中国已经有几十家私募影视基金，并且具有不错的募资能力。互联网公司应该可以推动电影产业横向整合。盛大正在整合网游、网络视频、文学等业务，试图打造“中国网络迪士尼”。只是他们现在需要更多的资方支持以及更高超的经营管理、模式运作能力。而占据影院资源的地产公司或许能够推动中国电影产业纵向整合。不过，希望地产公司不要把玩中国足球的经营谋略带到文化产业，打着电影的文化招牌，赚着商业地产的暴利，无视文化艺术的进步。

值得注意的是，与一般产业融合形成的生态系统不同的是，基于资产最大化的文化艺术产业生态系统既有产业融合的因素，也有非产业融合的因素。而非产业融合的因素一般指品牌延伸，即通过品牌延伸开发增值产品，与未融合的产业形成形态系统。例如，地产业原本与迪士尼的主业（出版、影视）关联度低，但是迪士尼却通过开发虚拟品牌的主题公园，将地产业纳入其生态系统中。

通过品牌延伸的方式实现资产最大化，是当今文化艺术产业乃至所有产业的经营逻辑。值得注意的是，品牌延伸并非简单的logo贴牌，而是品牌精神的渗透。没有品牌精神的渗透，增值产品与一般产品无异，缺乏竞争力。所以，文化艺术是整个生态系统的核心，品牌精神是整个生态系统的灵魂。文化艺术作品的质量决定整个生态系统的存亡。千百年后，我们依然对文艺复兴、基督文化、释儒道法敬爱有加，是因为他们的思想与精神万丈光芒、永世长存。

三、虚拟品牌：精神控制人类灵魂

有一种资源的转移与产业融合并无太大关系，却最终能够形成价值网络。这是一种虚拟资源，它不以产业融合的意志为转移，而是以人的意志为转移。它就是品牌资源。

品牌是个人、企业、城市、国家的灵魂，品牌精神根植在人们的思想层面，左右着人们的心理和行为活动。就像中国人长期对欧美品牌的仰视，在国人心中已经形成了时尚、品质、潮流等价值主张。

客户、数据与品牌是企业最重要的三大资产：客户资源是企业的支柱，是企业生存的基本保障；数据资源是未来企业的核心，是企业构建核心竞争力的关键；品牌资源是企业的灵魂，是企业永存的无形载体。

当电影档期过后，当免费网游走到尽头，当音乐盗版泛滥成灾，只有精神才得以永存。电影塑造的超人精神、网游催生的卡通娱乐以及音乐人品牌，才真正触及人们的心灵。品牌就像宗教一样控制着人类灵魂，而赋予品牌内涵的各种商品便具有商业开发的真正价值。品牌的价值逻辑是，将塑造的品牌文化向合理的领域延伸，不断地挖掘品牌价值。

这种延伸的最佳实践者非迪士尼莫属。米老鼠、唐老鸭、白雪公主、狮子王、大力士、泰山都是中国人老少皆知的卡通人物。而这些卡通人物都属于迪士尼公司。

拥有88年历史的迪士尼，为全世界创造了《白雪公主与七个小矮人》《美女与野兽》《狮子王》《海底总动员》《爱丽丝梦游仙境》等伟大的动画作品，给全世界无数观众带来无尽快乐。而迪士尼也就成为了快乐的代名词，成为了创造快乐的梦工厂。

不过动画影视远非迪士尼的全部，著名的迪士尼主题公园是全世界儿童的乐园，迪士尼的玩具、文具、服装、书包、游戏、传媒网络等产品畅销全球各大洲。迪士尼以动画为核心向外延伸的所有产品和服务，都是以“快乐”为主题，从而形成了庞大的迪士尼快乐王国。目前，迪士尼旗下已有皮克斯动画工作室、惊奇漫画公司、试金石电影公司、米拉麦克斯电影公司、博伟影视公司、好莱坞电影公司、ESPN 体育、美国广播公司等公司。

2013 年，迪士尼以 42 278 百万美元年营收、5682 百万美元净利润荣膺《财富》全球五百强第 248 位。与盈利相比，迪士尼的品牌价值更惊人，米老鼠、唐老鸭等众多著名卡通品牌推高迪士尼品牌价值。1999—2009 年，迪士尼品牌连续十年位居《商业周刊》“世界品牌价值 100 强”前十位。

1928 年，是迪士尼颇具历史意义的一年。这一年，华尔特与设计师们试图努力创造一个更加可爱的卡通形象。开始他们把曾经创作的“奥斯瓦尔德”长耳朵卡通兔子画在纸板上，然后不断地改进：把耳朵变圆，加上可爱的尾巴，脚再穿上鞋子……就这样，一个可爱的老鼠跃然纸上。华尔特夫人为这个可爱的老鼠惊叹不已，并灵机一动为其起了个响当当的名字“Mickey Mouse”（米奇老鼠）。同年 5 月，“米老鼠系列”动画片第一集《疯狂的飞机》一上映就广受市场追捧。迪士尼也因此名振全球，华尔特则获得“米老鼠之父”的殊荣。1932，华尔特因创造了米老鼠而获得了奥斯卡奖，这是迪士尼获得的第一个奥斯卡奖。从《疯狂的飞机》开始，米老鼠系列动画片共拍摄了 11 部，米老鼠也就成为 20 世纪三四十年代最火爆的明星。

1937 年，迪士尼再接再厉推出影片《白雪公主和七个小矮人》，这部史上最经典的电影让迪士尼集众多电影荣耀于一身。这部影片甚至改变了整个电影产业的格局和观众认知。从此，动画影片突破儿童娱乐范畴，跻身电影行业的主流市场。迪士尼公司也因此登上全球动画电影龙头老大的宝座，从此称霸世界动画影坛。

20 世纪三四十年代，迪士尼已经成为一家非常杰出的动画影视公司。不过，在著名的派拉蒙判决之后，米高梅、派拉蒙、华纳、雷电华等巨头的产业垄断权被剥夺逐渐走向衰落。然而，迪士尼却成功地度过好莱坞电影衰落期，成长为百年文化传媒巨头。

华尔特先生不但精于动画创作，而且拥有锐利的商业眼光。华尔特发现，迪士尼几十年创作的动画卡通形象足以组成一个卡通动物园，而且是一个充满快乐的动物园。如果能打造一个以迪士尼快乐文化元素为核心，迪士尼动画卡通人物组成的游乐园，那将是非常有趣而富有战略意义的事情。

理想与现实的桥梁就是执行！为了打造和经营这个想象中的迪士尼乐园，华尔特先生穷其后半生大部分时间和精力。而后来，迪士尼乐园风靡世界的事实证明，华尔特先生的努力不但没有白费，更为迪士尼未来的战略发展开辟了全新的商业模式。

当电影产业走向衰落的 20 世纪 50 年代，华尔特先生独资成立 WED Enterprises（即后来的华特迪士尼幻想工程），专注于迪士尼乐园设计和建造。1955 年，世界上第一个现代意义的主题公园迪士尼乐园在美国洛杉矶诞生。从此，公园开启了一种主题创造的全新模式。

20 世纪三四十年代，迪士尼创造的米老鼠、唐老鸭、白雪公主等卡通人物以丰富的娱乐性格享誉全球，为迪士尼建造庞大的快乐王国打下坚实的基础。迪士尼公司向音乐、主题公园、商店、游戏、文具等产业延伸，深度开发电影卡通人物的品牌价值，实现了华丽转型，建造了一个集多个产业、多平台的“快乐王国”。

1994 年 9 月 6 日，所有迪士尼乐园的游客访问人次突破 10 亿！2005 年建成的香港迪士尼乐园每逢节假日，只能用人满为患来形容。乐园承载量超负荷时，迪士尼员工不得不劝退游客。迪士尼乐园就像磁铁一样，让全世界儿童为之疯狂和着迷。更重要的是，迪士尼乐园将迪士尼快乐文化和众多卡通明星活灵活现地展现给世人，从而极大地提升了迪士尼的品牌影响力和品牌价值。

颇具品牌意识的华尔特，认识到迪士尼卡通明星还有巨大的品牌价值尚未开发。1953 年，华尔特成立独资公司 Retlaw Enterprises ，通过品牌授权的方式，将迪士尼品牌延伸到其他产品领域。1969 年，华特迪士尼教育产品公司成立，专门从事迪士尼品牌的儿童教育产品经营；1987 年第一家迪士尼专卖店在美国加州开业，标志迪士尼进入商业领域，并大力发展迪士尼品牌商品。

所有人都认为迪士尼的成功是理所当然的。因为没有人会怀疑贴上米奇商标的书包、玩具、衣服、首饰会不畅销。而动画、公园、书包、玩具、手表、饰品、服装等看似毫不相干的产业，却被迪士尼完美的整合在一起。这个整合利器就是迪士尼“快乐”品牌文化。

而这个庞大的产业网络的内在逻辑是，将动画影视领域中的米奇、唐老鸭等品牌资源转移到迪士尼乐园、迪士尼手表、迪士尼饰品、迪士尼少女装、迪士尼箱包、迪士尼家居用品、迪士尼毛绒玩具、迪士尼电子等几十种产品中。品牌资源转移的核心是快乐文化的转移，即“每一件迪士尼产品都会讲一个故事，永恒的故事总是给人们带来欢乐和启发”。对于消费者而言，购买迪士尼什么产品已经不重要，重要的是能够体验到迪士尼品牌带来的快乐感觉。正如华尔特所说：“我希望它所带给你的将全部是快乐的回忆，无论是什么时候。”

迪士尼将品牌资源转移到众多延伸产业，极大地开发了迪士尼旗下众多品牌的价值。众多国家众多产业产品领域的企业每年支付给迪士尼大量的品牌授权费，迪士尼等于坐等数钱获得巨额收益。

在延伸产业方面，迪士尼公司采用品牌授权和自主经营两种方式。2000 年，迪士尼公司与美国著名玩具公司孩之宝合作 ，将所有迪斯尼大片授权给孩之宝经营玩具和游戏。迪士尼从孩之宝公司获得不菲的品牌授权费。另外，迪士尼还与孩之宝合作开发了 Once Upon a Toy 特殊玩具商店。迪士尼授权日本东方乐园株式会社经营在日迪士尼专卖店，并每年得到该公司 5100 万美元授权费。广州派浪体育用品有限公司则取得迪士尼公司米奇系列、公主系列、小熊维尼系列等迪士尼标准卡通图像使用权，允许在中国、印度和阿根廷范围内经营迪士尼全系列体育用品。迪士尼收购美国广播公司，并在电视传媒上开辟了迪士尼节目，极大地提高了迪士尼乐园的知名度及游客数量。

迪士尼成为全球最大的品牌销售授权商，全球有3000多家迪士尼授权商，销售超过10万种迪士尼品牌延伸产品。在中国内地已拥有了100多家授权经营商以及1200多个销售专柜。品牌延伸产品的收入远远大于动画影视本身，大约占迪士尼总收入的70%。

迪士尼乐园是迪士尼品牌延伸的业务领域最成功的一个。迪士尼乐园不但传承了迪士尼的快乐文化，还以现实体验的方式将快乐实实在在地传达给全球顾客。迪士尼乐园也被誉为“世界上最快乐的地方”。

美国两个迪士尼乐园都有美国大街、冒险乐园、新奥尔良广场、万物家园、荒野地带、欢乐园、米奇童话城和未来世界八大主题园区。而每个主题园区都渗透了迪士尼动画影视作品，不少作品被改编为迪士尼主题公园的游行表演、冰上世界和音乐剧等。迪士尼乐园将观众在荧幕上看到的卡通明星、难忘故事，以参与游玩、互动表演的方式，零距离地呈现在顾客面前。

迪士尼乐园实现了虚拟与实体联通，将虚拟化的卡通明星和故事与现实的主题公园结合，从而将迪士尼的虚拟价值传递到实体产业，为迪士尼带来非常丰厚的收益。迪士尼乐园大概为迪士尼带来30%收入，因而被称为“迪士尼的摇钱树”。

迪士尼乐园开创的主题公园模式对关联产业带动能力非常强，企业可以借助主题公园构建庞大的产业网络开发更多增值业务。美国私募巨头黑石集团于2009年斥巨资27亿美元收购了百威英博（美国第二大主题公园运营商）旗下的10个主题公园。此举收购旨在借助主题公园平台，与黑石集团旗下旅游、娱乐产业形成产业网络，带动相关业务发展，并抗衡迪士尼。

动漫作品的下游就是媒体平台。从成立到20世纪90年代，迪士尼的成功都基于一个前提，那就是在图书、电视、电影传统媒体中占领制高点，并打造出一个个价值连城的品牌明星。如今，互联网已经成为一种非常重要的主流媒体，网络游戏已经成为主要的娱乐项目。依靠媒体平台生存的迪士尼，必须控制互联网这个新媒体平台，必须抢占儿童网络游戏市场，打造虚拟动漫品牌。

迪士尼公司虽然早年发力互联网，并斥巨资收购了企鹅俱乐部和社交网络游戏公司 Playdom，但是在关键的儿童网游业务方面表现依然差强人意。2010 年，迪士尼网络游戏及广告业务营收只有 7.61 亿美元，亏损达 2.34 亿美元。而企鹅俱乐部的竞争对手 Webkinz，已是全美访问量最高的儿童游戏网站，拥有 70 万付费用户和 1200 万活跃用户，每天同时在线 150 万人。而 Webkinz 的商业模式实际上与迪士尼非常相似，即虚拟与现实结合，将 Webkinz 网上的虚拟宠物打造成卡通明星，然后销售卡通明星毛绒玩具获利。2007 年，Webkinz 毛绒玩具被评为“全美年度最畅销玩具”。

文化与科技紧密结合、创意与创新水乳交融。科技之于文化，为体，承载着文化发展的成果；文化之于科技，为魂，引领着科技进步的方向。在以大数据引领的信息大潮中，迪士尼需要借助信息技术宣扬和开拓品牌文化，同时让品牌文化渗透到信息领域中。

盛大拥有盛大游戏、盛大文学、盛大在线三大主体和其他业务，向用户提供多元化的互动娱乐内容和服务。盛大董事长陈天桥说：“我们的目标是成为一个娱乐公司，而不仅是一个游戏公司。”盛大试图打造“网络迪士尼”，成为网络娱乐帝国。当然，迪士尼的灵魂是品牌文化而不是品牌延伸，我们没有看到盛大在这方面有更大的作为。

不过，品牌延伸并非完全没有边际的发展。根据生态学中的生态位理论，自然界中每个物种只能在特定的生态环境中才能生存，都有其生存的范围，突破生存范围必然死亡。品牌也是如此，每个品牌只能在特定的市场生态位中生存，突破了生存的范围将无法生存。而这个生存范围应该由客户接受度、销售转化率、品牌影响度来确定。盲目的品牌扩张不但无助于资产最大化，还有可能扯断资金链和陷入战略迷局。

第五章 产业与产业融合：大格局缔造大未来

一、大地产格局：中国地产向右转

住房在世界范围内都是一个天大的事情。房子是人类赖以生存的物质场所，也是人类情感寄托的精神家园。它涉及政治、经济、社会、文化、民生、婚姻家庭（丈母娘经济、中国式离婚）等方方面面。

今天，住房在中国变成一个复杂而富有争议的话题，主要原因是其处于市场机制与政府调控两个领域，“两只手”共同搅和。严格意义上说，住房作为民生是政府的事情，地产作为产业是市场的事情。目前，世界上有三种方法解决住房问题：美国模式，就是几乎全部是靠市场，靠供求来决定；新加坡模式，80%是靠政府解决，20%靠市场解决；德国模式，几乎所有的都是政府来控制，住宅是政府提供的公共福利。

1981年之前，城市住房都是政府提供的福利分房，有房地产但是没有商品房。1981年，深圳、广州开始搞商品房开发的试点，并逐步向全国其他城市推广。1993年，朱镕基总理意识到海南的房地产市场已经失控，立即收紧银根。直到1998年上半年，中国的房地产市场始终波澜不兴。

1998年6月，正当多数开发商都无支撑时，政策面发生逆转，中国房地产出现转折点。下半年开始，政府决定取消福利分房，全民住房问题都由市场来解决。这意味着，中国房地产来了个乾坤大腾挪大幅度向右转。

从中国地产向右转至今，市场化地产不但推高了房价、物价、GDP，而且将中国各行各业都捆绑在一起，成为国民经济的重要支柱。

市场化地产由供需两个方面决定，如果开发商没有足够的资金，在短时间内提供大量商品房，住房问题也就难以解决；如果民众没有足够的收入买房，低迷的需求也无法带旺地产。但是，在金融世界中，即使地产商和民众都缺钱，商品房依然能够如火如荼。

金融的运作手法大家都非常熟悉：银行左手将土地作为抵押，给开发商贷款盖房；右手以楼房为抵押，给购房者贷款买房。投资信贷和消费信贷，银行两手抓、两手都两硬，缔造了一个又一个房地产神话。

房地产贷款诠释了金融的逻辑：将明天的钱变成今天用。最终，开发商贷款和购房者贷款的成本都由购房者承担，银行、政府和开发商都从中获利。这就是美国“老太太买房”的故事，这种故事天天在中国年轻人、老太太身上发生，故事的结局却迥然不同。

每个国家的国情不同，我国采用美国模式，由市场来解决住房问题，故事的结局注定不同。居住权是民生的基本权利，普通民众的住房应该作为公共福利，由政府来解决。近些年，我国政府也在计划建设大量经济适用房和廉租房，效果却不尽如人意，个中缘由各有分说。

住房是民生问题，地产却是一个重要的产业。既要做到居者有其屋，又要促进房地产发展，需要“两只手”携手配合。大致可以这么分工，基本住宅地产由政府主导，非基本住宅地产交给市场。市场化地产包括高端住宅地产、商业地产、产业地产、旅游地产等。

市场化地产中，商品房很大程度上不是消费品，而是投资品。从投资学的角度来看，商品房涨价有利于提高投资收益，促进经济发展。据此，政府抑制房价上涨实际上不利于商品房和经济的发展。经济学家张五常就反对政府打压房价，他说：“房地产是一个仓库，放财富的地方，你不让它上升是很愚蠢的。其实，收藏品也是一个仓库，否则，你多余的财富，投资到哪里去？房地产政策处理得当的话，当然是越贵越好。”不少人带有情绪性地批判了张五常的“助涨论”，实际上张五常所讲的房地产是指商品房，属于投资品。

在房地产高度市场化的美国，商品房已经与金融产品紧密地捆绑在一起，而美国次贷危机就是由二者链条的断裂而引发。2007 年开始，持续多年繁荣景象的美国房地产市场开始出现下滑，随着短期利率的提高，次贷购房者出现大面积违约，次级房贷公司和其他信贷公司告急。21 世纪金融、美国住房抵押贷款投资公司相继破产，美国房地产量价齐跌，全球股市暴跌，次贷危机向全球蔓延。次贷危机最终拖垮了房地美、房利美，并引发了 2008 年全球金融危机。

房地产是一个集群效应很强的产业，与众多行业紧密关联，对国民经济影响巨大。中国香港李嘉诚、郭炳湘、李兆基、郭鹤年、郑裕彤等大富豪都是以房地产为中心构建自己的商业帝国。在内地，房地产企业走过了暴利年代，开始谋求多元化扩张，通过横向整合形成并联式集团。

在 2012 年“CCTV 经济年度人物”颁奖盛典上，马云和王健林就“电商能否取代传统的店铺经营”展开辩论，双方还为 10 年后电商在中国零售市场份额能否过半设下一亿元赌局。在颁奖晚会上，马云被评价为在虚拟世界里驰骋纵横，王健林被评价为在实体经济店铺里开疆破土。

王健林后来澄清这个赌局只是一个玩笑。实际上，这个赌局本来就难以成立，虚拟世界和现实世界最终会因为线上线下融合而合二为一。2012 年 11 月底，万达集团高调宣布进军电子商务。尽管万达“触电”受到互联网界的质疑，但体现了万达富有先见的战略整合思维。IT 人士认为，万达不适合进入竞争格局初定的 B2C 和 B2B 领域，可以借助自有的商业地产、酒店、影院、旅游等业务发展 O2O 模式。

创立于 1988 年的万达集团，发迹于房地产，如今成长为一家集合商业地产、高级酒店、文化旅游、连锁百货的跨产业集团公司。早在 2003 年，当万科、保利、碧桂园等地产公司纷纷进入住宅地产做“一锤子买卖”时，万达集团成功转型进军商业地产，开始布局庞大的商业帝国版图。

万达集团的狂飙式发展与地方政府的造城运动不无关系。万达集团并非简单地建造商业地产，而是打造一个个聚合商业、酒店、娱乐、百货的城市综合体——万达广场。万达集团能在短短几年为地方城市打造了一个城市商业中心，时间、效益与地方政府官员的任职周期与政绩诉求刚好吻合。

万达广场是以商业地产为依托，酒店、娱乐、百货并重发展的商业模式。如今万达集团已在全国开业66座万达广场、38家五星级酒店、6000块电影屏幕、57家百货店、63家量贩KTV 。到2015年，万达集团将开业120座万达广场，持有物业面积2400万平方米，成为全球排名第一的不动产企业。

很多从事住宅地产的房地产公司赚了钱之后就消失了，而从事商业地产的房地产公司往往能够打造一个商业帝国。商业地产是一切实体商业的平台和依托。万达集团旗下的万达百货创立于2007年（创立时为万千百货），仅仅5年发展时间，就已经扩张到了57家店，计划到2015年开业110家店。这扩张速度是纯百货公司无法企及的。

在“大地产”格局中，发展酒店、娱乐、百货犹如居高屋之上建瓴水。而“大地产”格局的本质是打造商业城市（万达广场），而非建造商业大楼，其逻辑是通过商业吸引人气，然后拉高地租获得商业和物业的双重回报。

这种占据天时地利与人和的商业中心，是商业地产的主导模式。在香港及西方大城市，这种模式已经非常成熟，香港大富豪基本都依靠这种模式构建商业帝国。总部位于香港的华润集团早已将这种模式复制到中国各大城市，以万象城为依托的商业中心成为中国商业模式的领跑者。未来，华润集团又将在深圳湾建造深圳新地标——春笋。高达500米的春笋不仅有华润集团总部，还有“万象汇”、白金六星级酒店等高端商业。以春笋为核心的华润深圳湾城市综合体必将成为深圳未来滨海CBD核心区功能最齐全、业态组合最丰富、位置最显赫的高品质现代化都市综合体。

在去过深圳旅游的游客印象中，华侨城集团应该是一家旅游公司。锦绣中华、民俗文化村、世界之窗、欢乐谷、东部华侨城等最核心的旅游资源都是华侨城集团开发的。而在深圳人印象中，华侨城集团更像是一家房地产公司。因为其控制着包括住宅、别墅、公寓、商业、写字楼、酒店、创意产业园众多类型的地产，开发了东方花园、海景花园、湖滨花园、华侨城创意文化园、华侨城大酒店、威尼斯酒店、茵特拉根大酒店、城市客栈等众多项目。

华侨城集团是一家以旅游景区为依托，房地产、酒店、商业、文化创意并重发展的集团公司。华侨城集团商业模式的逻辑是“先旅游后地产”：先依靠旅游景区吸引人气，拉动周边土地升值，通过开发地产、酒店和商业获利。在世界范围内，几乎所有的大型景区旅游公司都采用这种模式来操作。旅游景区只依靠门票收入，难以实现盈利。在华侨城集团营收比例中，旅游综合收入（门票、娱乐、餐饮、酒店等）占 64.43%，房地产收入占 29.67%。

商业、旅游地产的操作方法如出一辙，都是先吸引人气，后炒热土地。产业地产和娱乐地产也是如此。

自 1979 年蛇口工业区动工开始至今，全国各地在地方政府招商引资的推动下，大大小小的工业区拔地而起，产业地产也就蓬勃兴旺。与商业、旅游地产不同的是，产业地产吸引人气（企业）的办法不是靠商业、旅游，而是依靠地方招商引资优惠政策、基础设施建设以及相关配套的完善。

承担开发全国第一个工业区——蛇口工业区的是天字一号招商局。在当时，中国的改革窗口还未完全打开，国人以及国际投资商还在观望中。在这种情况下，蛇口工业区的招商难度相对大。另外，当时中央对改革试验田的态度是，不纳入中央计划、不拨款，通过松绑政策支持。中央给予招商局的“松绑政策”是拥有自主审批 500 万美元以下的工业项目和允许对外资银行举债①。

拥有了自主权的招商局开始奔走香港各地，回到香港，向港商和银行借来 15 亿元资金，这笔钱用来平整土地和建设工业区基础设施。招商局做得第一项大工程便是移山填海兴建码头。第二年，一个 600 米泊位、可停

---

① 薛金福，詹志方．公司的力量（中国篇）［M］．太原：山西教育出版社，2011.

靠5000吨以下货轮的蛇口码头建成，工业区与香港通航，打开对外开放的第一道闸门，从此货船商客穿行航道，企业纷纷入驻工业区。

1980年8月，广东省经济特区管理委员会利用3000万元的银行贷款与部分地方财政，参照“蛇口模式”在罗湖区0.8平方公里的区域兴建金融、商业、旅游住宅设施提供给外商，利用从中赚到的利润继续进行工业园区的基础建设。

如今，在产业大转移的过程中，内地城市接过沿海工业区的接力棒，在当地建起工业园区。北、上、广、深开始大力发展文化、IT、新能源等新兴产业园区。有些打着建造云计算园区、大数据园区、3D动漫园区、网络金融区之名，行开发产业地产之实。

产业到产业地产，实际上是一种产业融合。公司如果能够从产业做到产业地产，这无疑是一种高屋建瓴般的战略思维。

环球石材集团创立于1987年，经过二十多年的发展，目前已成为集大板和异形生产销售一体的知名石材企业。2008年，环球石材面临国际石材市场低迷的险境，没有像对手一样以降价换市场，而是率先跳出了石材产业，直接进入到石材产业地产，一举领导整个产业。

2009年，环球石材在天津购买5000亩地，打造中国北方最大的国际石材产业集散基地——天下石仓。环球石材通过天下石仓，聚合大中型石材综合企业、生产加工型企业、荒料商及石矿企业，同时建立产业配套服务园区，完善针对入驻企业在商品交易、物流仓储、加工生产等方面的服务，形成一条完整的石材行业产业链。环球石材借助天下石仓控制北方石材市场，从而在产业竞争的高度遏制了竞争对手，成为整个行业的领导者，竞争对手只能按照环球石材的游戏规则尾随其后。环球石材总裁朱新胜说：“我们做的不是石材，而是石材产业地产，我们已经从做企业跨越到做产业。”

有钱人爱玩足球，尤其是地产商。中超所有16支球队的主要投资方中，有超过10家企业有经营地产业务背景，他们是广州恒大、广州富力、长春亚泰、杭州绿城、辽宁宏运、大连实德、天津泰达、河南建业、大连阿尔滨、山东鲁能等。

实际上，地产商爱的不是足球，而是娱乐地产。虽然房地产公司不惜重金投资足球，然而足球依旧让国人失望。国足踢球犹如神仙打架，凡人看不懂。

在我国，投资足球想要靠足球赚钱比登天还难。投资商也没有想过靠足球赚钱，而是地产。与商业、旅游、产业地产不同，足球场馆外往往都是不毛之地，足球场馆较难带动周边土地升值。这种“蝇头小利”绝对不是财大气粗的地产商想要的。

很多人认为，地产商搞足球的实质在于营销，通过足球营销来提升知名度。从市场的角度分析，有几分道理。但只是表面，足球和地产一样不仅仅跟市场有关，还涉及X因素。

如今中超，最风生水起的球队莫过于许家印的广州恒大，不过这支球队往年年亏损高达亿元级别，当然2013年因夺得亚冠赚够了眼球和资本。许家印绝对不会赔本赚面子，也不在乎赚足球“小钱”，他在下一盘高明的棋，棋子就是足球。我们要从足球与地产的关联性来思考问题，中国土地是由政府掌控，而球队是这个城市与政府的名片。足球与地产连接点就是政府。

不过，真正的娱乐地产并非地产商投资中国足球一样这么让人难以捉摸。好莱坞、横店影视城、象山影视城以及迪士尼乐园，都是娱乐地产模式的典范。横店影视城、象山影视城都是以拍摄取景提升人气，获得电影拍摄公司的租金收益。迪士尼乐园则通过迪士尼品牌及产品吸引人气，获得游乐、餐饮等收益。

二、大文化格局：美国传媒向左转

纵观美国百年影业史，如看一部跌宕起伏的好莱坞商业大片。1928年到1948年，是美国好莱坞八大巨头称雄的黄金时代，《爵士之王》《摩登时代》《魂断蓝桥》《乱世佳人》等经典作品影响至今。不过，从20世纪50年代到70年代，好莱坞影业下滑非常明显，电影巨头江山易主、频频亏损。80 年代以后，历经震荡的好莱坞进入了大传媒时代，虽然影业没有恢复黄金时代的统治地位，但传媒巨头的威力却纵横万里。

在黄金时代和大传媒时代，好莱坞经历了两种不同的统治模式，前者是垂直整合的托拉斯模式（串联模式），后者是横向整合的大传媒模式（并联模式）。黄金时代，独立影片公司整合了影片的创作、发行、上映整条产业链，形成托拉斯垄断组织；大传媒时代，独立影片公司被收购整合成传媒集团，传媒集团不再控制电影产业链，而是大范围地渗透到互联网、纸质、电影、电视、广播、电信等各种媒体。我们将这种控制全媒体的行为称之为“向左转”。

美国影业诞生之时，正是美国托拉斯垄断组织的巅峰之时。受时代的影响，美国影业在兴起之初就种下了垄断的种子。1908 年，发明家爱迪生为了捍卫自己的电影专利，成立了“电影专利公司”。这个公司依靠垄断拍片和放映设备专利，成为了世界电影史上第一个托拉斯组织。独立电影公司只有申请到托拉斯发行的执照才能经营，不然就会吃旷日持久的专利侵权官司，甚至遭受恶棍暴力侵害。

1910 年开始，这个托拉斯组织在摩根财团的支持下，打着“通用电影公司”招牌悄悄地收购了几乎美国所有拥有牌照的影片交易所。北美影片交易所和放映商对这个托拉斯组织义愤填膺又无可奈何。卡尔·莱默尔，原本是北美最大的发行商，为了摆脱托拉斯的控制，他退出了电影专利公司，并成立自己的制片公司——“独立制片公司”，这就是环球影片公司的前身。不过，当时的独立制片公司只能在托拉斯的眼皮底下，偷偷摸摸地拍摄影片。

威廉·福克斯则不把托拉斯放在眼里，他的公司不但没有被收购，还依靠出色的影院经营和发行影片获得成功。他的公司就是后来的福克斯电影公司。不过这是托拉斯组织不可容忍的。1911 年 9 月，托拉斯的负责人 J·J·肯尼迪要求福克斯出售公司所有股份。遭拒后，托拉斯组织采用讹诈陷害的卑劣手段逼迫福克斯就范。福克斯忍无可忍，向联邦政府提起了对托拉斯的诉讼。次年，美国政府认定“腐败和非法的”托拉斯垄断影业，必须撤销。

托拉斯组织倒下后，美国影业开始告别了粗制滥造、江湖当道的年代。此时，卡尔·莱默尔不再偷偷摸摸，而是率先在一个叫“好莱坞”的荒凉之地成立了自己的新公司环球制片厂。他野心勃勃地买下一个 230 英亩的牧场，建立了一个拥有商店、餐馆、加油站、磨坊、温室、学校、图书馆、警察分局、消防处、小型公交系统等全套市政设备的制片厂。1912 年 3 月 15 日那天，莱默尔在万众瞩目中打开环球影城大门，预示着好莱坞开启了世界影业帝国的征程。

好莱坞影片兴起后，一位名叫 W. W. 赫德金森的人和 20 多家发行商成立一个发行影片的全国性组织。为了降低发行商的风险，赫德金森改变了原有固定价格买断版权模式，转而采用从票房毛利中按比例与制片人分成的方式。在一次会议中，他勾勒了白雪皑皑的山峰，这就是他们新公司的标志。受一幢名为“派拉蒙公寓”的建筑启发，他将这家公司取名为派拉蒙。

不过，名角制片公司的阿道夫·楚克尔和拉斯基制片公司的杰西·拉斯基对派拉蒙想要 35% 发行分成比例感到非常愤怒。于是，楚克尔暗中行动，大量购进派拉蒙的股票，并在派拉蒙的第二次股东大会上迫使赫德金森当场离职。

1916 年开始，执掌派拉蒙楚克尔先将两家制片公司合并成名演员—拉斯基公司，再兼并了 12 家制片公司，最后将这十多家公司与派拉蒙合并，成立了好莱坞历史上第一个兼制片、发行业务的集团企业，这家集团企业沿用了“派拉蒙”的名字。“派拉蒙”集团的成立，标志着好莱坞开始进入垂直整合、巨头统治的年代。

1930 年，派拉蒙又兼并了拥有多家影院的帕布利克斯公司，成为了好莱坞八大影业巨头中的巨头，登上了众星环绕的世界影业之巅。这个时期，派拉蒙出品包括获得首届奥斯卡最佳影片奖的《翼》、喜剧片《鸭汤》《她委屈了他》《我不是天使》在内的众多经典影片。

好莱坞黄金时代，实际上是八大电影巨头的托拉斯垄断时代。电影巨头正利用当年爱迪生的托拉斯垄断权，垂直控制整个电影产业链。

就在楚克尔大举并购之前，威廉·福克斯在纽约已经将自己主营发行的伟大纽约公司和制片的票房吸引力电影公司合并成福克斯电影公司。1916年，福克斯将福克斯电影公司从纽约迁至好莱坞，开始制片、发行、放映的垂直整合。

1935年，二十世纪电影公司和福克斯电影公司宣告合并，二十世纪福克斯正式登场了，这家新公司也是最晚成立的好莱坞大公司。福克斯和楚克尔是好莱坞最早做垂直整合的电影大亨。福克斯乐忠于并购电影院和兴建大型制片厂。1926年，福克斯在好莱坞贝弗利山西面买下了300英亩土地，在上面建造了一座庞大而且设备先进的制片厂。1927年，福克斯乘马库斯·洛伊逝世之机，收购了洛伊公司的股份。凭借这次收购，福克斯不但新增了200多家电影院，还成为了米高梅公司的母公司。1929年，新公司成立，福克斯进入巅峰。这段时间，福克斯出品了《第七天堂》《马路天使》《在老亚利桑那》等著名影片。

然而，物极必反！米高梅创始人路易·梅耶对这次收购极为愤慨，并要求美国政府对福克斯电影公司展开反垄断调查。不幸的是，福克斯随后车祸受伤，福克斯电影公司未能逃脱1929年大萧条的劫难。

1935年，在米高梅的支持下，创立只有3年主营制片的二十世纪电影公司“蛇吞象”，兼并了困境中的福克斯电影公司，组成20世纪福克斯电影公司。不过，凭借福克斯原有的500多家电影院以及庞大完整的产业链，20世纪福克斯电影公司重整旗鼓。

与环球、福克斯、派拉蒙陆续扩张不同，米高梅成立之初就实力不俗。1924年，米特罗、高德温、梅耶三家制片公司合并成米高梅，米高梅创造的众多影片神话证明，这次合并是世界电影史上最大的奇迹。这头怒吼的雄狮成为好莱坞黄金时代最为光彩耀人的明星。

1923年成立的华纳兄弟公司是世界上第一个制作、发行有声电影公司。华纳兄弟一直是电影技术的领跑者，但其当时的成功与电影垂直整合分不开。

华纳公司搬出好莱坞后，在洛杉矶近郊的柏本克市建立了规模巨大的制片厂。随后，华纳公司成功并购了著名连锁电影院 Stanley Corporation，并间接控制了第一国家电影公司的 1/3 股份。1929 年，华纳公司又并购圣路易斯的连锁电影院 Skouras Brothers。规模庞大的影院为华纳影片提供了播放强大的平台。

雷电华是“八大巨头”中成立时间最晚的一个，由洛克菲勒财团的美国雷电华公司兼并美国电影票预售公司（兼营制片）和凯思—阿尔比—奥菲姆商业放映系统而成。因此，雷电华也是一家控制着电影制片、发行与放映的集团公司。

1924 年，由环球的三名前员工创建的哥伦比亚电影公司，在当时主要依靠电影制作，跻身八大巨头之列。由查理·卓别林等四位好莱坞巨星共同出资的联艺制片公司，开创了演员创立电影公司的先河。联艺制片公司富有演员的基因，比较专注于电影制作。

在好莱坞黄金时代，相对于前五巨头，环球、哥伦比亚和联艺制片是垂直产业链控制较弱和综合实力较弱的三家。米高梅长期占据 22% 市场份额高居榜首，五大巨头中最弱的雷电华也有 9%，哥伦比亚、环球、联艺“小三大”平均各占 7% 左右。不过，恰恰这种“厚道”的做法，这三家公司逃过了美国政府反垄断的制裁。

八大巨头的统治格局维系了好莱坞长达 20 年的繁荣，而小制片厂和小放映商却成了辉煌的背影，几乎混到无法生存的地步。到 1939 年夏，八大巨头控制了美国 95% 的电影市场，其他小制片厂只有 5% 的市场份额。十年后，八大巨头依然控制着美国 96% 的电影市场。在这十年过程中，美国政府以“沆瀣一气，相互勾结，以不合理方式约束美国电影生产、发行和放映”为名，对八大巨头展开反垄断调查。

权力真是一个令人癫狂的东西，特别是垄断权。当有人垄断时，人们都愤慨不已；但自己享有垄断权时，定然无比贪婪地享受权力带来的财富、地位与荣耀。当年，巨头的创始人推翻了爱迪生的托拉斯组织，如今自己建立的托拉斯帝国即将遭受政府的瓦解。

1938年，美国司法部提出了针对八大制片厂，以及它们的25大联营公司和132位执行官的诉讼，起诉它们通过垄断手法控制市场，导致美国影片质量下滑。而事实上，就在第二年，电影巨头就出品了《乱世佳人》《呼啸山庄》等经典巨作。八大巨头以金融危机后市场不稳定为由与美国司法部展开了长达十年的诉讼拉锯战。

1948年5月，美国最高法院终于做出判决，禁止电影制片厂销售片花，要求大制片厂必须出售旗下连锁影院。这就是著名的派拉蒙判决①。这个判决意味着电影巨头垂直整合的模式不为法律所允许，这也成了好莱坞电影从辉煌繁荣走向震荡衰落的转折点。

哥伦比亚、环球、联艺“小三大”由于没有影院，只受到销售片花的制裁。而“五大巨头”不得不面临惨痛的拆分。1948年11月，“五大巨头”中实力最弱的雷电华率先将自己的放映系统与发行制片系统分离。后来，雷电华几经易手他人，经营不善，于1959年彻底退出了电影业历史舞台。

电影巨头虽然在电影制片和发行领域拥有强大的控制权，但是无法控制整条产业链。新兴的制片公司和放映商拥有挑战旧霸主的机会。1951年，华纳与独立制片公司保真公司影片合作，协议规定华纳对电影开发和制作完全无权控制。原本没有影院而今又不能卖片花的环球遭遇经营困境，被迫出售28%股份给迪卡唱片公司。次年，环球被德卡唱片公司收购。这是好莱坞历史上第一个被跨行业公司收购的案例。这个并购案开启了跨行业大举收购电影公司的先河。

除了反垄断制裁，当时快速兴起的电视业对电影业打击几乎是致命的。20世纪50年代，电视开始大量进入美国家庭，电影观众比十年前少了一半，米高梅持续30年的盈利神话也在1957年被终止。

1949年以后，美国电影业进入长达20年的震荡、衰落、摸索时期，并引来了第一次并购高潮。在并购中，电影企业显得解脱、彷徨和无奈，

① 在所指控中的垄断行为中，派拉蒙最为典型，故称派拉蒙判决。

而进入者多数为不明智、不作为甚至不务正业。

1949 年，派拉蒙剥离了影院系统，失去了影片放映的强大平台，重心转向电视产业。1966 年，派拉蒙被一家经营服装、汽车配件等业务的联合企业 Gulf + Western 接管。联艺于同年被保险业巨头泛美公司收购，成为其年度报表中附属于“休闲服务”下的一个部门。华纳在 1951 年分割放映权后，先是被同行七艺兼并，后又被转手给经营殡葬、停车场、清洁服务的肯尼国民服务公司。“八大巨头”之首米高梅于 1954 年失去发行权、放映权后，也没有摆脱被收购的命运。米高梅两经易手，最后落入金融家柯克·科克莱恩之手。

不过，电影公司被收购依然没有改变电影市场持续低迷的状况。更糟糕的是，收购者或出于盲目、面子而并购，鲜有真正重整电影事业的理想、信心与能力。在这个阶段，巨头的电影年产量大幅度下滑，跌至平均每年仅 160 部，电影质量也大大受挫。

进入 20 世纪 70 年代后，电视已经取代了电影成为了美国第一受众媒体，好莱坞电影陷入危机，剩下的“七大巨头”有五家严重亏损。虽然也偶有佳片上映，但是电影公司已无力扭转危局。二十世纪福斯和哥伦比亚也面临破产，泛美以 3.5 亿美元的低价把联艺卖给米高梅。

电影巨头的没落、新兴电影公司的兴起，美国电影业迎来的洗牌调整阶段。原本不是“八大巨头”的迪士尼凭借《海底两万里》《欢乐满人间》等卖座片，成为这几年来好莱坞影史票房冠军。迪士尼也就一举超越了二十世纪福克斯和华纳兄弟，成为好莱坞最炙手可热的电影巨头。

实际上，迪士尼超越前辈的秘诀不在于电影，而是“大传媒”。迪士尼电影公司是迄今为止唯一一家没有被交易过的好莱坞大公司，这得益于其不断地顺应时代潮流。迪士尼公司发迹于天才艺术家华尔特·迪士尼的漫画，在 1928 年推出电影史上第一部有声动画片《蒸汽船威利》。在电影产业最为辉煌的 20 世纪 40 年代，迪士尼涉足真人电影领域。

从动画出版到动画电影，再到真人电影，迪士尼一直在进步。1949 年，当电影巨头们正在捍卫垄断地位时，迪士尼成立音乐公司，主要从事动画影片的音乐开发及延伸音乐产品。

1952 年，电影市场开始衰落，华尔特先生独资成立 WED Enterprises（即后来的华特迪士尼幻想工程），专注于迪士尼乐园设计和建造。三年后，世界上第一个现代意义的主题公园迪士尼乐园在美国洛杉矶诞生。随后，迪士尼乐园在中国香港、东京等地区陆续建起，成为迪士尼公司的重要资产。1994 年 9 月 6 日，所有迪士尼乐园的游客访问人次突破 10 亿！

颇具品牌意识的华尔特，认识到迪士尼卡通明星还有巨大的品牌价值尚未开发。1953 年，华尔特成立独资公司 Retlaw Enterprises ，通过品牌授权的方式，将迪士尼品牌延伸到其他产品领域。1969 年，华特迪士尼教育产品公司成立，专门从事迪士尼品牌的儿童教育产品经营。

1983 年，就在美国电影最艰难时期，迪士尼频道正式开播，标志着迪士尼进入电台传媒行业。1987 年第一家迪士尼专卖店在美国加州开业，标志着迪士尼进入商业领域，并大力发展迪士尼品牌商品。1993 年收购了米拉麦克斯电影公司，进一步壮大动画影视业务。1994 年，迪士尼互动成立，专注于迪士尼软件制作。1998 年迪士尼收购了互联网公司，意味着迪士尼从传统手绘动画进入了电脑手绘动画领域。后来，迪士尼还成立华特迪士尼互联网集团大力发展互联网业务。1995 年，迪士尼收购著名的美国广播公司（ABC），标志着迪士尼进入媒体节目制作领域。迪士尼先是在 2006 年耗 74 亿美元巨资收购了动画新秀皮克斯，后又在 2009 年以 40 亿美元买下了美国最著名的漫画公司 Marvel。

当曾经的电影巨头都已经没落甚至退出历史舞台，迪士尼依旧称霸好莱坞。原因不是迪士尼的电影有多强大，而是迪士尼不再仅是一家电影公司。迪士尼已经成为一家集动画影视、传媒、主题公园、互联网、服装、鞋帽饰品、文具玩具等产业于一体的跨国巨头。当电影企业为票房苦苦挣扎时，迪士尼已经在服装、动漫、主题公园、文具等领域赚得盆满钵满。更重要的是，当曾经的电影巨头已经被人遗忘，而迪士尼的品牌价值已经超过了 300 亿美金。

事实上，迪士尼的发展轨迹揭示了产业融合的规律。从 20 世纪 50 年代，美国电视业开始起步，电影逐渐开始与电视、广播、纸质出版以及后来的互联网融合。这意味着电影不再是“独立王国”，而是与其他传媒产业形成一个大文化传媒联盟。

产业融合推动产业形态、竞争格局以及商业模式的变动，媒体与媒体之间不再孤立，而是融合成一个“大文化”格局；电影公司的竞争对手不再是电影巨头，而是电视、互联网等其他传媒；电影公司的商业模式不再是依靠门票收入，而是大媒体构成的多收益网络。

在历史的进程中，电影公司当事人没有看清时代的方向，在陷入绝境后无力重回正轨。

迪士尼从动漫出版走到电影，更容易跟上大文化传媒趋势的脚步。电影衰落之时，迪士尼就加速构建大文化传媒平台，让自己的产品在各个文化传媒平台中重复出版。迪士尼的传媒概念更为广义，任何可以承载信息的载体都是媒介。于是，迪士尼的《米老鼠》不但在电影、电视、漫画、游戏中重复出版，还通过授权开发箱包、服装、文具、玩具等产品，在这些产品上重复出版。

在好莱坞的黄金时代，米高梅、派拉蒙、华纳、雷电华等巨头通过垂直整合获得产业垄断权。但是，这种权力最终被政府的反垄断制裁剥夺。事实上，即使垄断权不被政府剥夺，垂直整合模式也会在市场竞争中，被电视、互联网等传媒瓦解。

在产业融合的经济网时代，垂直整合模式已经被时代抛弃，取而代之的是横向整合模式。如今，世界已经进入大文化传媒时代，电影业只是其中的一分子，独立的电影制片公司已经被传媒公司取代。传媒公司奉行的是全媒体出版、多渠道收益、网模式经营。全媒体实际上就是文化产业的全渠道概念。在今天，全媒体是虚拟与现实、网上与网下的结合大媒体。

在长达将近半个世纪的探索中，派拉蒙、福克斯、华纳几经易手，逐渐又回到了大传媒的轨道。1976 年，出身于电视业的巴里 · 迪勒，重新把派拉蒙推至好莱坞的顶尖位置。巴里 · 迪勒向采用大媒体思维，建立一个新的电视网，而母公司的短视让巴里 · 迪勒出走，派拉蒙再次陷入低谷。

1993年，萨姆纳·雷石东的维亚康姆公司在一场激烈的争夺中获胜，成为派拉蒙的母公司。这是一家经营连锁影院起家的传媒公司，在收购派拉蒙之后，逐步打造成覆盖电视、电影、新闻、体育、娱乐的超级传媒航母。

派拉蒙在超级传媒航母中获得了新生，出品了《勇敢的心》《阿甘正传》《碟中谍》《拯救大兵瑞恩》等佳作。2005年底，派拉蒙收购了梦工厂后，出品了重量级影片《变形金刚》。

维亚康姆公司收购派拉蒙标志着好莱坞进入了一个新的时代——大传媒时代，大的电影公司在大传媒格局中找到了自己的位置，电影获得重生。

20世纪六七十年代，二十世纪福克斯虽时有《埃及艳后》《音乐之声》《星球大战》《巴顿将军》等佳作出品，却面临江河日下的窘境。直到1984年，来自澳大利亚的传媒巨头鲁伯特·默多克从马克·里奇和马文·戴维斯手中买下二十世纪福克斯，福克斯才进入大传媒时代。

在“默多克的传媒帝国”中，二十世纪福克斯不但可以独立制作影片，还可以得到新闻集团下的电视、报纸、杂志、书籍出版、互联网以及数字广播等平台的支持。默多克还从派拉蒙公司挖来巴里·迪勒，创建了福克斯电视网，电视网对二十世纪福克斯的支持巨大。2007年，二十世纪福克斯就把极受欢迎的动画电视剧《辛普森一家》搬上了大银幕。派拉蒙失去了巴里·迪勒多走了将近10年的弯路，而二十世纪福克斯是相对幸运的。

如今二十世纪福克斯已经完全游刃于大媒体时代，已经走在了电影与互联网融合的最前沿。旗下善于制作3D动画长片的蓝天工作室为我们奉上了《冰河世纪》《机器人》等众多佳作。2009年末，二十世纪福克斯投资、卡梅隆导演的3D巨片《阿凡达》上映，只用了6周的时间就超越了《泰坦尼克号》（1997年福克斯与派拉蒙合拍）的全球票房纪录。

哥伦比亚公司是最早与电视结合的好莱坞电影巨头。早在20世纪50年代，旗下子公司银幕珍品公司向电视台出售公司以前的旧片并为电视台摄制电视片。哥伦比亚公司到70年代，经营不善几近破产；80年代，被美国可口可乐公司收购。1989年，当时不可一世的索尼公司从可口可乐手中买下了哥伦比亚公司。索尼公司看中了哥伦比亚公司丰富的影片资源，试图通过索尼数码平台重复出版。哥伦比亚公司在索尼旗下也获得了发展，出品了《007》《黑衣人》《蜘蛛侠》《终结者》等系列佳片。只是如今的索尼公司陷入经营困境，哥伦比亚公司也难免受到影响。

环球公司在过去几十年也是几经易主，不过所幸的是，环球公司一直都享有比较独立的经营权。美国音乐公司（MCA）从德卡唱片公司收购环球后，公司集中全力提供电视片和供电视放映的影片。同时，还把环球城作为好莱坞的一个旅游中心向旅游者开放而利润倍增。

环球于2000年被法国的维旺迪集团收购，四年后转给美国通用电气。2011年，环球公司的母公司是美国最大的有限电视公司——康卡斯特，而康卡斯特的母公司是日本松下。康卡斯特旗下的USA影业、环球焦点和好机器合并成立焦点影业。在几十年的颠簸中，环球公司依然出品了《速度与激情》《金刚》等佳作。

华纳兄弟是继派拉蒙、环球之后美国成立时间之后第三悠久的电影公司，也是当今全球最大的电影和电视娱乐制作公司。这里可以看出，华纳兄弟的转型是成功的。

在美国电影业衰落的20世纪50年代，华纳兄弟出售了部分电影院部门，公司陷入亏损。公司很快战略转型，进入前景广阔的电视业。1954年，华纳公司与美国广播公司合作制作节目，获得成功。电视部门的获利，补偿了电影部门的损失。

华纳兄弟与迪士尼的模式有点类似，在早起也开发了大量动漫作品。在1942年，里昂·雪利辛格等人制作的乐一通卡通，在数量上已经超过迪士尼的卡通。在动漫、电视的支持下，华纳兄弟的电影还是取得了不错的成绩，如20世纪70年代风靡全球的《超人》系列。

1990年，传媒业巨头时代公司并购了华纳兄弟，华纳公司拥有更大的传媒平台。2000年，时代华纳与美国在线（AOL）合并为美国在线时代华纳。这是传统媒体巨头与新兴媒体巨头合并，标志着线上与线下媒体高度融合。不过，因企业文化难以融合，美国在线和时代华纳于2009年分拆。在产业融合的进程中，不同产业的公司文化差异巨大，融合需要勇气、智慧和代价。

电影史学家Finler在其著作《好莱坞故事》中提出这样的疑问：到底是新的独立公司重塑好莱坞格局，还是老牌制片厂再次反弹重生？

除了已经破产的雷电华、米高梅、联艺外，其他传统电影巨头都已经成功转型，进入了大传媒格局之中。他们除了经营影片，借助大传媒平台实现重复出版作品，还不断地开发增值产品。

“八大巨头”之首米高梅的没落令人惋惜，原因可以归咎于被大传媒时代淘汰。在电视业蒸蒸日上之时，米高梅耗费巨资打造大作品、大银幕以抗击电视，最终却被电视打败。随后，米高梅陷入长达十年的亏损。

1970年，美国赌王柯克·克尔科里恩买下米高梅，又两次转手两次买回。米高梅历经磨难已经无力掌控自己的命运，当其他巨头已经进入了大传媒平台，米高梅则与电影越走越远。

在大媒体时代，没有大传媒做后盾，独立的电影制片公司注定难以走下去。2005年，索尼公司以近50亿美元的价格将米高梅买下。这意味着米高梅终于找到了大传媒平台，也意味着好莱坞八大巨头中的最后一个独立制片公司消失了。

不过，这一切都来得太晚了。索尼公司已经无法拯救病入膏肓的米高梅。2010年11月，米高梅因无力偿还巨额债务和推出新作宣布破产。这家拥有170座奥斯卡金像奖的老牌电影制片公司走过了辉煌的一生。

三、大旅游格局：香港导游往里兜

跟团到香港旅游的大陆游客几乎都有被导游带着绕圈兜商场的经历，不幸者还会遭导游强迫购物，甚至鄙夷谩骂。

2010年7月，香港导游强迫内地游客购物事件受到香港和内地两地的广泛关注。香港一直以文明法治社会著称，如此恶性事件居然发生在香港支柱产业旅游产业领域，这是香港特区政府无法忍受的。

事件发生后，香港旅游事务专员和旅游业议会第一时间召开记者会，承诺追查涉事导游责任，并向内地游客致歉。就此问题，香港旅游业界立即召开“集思会”，100多名来自香港旅游业议会、旅行社、4个导游工会以及登记店铺的代表出席，共同检讨接连出现的涉及强迫内地访港旅行团购物的事件。香港特区政府和旅游界一同研究监管机制，以挽回香港旅游业的声誉。

香港特区政府明令禁止导游强迫游客购物，但是这种事情却屡禁不止。今日，导游虽有所收敛，但变相强迫购物的现象依然存在。很多人将这类事件的根源归咎于香港旅游业执行的低团费、零团费模式以及零底薪高提成的导游薪酬结构。

香港旅游发展局主席田北俊计算了香港旅游的地接成本：2晚3天的香港地接成本，最低要500元到800元，加上组团社的成本，1000多元是没法去香港的。只有到达4000元左右的纯玩团才能够保证赴港游品质，实现“无强迫购物、无自费项目、无附加费”。

现实中，超过80%的香港旅行团都是低价团，旅行社和导游的主要收入都来源于旅游购物佣金。按目前成本计算，平均每名团员需要消费数千元才能让旅行社和导游有钱赚，不然导游要倒贴给旅行社。

其实，低价团模式并没有太大的问题，这种模式也是国际旅游业通行的模式。很少旅游团和景区能够依靠门票及基本旅游消费活下去。大多数旅游公司都以低价团费吸引游客，然后通过购物、娱乐、酒店等其他方面赚取佣金以补贴团费亏损。只是香港的旅游团过于依赖于购物，增加了旅行社和导游的经营风险。

香港旅游资源相对较少，交通、吃住等旅游成本极高，旅行社竞争激励，再加上香港本是购物天堂，购物也就成为了旅游的一部分，旅行社和导游都将营收重心放在购物佣金上。为了避免强制购物事件再次发生，香港特区政府需要强化监管，提高旅游服务质量。而对于旅行社和导游而言，不能以“天下没有免费的午餐”做牌坊，相反要让游客痛痛快快地吃

“免费的午餐”，又开开心心地帮你数钱。导游需要在低价团模式执行上更有策略、智慧和服务意识。

互联网是免费模式执行最为彻底的领域，腾讯QQ、谷歌都是免费模式的代表。边际成本低、转化成本低、马太效应及大链接成就了互联网的免费模式。互联网是商业模式创新的前沿阵地，免费模式如今开始在实体产业中蔓延，形成各种各类的“低价模式”（廉价团、低价团购）。不管是免费模式，还是低价模式，本质上都是通过多产品、多业务或多产业关联，形成交叉补贴的网络关系，我们将这种模式统称为“网模式”。

与互联网相比，实体产业之间的关联性相对较弱，转化率成本和边际成本都很高，免费模式往往难以贯彻，低价模式尚不成熟，多作为营销手段。不过，互联网免费模式依然具有很好的借鉴价值。

网模式关键不在于免费或低价，而是如何收费。而收费的关键在于提高转化率，其实就是将顾客引导到高收益的业务中消费。如腾讯公司将QQ用户引导到高收益的QQ游戏中消费，从而获得收益。不过，提高转化率的过程不能伤害顾客情感和牺牲用户体验。如百度的关键字广告“百度推广”不能影响用户的自然搜索结果。

导游需要更多地使用“湿营销”“润物细无声”般地把游客引入商场，提高消费金额。不过，导游也不能完全变成出色的“导购”，香港旅游更不能仅依赖于购物。旅游是一个集群效益极高的产业，除了与零售产业相关联，还与交通、酒店、餐饮、娱乐等产业密切关联。

今天，旅游不等于景区，也不等于购物，而是一个集合“吃、住、行、游、购、娱”六要素的“大旅游”格局。数据显示，旅游消费的贡献率对住宿业超过90%，对民航和铁路客运超过80%，对文化娱乐业超过50%，对餐饮和零售业超过40%。

不管是旅行社还是景区公司，都应该打破“门票经济”，跳出旅游做“大旅游”。近十多年来，随着民众消费水平的提高，我国旅游业快速发展，年均增长率高达两位数。全国旅游消费突破万亿元，直接从业人数超过千万人，旅游业成为了一些地方省市的支柱产业。地方政府开始介入旅游产业形成复杂的利益共同体，大量政府补贴和行政保护推动了旅游产业的增收，却没有提高旅游产业的经营水平。

高增长、高补贴、低竞争反而强化了国内旅游产业的“门票意识”，多数旅游景区依然依靠门票经济获利。《全国 A 级旅游景区发展报告》的数据，2011 年全国 A 级旅游景区营业收入达到 2658.60 亿元，其中门票收入达到 1149.9 亿元，门票收入占比近五成。

与国际主要景区相比，我国景区门票可算“全球最贵”。全国 130 家 5A 级景区中，门票 100 元以上的占 46.2%，平均门票价格达 109 元。日本富士山和韩国汉拿山免费，俄罗斯克里姆林宫 45 元人民币，法国卢浮宫 85 元人民币，部分时间段免费。美欧日韩等国的景点门票一般不超过本国居民月均收入的 2%，而我国这一比例多数高达 10%。

高门票给不少景区带来丰厚的收益，却弱化了他们提高经营水平和创新商业模式的意识。多数国内景区都没有形成高效的融合旅游六要素的大旅游格局。这使得原本具有公益性质的旅游资源难以惠及大部分普通民众，也阻碍了我国旅游健康发展。

而旅行社处在激励竞争的市场环境中显得生存艰难，高门票往往占据团费的一半以上，旅行社要正常盈利也就非常困难。为了降低成本、实现盈利，旅行社和导游时常降低服务质量、欺骗游客和强制游客购物。不规范的市场竞争环境往往“逼良为娼”，滋生行业“潜规则”。

“门票经济”有旅游资源垄断的原因，也与目前国内旅游消费市场特点相关。旅游消费形态与居民人均收入相关联。世界旅游组织研究得出，人均 GDP 1000 美元以下，以观光旅游为主；1000 ~ 2000 美元，休闲旅游为主；2000 ~ 3000 美元，度假旅游为主；3000 ~ 5000 美元，成熟度假旅游。

一般而言，观光旅游和休闲旅游以门票消费以及吃、住、行刚性消费为主，娱乐、购物消费能力相对较弱；度假旅游和成熟度假旅游以综合消费为主，突出娱乐享受方面的消费。也就是说，与度假型相比，观光型游客和休闲型游客的消费很难转移到娱乐和购物上，旅游转化率比较低，旅游公司主要依靠门票及吃、住、行刚性消费赚钱。

欧美国家几乎都经历过从观光、休闲旅游到度假旅游的发展历程，如今欧美国家的人均 GDP 多数已经超过 5000 美元，旅游产业进入成熟度假阶段，游客的综合消费能力强，旅游公司容易获得六要素带来的多收益。

根据国家统计局公布的数据，2012 年我国人均 GDP 达到了 6100 美元。根据以上推理，我国旅游形态和欧美国家应该相似，游客的综合消费能力强，旅游公司不再仅依靠门票收入。其实不然，很多人发现，西方很多研究理论在我国特色的国情面前都被推翻。

我国是一个特殊的国家，过去几十年 GDP 快速增加，贫富差距也跟着快速扩大。虽然全国人均 GDP 已经达到了 6100 美元，但是不少人“被平均”；虽然全国旅游消费已经达到两万亿元，但是大量“公费考察”使不少人“被消费”。另外，我国中产阶层的旅游消费能力被高房价、高物价、高教育成本、高就业压力以及低社保等“大山”压制住。不少人忙于工作一年都没有出门旅游的时间，一辈子也难有几次旅游的机会。对他们而言，观光旅游已是一种奢侈品，体验、度假更不敢妄想。

总体来说，国内旅游包含观光、休闲、度假多重形态，而观光和休闲游客人数较多，度假游客消费能力较强。不少人调侃旅游就是：从自己活腻的地方去别人活腻的地方。我国“幅员辽阔”“旅游资源丰富”，工薪阶层只有到黄金周才有时间去景区“看一看”“观光观光”。不过，人满为患的黄金周又导致“人在囧途”，这种旅游只是凑个热闹、累个半死，连休息、休闲都没有，更谈不上体验、度假。国内景区也就“顺应民意”，敞开大门，提高门票，让游客“挤挤更健康”，自己则坐等数钱。

而香港旅游业是一个市场化程度非常高、竞争非常激烈的行业，整个旅游形态已发展到体验、度假的阶段。香港旅游早已贯彻六要素组合的旅游模式，为游客提供全方位的服务。香港是一个自由港，香港护照对全球 143 个国家和地区免签，游客可以进出香港。这无疑降低了这些游客去香港的成本，国外游客去香港旅游已经非常频繁，且多以购物为主。

但是，我国内地游客则不然。我国是一个具有社会主义特色的国家，内地游客去香港旅游需要经过复杂的签证，且次数和停留时间都严格受限，更不能携带超过1.8公斤的奶粉出境。香港自古以来就是中国领土不可分割的一部分，但是内地人对香港的了解知之甚少，但充满好奇。多数跟团去香港的内地游客只是去“看一看究竟”，顺便购买一些物美价廉的奶粉、纸尿裤、化妆品，而不会去高价的酒店消费。

其实，跟团去香港的内地游客多数是观光型游客，而像深圳自己过境的旅客多数因商务出差或购物。所以，香港地接导游和旅行社不应该用购物型旅客的标准来要求所有游客，寄希望于所有人购物显然是不大现实，强制购物更容易引起他们的反感。这就是香港导游强制购物事件多发生在内地旅行团身上的原因。内地游客在港购物往往是出于“给导游面子”“不想破坏出游好心情”及回去可以炫耀，稍稍购买一部分。当然，不乏有些赚钱不花力气、花钱很带劲的内地游客。

香港旅行社和导游需要转变思维，在大旅游格局中，购物只是六要素之一，需要跳出购物怪圈，根据内地游客需求开发更适合的旅游路线和游乐项目。旅行社可以在游和娱这两个要素上深挖潜力，以获得更多的收益。比如，可以根据游客需求开发香港高校及教育文化旅游、海上冲浪游乐、香港娱乐明星及文化、香港传媒文化、香港法治文化等项目。可以满足内地游客了解香港教育及海上游玩，对香港传媒、法治、娱乐文化好奇的需求。另外，内地游客羡慕澳门合法赌博，香港在港澳游线上可以针对内地游客深挖澳门博彩娱乐的消费需求。

不过这一切正在快速变化。随着民众收入提高和旅游全球化，越来越多的人出境旅游，越来越多外国人来我国旅游，我国旅游业正在面临国际旅游的竞争。如果国内旅游公司不及时调整战略思维及创新商业模式，将很难适应游客日益提高的多元化需求。依靠门票收入的景区将难以存活，景区旅游资源可能荒废，文化旅游资源可能难以继承发展。

我们知道，台北有个“故宫”，与北京正宗的故宫相比，台北“故宫”显得有些“山寨”。但是，这个“山寨”的“故宫”不但比北京故宫有更强的盈利能力，还非常好地传承了中华文化，深入挖掘了中华文化品牌的价值。

北京故宫的门票旺季为60元，淡季为40元，凭借年接待游客达1283

万人次，北京故宫一年可获得将近6亿元的门票收入。台北“故宫”的门票为160台币，相当于33人民币元，比北京故宫平均每人次门票少13元左右。台北“故宫”年接待游客逾430万人次，其中大陆游客占一半，2012年门票收入只有8000万元。台北“故宫”接待人次相当于北京故宫的1/3，而门票收入却不足北京故宫的1/7。

台北“故宫”由博物院下属单位故宫文化服务中心与香港益诚投资有限公司，建立“故宫”宫廷文化公司经营。台北“故宫”不以营利为目的，却能够兼顾盈利与文化传承。据台北“故宫博物院”院长周功鑫介绍，2010年台北“故宫”门票收入3亿多新台币，礼品餐饮收入6.8亿多新台币，扣掉成本人力，还会有一两亿新台币的盈余。周院长还强调，台北“故宫”所有收支都是公开透明的，台北“故宫”为民众提供多种服务，与民众的距离很近。

台北“故宫”的门票收入不及总收入的三分之一，而北京“故宫”这个比例超过七成。台北“故宫”通过低门票吸引大量游客，然后通过礼品餐饮业务赚钱。台北“故宫”花数亿元在“故宫”旁边打造了台北“故宫”晶华酒店，大量游客在晶华酒店消费。更重要的是，台北“故宫”将博物馆中《清明上河图》等传统文化作品授权给各行业开发产品。2011年，台北“故宫博物院”利用3D和动漫技术“复活”了《富春山居图》，并与浙江省博物馆联合展出。这一举动不但传承了文化，还增进了两岸民众的情感交流。

低价门票惠及普通民众，有利于故宫文化的传播。文化产品的开发和展览，传承了中华文化，挖掘了中华文化作品的价值，还使得台北“故宫”可持续地经营发展。

随着产业融合推进，旅游不但与交通、餐饮、酒店、娱乐等产业紧密关联，还与文化产业发展联系在一起，并肩负文化传承的使命（如中国宫廷文化、香港法治文化等），也成为推进自然保护、人与自然和谐共处的载体，还将成为人们生活方式的重要组成部分。

2013年，西安380亿元打造新阿房宫引来媒体口诛笔伐。所谓的新阿房宫其实有两个含义：一是原有文化保护属性的阿房宫遗址公园，一是地产公司首创集团计划投资的“首创阿房宫文化旅游产业基地”。其实，后者是个距离阿房宫遗址公园不远的地产项目，取“阿房宫”之名而已。

这种以文化之名行地产投资之实的手段让旅游公司和地产公司屡试不爽，这也是文化旅游与旅游地产结合形成的网模式。只是“新阿房宫项目”触碰到了政治高压线，在新的政治背景下成为“秦人不暇自哀，而后人哀之；后人哀之而不鉴之，亦使后人而复哀后人也”的批评典型。

随着网上与网下的融合，O2O 旅游也开始兴起，网络成为旅游传播的重要媒介和实现平台，成为旅游产业一块重要的拼版。旅游公司需要思考如何将互联网整合进来，创造新的商业模式。香港旅游公司或许可以从移动互联网入手，解决内地游客在港通信与旅游分享的难题。

2012 年底，腾讯公司发布了全国首家高清街景地图——SOSO 街景地图。SOSO 街景地图已经上线了全国 11 个旅游城市和地区，用户可以在网上“身临其境体验高原、古城、草原和大海风光”“足不出户看天下”。另外，SOSO 街景地图在每一景区都标注了价格、开放时间、最佳游览时间、地点介绍等信息，提供游客参考。腾讯公司或将 SOSO 街景地图与旗下旅游电子商务平台同程网、QQ 平台及微信平台整合在一起，形成街景旅游、旅游电子商务与旅游社交于一体的 O2O 旅游生态系统。

四、大金融格局：纽约金融往外扩张

2013 年 2 月 25 日，中国建行拉开了大行 2012 年报发布序幕，净利润 1936.02 亿元，较 2011 年增长 14.26%。建行千亿级年净利润代表了中国银行在过去几年超强的盈利能力。然而出人意料的是，次日，中国银行股暴跌，带动大盘大幅度下挫，上证综指失守 2100 点。

27 日，工行紧跟着发布了“漂亮”的 2012 年年报，全年净利高达 2385.32 亿元，同比增 14.53%，日赚 6.54 亿元，成为全球最赚钱的公司。然而，这份漂亮的年报依然没有给股市带来利好消息。实际上，2012 年中国四大行盈利颇丰，净利润合计超过 7000 亿元。然而，这种反常规的市场表现令人费解。

分析师认为，主要原因是中国银行的净利润增长率远远低于投资者的预期。数据显示，2012 年中国商业银行全年累计实现净利润 1.24 万亿元，同比增长 18.9%，而 2011 年银行业净利润同比增长 37%。四大行中，建行下滑幅度最为明显，净利润增幅低于行业平均水平近 5 个百分点，同比下滑 11 个点，创下了 6 年来的最低增幅。中国银行净利润整体增速放缓，给投资者释放了一个可怕的信号：银行暴利时代将一去不复返。

其实，最让投资者担心的不是净利润增长放缓，而是主营业务信贷出现泡沫风险，即“鸡蛋放在一个篮子里”，篮子出现落地被砸风险。16 家上市银行的利息收入占比超过 70%，中间业务不过 20%。中行、农行、招行、交行中间业务收入占比都低于 20%。而比重如此之低的中间业务收入有不少来源于高昂的手续费。工行和深发展的结算手续费在中间业务中占比最高，达到 24%。

中国银行暴利应该归功于在政府保护及垄断经营中，轻松获得高额的利差。政府管制利率、政府大规模投资、房地产信贷规模暴增为高利润创造了两个绝佳的非市场化和市场化条件。不过，这两个绝佳条件正在弱化。

2012 年，央行推进利率市场化改革，连续下调存贷款基准利率，同时扩大了存贷款利率浮动区间。这意味着，银行依靠政策坐吃利差的轻松日子快到头了，接下来需要动脑子赚利差了，银行的竞争及风险程度将增加。

近两年中国经济增速放缓，政府调整投资型的经济增长结构以及中央严控房价快速上升，这三个因素导致中国商业银行投资贷款和房地产信贷规模呈现下降风险。而信贷规模的缩窄在银行资产风险中会呈倍数放大，不良贷款率增加及固定资产贬值（如房产贬值）给银行带来的潜在风险难以预测。

2013 年 2 月 26 日银行股暴跌与中央严控房价的“国五条”细则“靴子”落地有很大关系。根据国务院最新工作计划，不动产登记制度将建立，房地产信息联网或导致“灰色房产”四处逃窜，这也是房产税征收的前兆。中国房地产暴利时代将终结，而城门失火必将殃及银行。

不良贷款率的风险比信贷规模萎缩更大。根据央行官员提供数据，我国银行业不良贷款率为0.95%，处于低风险水平。但是，大规模地方债务、房地产暴利将终结、中小企业难以预测的经营风险以及表内资产表外化一贯操作，都是不良贷款率攀升甚至翻倍的潜在风险。虽然不良贷款风险一旦爆发，政府不会坐视不管，但是“救急不救穷”，中央政府不想在市场化的道路上越走越远。

其实，利率市场化有利于中间业务的发展，银行也必须在中间业务上寻找突破口，增加新收入增长点，降低利息收益依赖风险。但是，过去两年，富可敌国的商业银行过于安逸、僵化，中间业务增长缓慢，增长率不到5%。由于银监会颁布“七不准”规定，重点监管银行手续费，手续费以及之前违规的“息改费”的所谓顾问费出现下滑，影响中间业务收入。

2013年2月26日银行股暴跌实际上暴露出中国商业银行在高盈利光辉下非常脆弱及潜在巨大风险的一面。随着中国金融改革推进，利率市场化、汇率国际化提速，中国商业银行将面临国际金融市场的冲击。在国际金融市场中，中国商业银行的遭遇将传递到中国整个经济层面形成巨大风险。

中间业务比重是判断银行市场化程度和市场竞争力的重要指标。自2001年以后，国际银行的中间收入呈现快速上升的趋势。国际上商业银行的中间业务收入一般占总收入的40%~50%，有的银行甚至超过70%。美国银行业非利息收入占总收入的比重超过50%，欧洲银行业这一比重也超过40%，2005年则达到39%，德国银行业的中间业务收入超过65%。更为重要的是，国际银行中间业务收入主要来源于高风险、高收益的金融衍生品业务和投资银行业务。

虽然中国银行中间业务比重不大，但是近几年理财产品发展迅速，银行风险也同样增大。证监会下发的《关于规范商业银行理财业务投资运作有关问题的通知》，对银行资金直接或间接投资于“非标准化债权资产”

进行全面规范。“新规”的实施，短期内可能会使银行理财资金投资非标准化债权资产业务增速减缓。这一消息直接导致了第二天银行股大跌。

2013年2月26日银行股暴跌还与中国平安260亿元可转债上会在即有莫大关系。在2012年5月底，为拓宽保险公司资本补充渠道，提高保险公司偿付能力管理水平，证监会允许上市保险公司和上市保险集团公司发行次级可转换债券。发行次级债是保险公司补充偿付能力的主渠道，近年来保险行业次级债发行规模连年攀升，从2009年的145亿元飙升到2011年的578.5亿元。

2012年，平安人寿、中国人寿、新华人寿、太保人寿等寿险巨头发行次级债规模超过600亿元，加上中国平安260亿元，整个行业的次级债规模巨大。发行次级债可以短时间内缓解资金饥渴，但这只是资本市场低迷情况下的权宜之计，也说明中国保险业的偿付能力很差。

保险本是商业银行扩大中间业务收入的重要来源，也是混业金融模式中的重要业务支柱，如今却自身难保，还有可能拖累银行业。中国商业银行本可以将“鸡蛋”分散在保险这个“篮子”里，如今看来这个“篮子”更危险。目前，中国保险业盈利状况极差，亏损风险巨大。而保险公司则抱怨“保险业的钱被银行赚走了”。保险公司在银保业务上普遍向银行交纳保费的5.5%~10%，而收取的保险客户初始费用只有0~10%，也就是在银保渠道上保险公司并不赚钱。

实际上，银行是保险公司的重要渠道，保险也是银行重要的中间业务，二者协同效应巨大。在分业经营模式中，保险公司和银行都承担着“鸡蛋放在同一个篮子”的风险。目前来看，混业经营无疑可以提高风险承受能力。不过，分业与混业经营并非我们今天讲得那么简单。在金融历史上，欧美金融机构及政府在分与混模式上徘徊不定，教训也相当惨重。

金融业起源于公元前2000年巴比伦寺庙和公元前6世纪希腊寺庙的货币保管和收取利息的放款业务。在之后的一两千年中，古代金融业只作为农业社会的一个补充。到17世纪，欧洲商贸中心转移到北欧沿海，聪明的荷兰人将公司划作等额股份像商品一样出售交易。1609年的一天，一个来自安特卫普的年轻人实现了大多数赌徒的夙愿：为了降低东印度公司股票的价格，他组织了一个小的利益集团抛售股票。这就是最为原始的股票交易形式。1613 年，荷兰创立了阿姆斯特丹证券交易所，这个世界上最早的证券交易所的成立，标志着现代金融市场正式形成①。

科技创新是经济发展的动力，制度创新是人类进步的阶梯。现代金融制度的创新足以与牛耕、蒸汽机、电力、计算机及互联网并驾齐驱。股份公司和股票制度的发明，为银行突破单一信贷业务，发展中间业务，进入混业经营提供了可能。

不过，直到两百多年后的 1852 年 12 月，佩雷尔兄弟创办动产信贷银行后，现代金融业才真正跨出传统信贷业务，进入工业领域直接投资。在王室和法国大金融家的支持下，成立时资本金额即高达 6000 万法郎的动产信贷银行，开始实践“圣西门思想”，通过工业银行与大型工商企业交叉持股的方式推动金融资本与工业资本融合，形成以金融投资为核心的庞大资产集团。工商银行的金融资本注入实业，很大程度上解决了实业的资金压力，并极大地推动了大型商业及重工业发展；反过来，大型工商企业成为工业银行的强大后盾和信用保证。

通过这种方式，动产信贷银行控制巴黎 6 家煤气公司、电车公司及法国盐业，建立了两家保险公司、“泛大西洋公司”及专门服务于巴黎工程建设的“不动产公司”。动产信贷银行是世界上第一家涉及信贷、投资、保险三大领域的金融混业集团。

1854 年，第一个复制品德国达姆施塔特工商银行出现后，动产信贷银行模式开始风靡全球。不久，美国人摩根创办了摩根公司，德国人西门子创办了德意志银行，日本人涩泽荣一创办了日本第一家近代银行和股份制企业——第一国立银行，还创建了日本近代第一个大企业集团——株式会社。这些企业青出于蓝胜于蓝，成为 20 世纪统治经济世界的“托拉斯”。

从第二次工业革命开始，美国开始快速崛起，采矿、运河、铁路、机

---

① 薛金福，詹志方．货币的力量［M］．北京：电子工业出版社，2012.

械、钢铁等基础工业发展需要大量资本。美国华尔街银行抓住了这次机会，以股权投资的方式，向基础工业大肆扩张。

早在1817年，纽约州长德威·克林顿将一个耗资高达700万美金的工程计划——伊利运河开凿，递交到华尔街面前时，华尔街顿时兴奋不已，帮助纽约州承销伊利运河债券，而不是股权投资。1863年，纽约证券交易所正式挂牌，银行才开始大量介入公司的股票投资。当年，场内交易量达到48亿美元，场外交易量达到100万股，仅次于伦敦证券交易所。

1877年，电话发明人亚历山大·贝尔创办了美国贝尔电话公司，并于1895年更名为美国电话电报公司（AT&T）。而这家伟大公司的股东正是当时显赫一时的摩根财团。电话电报的发明大大提高了信息传播的速度和准确性，对华尔街金融市场而言，它犹如一针强心剂。

1892年，J. P. 摩根和另一位天才发明家爱迪生携手，创办了伟大的通用电气公司。华尔街资本“触电”，第二次工业革命在美国率先爆发。华尔街金融资本与实体产业资本高度融合，发生剧烈的“化学反应”，美国写下了人类无比辉煌的电气化历史！

摩根的成功源于他对“圣西门思想”的彻底实践。他利用其银行家信托公司、保证信托公司、第一国家银行、国家城市银行、契约国家银行等控制的巨大金融资本，整合了通用电气公司、AT&T（美国电话电报公司）、U·S·钢铁、亚那科达铜山等公司，最终形成了以金融为核心，钢铁、铁路、通信、矿山、电气、石油等紧密关联的巨型托拉斯帝国。大萧条之前，摩根财团拥有将近200亿美金的金融资产，占全美金融资产的33%；拥有125亿美金的保险资产，占全美保险业的65%；拥有740亿美金的总资产，占全美所有企业资本的25%。摩根财团167名董事，控制了美国主要金融机构和实体企业。摩根最辉煌的两件事情当属1901年以4亿美金的天价成功收购卡内基钢铁和1907年几乎凭借一己之力拯救美国金融危机。

当时，能够与摩根家族匹敌的还有洛克菲勒家族。洛克菲勒财团控制了当时美国90%的石油生产。不过，洛克菲勒不仅仅是“石油大王”，还是“托拉斯之父”。与摩根一样，洛克菲勒先后借助国民城市银行（花旗银行）和大通银行的庞大金融资本，注入21家包括石油、钢铁、铁路、电力在内的大型实业企业，形成巨大托拉斯帝国。洛克菲勒和摩根两大财团的财富估计达到1000亿美金，超过全美全部公司财产的35%。

大萧条之前，美国奉行自由经济思想，金融资本的无度扩张，银行已经突破了混业经营的概念，成为了以金融资本为核心多元化投资的托拉斯组织，一个个富可敌国的大财阀组织。大萧条之前，美国形成了摩根、库恩、洛克菲勒、芝加哥、梅隆、杜邦、波士顿、克利夫兰等八大财阀和64个财富家族。这八大财阀控制了全美250家最大公司的62%资产，其中商业银行50.7%、工矿业57.7%、铁路81.6%、公用事业58%。

金融资本整合实体产业，不代表实体产业之间相互融合。此时的托拉斯组织流行产业链垂直整合的模式，即通过金融资本整合上下游产业链。如老福特时代的福特汽车公司收购了包括玻璃厂、橡胶厂、皮革厂、钢铁厂及公路在内的全产业链。不过，金融资本将不同产业企业整合于托拉斯组织，无疑提高了各产业之间的协同。如通用电气、电话电报、电影公司之间的技术融合及共享。

1929年，美国经济危机突然降临，欧美多数国家、大小企业包括托拉斯组织都未能幸免。美国政府在反思经济危机爆发根源时，直指大财阀利用金融资本无度扩张，造成各产业产能过剩以及巨大的贫富差距。随着凯恩斯主义登台，美国政府决定跳出市场失灵陷阱，开始以政策法令的方式干预银行经营模式。

1933年美国政府颁布了对世界金融格局影响深远的《格拉斯—斯蒂格尔法》，也称作《1933年银行法》。法律规定：将投资银行业务和商业银行业务严格地划分开，保证商业银行避免证券业的风险；禁止银行包销和经营公司证券，只能购买由美联储批准的债券；允许商业银行以信托的名义代客买卖公司股票。

法令颁布后半个世纪，美国政府一直绷紧金融风险的神经，监督美国银行执行分业模式。第二次世界大战后受美国的影响，日本原有银行混业模式被1947年颁布的《证券交易法》否定，并按法律规定执行长期短期业务分离、银行证券业务分离、银行信托业务分离、人险财险业务分离的分业模式。英国是世界上第一个金融大国，英国银行模式一直延续银行兴起之初的专业分工、精细管理的分业模式。

20世纪70年代，“布雷顿森林体系”瓦解后，固定汇率开始变成浮动汇率，国际金融市场的不稳定因素增加，金融自由化露出端倪。受两次石油危机的冲击，全球金融市场波动频繁，政府及金融界开始考虑如何规避汇率、利率及金融产品价格波动风险。

英国一直游离于欧洲蛇形浮动汇率联盟，为了降低国际金融波动带来的风险，英国政府于1971年实行了“竞争与信用控制政策”，鼓励银行业在更广泛的领域里展开竞争。英国的清算银行首先打破了只经营短期信贷业务的传统界限，开始经营消费信贷、单位信托、商人银行（投资银行）、保险经纪等业务，同时还进入了住房抵押贷款市场。20世纪80年代中后期，英国首相撒切尔夫人推行了金融自由化改革，促进了商行业务与股票经纪业务相融合，以及商业银行与投资银行的相互结合。英国清算、渣打、巴克莱、汇丰等银行通过收购证券公司等方式，成为涵盖投资、银行、证券、保险等领域的混业金融集团。

1981年5月，日本修改了银行法、证券法，规定银行可以经营证券业务。20世纪80年代日本经济快速腾飞，金融资本急速膨胀，并大量投资美国金融市场，形成“收购美国”之势。德国一直坚持执行银行混业经营模式，而这种模式为其战后崛起提供了强大的金融支撑。

国际财阀及混业金融集团的崛起，引发了美国政府及金融机构的担忧和不满。美国商业银行自20世纪80年代开始纷纷反对《格拉斯—斯蒂格尔法案》，试图打破限制进入高利润的投资银行领域。进入90年代，银行混业经营已是大势所趋。1998年，花旗银行和旅行者集团合并宣告《格拉斯—斯蒂格尔法案》名存实亡。第二年，克林顿政府废除了该法案，通过了《金融服务现代化法案》，结束了长达66年的银行混业经营时代。

自1996年以来，尽管每年的兼并个案大体都在200件左右，但是兼并金额却上升了三倍。美国金融界出现了一系列金融巨头之间的并购案：绿树金融公司与康塞柯公司合并，美洲银行与全国银行合并，第一银行与第一芝加哥银行合并等。这一系列并购促进了银行、投资、保险分业的融合，美国混业金融巨头由此诞生。如花旗公司和旅行者集团是商业银行与投资银行及保险公司之间的合并。如今，10 家总资产超过 5 万亿美元的美国银行航母都是通过一系列并购而成。

信息技术依然成为这次“大金融”产业融合的内在力量。以计算机与互联网为特征的新技术革命极大地降低了金融通信与金融数据处理成本，使金融管理技术开发与金融信息传播效率大大提高，从而使金融机构业务扩张能力加大，可以进入原先不敢进入或无法进入的非传统领域。金融工程技术为金融衍生品的风险控制提供了全新手段。信息技术减少了信息不对称，改变了企业经营管理方式，提高了金融机构多元化经营的控制能力，使得金融机构跨产业经营成为可能。金融巨头在“大金融”格局中，可以同时兼顾规模经济与范围经济，同时降低金融风险和实现多元化收益。

美联储前主席格林斯潘在 2002 年发表的《世界金融和风险管理》中指出：“在过去的 15 年间，金融衍生品以超乎寻常的速度发展，期货以及其他复杂衍生品的概念得以深化，加上计算机和通信网络的进步，对冲风险的成本显著降低，机会也大大增加，金融系统也因此发展得比 20 多年前更灵活、有效和富有弹性，世界经济也因此变得更富有弹性”。

不过，6 年后，继大萧条之后最严重的金融危机在华尔街爆发，全球经济随即陷入危机泥淖。多数人将危机爆发的根源指向美国政府放松金融监管，美联储宽松的货币政策助长了华尔街金融衍生品泛滥，引发“次贷危机”。

自 1865 年，芝加哥谷物交易所推出一种被称为“期货合约”的标准化协议以来，金融衍生品诞生已经有将近 150 年的历史。不过，在第一次美国金融混业经营中，银行多以直接投资为主，金融衍生品没有显示出其强大的威力。

直到20世纪90年代中后期开始，美国金融业第二次混业经营，在金融工程技术的支持下，银行、保险、投资、证券交叉投资，创造了大量的金融衍生品。2001年世界网络泡沫破灭后，美国经济出现衰退。美联储执行扩张性货币政策，刺激经济增长。到2003年6月25日，美联储已经13次降息，并将联邦基金利率下调至1%，创45年来最低水平。

在弱金融监管和低利率政策的鼓励下，华尔街金融天才将智慧用在金融衍生品创新上，危机之前美国金融衍生品的数量及涉及金额达到空前的规模。全球场内衍生品2006年交易量增长19%，10年间增长6倍。由1996年的17亿张，增长到2006年的118.6亿张，2008年则达到176.53亿张。“信用违约掉期”一种衍生品所涉及担保的金额就从2000年的1万亿美元暴涨到2008年3月的62万亿美元。

此时，美国房地产市场也难以独善其身，一起加入这场金融盛宴中来。为了解决民众住房问题，美国联邦政府曾启动了房地产金融二级市场。联邦政府授予“房利美”和“房地美”购买经联邦保险的抵押贷款和一般按揭贷款的权力，以拓展普通贷款二级抵押市场并促成该领域内的良性竞争格局。不过，20世纪70年代发生的储贷协会危机，增加了民众购房的压力，加剧了二级市场风险。联邦政府果断采用住房抵押贷款证券化来分散房价剧烈波动可能给整个金融体系造成的风险。

这一举措使美国房地产价格保持了连续十年持续上升的势头。“两房”在内的供给方不断地提供次贷证券，而高额的利润又吸引了大量需求方蜂拥而至，在供求双方的作用下，泡沫被堆积得越来越高。就在泡沫达到顶峰的时候，早已调转船头的利率已经涨到了惊人的5.25%，次级贷款者大量放贷违约，戳穿了泡沫，引爆“次贷危机”。

就目前而言，2008年金融危机对我国金融改革可借鉴的意义并不多。金融混业和金融衍生品并非金融危机的罪魁祸首。亚洲金融危机和日本经济危机都告诉我们，金融危机不是因为金融开放造成的，反而是金融改革不力、金融市场不完善形成了金融漏洞而引发。我国还要加快金融改革，推进金融混业经营和金融衍生品的开发。金融混业是产业融合的必然结果。金融衍生品已经成为了能够有效管理和降低市场参与者风险的工具。

2013年6月20日，银行间隔夜回购利率最高达到史无前例的30%，7天回购利率最高达到28%。“钱荒”突然降临，银行到处借钱，紧缩信贷闸门，由此引发股市大滑坡。后来这次钱荒事件被市场解读为“央妈”与银行之间针对“断奶”与“要奶”的博弈。央行肯定不会成为“虎妈”，但是“公子哥”随意挥霍的好日子快到头了……

第二篇

网模式

——“互联网+”颠覆商业模式

第六章 商业形态大变革开启“互联网＋”模式

一、一场革命：经济网颠覆世界观

1000年前的欧洲中世纪时代，封建领主在各自领地内分封而治，形成封闭循环的自然经济形态。领主在自己的领地内拥有绝对的统治权，而不仅仅是土地私有权。他们可以设置官吏、法庭、监狱，享有行政司法特权，还可以关卡、收赋税、铸货币。

这种典型的封建领主制度后来被新兴的城镇以及维京海盗逐渐瓦解。维京时期，海盗不但侵扰欧洲沿海和英国岛屿，还驰骋于欧洲大陆，频频袭击领主城堡，甚至长期控制包括英国在内的欧洲国家政权。不过，武力能攻破城墙，却无法打破封闭的自然经济体系。后来，维京人“弃恶从善”，放下刀枪，利用船运优势在欧洲沿海开展商贸活动。而贸易活动带动了沿海城镇手工业的发展。

14世纪左右，意大利地中海沿岸形成了欧洲第一个商贸中心，商品交易开始冲破了封建领主制度，逐渐瓦解了自然经济体系。这种内在商业价值驱动的商贸活动，将人与人、商品与人、商品与商品之间形成复杂的利益关联。伴随着自然经济的解体，封建等级思想随即瓦解，领主主动走出城堡，融入城镇参与商品交易，甚至把女儿“下嫁”给城镇商人。而宣扬人文主义精神的文艺复兴运动随即在意大利各大城市兴起，带来了一场思想文化、科学艺术革命，揭开了世界近代史的序幕。

15 世纪地理大发现后，商贸网络沿着国际航线扩至全球，绘制了一张全球市场地图。资本主义经济的发展促进了启蒙运动的兴起，封建思想也随着封建政权的倒台逐渐被近代民主、平等、自由思想取代。

如果“经济基础决定上层建筑”的逻辑推理没有错，我们可以沿着这种思路继续探寻经济形态的变化如何改变我们的世界观、人生观和价值观。

资本主义经济生产方式与封建自然经济最大的不同在于专业的社会分工。专业的社会分工一方面极大地提高了生产效率，另一方面促进了商品交易活动。因此，产业化分工、专业化生产成为资本主义经济前几百年强势发展的内在动力，并在 20 世纪 20 年代将资本主义经济推至巅峰，催生了垄断性质的托拉斯组织和富可敌国的大财阀。

在 1929 年大萧条之前，欧美国家普遍奉行自由资本主义思想，企业在公平的市场中自由竞争以效率取胜。“圣西门思想”出现后，金融资本大量渗透到实体产业中，极大地提高了实体产业的生产效率。值得注意的是，20 世纪以后英国金融及经济衰落的原因之一，就是英国长期奉行专业化金融，导致金融资本对实体产业的渗透不足。

但是，金融资本大肆渗透实体产业，几乎导致了两个断送资本主义前途的问题：垄断组织和经济危机。

在“利润源于垄断”的传统经济学思想的影响下，产业巨头为了追求利润和效率的极限，利用金融资本疯狂地垂直整合整个产业链，最终形成托拉斯组织垄断整个产业的局面。而托拉斯垄断产业不但与人们最初追求的高生产效率背道而驰，还破坏了市场公平、自由竞争原则，间接拉大了社会贫富差距及引发社会危机。

列宁指出，此时的资本主义走到尽头——帝国主义阶段，并在《帝国主义是资本主义的最高阶段》这样写道：“垄断是从银行生长起来的。银行已经由普通的中介企业变成了金融资本的垄断者。在任何一个最先进的资本主义国家中，为数不过三五家的最大银行实行工业资本同银行资本的‘人事结合’，集中支配着占全国资本和货币收入很大部分的几十亿资金。

金融寡头给现代资产阶级社会中所有一切经济机构和政治机构罩上了一层依附关系的密网，——这就是这种垄断的最突出的表现。”①

1929年，产能过剩与有效需求不足引发了“大萧条”，美国人开始反思之前一直奉为真理的各种理念。自由市场为何扼杀自由？托拉斯破坏社会公平？政府该不该出手干预经济？

临危受命的罗斯福总统，一改奉行自由资本主义的主张，开始干预国家经济，并将矛头指向托拉斯组织。1933年，联邦法院依照早在1890年颁布却尘封多年的《反托拉斯法》，认定摩根托拉斯垄断市场，并将其肢解为摩根和摩根士丹利两家公司。同年，1933年美国政府颁布了《格拉斯—斯蒂格尔法》，禁止银行混业经营，严格将投资银行业务和商业银行业务划分开。1948年，美国最高法院终于做出著名的“派拉蒙判决”，要求大制片厂必须出售旗下连锁影院，好莱坞五大巨头被拆分。

随着托拉斯组织被拆分和受到限制，市场又重新恢复了活力和自由。可以这么说，《反托拉斯法》拯救了美国，促使美国顺利通过“资本主义最高阶段”。第二次世界大战期间及第二次世界大战之后，旺盛的国际市场需求拉动了美国经济快速增长。但是，从20世纪60年代末开始，随着美国经济增长放缓，《反托拉斯法》的后遗症开始显现。受反垄断削弱和限制的美国企业在国际市场中面对他国企业巨头的竞争显得有些吃力。分业经营的美国银行面临着国际汇率波动的巨大风险，并开始被日本、德国全能银行超越。实体企业也受到金融投资不足的困扰，好莱坞电影企业也在这个时期陷入困顿、迷失及随意被收编的低潮。

从大萧条到20世纪70年代，美国经济思想在不断地在探索中，自由主义被拉下马，凯恩斯主义登台，美国经济摆脱危机迎来战后繁荣，不久又陷入了低迷、滞涨。人们开始发现，政府之手与市场之手一样，会制造经济问题甚至引发危机。但是，美国人也清楚，如果放开政府调控恢复自由市场，企业快速扩张又可能回到托拉斯时代，大萧条悲剧可能重演。

---

① 列宁选集［M］. 第2卷. 北京：人民出版社，1995：650－669，683－688.

不过，历史证明，美国经济并没有陷入自由竞争—快速扩张—垄断市场—效率公平不足的死循环。20 世纪 80 年代开始，以货币主义为代表的新自由主义成为美国政治、经济的主流思潮。里根、老布什、克林顿三届政府都主张打破各种市场管制，鼓励市场自由竞争，美国经济逐渐摆脱了低迷、滞涨。在这个时期，美国有些产业出现了大规模的并购，形成了如摩根大通、花旗等金融巨头，迪士尼、时代华纳等传媒巨头，还有康菲、苹果、沃尔玛、IBM 等。美国又进入 20 世纪初托拉斯时代了吗？

美国政府在推行新自由主义的同时，并未放松反垄断的调查和管制。然而，这些巨头没有受到反垄断制裁的主要原因是，他们并未像托拉斯组织一样降低了生产效率，破坏了市场公平与自由。他们是怎样做到的？

不管是沃尔玛、苹果、花旗，还是通用电气、福特汽车、埃克森美孚都没有像托拉斯一样垂直整合并控制整条产业链。他们更多的是在产业链的某一个环节壮大，或经营相关多元化产业。如好莱坞黄金时代的五大巨头都是同垂直整合形成的托拉斯，而如今的好莱坞巨头利用横向整合成为了大文化传媒集团。托拉斯采用垂直整合，是一种串联模式；新巨头采用横向整合，是一种并联模式。并联模式提高生产效率的同时，并不破坏市场公平与自由。

这种转变历经几十年之久，根本上源于供需关系的演变。需求是一切商业逻辑的出发点，企业存在的价值不在于供给，而是满足需求。经济形态的变化遵循供需关系（需求）变化—企业经营管理战略调整—产业格局改变这样的逻辑。

1929 年之前的工业时代，世界市场整体上还处于卖方市场，市场由供给决定；1929 年大萧条之后，产能过剩和有效需求不足导致世界市场从卖方市场逐步转移到买方市场。

这个转移实际上是一个商业博弈的过程，各行各业转移程度和时间不一。这个转移过程对经济形态、竞争格局、企业战略及商业模式产生颠覆性的影响。

与卖方市场不同，消费者在买方市场中掌控着主动权和话语权，企业不得不迎合和满足消费者需求才能生存。在需求市场的倒逼之下，企业发现垄断整条产业链对顾客而言已没有太大意义，想方设法或降低成本，或提高质量，或提升服务水平，或打造自己的品牌，或提升管理水平。总之，企业开始在自己擅长的领域打造核心竞争力。

制度经济学家科斯在 1937 年，提出交易成本理论解释企业的本质及存在理由。他认为，经济体系中企业的专业分工与市场价格机能之运作，产生了专业分工的现象；但是使用市场的价格机能的成本相对偏高，而形成企业机制，它是人类追求经济效率所形成的组织体。

交易成本理论不但解释了企业的本质，还为企业扩张并购提供了理论依据。在卖方市场时代，托拉斯组织整合产业链，无疑可以降低交易成本。

但是，托拉斯组织的顽疾已经证明降低交易成本并没有提高企业效益。更主要的是，在买方时代，降低成本已经不完全构成企业竞争力，更难满足消费者多样化需求。

普拉哈拉德和哈默尔于 1990 年在《哈佛商业评论》上发表了《公司核心竞争力》一文后，核心竞争力的概念迅速被企业界和学术界所接受。核心竞争力理论弥补了交易成本理论的不足，降低交易成本和打造核心竞争力构成了两大战略性思维。

现代企业历史历经了几百年，而现代管理和营销学诞生至今也不过百年时间。在卖方市场时代，营销被忽略，管理则聚焦于生产管理，1912 年管理学之父泰勒创造的科学管理就是服务于工厂标准化经营。在买方市场时代，科特勒等人创立的现代营销学得到广泛的认可和应用，管理学也进入了一个全新的阶段。

以消费者为中心的营销理论和以核心竞争力打造为核心的管理理论，彻底颠覆了企业原有战略思维。企业经营的重心开始由生产转向消费终端，企业战略性思维由降低成本转向打造核心竞争力。企业不再盲目批量生产，而是满足消费者的需求为本；企业不再盲目地降低交易成本进行垂直整合，而是利用优势在产业链的某一环节打造核心竞争力。

企业战略思维的改变，颠覆了整个产业形态。企业经营重心往终端转移，导致整个产业重心往终端转移；企业追求核心竞争力导致产业内部分工加强，控制整条产业链的托拉斯消失。

以汽车产业为例，老福特时代是卖方市场时代，老福特疯狂地整合产业链，追求成本最低和标准化生产。事实上，这种方式成就了早期的福特公司。福特公司以比竞争对手低2/3的价格推出了T型车，并受到全美甚至世界市场的追捧。老福特也因此骄傲地说："我只生产T车。"

1920年代，随着美国人生活水平提高，买方市场在汽车领域开始形成，福特T型车已经难以满足大众多样化需求。刻板的福特公司随即被经营灵活的通用汽车超越，并在1927年停止了T型车生产。原本是福特公司优势的垂直产业链却成为其战略转型的拖累。之后，汽车产业中的垂直整合模式逐渐消失，汽车公司的经营重心放在汽车设计及品质上。

20世纪20年代到20世纪70年代，卖方市场转型买方市场经历了漫长的博弈过程，而当事人的感知并不明显。不过，从70年代信息产业崛起开始，信息不对称削弱，买方市场形成的速度加快。

在信息时代，绝大多数自由竞争的产业都进入了买方市场，消费者掌控了更大的主动权、砍价权、话语权，消费需求更加广泛化、高度化、多样化、个性化和复合化。这种需求变化也正在颠覆企业原有的战略性思维。

企业发现消费者的需求越来越难满足，而且已大大超出了产业领域。例如，消费者希望足不出户购买自己想要的商品，希望手机能够控制电视，希望无人驾驶汽车……零售、电视、汽车企业已经无法在原有的产业领域满足消费者这些需求，只有跨入其他产业才能实现。于是，产业之间的边界开始消失、模糊，产业融合就这样开始了。零售与互联网融合、手机与互联网融合、汽车与软件融合……

信息技术的通用性和互联网的互联互通特性，促使信息产业形成强大渗透性，并与众多产业融合。从20世纪70年代开始，在信息产业的推动下，产业融合飞跃式发展，产业边界编织成的经济网就此诞生。

企业在自己产业链中打造核心竞争力的战略性思维又被颠覆。企业不能仅在自己的一亩三分地里精耕细作了，需要跳出产业边界，渗透到其他产业，才能满足消费的需求。今天的零售企业被迫进入互联网领域，经营电子商务；旅游公司不仅提供景区游览，还从事交通、酒店、房地产等关联业务。

糟糕的是，如果你不这样做，跨产业企业就会形成“不对称打击”，直接威胁你的生存。当软件进入互联网时代，固守软件的微软被谷歌超越；当手机进入互联网时代，固守手机的诺基亚被 IT 企业苹果打败；当电影进入大传媒时代，固守制片的米高梅被大传媒集团打败。

在经济网中，跨产业竞争已经成为一种常态，它就像无数条道路交错在一起，如果你不加速，就有可能在交叉口被从其他线路上疾驰而来的汽车超越。企业的竞争对手不仅局限本产业，还有跨产业。产业与产业之间都形成竞争，强势产业有可能对弱势产业形成打击，如互联网打击手机产业。产业与产业之间也可能融合成一个大产业，如电影、电视、互联网、出版融合成大文化传媒。

自由资本主义时代的经济形态，产业外和产业内的分工都非常明确，这种严格的内外分工提高了生产效率；托拉斯时代的经济形态，产业外分工、产业内整合，产业外分工提高效益，产业内整合降低成本；凯恩斯主义时代的经济形态，产业外分工、产业内严格分工打造核心竞争力；新自由主义和信息时代的经济形态是一种全新的经济网形态，产业外融合、产业内分工协同，产业外融合降低交易成本，产业内协同分工提高效益，最终提高基于消费者的核心竞争力。前三种经济形态的共同特点是产业外分工明确，这种产业相对独立的经济形态我们称之为“经济链”。

工业时代，以规模经济取胜；而经济网时代，以需求端的规模经济与范围经济取胜。竞争协同、分工合作，可以同时实现规模经济与范围经济。

随着云计算、大数据、物联网等信息技术的大面积应用，产业融合的步伐更快、程度更深，最终会形成硬件与软件结合、网上与网下打通、现实与虚拟融合的经济网。

在经济网中，产业分界线很模糊，我们将很难界定某个产品属于哪个产业，某人在哪个行业工作。比如，平板电脑属于计算机行业还是手机行业？电商客服在零售行业还是互联网行业工作？

这让我们的世界观变得模糊。未来，人类原有审视这个世界的态度、观点开始发生变化。在经济网时代，融合即创新，人类的造物能力将大大提升。各种各样的融合产品将被制造，越来越接近人类的机器人将出现。上帝赋予人类独有的造物能力，而造物能力将世界分为人与其他。但是，这一切都将被改变。

早在十多年前，互联网思想家凯文·凯利就富有远见地提出“人的机器化和机器的生命化”。他在著作《科技想要什么》一书中宣称，现在人类已定义的生命形态仅包括植物、动物、原生生物、真菌、原细菌、真细菌六种，但技术的演化和这六种生命体的演化惊人相似。技术应该是生命的第七种存在方式。技术是生命的延伸，它不是独立于生命之外的东西。

中国互联网观察家姜奇平在著作《新物种起源——互联网的思想基石》将智能机器人定义为新物种——“行走在‘人算’（机器的计算）和‘天算’（自然的计算）边缘的现代智人”。

今天，你已经离不开手机、电脑。直到有一天，你会发现你已经完全离不开这个“智人”，他会跟你说话，与你谈心，了解你的喜怒哀乐，并帮你解决问题。很难想象，你对这个“智人”不会产生感情，或许他会成为你的家人。

网络通信已经完全取代了纸质书信，通信技术革命让人们原本相思、乡愁等诸多情感逐渐消失，而人类情感与社会关系正在发生微妙变化。未来，社会关系的界定会超过了人类的范畴，人与物之间的情感关系将上升到人伦的层面。

二、一次解放：经济网变革战略观

在用工成本上涨、国际订单下降和美国提振制造业的大环境下，中国制造业在全球经济的十字路口上正在面临一次艰难的战略抉择。

作为中国制造业龙头企业，近年“时运不济”的富士康在经历“跳楼事件”后处境比较糟糕，亏损连年扩大，负面舆论不断。富士康的内部管理、工资水平和工作环境都比中国普通制造企业好。但是，在苹果、IBM、惠普、三星等知名跨国巨头面前，拥有60多万人的制造大王依然显得非常脆弱。在国际产业分工中，富士康仍处于附加值最低的加工制造环节，只能依靠压低工人工资和高强度加班来降低劳动成本，获得微薄利润。

当下中国制造业面临的最大危机是制造业泡沫破灭。过去，中国制造业在政府的保护下，享受了巨大的法律红利、政策红利、环境红利和人口红利。制造企业的用工成本、用地成本、“山寨”违法成本及人民币汇率水平都很低，这些低成本构成了中国制造业所谓的竞争优势，实际上这些所谓的“竞争优势”吹起了一个巨大的泡沫。随着用工成本上涨、人民币升值及维权意识的提高，中国制造业的“泡沫”逐渐被挤掉，竞争优势也不复存在。

政府和民间一致认为，中国要加大创新力度，成为全球制造业强国。然而由于中国严重缺乏高素质产业工人，“中国智造”的未来之路必然任重道远。在珠三角地区，有些制造企业已经放弃了“制造”，选择做渠道、做销售、做品牌。

这是制造企业的无奈之选，或许也是明智之举。因为那个著名的“微笑曲线”告诉我们，制造企业在产业价值链中处于附加值最低端，要想获得更大的附加值和主动权，就必须向产业价值链两端“爬行”，向技术研发和品牌服务两端整合或转移。

根据科斯的交易成本理论，企业整合产业链各个环节，有利于降低企业交易成本，实现利润最大化。老福特时代的福特汽车正是通过垂直整合产业链，最大限度地降低汽车制造成本，全面赚取整个汽车产业的利润。不过，老福特的垂直整合战略并非受“微笑曲线”理论的指导，因为那个时候发明“微笑曲线”的施振荣还没出生。

受当时经济思想影响，包括老福特在内的大多数企业家都认为，垄断创造利润，垄断降低交易成本。老福特的战略实际上是成本领先战略，福特汽车为了成本最小化、利润最大化才疯狂地整合整个产业链。福特T型车时代的辉煌足以证明在传统经济思想影响下的成本领先战略和交易成本理论的优越性。不过，后来福特公司被通用汽车超越。后来的历史不能反证这两个理论的失败，只能说明时代在变，经济形态的改变正在颠覆原有的战略观。

在工业社会的卖方时代，生产是整个经济体系的核心，只要以最低的成本生产就能带来最大的经济效益。所以，那个时代的产业价值链附加值曲线并非“微笑曲线”，准确地讲应该是“难过曲线”。福特汽车、派拉蒙制片厂等企业控制着当时产业链附加值最高的生产环节。垂直整合产业链的目的不过是追求成本最小化和利润最大化。

随着工业化大生产提速，琳琅满目的廉价商品开始充斥市场，市场开始转向买方。买方时代的到来，意味着消费者掌握更大的主动权，整个经济体系的重心开始转向需求端，而供给端的生产制造的地位开始下降。

从卖方市场到买方市场，需求成为整个经济体系的核心，改变了整个产业价值链附加值的形态，“难过曲线”逐步向“微笑曲线”过渡。为了满足顾客多样化需求，部分企业开始放弃成本领先战略，采取集中化战略和差异化战略，抓住产业链附加值高的技术研发和品牌服务两端。

为了集中攻坚专一领域，形成差异化竞争，企业不得不放弃之前的大包大揽，果断“瘦身”塑造核心竞争力。1990年，普拉哈拉德和哈默《哈佛商业评论》发表了《企业核心能力》，强调用核心能力理论帮助企业构建竞争优势。资源与核心能力学派实际上是在买方时代补充和发展了科斯交易成本理论，两个理论共同成为企业战略的理论基石。

成本领先战略、差异化战略和集中化战略构成了三种基本竞争战略，由国哈佛商学院著名的战略管理学家迈克尔·波特提出。他认为，企业必须从这三种战略中选择一种，作为其主导战略。要么把成本控制到比竞争者更低的程度；要么在企业产品和服务中形成与众不同的特色，让顾客感觉到你提供了比其他竞争者更多的价值；要么企业致力于服务于某一特定的市场细分、某一特定的产品种类或某一特定的地理范围。

这三种基本竞争战略至今都是众多企业获得竞争优势的有效战略。中国制造业一直奉行成本领先战略，在“泡沫”中获得成本优势。如今，“泡沫”开始破裂，成本优势逐渐消失，制造业开始“爬坡”，试图集中发力技术研发和品牌服务，形成差异化竞争优势。

由此推断，中国制造企业需要差异化战略和集中化战略才能获得成功。如果这样就能够为企业做战略，那么战略就成为了印章，想要哪个战略，盖哪个章。

在经济网时代，“微笑曲线”只是一种“哪里能赚更多钱，就往哪里跑”的急功近利思维，而不是战略思维。这种思维非常容易将企业带进残酷的红海，让企业彻底失去战略的制高点。

企业为了获得更高的利润，努力向价值链附加值高的两端延伸经营，把握价值链的链主经营。很多企业将大量资源投入设计研发和大力抢占市场，而价值链低端环节附加值被严重剥夺，很有可能导致整体产业链断裂，严重的还可能导致整个行业的崩盘。2008 年，以三鹿、蒙牛和伊利为代表的乳品巨头就是在基于价值链理论的商业模式上出了严重问题。国内乳品巨头只抓价值链核心环节追逐利润，忽视奶源环节的投入而且严重剥夺奶农利润，最后导致价值链在奶源环节断裂。最终，不但导致企业破产和被收购，还引发了乳制品产业的强烈地震，几乎毁掉了我国整个乳制品产业。

价值链思维还与当下正在发生的产业融合规律格格不入。在经济网中，企业需要跳出产业，摆脱原有产业思维，站在产业融合的高度，审时度势，发现产业融合的机会和挑战。但是，价值链思维是一种产业思维，将企业囿于产业之内争夺价值链附加值。

几年前，富士康雄心勃勃的“万马奔腾”计划，号称在 2011 年开出 1000 家零售店，如今“万马齐喑”未见起色。从做代工到做品牌，企业实际上跨入了新的行业。过去做品牌只做“产品”的品牌，制造企业不用连锁经营，甚至不用自己铺渠道，更不用网上零售。但是随着制造业与零售业融合，连锁模式开始兴起，企业不但要自己铺设渠道，而且要连锁管理。品牌不再是“产品”的品牌，而是产品、服务、门店与人一体化的品牌。当零售业与互联网融合，制造企业还要从事电子商务，在网上做品牌。服务、连锁管理、电子商务等都是零售业，只有产品制造是制造业。

从产业发展规律而言，当产业处于起步成长阶段，产业边界模糊，产业内分工不明确，企业垂直整合整条产业链必然获得最大竞争优势；当产业处于快速发展步入成熟期时，产业边界清晰，产业内分工明确，企业只有抓住产业链关键环节才能形成专业化竞争优势；当产业进入成熟、融合时期，产业边界向外扩张变得模糊，产业内分工明确，企业只有强化产业内专业化的同时整合产业外资源，形成分工协同、内外整合才具备竞争优势。过去的产业成长规律理论认为，产业必然经历诞生、发展、成熟的衰退的过程。事实上，产业融合正在颠覆这种理论，产业最终走向融合而非衰退。

在经济网时代，品牌零售是制造业和零售业融合行业，制造企业做品牌实际上进入了零售行业。所谓隔行如隔山，每个行业都有其行业特点、行业规律和行业思维范式。加工制造商和品牌零售商，在所属行业、经营理念、商业模式、资源配置、投资特点等方面都有巨大的差异。企业如果仍然坚持价值链思维，采用制造业做代工的理念、战略、模式做品牌，注定要失败。

加工制造商的经营理念是成本导向、关注生产质量，而品牌零售商是顾客导向、关注品牌运营；加工制造商的商业模式是传统订单模式，而品牌零售商是品牌连锁经营模式、电子商务模式；加工制造商的核心价值链是采购、生产，而品牌零售商是终端网络建设、品牌营销；加工制造商的投资特点是利润收益，而品牌零售商是利润收益＋品牌收益；加工制造商的核心资源是生产设备和生产人才，而品牌零售商的是资本、市场资源和综合管理人才；加工制造商的核心能力是生产能力，而品牌零售商是综合管理能力和市场营销能力；加工制造商所针对客户是企业客户，而品牌零售商是针对终端顾客；加工制造商的经营重心是产品生产，而品牌零售商是品牌运营。

从成本领先战略到差异化战略和集中化战略，看似符合市场供求结构和产业附加值曲线演变规律，实则从根本上背离了企业战略的初衷和归宿。我们不能因为产业附加值低、成本领先优势不再，就集中攻坚高附加值市场，形成差异竞争优势。这种坚持差异化、集中化战略的行为实际上是盲目的。

企业如果运用价值链理论指导企业战略——在价值链两端（设计研发、市场营销）集中化和差异化竞争，就会像井底之蛙一样，只看得到本产业价值链两端围着的天空。这样企业就会陷入了产业“价值链陷阱”[①]，经营理念、战略思维和商业模式都受到产业的局限。

那么企业战略的初衷是什么——获取竞争优势；如何获取竞争优势——成本领先、差异化、集中化三大竞争战略，还是其他？三大竞争战略只是获取竞争优势的三种手段，而不是根本路径。企业获得竞争优势的根本路径是什么——满足顾客需求。

从买方时代到经济网时代，顾客需求都是整个经济体系的核心，也是所有价值的源泉。只有满足顾客需求，企业战略的初衷才能实现，只有将顾客作为企业战略的归宿，企业的价值才能实现。

所以，顾客需求是企业战略的起点和终点。要获得竞争优势，企业就必须满足和控制顾客的需求。要满足和控制顾客需求（核心需求），企业就必须获取资源（核心资源），构建竞争力（核心能力），这才是企业制定战略的根本路径！

顾客需求是产业融合的根本动力，决定了产业融合方向和竞争格局。在经济网时代，顾客需求被提到空前的高度，成为一切战略的起点和终点；满足和控制顾客需求，则成为企业战略的必然选择。企业想要抓住产业融合的战略机会必须从顾客需求变化开始着手。

---

① “价值链陷阱”指在经济网时代，企业忽视产业融合，依然采用原有产业思维从事经营管理，使企业陷入经营困境的旋涡中。详见第三部分第一章第一节“价值链陷阱：坐井观天与温水煮青蛙”。

普拉哈拉德和哈默的核心能力理论与波特的三大竞争战略一样存在致命缺陷：无根之木，无源之水，忽视顾客需求。核心能力理论原本是对波特竞争优势理论的补充和发展。波特继承了20世纪70年代设计学派的理论：在制订战略的过程中要分析企业的优势与劣势、环境所带来的机会与造成的威胁。波特认为，影响竞争优势的因素有两个：一是企业所处产业的盈利能力，即产业的吸引力；二是企业在产业中的相对竞争地位。

波特利用五力分析模型分析企业的竞争环境。五力分别是：供应商的议价能力、购买者的议价能力、潜在竞争者进入的能力、替代品的替代能力、行业内竞争者现在的竞争能力。这种分析方法在传统经济形态中非常实用，但到经济网时代却被颠覆。

在经济网中，跨产业竞争与协同成为常态，不同产业的企业都可能形成竞争与合作的关系。产业交叉领域是跨产业竞争与协同的重要节点。五力分析模型中，“四力”都是本产业的竞争力，忽略了跨产业竞争。波特没有明确潜在竞争者源于何处，没有提供找到潜在竞争者的方法。更重要的是，在经济网中，不仅仅只有竞争，协同也是一种常态。

不过，普拉哈拉德和哈默则认为，波特过分注重外部产业的吸引力，而忽视企业自身的核心能力；核心能力才是获得竞争优势的关键。

波特也关注了企业内部自身能力的构建，并做了补充，但是由于对企业能力罗列过多，缺乏主次，并失去了核心能力的价值。波特没有识别企业的核心能力，更没有给出核心能力构建的方法。核心能力学派可以识别和测度核心能力，但也没有给出核心能力构建的方法。

波特和核心能力学派都没有从战略的起点——顾客需求出发，自然无法找到构建核心能力的路径。其实，满足顾客核心需求的能力就是企业需要构建的核心能力，而构建核心能力需要的资源就是核心资源。

在经济网时代，顾客需求变化促进产业融合，导致产业边界交叉、模糊、消融。这种经济形态的变化正在颠覆原有价值链理论、三大竞争战略理论。如果企业无视产业融合和顾客需求，战略转型必然失败。

欧洲工商管理学院的W. 钱·金和莫博涅在其著名的《蓝海战略》

中，提到产业融合这一现象，“重建市场边界”一章特别提出“人云亦云地为产业定界”是将企业引入红海的第一团迷雾。这种思维的前提是，企业不再仅凭产品定义自己，而是从消费者的需要出发来思考自己的身份和对手。

不过，计划学派、核心能力学派、波特等人最终构建了一套由外部市场和内部能力两个维度组成的战略选择模型。这个战略理论是目前战略选择实践中应用最为广泛的理论。根据这个战略理论，只要外部吸引力和内部能力都满足条件，企业就可以进入该行业。这个理论告诉企业“有多大能力办多大的事”。在传统经济形态中，这种战略思维是科学的。但是，在经济网时代，这种战略思维将被颠覆。

根据这个战略理论，凭借微软的资源和能力，微软可以涉足房地产、医疗等各种高增长高回报的行业。可以看出，有能力进入的高吸引力行业未必是正确的战略选择。这种理论容易将企业引入歧途，导致企业经营过度多元化。

多元化和专一化之争在企业界和学术界一直没有停止过。这是一个非常棘手的话题。不管是多元化派、专一化派还是中间派，都忽视了一个最根本的问题——按规律办事。

为什么微软不进入中国暴利地产业，而是使尽浑身解数布局互联网行业？

因为涉足互联网行业，不是微软自身资源能力和互联网行业环境决定的，而是网状经济形态、产业关联融合规律决定的。

随着产业不断融合，产业与产业之间关联性越来越紧密，各产业链相互关联形成价值网络。这个规律迫使企业走出“国门”，打破产业思维壁垒，采用价值网思维迎接融合产业。这种规律是大多数人忽视的，而其恰恰决定未来大势。

在产业大融合背景下，企业难以独善其身，都必须与其他产业竞争协同；在产业交叉融合趋势面前，企业难以自主选择产业、业务，都是“被”选择、“被”进入、“被”合作。网状多元化并非随意不相关多元化，而是顺应产业关联融合的规律，根据产业之间的关联性，布局产业网。

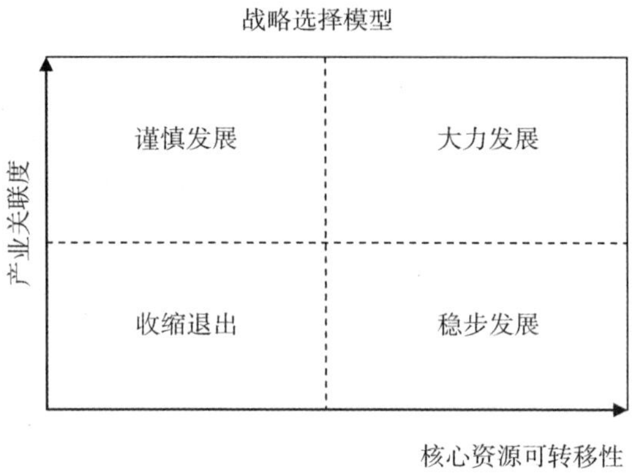

图 2－1　战略选择模型

企业能否涉足一个行业，根据产业关联趋势分析产业之间的关联度是一个重要的判断因素。在网模式中，资源转移是交叉补贴实现的前提，也是产业关联效益发挥的前提。核心资源的可转移性也是判断多元化经营的重要因素。产业关联度和核心资源可转移性两大维度组成的战略模型是新的企业战略选择理论。

在多元化战略矩阵图中，如果产业之间关联度高、核心资源转移性强，则需要大力发展多元化；如果产业之间关联度高、核心资源转移性弱，则需要谨慎发展多元化；如果产业之间关联度低、核心资源转移性强，则需要稳步发展多元化；如果产业之间关联度低、核心资源转移性弱，则收缩退出。

在经济网时代，企业不能拘泥于本产业制定战略，而是要“跳出产业做企业”，利用价值网思维做战略。

不管是从事实体零售还是电子商务，中国制造企业想要摆脱国际产业分工的压迫，要做的并不是像“青蛙”一样，往产业“微笑曲线”两端艰难爬行，而是跳出“微笑曲线”构成的产业“价值链陷阱”，做一只展翅高飞的“雄鹰”，摆脱制造产业理念局限，俯视产业关联网，洞悉产业关联趋势，重新布局战略产业网，转变经营重心，创新商业模式，重新配置核心资源和建设核心能力。

三、一种趋势：经济网催生网模式

产业融合促使经济形态颠覆性变革，这种经济网形态对经济增长、产业组织、企业战略、商业模式等方面的深刻影响日益受到关注。

彼得·德鲁克在其经典著作《管理的未来》中，非常有预见性地写道：“公司将融入‘价值网’和‘生态系统’，并独立做出自己的贡献。这样，公司的竞争优势不再依赖产品的市场能力，而主要在于产品的协同能力。随着合作开发项目和产业联盟的增多，产业的垂直一体化程度降低，中间过程减少，外包不断涌现，企业自我控制命运的能力也不断降低。”

德鲁克预言了公司将融入“价值网”和“生态系统”，“公司的竞争优势不再依赖产品的市场能力，而主要在于产品的协同能力”。“产品的协同能力”实际上是商业模式的控制能力。在他的日记中，德鲁克更加明确地写下了那句对应当下的话：“当今企业之间的竞争，不是产品之间的竞争，而是商业模式之间的竞争。”

经济形态（商业形态）是商业模式的宏观环境，经济形态决定商业模式，经济形态的颠覆性变革必然引起商业模式的变化。经济网形态的出现对商业模式创新产生深刻的影响。

早在20世纪70年代就有学者在学术文章中使用商业模式（Business Model）一词，但直到90年代商业模式才引起人们的广泛关注。最近十年商业模式成为投资者、高管、学者、媒体人乃至政府官员口中的高频词。

为什么商业模式在近十年才显得那么重要？因为随着产业融合加强，经济网雏形初现，商业模式才迎来创新变革和大显身手的时机。在经济网形成之前，商业模式其实也存在于企业和商业之中，但是作用并不明显。

在此，我们先了解下商业模式的内涵。在国际学术界，商业模式一直没有统一的定义，其内涵和外延比较模糊。这就导致不少人对商业模式存在一定的认识误区，将定位、企业战略、渠道策略、解决方案等都往商业模式里面套。

商业模式是企业与顾客之间的价值实现关系，其本质是价值逻辑①。通俗而言，商业模式就是研究满足顾客需求和企业赚钱之间的关系。

在“经济链”形态中，产业与产业之间的关联度不大，在相对独立的产业中，企业与顾客之间的关系非常简单，就是一对一的交易关系。企业把商品卖给顾客，顾客付钱给企业，一手交钱一手交货，商品售价高于成本企业就能赚钱。这种一对一的模式，我们称之为“链模式”。链模式的价值逻辑是产业价值链，也就是线性的价值交换。

链模式在当今的商业领域中依然是主流。不过，链模式存在固定性和缺乏操作空间的特点，对企业经营效益和竞争力提升帮助不大。在经济链形态中，商业模式也就被人忽视。

到了经济网中，商业模式就大有可为。在经济网中，各个产业链之间相互交叉，形成众多利益输送的网络，产业价值链组成了产业价值网，链模式也就变成了网模式。

互联网产业是产业融合的驱动力，也是经济网的发起点。商业模式创新（网模式形成）也就从互联网产业开始，随着互联网产业往外扩散与其他产业融合，网模式也逐步渗透到其他产业中。商业模式创新与互联网产业扩展融合的轨迹是一致。

20 世纪 90 年代中期，互联网开始兴起，并快速与软件产业融合。在这个风云变化的时代，就连比尔·盖茨都没有发现互联网对传统商业模式的颠覆。1998 年，斯坦福大学两个学生在宿舍内共同开发了免费的在线搜索引擎——Google。包括比尔·盖茨在内的微软高层对此不屑，因为他们坚信，软件就应该像商品一样销售赚钱，免费的软件将无法生存。后来的历史证明了微软高层的错误，宣告了一种全新的商业模式诞生。

① 薛金福，詹志方．中国式营销［M］．北京：世界图书出版公司，2011.

当互联网没有出现之前，软件产业是一个独立的产业，商业模式也就是线模式，即用户付费购买软件。不过，当软件与互联网产业融合之后，网模式取代了链模式。在网模式中，原有的链模式被打破，企业不再依靠销售软件获利，那么企业如何赚钱？企业不从软件中赚钱，而从其他业务中获利。如谷歌为用户提供免费的在线搜索服务，然后从广告商中获取利润。

有人将这种模式定义为"免费模式""媒体模式"或"第三方买单模式"。从商业模式的本质出发，这种模式是网模式。在网模式中，多业务和多客户之间形成一个利益网络，钱在这个网络中穿行，实现各主体的价值。如腾讯公司为顾客提供免费的 QQ 软件，然后从收费的游戏中获利，以补贴免费的 QQ 软件。

而事实上，网模式并非互联网的产物，而是产业融合的产物。网模式并非只在互联网中存在，互联网产业与哪个产业融合，哪个产业就会掀起一场网模式革命。近几年，互联网与手机产业融合，不但颠覆原有商业模式，还改变了整个产业的竞争格局。奉行网模式的苹果、三星击败了链模式的诺基亚、摩托罗拉。

管理专家王育琨曾经说过："苹果真正厉害的不是这些终端武器，苹果真正厉害的是2003 年，他发明了 iTunes、App Store，当他发明了 iTunes、App Store，电子商品追求价值链最大，转移到以互联网为背景的，建构一个价值网。"

苹果真正赚钱的并不是 iPhone、iPad、iPod，而是 iTunes 和 App Store。硬件产品卖出去后，应用程序和内容持续地为苹果贡献收益。对于企业而言，硬件就像土地财政，买一块地获一笔利，而应用程序就像房产税可以持续收益。

电视、汽车、手表、眼镜等都是互联网即将渗透的产业，这些产业融合形成经济网，网模式革命也就即将来临。

事实上不仅仅是互联网，只要有经济网的领域就有网模式。例如，我们之前讲过的"零团费"模式就是网模式，旅游公司整合旅游六要素，降低门票价格，吸引游客到景区，不从门票中赚钱，而从购物、娱乐、酒店等业务中获利。

我们最常见的网模式莫过于商家低价打折促销。超市通过低价的商品（如食用油、大米、蔬菜）吸引顾客进店，然后带动非打折商品（如护肤品、巧克力）销售，从非打折商品中获利以补贴低价商品。

全球最大的传统零售商沃尔玛在网模式创新方面一直走在前面。沃尔玛站在“大零售”的角度上思考，不但开发自有商品，还与地产商合作，并涉足银行业务。沃尔玛与顾客、地产商之间，零售业务与银行业务、地产业务之间，供应商商品与自有商品之间到底存在什么样的逻辑关系？

零售业与地产业关联度极高，商业地产是零售业发展的前提和平台。商业地产控制消费者购买半径和生活半径，沃尔玛与地产商合作控制商业地产从而间接控制零售业的顾客。华润集团和茂业集团则直接通过涉足地产业务来发展零售业务，然后将零售业务的利润以租金的方式补贴给地产业务。

银行是支付通道，控制银行卡就意味着控制顾客的“钱袋子”。随着银行业与零售业快速关联并融合，零售银行业务成为零售企业的战略性业务。这也就不难理解，沃尔玛为什么费尽心机开设银行。沃尔玛通过发行沃尔玛信用卡提前锁定大量顾客，再将顾客引向零售业务，从而带动零售业务的发展。最后，零售业务的利润以手续费的方式补贴给银行业务。

作为零售商沃尔玛为什么“不务正业”大力推出自有商品？以“天天平价”横扫全球的沃尔玛在全球开设8000多家店，拥有大量的忠诚顾客。由于自有商品节省了广告费、进场费等，成本低而利润高。沃尔玛推出自有商品旨在分享大量顾客，并将低价进行到底。

随着零售业与互联网融合形成电子商务，沃尔玛推出了网上零售，并在中国收购了一号店电商。不仅如此，沃尔玛正在加速整合网上网下零售业务，开始往O2O零售模式创新。

团购网将O2O模式推而广之，而其本质也是网模式。当顾客凭借团购商品券到商家消费时，将会带动商家其他商品销售；或者当顾客消费完团购商品和服务时，可能会再次去这个商家消费，从而带动商家其他商品销售。商家通过团购折扣商品吸引大量顾客，然后带动其他商品销售，通过其他商品销售获利补贴团购折扣商品。

Groupon 的电子折扣券是否与商家在街上发放的纸质优惠券相似呢？其实，商家只是把街上发放的纸质优惠券放到了 Groupon 销售而已。不同的是，在 Groupon 上，商家的电子优惠券只发给顾客（购买者），而纸质优惠券只会在大街上随意免费发放。“我知道我的广告费有一半是浪费的，但我不知道被浪费的是哪一半”，这是广告界的无奈。在 Groupon 上，电子优惠券形成购买商家才会产生佣金成本，Groupon 的折扣广告似乎解决了广告界的无奈，并将商家发放折扣优惠券的成本降到最低，风险降到最低。

由此可见网模式不等于免费模式，免费模式只是网模式中比较极端的一种，即产品做到免费。马云认为，今天互联网创业还靠免费就是找死，这是 20 个世纪的思维。腾讯、百度、淘宝、163 邮箱、360 杀毒都是依靠免费模式崛起的。但是，免费模式不能推广到所有互联网产品，因为免费模式的关键不是免费，而是收费。免费模式依靠增值服务和广告收费生存，虽然增值服务和广告业务都是有限的。如今中国互联网增值服务收入过于依赖网游和广告。以腾讯为例，增值服务收入占总收入的 70% 以上，而网游收入也占增值服务收入的 70% 以上。如今免费的微信正在加速商业化，而商业化的方向恰恰也是网游。新浪目前主要营收来自广告业务，而微博的商业化方向也是网游。

在互联网领域，完全免费只存在于基础业务，如搜索引擎、聊天软件、杀毒软件、电子邮箱、门户媒体等。基础业务拥有庞大的用户群体，部分用户群体可以转移到增值业务中获得收益。部分免费及低价会成为互联网的主流，如部分免费试读的电子书、部分免费网游、低价的影视剧等。未来互联网领域网模式的创新方向应该是网上与网下融合的 O2O 模式。互联网利用自身的优势与实体业务结合，形成价值流动的业务网络。

由此可见，网模式的本质不是免费，而是价值网络，即一种业务能否带动其它业务发展。苹果公司的 iPhone 并不便宜，但是只要它能够将用户转移到应用程序业务中，形成价值流动的业务网络，就是网模式。所以，交叉补贴[①]是网模式形成的关键，只有形成价值流动的交叉补贴才有网模式。

网模式的发起点并非只有价格，只要客户能够在业务之间转移并形成收益网络，就是网模式。如沃尔玛将银行客户转移到零售，线上线下零售客户共享。

克里斯·安德森先生在其畅销书《免费》中，用交叉补贴理论解释免费模式，但是并没有解释交叉补贴发生的前提。交叉补贴发生的前提是资源转移，如果沃尔玛银行卡的用户都不在沃尔玛零售店消费，那么交叉补贴也就不存在。正是因为沃尔玛银行卡的用户以刷卡消费的方式被转移到了零售店，使零售店的利润增加，零售业务才有可能补贴银行业务。

所以，网模式的两大核心是资源转移和交叉补贴，只要业务之间能够形成交叉补贴、资源转移的关系就是网模式。

资源转移的前提又是什么呢？资源转移的前提是控制客户，控制客户资源才有可能转移资源。控制客户资源的方法很多，我们常见的是价格控制（免费），实际上品牌、技术、渠道都可以控制客户。

资源转移和交叉补贴形成的价值网络实际上就是价值链组成的价值网，价值网是网模式的本质。而资源转移、交叉补贴发生的前提是业务关联，如果业务没有关联，资源就无法转移，交叉补贴的利益网络也就无法形成。

打折商品带动盈利商品销售是一种网模式，但是随着产业融合推进，网模式开始扩展到不同业务甚至不同产业之间。如旅游业务带动房地产业务，网上业务带动网下业务。在产业融合的大背景下，经济网催生了网模式，产业融合到哪里，网模式就发展到哪里。

---

① 交叉补贴是一种定价战略。其思路是通过有意识地以优惠甚至亏本的价格出售一种产品（称之为“优惠产品”），而达到促进销售盈利更多的产品（称之为盈利产品）的目的。

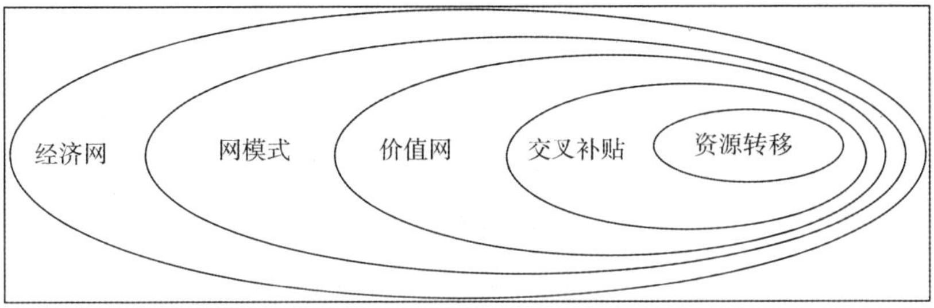

图 2－2　经济网－网模式－价值网结构图

我们可以梳理一下，在大融合时代，从宏观到微观，网模式的大背景是经济网，网模式的本质是价值网，网模式的两大核心是资源转移和交叉补贴。交叉补贴的前提是资源转移，资源转移的前提是控制客户。

随着产业融合不断增强，经济形态转变成经济网，世界最终会形成一个资源转移、交叉补贴的价值网大舞台。网模式的终极目标是形成基于资源转移和交叉补贴的硬件与软件结合、金融与实体打通、线上线下融合的理想模式。

四、两大基石：资源转移与交叉补贴

（一）资源转移

早在 20 世纪八九十年代，金庸的十五部武侠小说就已经被拍成武侠剧，并掀起了香港、台湾和大陆三地的“武侠旋风”。后来，中国网游快速发展，搜狐公司将金庸先生的得意之作《天龙八部》改编成同名网游，并重金签约《天龙八部》大陆版的主演胡军为其做代言人。而昱泉国际早在 2001 年就将金庸的《笑傲江湖》改编成 3D 网游《笑傲江湖网络版》，这也是国内第一款纯金庸武侠小说故事背景的大型 3D 网络游戏。

重复出版、明星和技术共享，最大限度地挖掘出版资源、明星资源以及技术资源价值，是网游业与影视业融合的必然选择。资源投入产出最大化是衡量企业经营状况最核心的指标，重复利用资源、资源共享才能促进资源价值最大化。所以，如何获取资源、促进资源转移成为企业经营的重要任务。

在传统多元化战略选择中，利用价值链模式，根据外部产业环境和内部资源丰裕度两大维度来判断是否进入另外一个行业。而在网状多元化战略中，利用网模式，根据外部产业关联度和内部核心资源可转移性两大维度来判断是否进入另外一个行业。核心资源可转移性成为一个非常重要的判断因素。

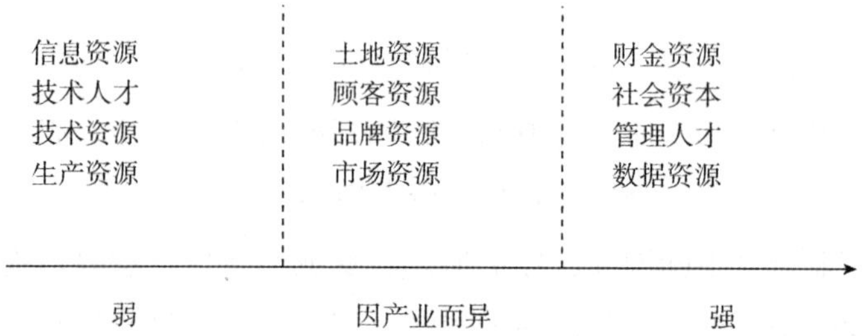

图 2－3　资源可转移性

资源通常包括财金资源、土地资源、信息资源、技术资源、人力资源、顾客资源、市场资源、社会资本、品牌资源、生产资源、数据资源等。财金、土地、信息、技术、社会资本、品牌、数据和生产资源是企业可控资源，而人力资源和市场资源是相对难控制的资源，顾客资源是最难控制的资源。

每个行业要求的核心资源不一样，在行业之间每种资源的可转移性也不一样。财金资源是钢铁、机械制造、银行等资金密集型行业的核心资源，其可转移性是最强的。房地产行业的核心资源是土地资源，我国房地产行业的核心资源是土地资源背后的社会资源（政府资源）。土地资源在实体产业间可转移性较强，在虚拟产业中可转移性很弱。信息资源是金融行业、中介服务行业、媒体行业的核心资源，其可转移性不强。

技术资源是生物工程、航天航空、核工业等技术密集型行业的核心资源，其转移性非常弱。高端技术专利往往只适合某一狭小的领域，极少能推广到其他领域使用，更何况技术专利本身市场化程度非常低。不过，通用性技术的可转移性强。人力资源是劳动密集型行业和技术密集型行业的核心资源，其可转移性因人而异，其不确定性很大。

顾客资源对于每个行业（国家垄断性行业除外）来说都是核心资源，没有顾客就没有一切，其可转移性因产业关联度和企业实际操作而不同。市场资源主要指渠道资源和市场信息，是市场导向型企业的核心资源，其可转移性因行业而不同。社会资本是企业在社会网络中形成信任、威望等，是比较特殊的资源，其可转移性很强。品牌资源是企业品牌本身以及相关可以利用的一切资源，是使企业溢价的无形资产。在体验经济中，品牌资源是核心资源。品牌资源的可转移性由品牌延伸半径决定。生产资源对于生产型企业而言，是核心资源，其可转移性很弱。在大数据时代，数据资源是企业的核心资产，是可转移性很强的重要资源。

财金资源、社会资本、管理人才和数据资源都是可转移性强的资源，企业需要努力获取并充分利用。土地资源、顾客资源、品牌资源、市场资源的可转移性因产业而异，企业需要结合产业关联度，实现资源的充分转移和充分利用。

下面主要介绍技术资源、顾客资源和数据资源的转移案例。

通用性科技资源的共享和转移，对产业发展具有重大的推动作用。20世纪80年代，MRI、电脑、计算机等技术推动的脑科学、神经认知、人工智能学科，促进了教育、医疗、信息等多产业的发展。脑科学第一次将“人类学习机制的黑盒子”打开了一角，让人们了解到学习过程中大脑的工作机制，从此教育科学几乎一夜之间从刀耕火种粗放式的状态，跨入了窥探思维规律、开启智慧之门的科技时代。

江河日下的夏普痛定思痛，在2013年5月发布了《2013—2015年的中期经营计划》，重新确立了5项新的发展领域：健康医疗、机器人、智能住宅汽车、水和空气安心工程和教育领域。

夏普在产业融合的大潮中一再错失良机，网模式一直没有构建起来，而这一次他们似乎找到了一点感觉。新任社长高桥兴决心治疗这家企业的

“大企业病”，决定从技术通用性领域及产业开始入手，把液晶和家电领域的技术应用至新的领域。如，为电视机屏幕背光而开发的先进照明技术可以被用于种植反季节作物；而基于“Cocorobo”家用智能吸尘器，夏普将进军工业清洁机器人市场，这样的机器人可用于火车站和办公室的保洁工作。

在产业上游领域，通用性技术、通用性工艺可以加速产业融合。很多制造企业并非纵向划分产业边界，而不是横线切割。如 LED 封装企业被认为是封装行业，而不是 LED 显示或 LED 照明。以工艺名称命名行业在制造领域也非常常见，如电子产业中的冲压行业。技术通用性和工艺通用性促进技术、工艺资源转移，加速产业融合。如背光源可以成为手机、电视、冰箱、家具、汽车、电脑、电梯等众多领域的原材料。

阿里巴巴无疑是网模式运作最为成熟的企业，从免费淘宝到支付宝、天猫商城，再到金融、数据服务，阿里巴巴将几亿用户来回倒腾，最大限度地挖掘用户价值。

淘宝网采用免费模式抗衡当时盛极一时的收费 C2C 网站——eBay。淘宝网几乎在转眼间打败了 eBay，一夜间家喻户晓。截至 2005 年 12 月 31 日，淘宝网在线商品数量超过 1663 万件，注册会员数突破 1390 万，2005 年第四季度成交额达 30.3 亿人民币，占中国 C2C 市场 70% 的份额，已经成为中国最大的 C2C 电子商务网。

当然，在免费的日子里，蒸蒸日上的用户数和烧钱数量是成正比的。2005 年 10 月，淘宝网烧钱过快，阿里巴巴不得不再次追加 10 亿元投资。与阿里巴巴不同的是，外界对淘宝网的盈利一直存在相当的质疑。虽然马云多次强调淘宝网继续免费，且不担心盈利，但是寻找能够盈利的增值服务是阿里巴巴必须和亟须面对的问题。

2008 年，淘宝网推出“淘宝商城”，成功挺进 B2C 后，淘宝网的盈利问题也就迎刃而解。事实上，淘宝网通过“淘宝商城”中商家交易佣金获利不少，再加上淘宝旺铺、支付宝、店铺装修、推广佣金、搜索竞价排名等增值服务给淘宝带来不少收入。

2010 年 11 月，淘宝推出淘宝商城启用独立域名（www.tmall.com），意味着淘宝网在盈利转型上更进一步，从依靠广告获利转向交易佣金。阿里巴巴这招漂亮的“金蝉脱壳”，成功地将原来免费 C2C 淘宝网上积累的几亿用户转移到可赚钱的 B2C 天猫商城中。

所以，C2C 是诱饵，B2C 才是归宿，C2C 用户资源转移到 B2C 业务中，B2C 业务利润补贴给免费的 C2C。

如今，阿里私有化之后寻求整体上市，而不赚钱的淘宝网已经成为阿里上市的包袱。去淘宝化已经成为阿里摆脱“屌丝”形象，跃升“高富帅”层面的重要一步。

2013 年两会上，全国政协委员身份的张近东在提案上指出 C2C 中存在假冒、侵权、非税销售，呼吁对电商征税。对电商征税只是时间问题，淘宝蚂蚁雄兵的价格优势将被削弱。马云也承认曾经让他风光无限的淘宝网如今成为了麻烦制造者，每天淘宝网都有 1% 的用户也就是五万人给他找麻烦。

天猫已经发展起来，但淘宝网并还没到“兔死狗烹”的地步。淘宝网依然拥有庞大的用户资源，每天产生庞大的数据。所以，淘宝网将成为阿里数据积累及消费信贷业务发展的重要平台，用户资源和数据资源价值最大化依然有很大的操作空间。

（二）交叉补贴

互联网行业是一个星光熠熠、智慧井喷的领域，互联网自从诞生之日起就成为全球商业模式创新的领跑者。免费模式曾经是中国互联网企业的杀手级模式，新浪、百度、腾讯、搜狐、网易、盛大、阿里巴巴七大巨头无一不是借助免费模式起家。

免费模式，被怀疑过，被误解过，很多人曾经困惑于免费模式的生存逻辑。如今，交叉补贴揭示了免费模式的生存逻辑。人们知道，“天下没有免费的午餐”，免费不是关键，关键是如何收费。

腾讯公司顶着“山寨帝国”的骂名，坐上了中国互联网老大的宝座。腾讯从来都不是第一个吃螃蟹的人，QQ 聊天软件模仿 ICQ，QQ 游戏模仿联众，QQ对战平台模仿浩方对战平台，QQ空间模仿校内网，QQ交友中心模仿亚洲交友中心，财付通模仿支付宝，腾讯拍拍模仿淘宝网，搜搜模仿百度……但是，问题在于为什么一直模仿的腾讯QQ能够成为中国第一大互联网企业?

依靠QQ平台，腾讯广泛涉足即时通信、门户、搜索、电子商务、安全软件、浏览器、SNS、网络游戏等互联网细分市场，产品种类多达200种。腾讯公司将大量QQ用户转移到这些产品中，带动这些产品的销售，再通过交叉补贴支持免费的QQ业务。

这种免费模式实际上就是基础服务+增值服务的网模式。互联网所有基础服务都将会是也应该是免费。IM即时通信软件、电子邮件等基础服务拥有大量用户，企业可以将大量用户转移到增值服务产品中，通过增值服务产品实现盈利。但是，免费无疑极大地增加了互联网企业的经营风险。对于互联网而言，免费模式往往带来巨大的流量，这是风险投资十分青睐的；但是，免费模式往往意味着盈利渺茫，这也是风险投资相当担忧的。所以，通过免费产品快速打开市场控制终端用户之后，企业需要迅速转型，推出关联的增值服务实现盈利。

安全服务是互联网非常重要的基础服务，这项服务的免费成就了奇虎公司。奇虎公司主要有360杀毒、360安全卫士、360浏览器和网址导航四个相对强大的产品。2011年1月，360安全卫士的活跃用户为3.01亿，杀毒软件活跃用户为2.48亿，360安全浏览器活跃用户为1.72亿，360网址导航活跃用户为9800万。可以看出，360安全卫士、360杀毒软件、360浏览器和网址导航之间关联度比较高，用户资源层层转移，并形成一定的产品体系和价值网模式。

杀毒软件、安全卫士、浏览器和网址导航都是免费服务，奇虎公司靠什么赚钱?2012年营收为3.290亿美元，其中网络广告营收为2.215亿美元，网络增值服务营收为1.033亿美元。可以看出，奇虎公司主要依靠网络广告和增值服务获利。严格意义上说，奇虎公司的盈利结构不如腾讯公司好。

增值服务是腾讯公司最主要的盈利模块，而网络广告收入比重非常少。2014 年第三季度腾讯公司总收入为 198.08 亿元，其中增值服务业务收入达 160.47 亿元，网络广告收入只有 24.40 亿元。

庞大的增值服务收入支撑了免费的腾讯 QQ、微信、门户网站以及 SNS 的发展。不过，在移动互联网时代，这种依靠交叉补贴支撑的极端免费模式面临挑战。

在移动互联网时代，庞大的用户资源被分流到一个个“水坑”（应用程序）中，水坑与水坑之间相互独立，这就意味着用户与数据资源的转移、共享线路被切断。资源转移是交叉补贴的前提，这就意味着业务与业务之间无法实现交叉补贴。

近年腾讯盈收增长强劲，增值服务收入非常可观，但是投资者依然对腾讯公司的未来营收表示担忧。目前，腾讯公司的增值服务主要源于传统互联网，而如何将增值服务搬到代表未来的移动互联网上成为腾讯发展的一道坎。

腾讯公司试图借助微信构建一个类似于 QQ 的移动互联网平台，将各种应用捆绑在微信平台上。但这显然有违移动互联网发展规律。腾讯公司该如何在移动互联网上整合庞大的产品体系？

事实上，腾讯门户、QQ、游戏、邮箱、微博、空间、易迅、微信等必然被分割在一个个应用程序中，没有哪个平台能够完全将这些产品整合在一起。这就是腾讯将要面临的危机。而中国最大的搜索引擎百度公司也将面临这样的危机。

搜索引擎可以最大限度地聚焦了网络信息，同时提升了搜索信息的准确性。大量信息聚焦意味着大量注意力聚焦，大量注意力聚焦意味着小小的搜索框产生巨大的商业机会，而将注意力转化为利润最简单的办法就是广告。

百度公司的核心产品就是搜索引擎平台，依靠免费的搜索引擎平台控制大量用户资源，然后将用户资源转移到百度推广中，通过百度推广的关键字广告获利。广告收入是百度最主要的收入来源。百度是以搜索引擎为平台的广告公司，是最大的互联网广告公司。

谷歌退出大陆以后，百度公司垄断了中国网民搜索通道，过着富足的生活。所谓居安思危，李彦宏也意识到日子过得太好对科技公司不是一件好事情，试图引入“狼文化”来激发团队的创新力和竞争意识。出于种种原因，百度在中国似乎不会被击垮，然而危机正在降临。

在移动互联网时代，上网方式发生了根本性变化，上网通道变得多样，原本控制上网“咽喉”的浏览器和搜索引擎地位下降。在智能手机上，你可以点击应用程序，直接登录当当网、新浪微博、网易新闻等，不需要打开浏览器，再通过百度搜索。

这就意味着百度的用户被众多应用程序分流。百度的用户还被自己的产品分流，在移动互联网上用户可以直接点击百度知道、文库、地图等产品就可以登录，而不需要打开百度搜索框。流量具有马太效应，流量越大，集成在小小搜索框中的商业价值就越大；流量越小，分流到每一个应用程序中的商业价值就越低。百度庞大的搜索广告收入是基于海量的搜索流量，而这一切在移动互联网世界中可能被大打折扣。

在移动互联网时代，百度的危机还可能出现在它引以为傲的“框计算”。百度是以框计算为技术核心，以框搜索为理念的搜索服务，神奇的框框带给人们无穷的惊喜。然而，当 siri 出现之后，框搜索面临被颠覆的风险。未来，搜索可能进入“无框”时代，每个应用程序、每个页面都可能分布着“无形的框”，你只要通过语音提问，搜索结果就会呈现在你面前。例如，当你在用手机阅读新闻时，就可以对着手机进行语音搜索；当你旅行遇到困难时，就可以随着眼镜进行语音搜索。一个个“无形的框”都将成为百度搜索的竞争对手。

腾讯、百度甚至谷歌互联网巨头都有可能被移动互联网“拆分”，如何重新整合业务，形成新的资源转移和交叉补贴的网模式，成为当下互联网界正在思考的课题。

产品、用户、流量都被切割，有形的路径被阻断，只能寻求无形路径。品牌与数据是两大无形路径。品牌资源是无形资产，但其延伸路径受到生态限制，且在品牌认同度低的领域效果不佳。数据路径比品牌适应于信息产业，特别是百度、腾讯等拥有海量数据的互联网公司。

在移动互联网领域，以数据为核心的网模式将替代以免费为核心的网模式。数据服务是网模式的中心，各个业务单元是网模式的支点，通过数据服务，各业务单元之间形成数据转移和交叉补贴的价值网。

被切割的用户在腾讯 QQ、游戏、门户、邮箱、微博、微信等应用程序中产生大量的数据，这些数据被传输到数据服务中心，通过数据挖掘将有价值的数据信息传递到相关业务单元，相关业务单元则通过交叉补贴支持数据服务中心及数据来源单元。数据中心可以对 QQ 聊天、微信、微博产生的数据进行挖掘，为促销活动、商品采购、商品推荐提供参考。例如，当 SNS 深圳出现大量“发工资”“出粮”“请客”等信息时，数据服务中心对这些数据挖掘后可能得出“娱乐消费将要扩大”的相关性结论，腾讯团购或会推出娱乐项目。

在数据服务方面，百度公司拥有传统优势。百度公司可以为更多的应用程序商提供搜索服务，这些搜索服务、子产品与数据服务构成新的网模式。分布在不同“水坑”的搜索服务为数据中心提供强大的数据支持，庞大的数据资产远比搜索广告服务价值更大。搜索公司的数据服务将带来丰厚的收益，这部分收益通过交叉补贴的方式支持数据收集单元。

在互联网时代，搜索公司是网络广告公司；在移动互联网时代，搜索公司必须转型为数据服务公司。在移动互联网时代，流量被切割，SNS 精准广告崛起，网络搜索广告将没落。另外，随着搜索精准性的提高，用户跳过带有广告的搜索列表，直接找到答案。搜索广告的支点不再，搜索公司需要获取数据资产以构建核心竞争力。随着各行各业移动应用程序的发展，各实体产业的庞大数据将传输到移动互联网端。这就意味着分布在众多应用程序的搜索服务可能获取整个经济领域和社会领域的数据，这个大数据如一座价值连城的金矿，又如一个令政府生畏的权力机构。

免费依然还会存在，但不再是核心。原本免费的基础服务被移动互联网切割，应用程序要么收费（链模式），要么通过数据服务整合形成价值网。

搜索、微信、电子商务等工具类应用程序可能继续免费，这些工具依然拥有大量的用户群，并产生庞大的数据。交叉补贴在数据服务与工具类应用程序之间进行。

电子书、音乐等资源类和专业工具类应用程序将主要采用链模式。“拿来主义”式的免费将被终结，音乐收费成为必然趋势。免费模式将互联网的共享精神发挥到极致，却牺牲了资源的原创精神。

五、两大模式：链模式与网模式

不到两万名员工、成立刚十多年的Google让拥有近十万名员工、早已过而立之年的微软焦头烂额。虽然微软至今独居软件行业老大的位置，但是在代表着信息产业未来的移动互联网领域，微软曾经无数次与Google正面交锋，包括并购雅虎一战，几乎屡屡受挫。

Google在互联网领域远远强于微软，特别是在搜索引擎市场中，微软只有9.8%的市场份额，谷歌则以58.4%的市场占有率垄断了美国市场。曾经的互联网巨头雅虎如今江河日下，其主营业务搜索引擎的市场份额也被谷歌严重挤压。因此，微软和雅虎都共同面对一个劲敌——Google，二者“联合抗谷”，才有可能在互联网领域，特别是搜索引擎市场，与谷歌竞争。

但是，事实并没有人们想象的那么完美。当微软提出446亿美元报价时，雅虎董事会回绝了微软，认为微软严重低估雅虎市值，并乘机提价。雅虎凭借手中搜索引擎和电邮市场的两个筹码，巧借Google，与微软展开博弈。雅虎聪明地将Google拉进来，提高与微软谈判的筹码。在收到微软收购报价后，雅虎管理层以击退微软恶意收购的名义，计划重启与Google的商业结盟谈判。Google高层则怒斥微软收购雅虎，认为微软是想借此垄断互联网产业，这将给美国及全球互联网产业的正常发展带来“麻烦”，同时还呼吁，美国及国际监管机构应就此展开全面调查。这样，微软、雅虎、谷歌三巨头就进入了三方博弈。

三方正在打口水战时，雅虎还引入第三方收购，与新闻集团和AOL接触洽谈收购。事实证明，这是雅虎博弈策略。后来，微软虽然在新收购方案中，将每股价格提高到35美元。但是，雅虎还是断然回绝。2008年4月，已经失去耐心的微软向雅虎董事会发出最后通牒，要求雅虎董事会在3周内接受31美元/股的报价，否则将发动一场争夺代理权的战争。微软不断地与雅虎“主和派”股东接触，企图通过改组董事会，直接收购股东股权。但是雅虎却用“毒药丸计划”阻止微软，即如果微软发动代理权战争，直接从股东竞购股权，那么微软持有的雅虎股份将被稀释，收购成本则提高。面对微软咄咄逼人的强硬态度，Google极力阻止微软。Google先后传出收购美国在线，借协作版商务应用软件，提前推出安全电邮等策略威胁和对抗微软。

令微软没有想到的是，雅虎会采用“壮士断腕”的策略，与谷歌合作。2008年6月，雅虎表示，它已经与谷歌达成搜索广告外包交易，这将使其年营收增长8亿美元。到此，微软宣布选择了放弃，这意味着收购雅虎计划以失败告终。

先是大军压境的Google，同时威胁到了微软和雅虎的利益，于是微软和雅虎意欲联合对抗。微软本来以为，微软和雅虎可以像吴国和蜀国一样结成盟军，共同对抗“曹军”。但是，雅虎同样把微软视为敌人，巧借Google施压微软，提升谈判筹码。加之，Google从中搅局，最终导致本次收购计划流产。Google是本次收购战的最大赢家，微软是失意者，最大输家是雅虎。本次收购战暴露出雅虎在最高级别的竞争层面不具备独立应战能力，已经不是微软、Google级别的IT公司。

这只是谷歌与微软在无数次交锋中比较火爆的一次，二者一直在市场争夺、人才争夺、企业收购争夺等方面展开激烈竞争。

微软与Google的竞争，根本上是商业模式的竞争，微软的落后是其商业模式的落后。微软在“迷失十年”中一直坚持着传统价值链商业模式，而Google自成立起就开始构建全新的价值网商业模式。微软在很长一段时间，包括现在仍然采用产品买卖交易和单一价值交换模式，产品单线作战；而Google通过免费的搜索引擎平台控制大量终端顾客，然后在搜索引擎广告中获得巨额利润。Google大力整合互联网业务和软件业务，通过资源转移、交叉补贴、价值转移的方式，形成整体竞争合力和价值网模式。

微软虽有Windows操作系统作为核心产品，但是其各产品单一作战的方式，显得力量分散，缺乏竞争合力。虽然微软操作系统也捆绑PC软件，但是互联网的出现已经打破了捆绑链条，如今微软捆绑销售已经成为消费者打击的"过街老鼠"。

Google则依靠安卓系统和搜索引擎平台，整合Chrome、Youtube、Gmail、地图等产品形成一个体系，具有很强的整体竞争合力。微软单一产品对抗Google整个体系，就像一个手指碰撞一个拳头。Google Chrome浏览器推出仅仅两年多，就成为了第三大浏览器，直追微软的IE浏览器。Chrome浏览器的成功之处在于免费，并与Google搜索引擎通过交叉补贴实现盈利。

微软各产品单一作战模式是传统链模式，而Google体系作战模式是网模式。微软也试图壮大互联网业务，与强大的软件体系形成具备竞争力的网模式，所以才有收购雅虎的计划。而这无疑是谷歌不愿意看到的。

让微软不省心的不只Google一家，和微软同一时期创立的苹果在微软顶峰时期走向没落，但是当其刚刚迈入而立之年时，年过50的史蒂夫·乔布斯和苹果一起强势反弹、梅开二度，在产业网的十字路口完美超车。

苹果与微软同一时期创立，经历了十年左右的衰退。1998年，乔布斯回归挽救濒临破产的苹果，经过几年探索，先后推出iMac、Mac OS X操作系统、iPod、iTunes、MacBook、iPhone、iPad等产品。关键是乔布斯将这些产品通过资源转移和交叉补贴的方式形成巨大的价值网络，构建了"软件+硬件"的完美价值网模式，摆脱了过去单一乏力的价值链模式，极大地增强了苹果的整体竞争力。

iPod附带iTunes音乐商店出售，iPod的顾客直接转移到iTunes音乐商店，然后通过与音乐提供商分成盈利。苹果是全球第一大数字音乐零售商。iPod+iTunes模式就是典型的网模式。同样，苹果iPad+ App Store应用商店模式也是价值网模式，其对微软单一软件销售模式构成严重威胁。就连前中国商务部部长陈德铭也深知其道并提醒微软，在2011年1月14日外商知识产权保护座谈会上陈德铭对微软公司与会代表说：“我现在用iPad就没有这个问题，很多软件都是从网上下载下来，将来你也会遇到挑战。”事实，微软已经遇到严峻的挑战。

360安全中心发布的《互联网安全免费白皮书》指出，迄今国内互联网行业发生了三次“免费”与“收费”大战：第一次是263收费邮箱与网易免费邮箱之争，第二次是C2C电子商务领域的淘宝免费与eBay收费之争，第三次则是360免费杀毒与收费杀软之争。

这三次“免费”与“收费”大战就是网模式和链模式之战。免费模式是网模式的极端表现；收费模式就是传统的链模式。三次大战都是免费模式最终赢得胜利。免费模式的优势在于免费产品（业务）和收费产品（业务）通过交叉补贴和资源转移整合，形成系统竞争力。免费模式的系统竞争力远远胜于收费模式的单一产品竞争力。

例如，网易邮箱通过免费发布快速击败收费的263并占领市场，然后将顾客资源转移到门户、游戏、VIP邮箱等业务，并将这些业务的利润补贴给免费邮箱实现其盈利。淘宝通过免费开店模式快速击败收费的eBay并占领C2C市场，然后将顾客资源转移到支付宝、B2C等业务，并将这些业务的利润补贴给免费C2C业务实现其盈利。360发布永久免费杀毒软件短短一年之后就击败了杀毒软件霸主瑞星和俄罗斯巨头卡巴斯基，用户突破3亿。价值网模式（免费模式）再次战胜价值链模式（收费模式）。

除互联网行业外，零售、服装、手机、金融等行业都展开了激烈的商业模式大战，引起了企业界和学术界高度关注。而价值网模式一次次残酷地击败价值链模式，企业对商业模式的创新也达到了空前的渴望。

价值链模式的失败也暴露了其巨大的劣势。价值链模式是在价值链的基础上建立的，在整体条价值链中，企业与供应商、顾客的交易都是单一的。企业在价值链模式上不但难有作为，而且很容易陷入红海竞争。

北大光华管理学院教授王建国在其《1P理论》一书中创造性地提出

了“1P理论”，并通过“1P理论”揭示了传统价值链模式存在的问题和弊端。王建国认为，企业利润＝1P－3P，3P指产品（Product）、渠道（Place）和促销（Promotion），1P指价格（Price）。企业要获得更大的利润，就必须减少3P的投入，增加1P；而要让顾客获得更多的价值就必须增加3P的投入，减少1P。所以，在单一的价值链模式中，企业价值和顾客价值相互冲突。随着竞争加剧，大部分企业不得不加大3P投入，减少1P，来增加顾客价值占领市场。企业因此陷入红海竞争，泛滥的价格战导致微利，甚至亏损。

在红海竞争中，企业为了获得更高的利润，努力向价值链附加值高的两端延伸经营，把握价值链的链主经营。很多企业将大量资源投入设计研发和大力抢占市场，而价值链低端环节附加值被严重剥夺，很有可能导致整体产业链断裂，严重的还可能导致整个行业的崩盘。

王建国在其《1P理论》中提出了“第三方买单模式”来解决传统价值链企业竞争的问题。在“第三方买单模式”中，企业引入第三方（如广告赞助商）为其负担一部分甚至全部成本，从而降低产品成本，产品便可以以低价甚至免费的方式出售。最终，共同实现顾客价值最大化和企业价值最大化。实际上，企业与第三方形成的“第三方买单模式”就是网模式。

与链模式相比，网模式的优势在于：（1）企业业务（产品）之间、企业与合作伙伴形成一个体系，极大地提高整体竞争力；（2）企业业务（产品）之间、企业与合作伙伴之间通过资源转移和交叉补贴，从而降低企业成本，做到产品低价甚至免费出售，而企业价值和顾客价值共同最大化；（3）企业跳出一个产业局限，站在产业关联网的高度创建网模式，具有战略前瞻性。

未来，谷歌、微软等互联网巨头将在代表信息产业未来的大数据、云计算与互联网领域继续竞争。大数据将替代平台作为新的网模式构建的基础。这就意味着以大数据为核心的网模式将成为互联网巨头竞争的新法宝。

正如彼得·德鲁克所说“当今企业之间的竞争，不是产品之间的竞争，而是商业模式之间的竞争”。如今，企业仅凭产品优势难以保持竞争优势。在价值链模式下，企业竞争是产品竞争，而价值网模式下，企业竞争是体系竞争。

六、两大创新：大平台与大数据

从互联网到移动互联网，用户习惯已经发生了重大变化。今天，用户直接打开新浪微博 App 就可上微博，直接打开网易新闻 App 就可看新闻，直接打开搜房网 App 就可搜寻购房信息。我们越来越少使用谷歌、百度搜索，甚至很少打开浏览器。

移动互联网不是有线互联网变无线互联网，而是一次颠覆、一场革命。

在互联网中，原有的网络通路是操作系统/桌面主页—浏览器—搜索/网址导航—其他网页。但是 Web APP 的出现，打破了原有的网络通路，各种网站入口被提前到手机桌面，用户不需要打开浏览器和搜索引擎，就直接可以通过各类 App 进入各类网站。Facebook 发布的第一款定制手机就是基于安卓系统的 Facebookhome，用户在 Facebookhome 中看到好友信息并直接登录，而不需要谷歌搜索。这就是移动互联网时代的搜索危机。

大量的 App 正在与搜索引擎和浏览器争夺网络入口，姜奇平创造了“路由定理”一词来解释移动互联网的本质：互联网与路由二者之间，是一一对应关系。“增之一分则太长，减之一分则太短”。路由中有的，最后在互联网中才剩得下；路由中没有的，在互联网中肯定剩不下。

姜奇平以水库与水坑形容互联网与移动互联网的区别：以往互联网的经验，用水库把水集中在一起，捕获聚集在一起的鱼（消费者）；但 Web APP 时代，鱼（消费者）分散到一个水坑一个水坑里了，这时还怎么捞鱼？

按照路由定理，谷歌浏览器、搜索的水坝即将被移动互联网冲垮，到时候洪水四溢，分散流向一个个 App 水坑。谷歌岂不危矣？

根据市场研究公司comScore的数据，经过连续多年的增长之后，谷歌主导的传统服务搜索量在2012年下半年下滑了3%，每人平均搜索次数下降7%。相比之下，垂直搜索引擎的搜索量上涨了8%。

一个个App水坑促进垂直搜索的发展，如亚马逊图书搜索、Facebook社交搜索、iTunes音乐搜索。搜索引擎正在向精准答案演进，在这方面垂直搜索比谷歌搜索更具优势。用户需要的不是几十条链接结果，而是精准的答案。例如，感冒有哪些症状？医疗搜索可以直接给出答案。

面对日益流失的移动用户，谷歌也正在努力做出改变，把搜索部门改名为知识部门；还推出了语音搜索和Google Now（个性化Android智能助手）。在语音搜索识别功能中添加了谷歌“知识图”（Knowledge Graph），提高语音搜索结果准确性。Google Now是基于个性化的搜索，以提供更为精准的答案。

如果搜索进入精准答案时代，那么谷歌原有的搜索广告收益将不复存在，原有商业模式将解体。数字营销公司IgnitionOne的数据显示，2013第一季度，搜索广告支出下降了1%。据eMarketer称，2012年谷歌搜索广告市场份额首次出现下滑，从74%跌至72.8%。

今天谷歌依然占据着全球搜索市场的垄断地位，哪天或许它将一无所有。因为他们的敌人已经不再是百度，而是移动互联网挖出的一个个“水坑”。百度与360还在拼得你死我活，殊不知时代已经变了。

由于种种原因，百度长期垄断中文搜索市场，并从搜索广告中获得巨额稳定的收益。居安往往不思危，百度利润几乎都来源于搜索广告，其他业务的开拓创新极其罕见。百度董事长李彦宏也意识到这个问题，试图从制度文化做出改变，提出“狼性文化”强化员工的危机感。

百度一直以神奇“框搜索”引以为豪，并提出“框计算”的概念。框计算实际上就是云计算支持下的个性化精准搜索。不过，如果真的实现框计算，百度原有商业模式就被瓦解，百度赖以生存的堡垒就不存在。

可怕的是，随着垂直搜索和语音搜索的兴起，搜索已经突破了“框”的局限。所有App都可以接入“无框”的搜索功能，垂直搜索通过语音搜索就可以找到比综合搜索更加精准的答案。如 Facebook home 中可以添加语音搜索，用户在使用 QQ 时通过语音启动搜索。从 PC 到智能手机，搜索的网络入口发生了巨变，搜索已经无框限制、无处不在。

互联网最伟大的贡献在于打破了世界的信息孤岛，极大地推进了信息的对称与共享。搜索引擎享受了免费信息的红利，成为海量信息的集成者。但是时至今日，依然还有很多存储在网络数据库里、不能通过超链接访问的信息，不能被标准搜索引擎索引抓取。Dr. Jill Ellsworth 将这种无法搜索的信息网络称之为“暗网”。暗网的信息规模也远超我们的想象，人类信息只有不到 1% 实现了 Web 化，而 Web 化的网页中，搜索引擎能抓取的大概为 0.2% 。

Facebook、淘宝、银行等自己主动屏蔽搜索引擎，形成大量的暗网数据。谷歌的 OneBox 和百度阿拉丁计划，试图打开暗网，向第三方网站开辟了数据接口。不过，在他们的努力还没有取得成效之前，App 又创造了更多的暗网，人类似乎重新回到信息孤岛时代。

在移动互联网中，每一个 App 都是一个个信息孤岛，他们之间通过接口链接而不是 Web 超链接。搜索引擎很难抓取京东商场、微信、优酷视频、豆瓣读书、云中书城等 App 中产生的数据。这些 App 拥有数据垄断优势，一旦屏蔽搜索爬虫，私有化数据，推出垂直搜索，搜索引擎则犹如无水之源，干涸而死。虽然综合搜索依然还有一定的流量和用户，但是互联网具有马太效应，谷歌搜索流量一旦减半，广告收入暴跌远不止一半。

早在 2010 年，克里斯·安德森就在《连线》杂志上发表了一篇名为《Web 已死 Internet 永生》的文章，安德森预言似乎又一次成为了现实。Web 与 App 实际上是统一与专业化之争，垂直网站正在分流互联网的信息，就像越来越多移动智能设备分流智能手机的功能。在移动互联网中，浏览器不再是主要上网入口。根据百度数据显示，2012 年 Q3 手机用户平均媒体时长，APP 占 80% ，浏览器不到 20% 。浏览器产生的流量也已远低于各 APP 的总流量。

或许，Web 与 App 会创造新的交互模型，将二者有机地结合在一起，信息又实现了共享。在云计算的支持下，Web 与大量 App 变成大数据中心的一个个信息端口。这就意味着原有超链接模式将消失，取而代之的是一云多端的网模式。

在互联网领域，腾讯是免费模式的最佳实践者，利用免费 QQ + 增值服务的模式，成就了企鹅帝国。2012 年，腾讯公司全年总收入为 438.937 亿元，同比增长 54.0%。其中互联网增值服务依然是第一收入来源，贡献了 319.952 亿元，同比增长 38.9%。

腾讯公司这份“漂亮”的财报依然无法打消投资者的担心。互联网增值服务收入占腾讯公司总收入的 72%，主要来源于传统互联网业务（网络游戏）。移动及电信增值服务收入才 37.230 亿元，同比只有 13.8%。移动互联网业务发展缓慢，传统互联网增值服务如何移植到移动互联网领域，这是腾讯公司正面临的巨大挑战。

腾讯公司将这次移动互联网战略转型押宝在微信上，马化腾对微信寄予很高的期望，并推出商业化和国际化战略。腾讯公司已经明确微信商业化的方向是移动网游，也就是把传统互联网上的网游客户转移到微信上。

然而，工信部与运营商一再强调对微信收费，无疑给微信的前途蒙上了阴影，大大打击了腾讯公司的移动互联网战略。其实，运营商对微信收费存在商业逻辑错乱问题。我开着汽车上高速，高速公路公司向我收取了过路费，难道还可以向汽车公司收取过路费？

这实际上是垄断的运营商与创新的互联网公司之间的战争，也是链模式与网模式之间的战争。移动公司的营业额增值率连年下降，坐着收钱的日子已经过去，如今将矛头指向曾经给他们带来巨额流量的互联网公司。

当然，微信被工信部盯上，还有一个原因是“国际化”。马化腾高调地宣称：“微信国际化是腾讯公司的唯一一次机会。”世界上只有四个国家屏蔽了 Facebook：朝鲜、古巴、越南和其他国家。Facebook 只是社交网站，而微信是移动聊天软件，这个太可怕了。

不管微信收不收费，微信的出现只能说明一个问题：移动 QQ 做得不够好。微信是什么？其实，微信就是简化版、升级版的移动 QQ。在原有商业模式中，腾讯公司将门户、游戏、社交、电商、支付等服务都集成到QQ平台；到了移动互联网中，还将这些服务集成到移动QQ中，导致移动QQ臃肿，破坏了用户体验。

微信则给移动QQ做减法，然后添加了更加适合手机的语音聊天功能。腾讯公司的初衷是将用户从QQ平台转移到微信平台。其实，这不但是多此一举，而且潜藏巨大危机。腾讯公司将QQ和微信定义为双核心，让彼此相互竞争。但随着微信商业化做加法，移动QQ做减法，最终二者的功能会不断趋同，甚至成为同一云后台的相似产品。腾讯又何必兜这个圈子呢?

社交工具具有价值乘数效应。世上只有一部电话，就相当于没用；如果有两部，这两部都有用；如果有1亿部，这个电话网络的价值就是无穷。人们之所以使用QQ，是因为它承载了用户的社交关系。使用的人越多，QQ的价值就越大。如今，微信与QQ将社交关系区别开，相当于强迫两夫妻分居，无疑大大折损了二者的价值乘数效应。

社交工具具有排他性，很少人会同时使用两个同类的社交工具。微信活跃用户多为非QQ活跃用户，这些用户在QQ上没有形成社交圈（或许他们认为QQ过于复杂），而通过电话本添加好友的方式将通信录中的社交关系直接复制到微信上（这是移动公司最为痛恨的）。实际上，腾讯公司只要优化移动QQ，就可以通过微信的方式将这些用户变成QQ的活跃用户。这样移动QQ的价值乘数效应将更大。

腾讯公司对移动互联网认识不足，对移动互联网的商业模式创新不足，才误入歧途。移动互联网是一场革命，腾讯公司将互联网领域的商业模式转移到移动互联网中，显然是不会成功的。

基于大平台的网模式由基础业务+增值业务构成，往往以免费方式控制大量用户，然后通过大链接将用户转移到其他增值服务业务中，增值服务业务之间也通过链接共享用户；增值服务业务获取的收益补贴免费的基础业务，从而实现盈利。

在移动互联网中，QQ平台筑起的大坝被一个个App冲垮了，门户、

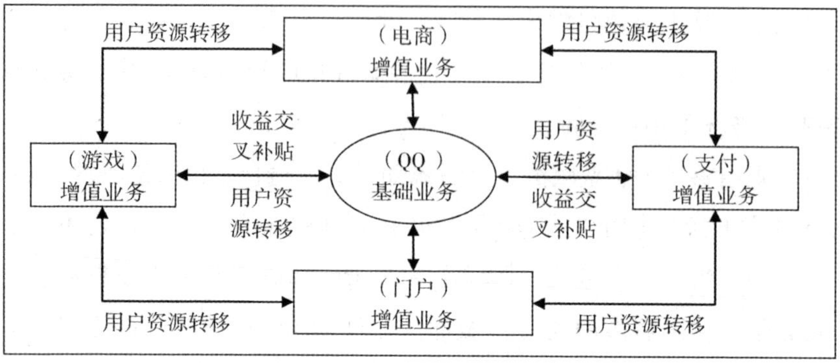

图 2－4　基于大平台的网模式

社交、电商等鱼群被分散到一个个水坑中。移动 QQ 平台已经不能承载所有的增值服务，这就意味着原有的业务大链接形成的网模式被迫解体。腾讯公司需要做的是将一个个 App 做好，然后构建一云多端的网模式。

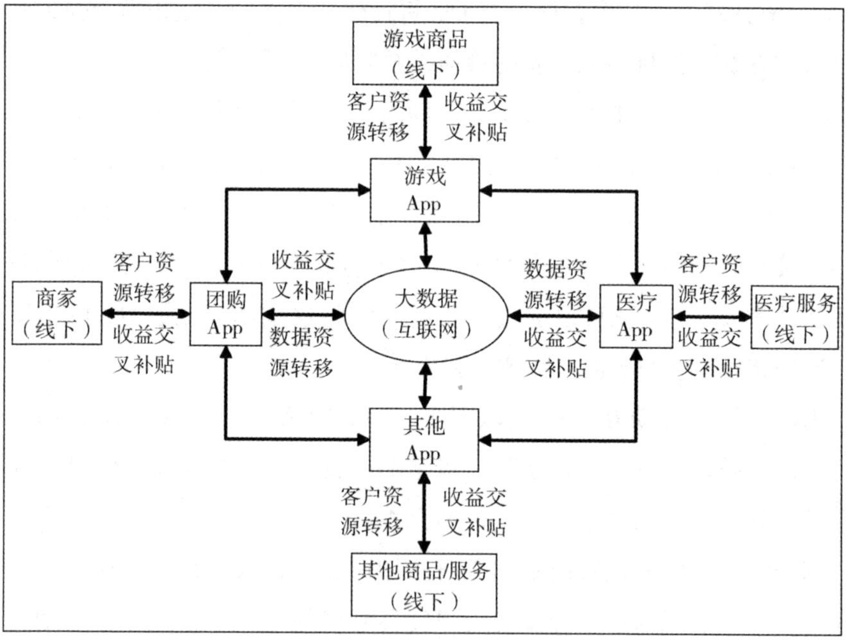

图 2－5　基于大数据的网模式

在移动互联网时代，不同类型的鱼（互联网业务）被分散到不同的鱼塘（App）养殖，鱼塘与鱼塘之间的关联度（链接）很低，只有部分鱼儿（用户）可以通过水渠（链接）游到另外一个鱼塘。但是，在云计算的支持下，每一个鱼塘的鱼行踪（数据）都上传到云端形成大数据。

这就相当于中国商周时期的分封制，周天子将儿孙封到不同地方分而治之，形成楚国、越国、吴国等诸侯国。但是，每年各国诸侯都要定期和不定期向周天子述职，汇报所管辖国家的人口、经济、军事力量等情况。通过王权体系所掌控的各诸侯国国力信息，周天子可以使其相互制衡、捭阖博弈，从而维护天子至尊统治。

在云端，大数据系统对各App提供的数据进行挖掘，并将加工后的数据转移到各App中，以提高各App业务的效益。那么，App的收益哪里来呢?

对于移动互联网而言，App的意义不仅仅是将原有Web中的服务提到手机桌面，而是将移动互联网的服务通过移动设备引向线下实体产业。移动互联网的移动化、本地化以及垂直化特点，可以深度挖掘本地服务，深入渗透传统产业，深层次与线下企业融合。移动互联网是一场引向线下实体产业的商业革命，它通过各种App落地，打通网上与网下的隔阂，激活线下各实体经济。

一云多端的网模式实际上是线上线下融合的O2O模式。各种App将移动互联网引向相应的产业，如团购App引向商业，医疗App引向医疗服务，打车App引向交通运输。线上App将客户转移到线下企业中，通过收益交叉补贴的方式实现双赢。如团购App与商家销售分成，健康秤App与健康会所销售分成。

传统企业常常因没有足够充分的市场信息而做出错误的战略选择及产品计划，而大数据将为传统企业提供充分、精准的数据分析。App将引爆线下企业的商业革命，提高营销的精准度、服务的人性化和企业的经营效益。例如，大数据系统从计步器App数据中分析出用户对跑步鞋的设计、品牌、价格及购买时间等方面的需求，这些数据分析有助于运动品牌商提高各个经营环节的效益。大数据可以提前发现和创造需求，帮助传统企业推出顾客没有想到但是正需要的商品。

腾讯公司应该改变战略，不要将移动互联网押宝在微信上，而是要分散到门户、QQ、游戏、电商等 App 上，然后推动各 App 业务与实体产业融合，通过发力大数据和云计算，构建以大数据为核心、多 App 端口、关联实体产业的 O2O 网模式。QQ 用户依然是腾讯非常重要的资产，而大数据是腾讯的核心资产。

与腾讯一样危险的是新浪，新浪微博还没有盈利，就被微信抢走了风头。危急之下，新浪迫切求变，不但强化了新浪微博的各种应用，还将微博与门户融合。其实，新浪首先要解决一个问题：微博到底是什么？社交媒体还是媒体社交？可以这么说，新浪微博必须做出选择，而最佳选择是社交媒体。

如果微博要成为自媒体的社交网站，就必须将弱关系变成强关系，但这样在一定程度上扼杀媒体功能。根据社交规律，正能量社交都遵循从陌生到熟悉、从虚拟到面对面的规律。用户一旦在陌生关系、弱关系的社交网站与他人建立关系之后，会转而使用 QQ、手机甚至面对面的更加紧密的联系工具继续交往。所以，微博要在用户建立弱关系之后推出增进强关系的功能（聊天、私信）。

如果微博要变成泛社交、弱关系的自媒体，就不应该强化社交关系。因为强关系具有隐私性，而媒体具有公开特征，二者矛盾不可调和。媒体的盈利方式以广告为主，社交网络则以应用（游戏）和精准广告为主。

而新浪微博似乎想通吃，同时做自媒体和社交网，一边与门户整合，推出个性化新闻，获取广告收益；一边深化用户社交关系，获取应用收益。

这种想法过于理想，甚至不可能实现。在移动互联网时代，一个微博 App 不可能像微博 Web 一样承载媒体和社交两大功能。就连单个社交 App 都很难承载强关系和弱关系两大模块。微博不可能做成微信，微信也不可能做成微博。

其实，新浪微博没有选择，泛社交、弱关系的自媒体是它唯一的出路。因为用户一旦在新浪微博中建立了强关系就容易转到微信、QQ 中维系，新浪也就为腾讯做了嫁衣。强社交不可能胜过腾讯，弱社交缺乏用户黏性，新浪微博只能做弱关系的自媒体。

在媒体方面，新浪具有门户优势，这次新浪将门户与微博融合，无疑是一个非常高明的决策。对于新浪而言，新浪微博最大的价值不是应用、广告，而是 5 亿注册用户带来的庞大数据。而且注册用户特别是实名制注册用户所产生的数据价值远远大于隐匿数据。

在大数据对新浪微博用户习惯、偏好进行挖掘后，融合之后的新浪门户可以真正做到“满足和贴近用户不断涌现出的在个性化、社交化、本地化和移动化等方面的需求”。而个性化、社交化、本地化和移动化这“四化”都击中了移动互联网的要害。

新浪重新定义了门户，门户正式进入 Web2.0 时代。广告是门户的主要收益来源，Web2.0 门户将打破广告位瓶颈，开发出个性化广告、互动广告。但是，这不是新浪的最终目的。

新浪在下一盘更大的棋。如今门户媒体已经进入了制播分离①的时代，门户频道的专业性和垂直化大大加强。这次改版之后，新浪门户也开始实行制播分离模式。新浪内部将频道分为商业、综合和媒体三大类；其中商业和综合作为独立事业部，各自承担销售任务，媒体频道则负责播出，不承担销售任务。

在移动互联网时代，门户制播分离是必然选择，垂直频道的“分众化”深度服务是必然趋势。新闻门户 App 不再无所不包，突出时政、社会、体育、娱乐等热点新闻。汽车、房产、游戏、读书、健康等商业频道垂直深化，走向相应的实体产业。商业频道将用户转移到实体产业中，通过与实体分成创造收益。例如，读书频道与读书零售商销售分成，房产频道与房产公司销售分成，健康频道与医疗健康机构销售分成。

---

① 制播分离的概念最早起源于英国，来自于英文 Commission，原意是指电视播出机构将部分节目委托给独立制片人或独立制片公司来制作。这里主要指门户媒体的新闻中心与专业频道分离，专业频道独立制作信息。

这样的话，在门户与微博融合的基础上，新浪可以从大数据云端出发，居高临下打通各垂直频道 App 与线下产业的通路，形成以大数据为核心的一云多端的媒体 O2O 网模式，这就是新浪的未来。目前而言，新浪的大数据服务还没有建立起来，距离大数据支持下的精准广告依然很远，新浪微博无穷的数据金矿正等待开发。

与新浪相比，没有庞大注册用户量的百度在数据获取和挖掘方面要付出更高的成本。在移互联网时代，综合搜索将被分化，垂直搜索是必然趋势。百度应该将自己的“框”拆分成众多垂直搜索框，并植入众多 App 中做“无框”搜索。文库、百科、地图等垂直频道独立成 App，并垂直深化到实体产业。例如，街景地图 App 渗透到旅游产业中，与旅游公司销售分成。

人类还有 99% 的信息没有实现 Web 化，而 App 无疑可以提高数据 Web 化程度。菜市场、麦霸、打车、查二维码等 App 将线下信息传递到线上，搜索引擎如果为这些 App 提供垂直搜索，可以获取更大的数据。搜索引擎植入大量 App，依然数据服务可以打破 App 的信息孤岛。

另外，与公共部门和私人合作获取线下数据，是搜索引擎未来的必然选择。百度曾经与药监局合作，对接药监局的数据库。这只是一个开始，未来搜索引擎公司将对接交通部门、环保部门、旅游局、卫生局、教育局等部门数据库。这就意味着搜索引擎的免费信息红利将消失，开始为数据获取付出成本，垄断数据将成为搜索引擎的竞争武器。值得注意的是，不管是搜索引擎还是阿里巴巴，都需要从外部获取大量数据才能提高数据分析的精准度。

到物联网时代，交通、电力、安防、汽车等物联网云端形成一个个人与物关联的庞大数据库。未来，这些数据哪些要公开，哪些要垄断，哪些要屏蔽？目前，英国、印度都有“数据公开”运动，美国政府建了 Data. gov 网站，为大数据敞开了大门。物联网数据将是搜索引擎争夺的焦点。

在大数据时代，隐私保护是一个社会性问题。隐私数据公开度的把握是关键，一定程度的公开有利于创造数据福利，但是过度公开则带来社会危机。私有云数据应该属于隐私数据，这部分是搜索引擎难以获取的。

强大的数据处理能力，是搜索引擎的优势。对于结构化数据，搜索引擎公司应该强化搜索的准确性，为用户找到精准答案。而非结构化数据是搜索引擎的一座金矿，就看采用何种算法挖掘出商业价值。

数据是搜索的未来，数据是搜索的金矿，搜索引擎公司是淘金人。百度至今还没有将数据上升到战略层面，对商业模式的变革缺乏魄力，这将是百度的危机。谷歌搜索业务在移动互联网市场受到挑战，但是不管是谷歌眼镜还是开源系统，其战略目的都指向数据。

未来，搜索数据将不再汇聚一个“框”中，而是分散到无数有框和无框中。而这些林林总总的数据都将上传到云端，通过大数据挖掘出价值。搜索引擎公司需要重构商业模式，形成以大数据为核心、一云多端的网模式：将搜索渗透到商业各领域，从各领域获取数据，通过数据挖掘后又分别应用到相应的商业领域，从各商业领域中获取经济价值；数据也可以直接交易变现，这就是 Data Market Place。

不管是文字、语音，还是图片搜索，搜索引擎在移动互联网时代时刻记录着我们的行踪。搜索数据与实体触碰引发的不仅仅是商业革命，还有人们生活、学习、工作、社交方式的变革。

第七章 “软件+硬件”网模式

一、智能手机网模式：跨界竞争协同

智能手机是近年来移动市场中争夺最为激烈的领域，互联网公司、软件公司、移动运营商以及传统手机厂商都试图分食这块巨大的蛋糕。摩托罗拉、索爱、西门子、LG等传统手机厂商在这场争夺战中迅速没落，苹果、三星则快速崛起，如今站在市场之巅。

诺基亚是功能手机时代的王者，以产品质量过硬闻名天下。然而，怎么也没想到，打败它不是老牌霸主摩托罗拉，也不是索爱、西门子，而是互联网公司。在苹果推出第一代iPhone时，诺基亚的高级工程师对其进行抗摔测试，得出的结论是iPhone不可能成功。这个例子很典型地反映出，诺基亚对产业融合带来的手机革命缺乏感知，没有跳出手机行业看智能手机，依然以“功能”标准来评价智能手机。

模式背景：在功能手机时代，手机产业是一个产业边界清晰、相对独立的产业，产业链各个环节分工明确；用户的需求相对单一，即通信功能好，手机的主要功能是移动通信；手机厂商的核心竞争力就是质量过硬，通信良好，外观好看。

当互联网、软件与手机产业融合之后，手机进入了智能时代。手机产业的边界开始变得模糊，并与互联网、软件等产业交叉在一起形成产业网。手机已经完全被颠覆，手机的功能突破了移动通信的范畴，变得越来

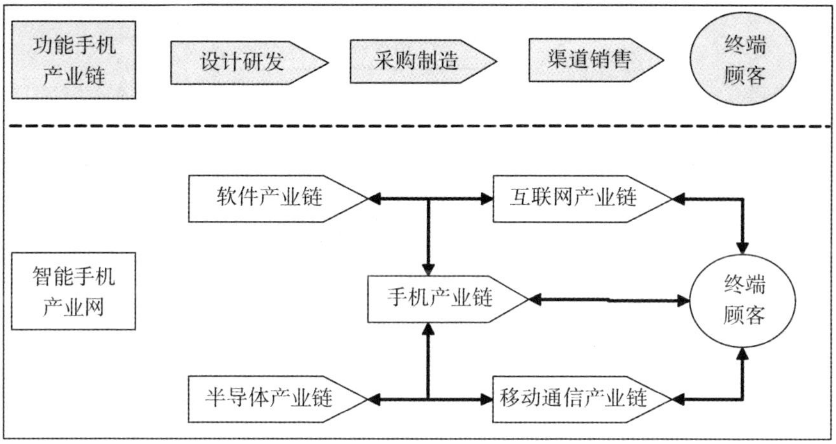

图 2－7　功能手机产业链与智能手机产业网对比图

越广泛，以至于今天我们很难明确 5.5 英寸的三星 N7100 是手机还是平板电脑。用户对手机的需求大大提高，更加关注操作系统、软件、移动网络、CPU 集成的用户体验，这恰恰是智能手机需要打造的核心竞争力。在产业网中，各个产业都直接面向终端用户，互联网、软件、移动通信、半导体及手机形成网络服务于终端顾客。

到了智能手机时代，软件（操作系统）、互联网（应用程序及平台）成为了诺基亚的两大软肋。诺基亚长期与 Symbian 操作系统提供商合作，一直没有自己的操作系统。诺基亚在智能手机兴起之时，凭借广泛的渠道优势，诺基亚很快成为全球最大的智能手机厂商。但是，由于 Symbian 操作系统未能跟上智能手机的步伐，诺基亚又无力开发操作系统，最终被装备卓越的 ios 系统的 iPhone 超越。

商业模式创新：功能手机时代，手机厂商采用链模式，即手机厂商直接通过销售手机获利，而顾客通过一次性购买手机满足需求。到了智能手机时代，互联网颠覆了链模式，与手机、软件形成了网模式。网模式以顾客为中心，在手机、互联网服务、软件/内容三种业务之间形成客户资源转移、收益交叉补贴的网络。这是一种硬件 + 软件的网模式。

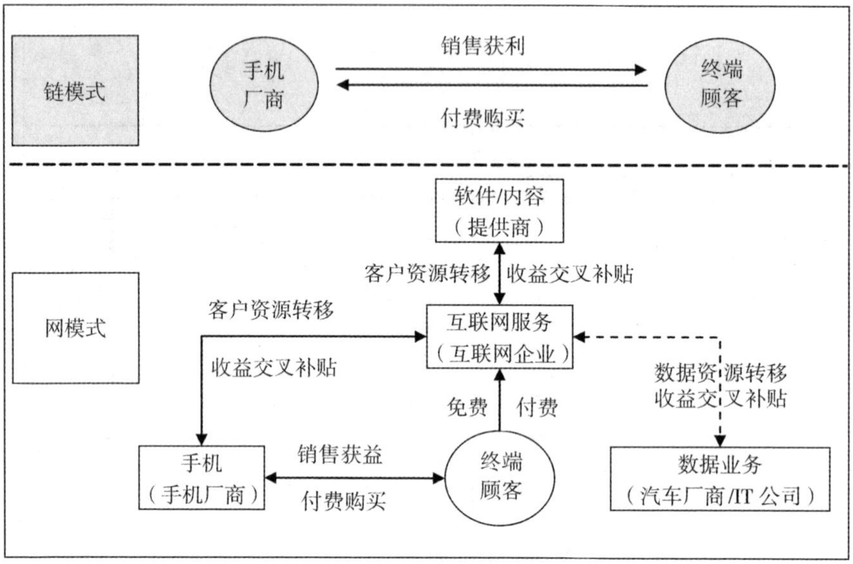

图 2－8　手机链模式与网模式对比图

具体描述：手机厂商通过销售手机给顾客获益，值得注意的是“获益”可能是获取利润，也可能是零利润甚至亏本；但占领了市场份额；用户通过手机上网，手机也就把用户资源转移到移动互联网服务中，顾客可以使用免费服务（谷歌搜索），也可以使用付费服务（从 App Store 下载付费软件）；当用户使用软件/内容时，互联网服务就把用户资源转移到软件/内容上，软件/内容提供商按一定的分成比例与互联网企业实现交叉补贴。有些手机厂商会采用低价策略，先占领手机市场，然后通过互联网、软件服务的交叉补贴实现盈利。

值得注意的是，操作系统软件是手机系统平台，手机和操作系统同时销售，手机的销量实际上就是操作系统的销量，手机厂商等于向提供商采购系统。但是，作为甲方的手机厂商不一定具有主动权，因为智能手机时代，操作系统对用户的控制能力很强，在手机产业网往往更具有话语权。

在智能手机时代，竞争与合作已经远远突破了手机产业范畴，软件公司、互联网公司、移动运营商和硬件设备厂商都将共同角逐这场“豪门盛宴"。他们通过合作或直接进入的方式不断地将自己的业务往外扩张。

图2-9 智能手机竞合格局图

微软是全球PC操作系统的霸主，但是在移动操作系统领域被谷歌超越。微软的互联网业务（手机浏览器、Bing）很糟糕，移动互联网就更无建树。微软曾经试图推出手机，提高操作系统市场份额，形成硬件+软件的网模式。不过，微软手机销售不佳，网模式最终落空。

2011年2月11日，诺基亚正式宣布与微软达成全球战略合作伙伴关系，双方重点将在智能手机领域进行深度合作。微软全新推出的Windows Phone 7系统成为诺基亚的主要手机操作系统，但并未取得成功。诺基亚的传统手机与微软的软件、操作系统组合，看似天衣无缝，其实诺基亚受制于微软。诺基亚已经不具备智能手机的核心竞争力，如今微软已经放弃了"诺基亚"品牌，一代手机传奇就此终结。

2012年6月，微软推出了平板电脑Surface，但销量远低于预期，其搭载的Windows8系统也不被看好。自Surface问世后，一直传言微软会再推出手机。在智能手机时代，用户关注的是操作系统、手机、应用平台等组成用户体验，其中操作系统对用户体验影响很大。微软可以利用传统优势从操作系统入手，与其他手机厂商合作开发智能手机；没有必要像苹果公司一样，大包大揽地构建封闭的生态系统。

在经济网时代，企业与企业之间的竞争不再是单个产品的交锋，而是体系（网模式）的竞争，拼得是综合实力。谷歌在互联网领域拥有很强的竞争力，但是没有手机硬件业务。谷歌选择与硬件厂商合作的方式构建网模式。

2005 年 8 月，谷歌收购了一种基于 Linux 的自由及开放源代码的操作系统——Android。2007 年 11 月，谷歌与 84 家硬件制造商、软件开发商及电信营运商组建开放手机联盟共同研发改良 Android 系统，并以 Apache 开源许可证的授权方式，发布 Android 的源代码。自 2008 年 10 月第一部 Android 智能手机发布以后，Android 系统大量应用于三星、中兴、华为等智能手机中，甚至扩展到平板电脑、电视、数码相机、游戏机等。如今 Android 占据全球智能手机操作系统市场70%左右份额，成为名符其实的全球智能手机第一操作系统。

三星是谷歌最大的合作商，安卓系手机中三星的出货占比达40%左右。作为传统电子厂商，三星在手机制造、营销渠道方面拥有强大的优势。谷歌除了拥有 Android 操作系统，还在移动搜索、浏览器及地图市场拥有强大的竞争力。硬件实力卓著的三星与软件实力不凡的谷歌合作，形成高级别的硬件 + 软件网模式。这也就促成了三星与谷歌在移动互联网市场中的霸主地位，上演联合抗击苹果的好戏。

在这个网模式中，装配安卓系统的三星手机将用户转移到谷歌浏览器、搜索、地图等互联网服务中，用户付费使用应用程序，谷歌公司与提供商分成获利。而免费的浏览器和搜索又形成了另一个网模式：用户免费使用浏览器和搜索，谷歌公司从搜索广告中获利，然后实现交叉补贴。可以看出，安卓系统三星手机为谷歌公司的互联网服务提供了大量的客户资源，是谷歌的硬件平台。谷歌公司是三星手机强大的软件后台，极大地提

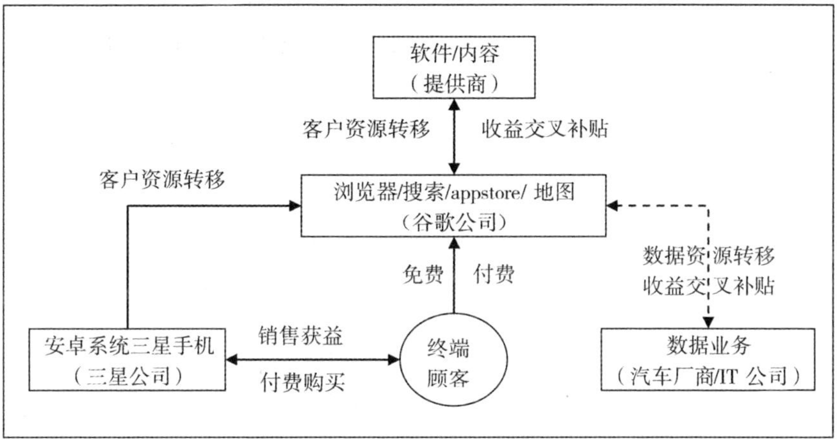

图 2－10　“三星＋谷歌”网模式

升了三星手机的竞争力，对三星手机占领客户资源具有重要意义。

不过，当三星登顶全球智能手机市场之巅时，开始有意识地强化软件业务，并流露出“单干”意向。2013 年，谷歌缺席了巴塞罗那世界移动通信大会，三星成为主角大放异彩。三星公司在会上举办了自己的年度开发者日，邀请了全球超过 500 家应用开发者来参会。三星向开发者展示了三星 Wallet（电子钱包）服务的开放式接口，它可以让用户通过合作伙伴的应用程序来整理优惠券、会员卡、机票及登机牌，并存储在一个平台之中。

三星还联手英特尔展出了一款运行 Tizen2.0 版本系统的开发者手机。Tizen 系统是英特尔和三星合作开发的一款基于 Linux 的操作系统，同时结合了 Maemo、Moblin 和 MeeGo 系统特性。2013 年 4 月，三星宣布与火狐浏览器开放商 Mozilla 合作开发下一代 web 浏览器引擎 Servo。

目前，三星应该不会立即弃 Android 而选 Tizen 系统，但是对于谷歌而言，不得不考虑到这种风险并采取防范措施。如果三星全面去 Android 化，那么谷歌将失去移动市场的半壁江山。不过，谷歌也没有必要恐慌，毕竟在移动操作系统中只有 iOS 能与 Android 抗衡。

谷歌正在考虑整合 Chrome OS 和 Android，推出统一的 Google OS 操作系统，打造“大系统”概念，适用于所有智能家电。Google OS 操作系统若成功，不但可以弱化对三星的依赖，而且还以“大系统”的方式，覆盖整个智能家电市场。智能家电是下一个智能领域的巨大市场，谷歌只有继续奉行开放理念才能更大作为。

谷歌操作系统在智能手机、智能电视和其他智能家电市场排兵布阵，不仅仅是为了占领整个智能家电市场，而是在下一盘更大的棋。各种智能家电只是棋子，数据才是目的。随着移动互联网的发展，谷歌搜索大平台将失去统治威力，埋伏在各种智能设备领域的安卓系统的战略价值开始显现。在大数据时代，庞大的安卓系将成为谷歌大数据的端口，谷歌大数据中心将成为安卓系的大脑。

小米手机问世之后，Facebook、阿里巴巴、百度、腾讯等互联网公司都试图推出智能手机，构建软件 + 硬件的网模式。然而，这种模式在大数据时代将被数据占领，围绕大数据重构网模式，是未来网模式创新的趋势。在与三星的竞争与合作中，谷歌远比三星更具核心优势，谷歌掌控着代表未来的大数据。谷歌不需要通过合作，就可以构建“大数据 + 安卓系”的网模式。通过数据资源转移和交叉补贴，大数据极大地提升了安卓系的战略价值和收益价值。软件服务商、互联网公司和硬件厂商将更加依赖于大数据支持下的安卓系统。未来，基于云计算、大数据的软件服务将成为未来争夺的焦点，而硬件的地位则进一步下降。

互联网企业的 OTT 模式直接架空了运营商，这让运营商感到非常恐惧。在国家垄断政策保护下的运营商及有关部门，不断地给腾讯施压，要求对微信收费。这种斗争实际上反映了垄断与创新、链模式与网模式之争。

不过，运营商不会坐以待毙，他们尝试渗透到硬件与软件市场创造网模式，以扭转被动局面。移动、联通和电信运营商利用移动网络垄断控制优势，一方面向互联网平台渗透，推出移动互联网门户、即时聊天软件、邮箱、移动搜索等互联网服务；另一方面向移动终端设备渗透，推出定制手机（如电信天翼手机、移动心机），并与移动通信服务捆绑销售。电信凭借天翼手机杀入移动网络市场，一定程度上打破了中国移动一家独大的格局。不过，他们的竞争对手不再是运营商自身，而是互联网公司。如果中国移动当年不放弃飞信，以互联网思维打造飞信构建网模式，或许就没有今天的微信。然而，这些都不是市场原因，而是体制原因。

传统手机厂商成为智能手机时代的失落者，软件能力的缺失让他们失去核心竞争力。诺基亚曾试图通过并购的方式快速渗透到移动互联网市场。从 2005 年开始，诺基亚一共收购了多家分别涉及手机邮件、数字音乐、地图导航、图片分享、移动广告和社交网络的互联网服务提供商。或许是技术不足，但更多的还是经营思维没有转变。

手机操作系统作为一级软件平台，对终端顾客具有非常强大的控制力，手机操作系统也就成为大部分竞争对手必争的市场。苹果公司一样凭借 iPhone 和 iPad 对终端的控制能力，轻而易举地甩开微软的手机操作系统，使用自己开发的 ios 操作系统。通过终端顾客资源的层层转移，苹果公司顺其自然地将产品延伸到移动搜索、iTunes、App Store 等产品，从而建立强大的封闭网模式。

世界 PC 巨头惠普则斥巨资 12 亿美元收购老牌智能手机 Palm，从而直接挺进智能手机、操作系统及衍生互联网服务市场。收购 Palm 后，惠普获得 Palm 的 webOS 操作系统，从而弥补了惠普缺乏软件开发能力的软肋。正如惠普首席战略和技术官 Shane Robison 所说：“智能手机只是一部分，webOS 操作系统才是重头戏。”

2004 年，面对戴尔等 PC 巨头的威胁，联想公司“蛇吞象”并购了 IBM 全球 PC 业务。但是，并购之后出现严重的“消化不良”，一度巨亏达上亿美元，并导致联想步入战略迷失的危机。“人类失去联想，世界将会怎样”，联想失去战略，柳传志不得不出山。“教父”柳传志重掌联想稳定军心，并实现了扭亏为盈，更重要的是带领联想走出了迷失，找到了战略方向。2010 年 1 月，联想公司在美国的 CES 2010 会展上高调发布乐 Phone 的智能手机，确定下一步的战略——智能手机及移动互联网。

联想终于在网状经济的竞争格局中清晰地认识到，联想的竞争对手已经不是戴尔、东芝等 PC 巨头，而是集电子产品、互联网、软件于一身的苹果。联想公司视苹果公司为直接竞争对手，并扬言要打败苹果。联想公司还推出乐 pad 平板电脑以挑战苹果 iPad。不仅如此，联想公司在积极备战硬件的同时，还努力推出软件产品，试图构建软硬件一体化的产品体系。不过，从市场来看，联想公司的移动战略并未成功。

华为、中兴已经跻身全球智能手机前五名，然而他们都面临有市场、无利润的尴尬，这也是传统硬件厂商面临的问题。如果无法强化软件软肋，手机厂商注定会被互联网企业统治。可怕的是，在云计算时代，手机等硬件设备或许沦为显示设备，失去核心地位。亚马逊申请了一项“远程显示”的新专利。通过该专利技术，平板电脑或电子书等设备将能转换成为一款单纯的显示设备，所有数据处理甚至电源供给都将通过一个“基站”完成。

二、智能电视网模式：重回娱乐中心

手机厂商的教训在前，电视厂商不想步其后尘移动。目前，中国电视厂商争先恐后地大打概念牌，云电视、智能电视纷纷抢占终端。中国电视厂商的智能电视出货比高于国际厂商，达到 30%，创维则逼近五成。

从目前智能电视的发展轨迹来看，与智能手机的发展历程何其相似。传统电视产业相对独立且封闭，内部分工比较明确，外部产业关联很弱。电视厂商将电视销售给用户，用户安装广播电视网，然后被动地收看电视节目。

模式背景：传统电视产业开始与互联网融合，电视产业进入智能时代，一切都被颠覆。产业格局发生变革，原有明确的电视产业边界开始模糊，与软件产业、互联网产业、娱乐产业、半导体产业交叉，形成智能电视产业网。整个产业网围绕终端顾客而构建，给顾客提供一个由多产业共同组成的可持续的娱乐解决方案。

电视安装芯片之后实现了智能化，拥有与电脑一样计算的功能。当手

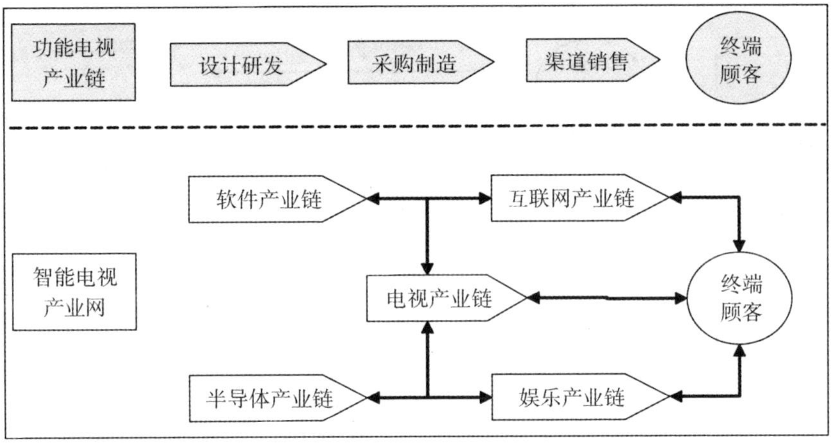

图2－11　功能电视产业链与智能电视产业网对比图

机拥有智能化技术后，我们就很难将手机与平板电脑严格区分。如今，智能电视与平板电脑的界限也越来越模糊。

电视接入互联网之后实现了网络化，互联网企业开始渗透到电视产业，推出操作系统平台、应用程序及平台。

智能化和网络化带来电视多功能化，视频点播、体感游戏、语音控制、一屏双显、电视购物、浏览新闻这些新功能都是原有电视机不具备的。所有的变化源于用户需求改变，用户不再被动地收看影视剧，而是主动点播影视剧；用户不再满足于电视画面品质，而是追求由内容、系统、画面及交互组成的用户体验。这对传统电视台而言，无疑是灾难性的。不管是电视厂商、电视台，还是互联网公司、软件公司都应该以用户体验为核心构建网模式。

商业模式创新：电视厂商、互联网企业、软件企业将一同以顾客为中心构建电视产业网模式。在这个模式中，顾客购买智能电视机安装好网络可以登录互联网，使用付费或免费软件及内容（影视剧），互联网企业与软件/娱乐公司进行分成实现交叉补贴。

电视网模式的发起点在于电视，软硬件强大及用户体验高的电视将主

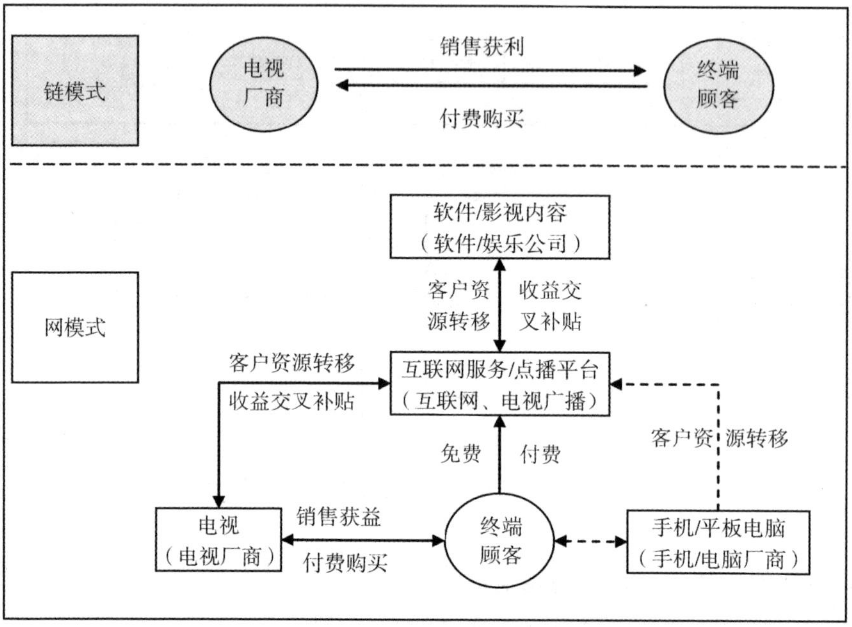

图 2－12　电视链模式与网模式对比图

宰智能电视市场。有些电视厂商或许会采用低价策略先占领智能电视市场，然后从互联网、软件、影视内容的交叉补贴中实现盈利。有些电视厂商可能采用高品质电视获得市场认可（如 iPhone 智能手机），然后将用户资源引入互联网市场。

智能电视网模式看似与智能手机相似，但构建的难度大很多，且成熟的智能手机网模式也将渗透其中。

创维、康佳、TCL 等国内家电厂商在智能电视市场表现尤为积极，他们与英特尔、高通公司合作，提高了电视的智能化水平。不过，由于整个产业生态系统没有形成，企业之间的竞争协同关系不够，电视产业网模式没构建起来，目前国产上市的智能电视依然不够成熟。

电视产业融合有待深入，互联网对电视的渗透依然不够。电视厂商虽然大力生产智能电视，但是受困于软件与资源平台。目前，国内电视厂商大多与谷歌合作，采用谷歌 Android TV 系统，但是系统依然不够成熟。智能手机的应用程序已经达到几十万种，而智能电视的应用程序不过上百个。创维是中国智能电视的领跑者之一，但直到2012年底，它才与优朋普乐合作，首次从卖整机延伸到卖内容。

不成熟的系统、屈指可数的应用程序使智能电视沦为“伪智能”。“伪智能”与“难上网”有关，即电视遥控器上网操作不方便。简单地将鼠标与键盘组合而成的遥控器大大降低了用户体验，而有些智能电视配置的遥控器与普通电视无异。智能触屏遥控器是用户比较认可的解决办法，但是由于广播电视网无法将画面传输到其他设备，这种办法目前无法实现。

与广播电视网相反，互联网可以将画面、文字、语言轻松传输到其它设备中。这就意味着，用户可以轻松地将手机、平板电脑的影视剧通过无线互联网接入智能电视。这对智能电视而言，是一个巨大的打击。用户回到了智能手机、平板电脑的网模式中，智能电视沦为大号显示屏。

因此，“三网”融合成为智能电视发展的一大障碍，也是网模式构建的重要组成部分。只有“三网”融合之后，智能电视、智能手机、平板电脑才能成为相对独立又相互共享的资源平台。

在智能手机领域大获成功的三星，利用传统电视制造的优势开始发力智能电视。三星已经拥有All Share无线共享功能的Smart TV，为用户提供了更大的视听选择空间，只需连接Wifi，笔记本、平板电脑和其他移动设备中的电影、图片、音乐、视频就可以轻松共享到电视上。

智能手机将成为三星智能电视的强大支撑，当电视与手机内容可以相互分享之时，手机成为了“玩转”电视的遥控器。三星智能设备共享和传统电视制造及营销渠道，都是三星智能电视的强大竞争力。

目前，三星智能电视多采用谷歌安卓系统，但在应用程序领域开始构建自己的平台。2010年，三星就着手搭建全球首个基于高清电视平台的应用程序商店Samsung Apps（三星应用商店），目前，Samsung Apps在全球范围可以提供1500多个智能电视专属APP。三星还与高德合作推出基于智能电视平台的高德地图“电视版”，并入驻三星智能电视。

智能电视离不开互联网公司的参与，谷歌基于开放理念快速进入了智能电视操作系统市场，Android TV 成为全球智能电视的主流操作系统。在这个操作系统上，谷歌接入了自己原有的浏览器、搜索服务及 Youtube 视频网，同时还开发了影视内容平台 Google Play。更重要的是，谷歌将触角伸到了前端，在肯萨斯城推出了网络时速高达千兆每秒的光纤电视（Google Fiber TV）服务以及在全美推出了 Google TV 盒子。

谷歌在智能电视领域，基本形成盒子 + 操作系统 + 应用/影视剧平台 + 软件的产品体系。在中国，广电、电信、小米、乐视等都推出盒子，作为 IT 公司的乐视发展模式与谷歌较为接近。乐视网所打出的“平台 + 内容 + 终端 + 应用”战略，即是内容商向硬件逆袭的平台战略。乐视试图打造“乐视 TV 超级电视”，构建完整的智能电视网模式。乐视在商店 Letv Store 终端覆盖率已经超过了 70%，并推出扶持优质应用开发团队的“开屏计划”。乐视还获得富士康旗下公司 1.3 亿元投资。

不过，智能电视毕竟不是智能手机，如果用智能手机的操作方法做智能电视定然无法成功。智能电视的主要功能依然是客厅共享娱乐，重要功能是点播影视剧。娱乐与共享两大特点决定了应用程序应该具有电视特色。如果简单地从智能手机的应用程序复制到智能电视上，显然无法满足用户需求。因为用户不可能走在电视面前玩“切西瓜”游戏。就连智能手机和平板电脑的应用程序在界面上和体验上也有所不同。

电视娱乐是老、中、青、小不同年龄段组成的一家人共享的，应用程序也应该符合不同年龄段人群以及共享的需求。正如李开复所言：“如果 PC 公司做的话，可能过多地想着工具（比如联想）；如果电视公司来做的话，可能想利用遥控器控制一切；如果是互联网移动公司做，可能会做的像移动企业了。但是，电视跟手机有巨大差别。”

互联网公司应该多研究智能电视的物理特征、主要功能以及用户需求，这样开发出来的产品才能在网模式中运行。例如，电视购物及广告可以有效地与电子商务结合。淘宝网已经与湖南卫视合作，开创了电子商务与传统电视的跨界合作。

三星公司推出的以家庭故事为主题的应用程序，可以在电视、手机、平板、电脑等多种终端分享照片、写备忘录或者生日提醒。外出旅游，可以随时随地将图片上传至网络存储器，亲朋好友可以通过大屏幕欣赏美景。用户可以将家中的快乐瞬间通过三星智能电视上传，分享给异地的亲朋好友，就连不善于操作电脑的老人都可以使用，快速分享生活趣事。

智能电视产业网正在形成的当下，互联网公司与电视厂商应该强化合作，共同解决远程遥控、娱乐应用、智能互动、优质资源等用户体验问题。

苹果开发智能电视的传言由来已久，这反映了谁都不敢忽视这家公司涉足电视领域。依靠封闭的网模式，苹果公司成为了移动互联网领域的王者。如今，越来越多的人相信，苹果会将这种成功的封闭模式移植到智能电视领域。

从应用程序、iTunes、App Store 到 iOS，苹果已经拥有最强大的应用程序平台和数字资源。同是，基于 iOS 的 iPhone、iPod、iPad、iTV 系列硬件设备，可以提升苹果智能电视的竞争力。苹果可以通过智能电视与系列硬件设备的无缝连接，实现资源共享，并解决远程遥控问题，强化用户体验。如果苹果开发智能电视，无疑等于增加了一个互联网接入口，还可以充分共享基于 iOS 的设备资源。相信苹果依然会采取高价位、高品质的高端品牌策略，通过卓越的 iOS 系统苹果电视占领高端市场，然后引导用户使用互联网服务、应用程序及影视内容。不过，苹果肯定要在应用程序及影视资源上做针对性的开发。

2012 年 6 月，美国专利和商标局通过了苹果在 2009 年申请的“魔棒”遥控器的专利，专利中描述了可以支持电视界面的动态侦测组件。这项全新的“魔棒”遥控器专利被称为“媒体系统的滚动条视频区域”，主要描述了“魔棒”遥控器如何在 Apple TV 和其他媒体设备上进行导航，包括同轴电缆传输的内容。

微软最新发布的 Xbox One 设备也可以支持为用户提供个性化的内容，只不过 Xbox One 是通过语音识别用户。如果苹果全功能电视机采用支持指纹识别的遥控器，那么支持该功能的 iPhone 5S 也可以被用作电视遥控器。

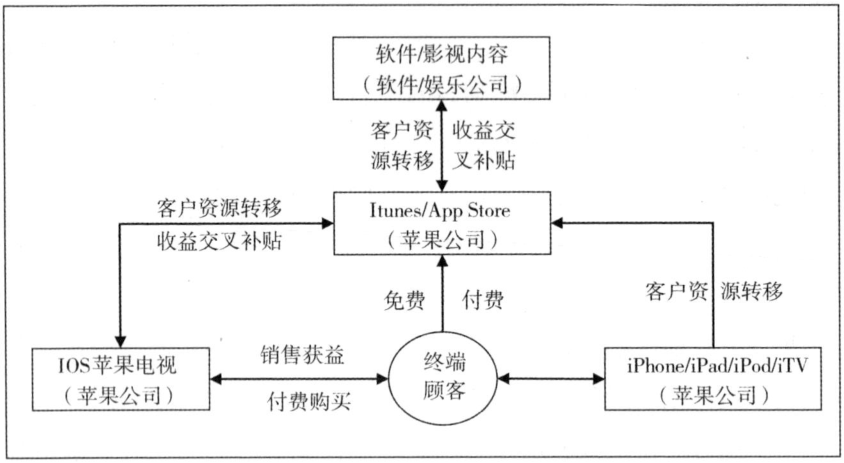

图2－13 苹果公司电视网模式构想图

一年后，苹果又获得了一项与“魔棒”相关的专利，这项专利中描述的技术包含指纹识别器，理论上来看指纹识别器是为了让“魔棒”遥控器能根据用户的不同自动调出相应的个性化内容。如果苹果“魔棒”相关的专利应用到苹果系移动设备中，那么 iPhone 5S 就可以被用作电视遥控器。

在云计算的支持下，所有 iOS 系设备都连接到 iCloud 云服务，资源可以实现同步共享。各个端口产生的数据都上传到云端，以此形成的大数据将成为苹果公司的重要资产。苹果控制着整个生态系统的高质量数据，数据将成为未来苹果构建新的网模式的核心。在大数据时代，在云计算的支持下，软件与硬件变成了数据端口，苹果原有的“软件＋硬件”网模式，将变成以数据为中心的“数据＋多端口”的网模式，或叫一云多端网模式。

苹果开发智能电视真正难度是硬件。三星与苹果关系的恶化，开始暴露出苹果硬件设备研发不足的弱点。三星突然入股夏普，给苹果智能电视采购高质量显示屏带来障碍。由于苹果没有电视制造方面的积累，传统电视厂商三星及索尼在采购端及渠道端都具备一定的优势。

智能电视的网模式构建还依赖于产业融合的深入以及跨产业之间的竞

争协同。电视运营商及电视台对智能电视的抵制是显而易见的。就连苹果也遭遇到了美国最大电视运营商兼内容供应商 Comcast 的打击。“三网”分裂导致电视厂商开发的智能电视形成巨大的堰塞湖。只有“三网”融合才能破除传统电视产业的利益格局，促进智能电视产业融合及网模式形成。

三、智能眼镜网模式：探讨眼镜定义

2012 年 6 月 28 日，谷歌公司在 I/O 开发者大会上发布一款“杀手级”产品——Google Glass 智能眼镜。

谷歌眼镜一发布就引起 IT 界的强烈反响。很多人都认为，2007 年 iPhone 发布之后 IT 领域很多年没有让人眼前一亮的智能产品，直到谷歌眼镜的出现。甚至有人开始预测，智能手机、平板电脑的时代将终结。智能眼镜让全球智能领域翘首以待，从专利公开的信息可以发现，不仅仅是谷歌，微软、苹果、索尼或也在研发智能眼镜。

根据官方公布的宣传片，当前版本的谷歌眼镜能够完成搜索、拍照、录制视频、发送短信以及截取地理位置等操作。用户戴上谷歌眼镜后，只要说一句：“OK Glass”，就能够轻松自如地操控以上几项功能。

谷歌眼镜集成了微型投影仪、摄像头、传感器、存储传输、操控设备，操控设备可通过语音、触控和自动三种模式控制。谷歌眼镜确实是一款非常神奇的产品，而且非常容易操控。硬件一直是谷歌公司的“硬伤”，如果能够借助智能眼镜杀入智能设备市场，那么谷歌或许会变得非常可怕。

智能眼镜真的能成为智能手机的终结者吗?

我们或许不能过于夸大谷歌眼镜的威力，但也不能低估它的潜力。智能设备是一种万能机器，理论上各种智能设备都能够实现对方的功能，但都很难相互替代。PC 是第一个智能设备，承载了所有智能设备的功能。笔记本电脑是第一款便捷式的智能设备，一定程度上瓜分了 PC 所承载的功能。到了移动互联网时代，智能手机和平板电脑的出现瓜分了笔记本电脑的部分功能。PC、笔记本、智能手机、平板电脑、智能电视、智能摄像机、智能阅读器、智能手表以及智能眼镜，各自都能实现了对方的功能，但都有其专业功能难以被替代。未来，智能设备各有所为，用户各取所需，相互渗透又相互补充。

历经几百年发展历史的眼镜是一个非常独立的产业，一直以功能和装饰价值而存在。到了智能时代，眼镜与软件、互联网产业融合，并开始形成经济网。眼镜不再是近/远视眼患者及潮人的专利。智能眼镜的功能大大突破了普通眼镜，与智能手机的功能相似。可以这么说，智能眼镜颠覆了眼镜产业，重新定义了眼镜。

不过，我们依然不能将智能眼镜等同于智能手机，智能眼镜有其自己的专业功能。用户的专业需求决定专业功能，专业功能决定网模式的发展方向，即应用程序及增值服务发展方向。平板电脑针对个人游戏、娱乐业务，阅读器针对电子书业务，智能电视针对家庭影视、娱乐业务，智能冰箱针对健康管理、食品供应业务，而智能眼镜可以往哪个方向构建自己的业务体系？

有了谷歌眼镜，我们不用掏出手机就可以实现便捷通话、发短信。谷歌眼镜可以彻底解放我们的双手，我们可以一边聊天，一边轻松自如地驾驶汽车、打高尔夫、做饭。谷歌眼镜还将内置骨传导扬声器，通话不但具有保密性还不容易被外部声音干扰。这种便捷的通话方式，是目前的智能手机不可比拟的。智能手机会被谷歌眼镜替代吗？

智能手机的部分功能会被智能眼镜削弱甚至替代，但不是全部。要知道，通话已经不是智能手机的全部功能，甚至不是主要功能。另外，并不是每一个人都喜欢戴眼镜，戴眼镜的人也不会随时随地戴着眼镜。

与 iPhone 相比，谷歌眼镜拍摄应该更加有趣。智能眼镜是一种全新的第一人称拍摄，你可以戴着谷歌眼镜一边打篮球一边拍摄，当然还可以一边解说。谷歌眼镜随时记录用户现场画面，无疑可以催生大量实时的创意视频。

在智能手机世界里，举手投足皆学习；而在智能眼镜中，学习就在眼里。智能眼镜是随时陪伴用户的全能小秘书，遇到任何不懂的东西，都可以通过智能眼镜搜索获取答案。实时搜索可能击败人们学习的惰性，极大地提高了学习的便捷性。智能眼镜对O2O教育模式的促进是必然的，用户在看书、听课、与人交流时，有任何疑问都可以立即搜索答案。另外，智能眼镜配备的实时语言翻译功能，对跨国旅行减少了语言障碍，对跨语言的教学和学习提供了无限前景。

智能眼镜还是用户的旅游向导，它可以指引你找到景点、酒店、娱乐园，还能一一详细地为你介绍景区知识。

当你需要吃饭的时候，谷歌眼镜会帮你搜寻到附近你喜欢的美食，甚至帮你约附近的朋友一起就餐。这个时候，广告商一定不会放过这个机会，广告会成为智能眼镜的重要业务。基于位置、即时、准确的LBS广告会大量涌现，将改变商家广告的投放方式。在传感技术、语音交换、大数据的支持下，你所看的、所说的及搜索的都将转化数据进入大数据仓库，经过数据挖掘，谷歌眼镜可以了解到你想吃什么、想买什么。那个时候，就是精准广告的时代。

智能眼镜是贴身用品，可以实时获取患者的血压、心率等生命体征，为健康监测、远程诊疗提供帮助。智能眼镜促进O2O医疗服务的发展，不管你走到哪里，你的健康状况都时刻反馈到自己和医生的智能手机中。

只有针对这些功能开发应用程序，才能满足用户的需求，才能构建完善的网模式。谷歌眼镜网模式关键在增值服务上满足顾客需求并实现收益。谷歌搜索、地图、App Store及YouTube为谷歌眼镜提供了强大的软件支持。在此基础上，谷歌需要自主研发或与软件公司合作，打造一批涉及IM、百科、旅游地图、导航、教育、商业、医疗的杀手级应用。所以，杀手级应用决定了谷歌眼镜的未来，是其美好意愿能否成为现实的关键。

用户使用付费教育、医疗等应用时，谷歌公司和软件公司可以通过分成的方式各自获得收益。谷歌公司还可以从旅游地图、导航以及商业（美食、电影）应用程序提供商中获取广告收益。谷歌公司目前明确不在谷歌眼镜中植入广告。但是，大数据的未来，广告变得非常“贴心”，“湿营

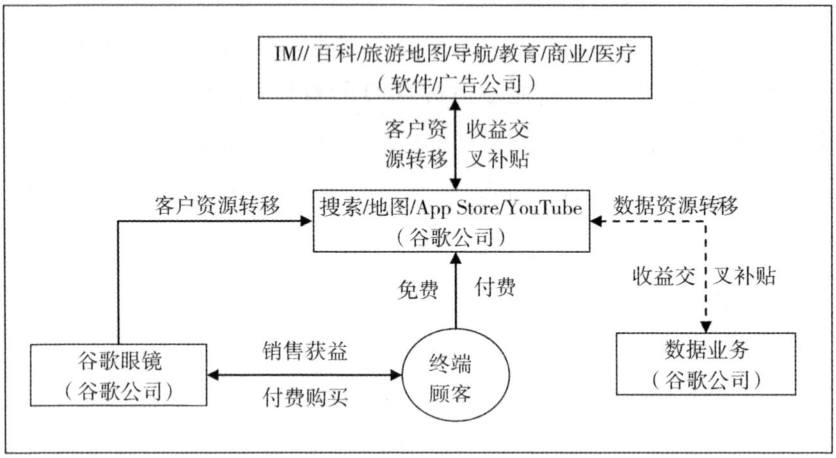

图 2－14　基于大数据谷歌智能眼镜网模式

销”自然会进入智能眼镜。

未来，谷歌最大的收益可能不是来自眼镜、互联网服务、应用程序，而是数据业务。正如 IT 认识所分析的，Glass 真正的用意是试验收集人们日常的生活数据。谷歌眼镜将人们日常生活的数据收集起来，上传到云端，形成庞大的数据资产。而这些源于用户生活的数据资产的开发，可以带来巨大的经济价值和社会权威。可以这么说，谷歌或许比政府还清楚人们日常活动、需求以及将要做什么。这些数据资产将应用到其他谷歌产品中，形成“一云多端”的网模式。

所以，数据成为谷歌眼镜网模式下一步创新的方向。谷歌眼镜要做的就是针对用户的需求及眼镜功能，推出杀手级应用，与数据业务一起构建完善的网模式，让这款智能眼镜真正智能化。虽然智能眼镜才刚刚问世，但是其网模式的构建要比智能电视更加容易。智能眼镜硬件开发不会太难，软件开发也比较有针对性，硬件与软件的结合更紧密。

一旦谷歌眼镜拥有杀手级应用，这些杀手级应用将用户日常生活的数据源源不断地上传到云端，谷歌数据中心这种宝藏则日益丰厚。谷歌再将这些经过处理的数据应用到各种应用、各个领域（广告、租车、旅游等），不断地挖掘这种宝藏的巨大价值。

目前，谷歌公司正在同国外专业眼镜公司 Warby Parker 洽谈有关智能眼镜设计事宜，希望智能眼镜看起来更加时尚，可让佩戴者看上去像“未来人”。眼镜本身具有装饰功能，智能眼镜在外观设计上操作的空间很大。如果能将 1500 美元的售价降低一点，或开发一些低价位的眼镜，或许能够占领更大市场。

在识别控制技术方面，智能眼镜还有很大的提升空间。目前，眼球控制技术开始进入应用市场，如眼球使 iPad 上的电子书使其翻页，眼球控制汽车方向盘。眼球控制在智能眼镜的成熟应用，可以提高使用的便捷性。

美国 MIT 的天才学生普拉纳夫发明了一项结合实体世界和虚拟世界的科技“第六感”，他将虚拟的数字界面用投影仪投射在现实物体的表面，并用一台摄像头捕捉双手操作手势，从而实现在任何物体的表面玩游戏、拨打电话、拍照、处理办公文档等。

这种“第六感”的虚拟现实技术无疑是革命性的，它打破了固定的显示屏幕，随时随地实现人机交互。这种技术如果应用在智能眼镜上，用户只要戴着智能眼镜，就可以随时玩人机互动游戏，随时投射画面与人分享、沟通。这无疑可以大大提升智能眼镜的功能。随着技术革新，智能眼镜会有更多杀手级应用出现，智能眼镜网模式也会更加丰富。

四、智能汽车网模式：探索未来汽车

底特律，这座汽车之都曾经是美国第五大城市，如今走到了破产悬崖的边缘。随着美国汽车产业过去在几十年逐渐衰退，底特律开始走向衰败。汽车厂倒闭，富人搬离，房价暴跌，吸毒、抢劫、负债笼罩着这座城市，这一切恰是美国汽车产业没落的真实写照。

目光转向美国太平洋东岸的加州硅谷，谷歌开发的无人驾驶汽车已经获得内华达州的牌照许可上路，此前上路测试累计行程超过 20 万英里，其中超过 1600 英里是在完全无人驾驶的情况下进行的。

谷歌，又是谷歌！从智能眼镜到无人驾驶汽车，谷歌一直是世界 IT 科技的领跑者。其开放、共享的互联网思维，以及倡导互联网文明的文化，是谷歌领跑的内在动力。以谷歌为代表的硅谷创造力，或许会成为底特律汽车产业复兴的驱动力。

从底特律的悲壮到硅谷的创新，我们仿佛看到一场汽车产业革命即将到来。就在传统汽车产业走向末路之时，科技恰逢其时地复兴汽车，互联网像重新定义手机一样即将重新定义汽车。

2012 年的底特律北美国际车展上，不管是欧美汽车还是日韩汽车，都针对中国市场推出展品。中国市场似乎成了欧美汽车的最后一根救命稻草。2012 年整个产业在美国的销量达到 1450 万辆，较 2007 年减少了 200 万辆。

而 2013 年的北美车展，欧美汽车风向突变，打出“复兴”招牌，专注于美国本土市场。欧美汽车的回归来自硅谷的动力和拉斯维加斯的底气。

在 2013 年的拉斯维加斯 CES 上，底特律汽车厂商不再像过去一样走走看看，而是深入参与其中。通用、大众、福特等汽车厂商纷纷展示自己最新研发的智能驾驶技术，如奥迪的“Piloted Driving”系统、雷克萨斯“预碰撞安全系统”。人们似乎听到了汽车厂商奋力追赶数字时代的脚步声。

在过去一百多年的历史里，汽车产业都是工业经济的重要支柱。汽车产业一直都处于核心地位，对与之关联的钢铁、橡胶、玻璃、油漆等产业辐射作用巨大。不过，现在有人断言：“现在汽车行业是制造业，未来将是信息服务业。”这话现在听起来似乎有些荒唐，但在 iPhone 问世之前，人们很难想象信息产业之于手机的价值。如今，人们在移动互联网增值服务的消费已经超过了购买手机的消费。

实际上，就在第一代 iPhone 上市的 2007 年，不少汽车厂商已经推出了信息娱乐系统。这是汽车产业边界首次与信息产业边界关联，并生成新产品。不过，这个系统依然是封闭性的，与开放的互联网系统距离还差很远。智能手机的快速普及，间接推动了汽车智能化、数字化的革新，越来越多的车主希望能够像玩手机一样玩汽车。如今，新推出的汽车开始使用更为开放的互联驾驶系统取代信息娱乐系统。

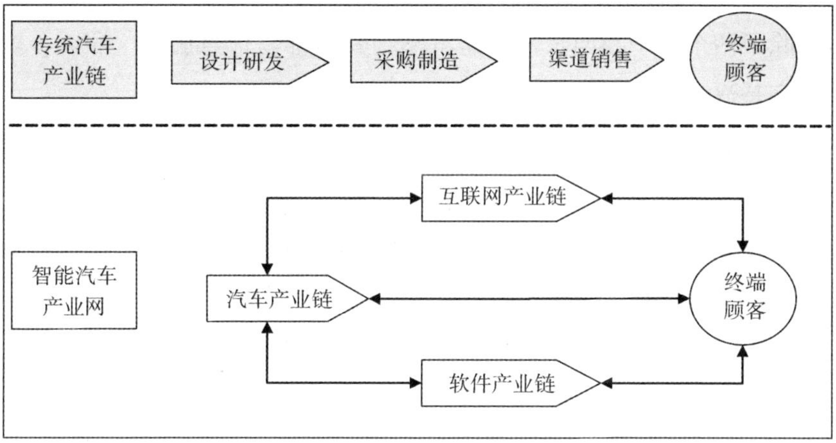

图 2－15 传统汽车产业链与智能汽车产业网对比图

在传统汽车产业链中，电子部件与橡胶、玻璃、钢材一样作为汽车原料，由公司纳入公司采购系统。目前，汽车电子部件成本占整车成本的35%，利润占销售的60%，汽车电子的成本大部分是汽车产品前装 OEM 软件费用及汽车同步开发费用。

进入数字时代，汽车产业边界开始扩展并与互联网、软件产业融合，形成智能汽车产业网。不但汽车电子部件成本占比会进一步提高，汽车电子将从原有汽车产业链的采购系统中分离出来，以存在于互联网、软件产业的形式与汽车产业并联。

周期短、更新快的互联网效率正在击碎汽车封闭车载系统，汽车封闭的产业链从车载系统这个端口被打开。越来越多的用户希望汽车系统联网，像手机一样自由地下载 APP 程序。这就意味着汽车电子部件（软件）不再固定，也不再 OEM，而是由软件提供商开发，用户自由购买。用户购买汽车之后，依然可以在网络平台上持续购买应用程序。

汽车的销售利润仅占整个汽车业利润的 20%，零部件供应利润约占

20%，另外60%的利润则在服务领域产生。这就是“汽车行业未来是信息服务业”的道理。将来，以大数据为核心的信息服务将成为汽车产业的中心，就像未来的互联网金融，金融只是基础，数据才是主导。或许，未来的汽车除了四个轮子和四张座椅是汽车，其他都是信息服务。届时，汽车公司到底是汽车公司还是信息公司？

这就意味着，汽车厂商必须跳出汽车产业，深入互联网和软件产业开发互联系统、基础应用及提供数据服务。就像手机厂商进入互联网、软件产业，开发操作系统及App Store地图应用等基础应用。当然，汽车厂商可以选择三星的合作模式，也可以选择苹果的封闭模式。

2012年7月14日，通用汽车公司解除了与惠普的IT服务合同。这个与通用汽车合作长达25年的供应商，在2010年还与通用汽车签署了涉及通用汽车90%的IT业务，却突然被抛弃。

随着汽车产业边界扩展到信息产业，通用汽车已经意识到进入信息产业自主开发信息产品的紧迫感和危机感。通用汽车计划在未来3—5年招聘1万名IT员工，成立IT创新中心。这些人才开发的应用最快可以应用到2014年生产的汽车。不仅如此，通用汽车将对公司整体进行信息化改造，汽车设计、制造流程、流水线的平台、供应链、销售渠道、质量控制都将实现信息升级。

就在底特律凋零之际，汽车厂商突然如梦初醒，开始如饥似渴地寻找软件开发者和信息技术专家。他们正在为下一代“互联汽车”开发应用，立志改变现有汽车的智能化体验。

根据密歇根州劳工部的预测，就该州整体而言，预计应用软件开发者岗位的增长速度将比2010年增长23.5%；就系统软件开发者来说，增长速度预计将会达到36.9%，在任何技术类就业岗位类别中处于最高水平。

可以预测，随着信息产业不断渗透到汽车产业中，整个汽车产业都将面临信息化革命。

信息产业与汽车产业交叉部分，即互联系统及基础应用领域，是汽车厂商与互联网企业即竞争又协同的市场。这个交叉领域在整个汽车产业中

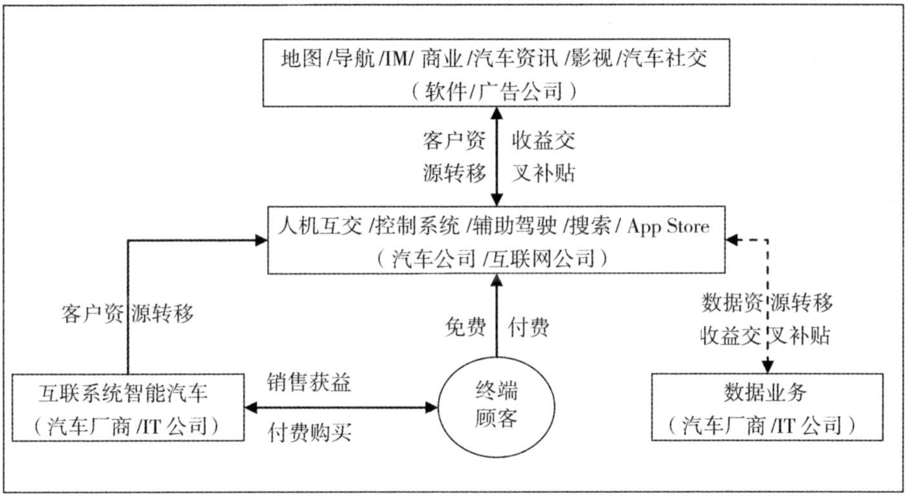

图2－16　基于大数据的智能汽车网模式

的重要性将决定汽车产业发展的走向。如果交叉领域成为整个产业的核心，谁控制这个领域，谁就能主宰整个产业，就像控制智能手机操作系统一样。

汽车厂商一般都选择自己掌控互联系统的支配权。2012年，各大汽车厂商几乎都推出了开放的互联系统。宝马公司搭载了宝马互联驾驶（Connect Drive）系统，宝马Mini则搭载了Mini互联空间站；福特汽车在新福克斯上搭载了SYNC，奥迪也在部分车型上尝试用奥迪Connect系统，凯迪拉克推出CUE系统，克莱斯勒推出Uconnect Access via系统。

国产汽车厂商推出的互联系统有：比亚迪的i系统、吉利的G－NetLink，以及荣威的基于Android系统打造的inkaNet互联平台。

通用汽车的Onstar和丰田的Gbook都属于封闭的娱乐信息系统。目前，基于Android和基于Linux的系统是汽车互联驾驶系统两大主流系统。基于Android的汽车系统具有成本优势，多用于国产汽车品牌。互联网产品更新周期短与汽车开发周期长的矛盾，导致基于Android的汽车系统比较滞后。如荣威的inkaNet是基于Android1.6版本开发的，而Android已经升级到4.2版本了。另外，基于 Android 的汽车系统存在同质化严重、人性化不足的问题。如果汽车厂商将 Android 手机系统复制到汽车上，显然无法满足用户需求。

实力雄厚的国外汽车厂商一般更愿意从更加底层的 Linux 系统入手，重新打造一套全新的适合汽车用户的系统。

除了汽车系统，与之融合的人机互交、控制系统、辅助驾驶、搜索等基础应用以及 App Store 也是战略性产品。只有开放杀手级的基础应用，汽车才能实现真正的智能化，汽车厂商也才能掌控汽车终端的数据资产。

过去，质量、性能、设计及价格是汽车厂商核心竞争力的主要组成部分。未来，汽车系统、基础应用及终端产生的大数据，将成为汽车核心竞争力的重要部分。汽车厂商只有利用信息技术提升安全、愉悦、智能、无人驾驶的用户体验，才能获得消费市场的认可。

当 iPhone 4S 发布后，其 Siri 语音系统备受汽车厂商的青睐。宝马、现代、奥迪等多家厂商已经与苹果达成合作，利用 Siri 语音系统来提高汽车人机互交的能力。雪弗兰公司准备将 Siri 与雪弗兰标准版 MyLink 信息娱乐系统整合。观致汽车与微软合作开发一套 HMI 人机互交系统。

未来文字信息朗读、虚拟现实、肢体控制、面部识别、眼球跟踪等技术将引入汽车领域，服务于人机交换和控制识别。

控制系统侧重于内部控制，检测汽车内部数据、保养维修、故障码解读以及油耗保险等，以提高汽车的安全性能。Automatic 发明的小硬件设备可以和车内数据接口 OBD－II 进行连接，然后读出汽车的燃料、里程数和发动机信息等仪表盘中的数据，并可以与手机 App 连接。

辅助驾驶主要通过外部检测，通常与外部网络（交通控制网）连接，最初综合分析和判断，提高驾驶的制动化和安全性。我们最常见的辅助驾驶系统有自动泊车系统、匀速行驶系统、避让报警系统。

英国纽卡斯尔大学正在开发一套有望帮助司机躲过红灯的智能系统。系统通过红绿灯系统检测数据告诉司机以多少英里/时行使可以躲过哪些红灯。

思科和恩智浦对汽车无线通信设备制造商 Cohda Wireless 进行一项战略投资，着力于用于开发一种让汽车之间以及汽车与设施（如红绿灯）之间搭建起无线通信系统，从而共同营造出一个更加安全的行车环境。

通用汽车也在目前的低速巡航系统的基础上，在高端车型上推出了能在时速 60 英里运行的“超级巡航”功能，预计很快将投放市场。奥迪宣布拟于 2015—2020 年推出一套辅助驾驶系统，这套系统能让驾驶者在车流拥塞、车速缓慢的路况中切换到“半自动”模式，从而让汽车不断变速以合理的车速行驶。

雷克萨斯研发了一套“先进主动安全研究车辆”平台，这套系统可以侦察到汽车周围的环境变化，判断红绿灯，帮助驾驶员修正驾驶。雷克萨斯还展示了一款基于 LS600h 车型打造的自动驾驶汽车，在车身上安装了大量雷达、摄影和导航设备。雷克萨斯的无人驾驶理念是基于安全出发，公司将自动驾驶系统打造成为驾驶员开车时候的辅助系统，帮助车主预防可能存在的人为驾驶失误。

与雷克萨斯的“保守”相比，互联网公司的无人驾驶理念更加激进。如 Tesla 的电动跑车、谷歌的无人驾驶汽车。汽车越智能化，就越依赖于信息技术，互联网公司在汽车领域越有作为。

谷歌无人驾驶汽车车顶的激光测距仪能够提供 200 英尺以内的 3D 地形数据，车载智能系统会把外置设备收集到的数据和电子地图结合，绘制出数据模型。安装在前挡风玻璃上的摄像头可以让汽车发现障碍物，识别街道标志和交通信号灯，外加汽车前后保险杠内装载的 4 个车载雷达，可以更清楚地查看周围的情形。轮胎上的感应器可以跟踪汽车的行进轨迹，并精确地测量和控制速度。

辅助驾驶技术是基于外部信息的监测，需要连接智能交通网，可以提高交通流量控制、交通事故预警和突发事件处理的能力，减少交通拥堵和尾气污染，提高行驶效率。

在大数据支持下，内部控制与外部监测形成的物联网，有助于提升对整个汽车产业及关联产业的效益。车主可以根据汽车内部数据有计划地保养维修，4S 店的经营更加精准、量化。保险公司也可以根据每辆车不同的驾驶数据，提供不同的保险套餐。

在基础应用上，汽车公司可以像苹果 App Store 一样开放应用平台，让用户各取所需下载应用程序。这就是我们所说的“云 + 多屏”网模式。

福特已经发布了 Sync 开放平台，开发者只要按照程序开发完 App，通过福特审核就可以自行放到 Sync 平台上，用户自行下载。

地图、导航、IM、商业、影视、旅游、停车、汽车资讯、汽车社交等应用将成为汽车应用的主流。而这些应用延伸的产业，正是汽车系统及互联网平台增值服务的方向。例如，用户影视剧、音乐付费下载，互联网平台可以获得分成；地图、导航等应用付费下载与互联网平台分成。

汽车资讯与汽车社交，是两个非常有前途的应用。这两个应用将汽车产业与网络垂直媒体及网络垂直社交紧密结合。据艾瑞调查，75.9% 用户在买车之前是用互联网查询相关信息。汽车厂商可以推出汽车资讯与汽车社交应用提前锁定顾客。汽车厂商、经销商可以与汽车资讯、汽车社交构建网模式，通过交叉补贴的方式一起分享汽车资讯、汽车社交带来的销售收入。

表 2-1 汽车应用分析[①]

切入点	对应产品	举例	主要盈利模式
买车	购车信息发布网站及 App	易车，汽车之家，太平洋汽车网，网上车市	通过为汽车厂商、经销商提供整合营销解决方案收费；从汽车经销商处，赚取广告费、导购费
打车	打车 App	嘀嘀打车，摇摇招车，快的打车	可能方向：基于 LBS 为司机提供如附近餐饮信息、加油信息等增值服务，向商家收费
拼车	社会化拼车、网站及 App	AA 拼车、巧拼车	收取信息中介费，基于 SoLoMo 的盈利模式

① 李薇．汽车 O2O 全面开花，分久必合．钛媒体：http：//www. tmtpost. com/31513. html.

续表

切入点	对应产品	举例	主要盈利模式
租车	社会化租车网站及 App	易到用车，一嗨租车，神舟租车	获取租车、代驾收入
汽车维修保养	汽车维修美容服务、汽车救援、保险中介网站及 APP	车蚂蚁、CAA（大陆汽车俱乐部），车在囧途	对商家成交的服务项目收取中介佣金；通过道路救援服务、车险代购向车主收费；通过为汽车维修商、美容商提供精准化营销收费
二手车置换	二手车置换网站	中国二手车城、51 汽车网，第一车网	为二手车商提供网店、广告推广服务，收取建站费和广告费；提供二手车信息平台，向商家收取中介服务费；二手车增值服务（如二后车检测、增值、保养、改装等）收费

汽车应用率先在智能手机领域全面开花，正在构建接地气的 O2O 模式。买车、打车、拼车、租车、维修护养及二手车置换 App 遍地开花，渗透到汽车销售及服务等环节。

上海通用汽车计划在垂直资讯网汽车之家，将投放一亿广告费。不仅仅是广告，汽车媒体还可以与汽车经销商、汽车厂商合作，打造网上与网下融合的 O2O 模式。汽车厂商完全可以根据资讯、社交数据分析，调整设计，改造系统，制造更符合用户需求的汽车。汽车资讯和汽车社交还可以推出试驾预约、车险购买、贷款购车等服务，直接渗透到线下的汽车厂商、经销商、汽车保险和护养领域。

如今，互联网门户已经实现了制作播出分离，门户在垂直细分市场更加深入，甚至已经与线下结合。搜狐汽车事业部在 2008 年就开始布局汽车经销商市场。如今，搜狐汽车已经在全国建立几十个汽车业务城市站。搜狐汽车的目标是打造中国最具影响力的“汽车媒体平台 + 互动服务机构”。

汽车系统还可以与手机、电脑等其他设备无缝连接，在云系统的支持下，实现数据同步。这样，用户在家设置好导航、查找好酒店，就可以放心上路。用户还可以利用手机实时掌控汽车的停放安全。

表2－2　汽车应用分析①

数据内容	对应盈利模式	对比分析	
打车、拼车（乘车用户的数据）	1. 乘客的打车与拼车需求信息	1. 从出租车司机加价部分、拼车车主收入收取信息服务费用	
	2. 用户打车或拼车频率、收入水平信息	2. 分析其购车可能性、购买力，并据此推送精准化汽车广告，向汽车经销商收推送广告费	
	3. 打车或拼车用户GPS位置信息	3. 推送其所需周边商户信息，向商家收取推送广告费	
打车（出租车司机数据）	出租车司机位置信息	1. 为的哥推荐周边的餐饮信息、加油站信息、汽车维点信息等。向商家收取信息服务费、广告费	
拼车（拼车车主数据）	1. 车主位置信息	1. 为车主推送周边的加油站信息、汽车维修和美容信息等。向商家收取信息服务费、广告费	1. 同样是推送维修商和美容商等商户信息，显然拼车平台对商户而言更有吸引力，因为拼车中的车属于车主，进行维修美容时他更加谨慎，更需要对周边维修商和美容商详细信息与服务质量的了解
	2. 驾驶员驾驶能力信息（通过拼车网站和APP的驾驶员认证与乘客用户评价体系获取）	2. 从拼车进入社会化代驾领域，即通过移动维端开展社会化代驾，为客户寻求找到附近代驾者，节约多次往返的费用，收取驾驶员的成交手续费和信息服务费	2. 虽然出租车司机也可能参与到社会化代驾中，但相比拼车中的普通驾驶员，其可能性更小，所以拼车更有利于发展社会化代驾市场

① 李薇．汽车O2O全面开花，分久必合．钛媒体：http：//www. tmtpost. com/31513. html.

续表

数据内容	对应盈利模式	对比分析	
	3. 车型信、车龄信息	3. 通过信息分析车主的购买能力和二手车置换时间区间，提供与之相适应的二手车置换服务盈利；也可与二手车车商合作，收取成交手续费或信息服务费用	3. 拼车车辆属于车主，而出租车不属于的哥，所以拼车更容易发展二手车置换相关业务
	4. 车主的联系方式等	4. 组织车友会等线下活动盈利	4. 受拼车车主与的哥身份的限制，拼车更容易发联车友会活动

谷歌是否会进入汽车产业，目前还难以判断。不过，与其他智能设备领域一样，谷歌的操作系统将是汽车产业重要的组成部分。未来，谷歌真正的竞争力在于大数据。外部路况交通数据、汽车内部数据、地图数据以及用户使用数据汇成一个巨大的数字池，这是一个巨大的金矿。在云计算和物联网支持下，所有智能设备的数据实现同步，谷歌将掌控着所有安卓智能设备内部数据和外部物联网数据。最终，云中数据业务与所有端口产品的形成一云多端的网模式，数据与多端口之间形成数据资源转移和收益交叉补贴的关系。

所以说，“切口只是手段，大数据是目的”。通过汽车 App 可轻易获取诸如用户消费水平、地理位置、所拥有汽车的品牌、车龄、车险状况、在论坛中发布的信息与互动内容等大量数据。汽车厂商、经销商、养护商及保险公司都将从大数据服务中收益，从而推动整个产业向信息化纵深发展。

与智能电视一样，很多人猜测苹果是否会推出无人驾驶汽车。如果苹果将成熟的网模式移植到汽车领域，打造 iCar 也不是不可能。不过，汽车不是手机，手机用来玩转，而汽车关乎人命。最重要的是，汽车在硬件领域还有相当高的技术门槛（动力总成）和管理门槛，而汽车软件技术的成熟还有一个过程。所以，苹果公司想要深入汽车产业，打造软件 + 硬件封闭生态系统，面临极大的难度。一家IT公司在短时间内很难改变整个汽车产业格局。

随着汽车智能化深入，微软、三星、IBM、惠普等科技公司应该会以不同的方式进入该领域。这就意味着，福特、丰田、通用、大众等传统汽车厂商，将与这些科技公司竞争协同。机遇与挑战并存，竞争协同需要勇气与智慧。

与无人驾驶汽车一样，飞行汽车也备受人们的关注。其实早在1949年，美国天才工程师Moulton Taylor已成功制造了飞行汽车。航空技术如此发达的今天，飞行汽车从技术天才的疯狂玩具变为可量产的成熟产品。不过，飞行汽车由于被归为“运动轻型飞行器”，不能在拥挤空域飞行，很难被大范围推广。

未来，如果政府能够找到一种有效的办法管控海陆空交通系统，飞行汽车市场前景将非常可观。这就意味着，波音公司、空客公司都将参与其中，与福特、丰田等汽车厂商以及微软、谷歌等科技公司一起竞争协同，当然或许还有美国宾士域、澳大利亚里维埃拉公司等游艇制造公司。

随着产业融合加速，世界形成一个巨大的经济网，各行各业需要用更为开放的网思维来打造产品与服务。正如通用汽车人机交互及人因工程首席技术专家Andy Gellatly所说：“最终所有的事情被联系起来——人、想法、目标。联系的质量就是质量的关键。”

五、智能设备网模式：探寻智能风口

自从Pebble展示智能手表，微软、三星、苹果、谷歌、索尼相继开发或被传正在研发智能手表，连盛大也跟风。总之，智能手表与智能眼镜一样，赚足了科技迷的眼球。

不过，在智能设备开始风靡的年头，抛弃用户需求而盲目跟风“智能化”，可能会踏入一个个高科技陷阱。因此，我们需要更多的是冷思考：智能手表存在的价值是什么？

记录时间是人类认知自然规律的一大飞跃，拥有非常久远的历史。

1918 年瑞士钟表匠发明第一块手表至今，手表产业已经走过了将近百年兴衰史。

过去，手表一直属于富人的奢侈品，未能进入寻常百姓家。1973 年，正值电子产业兴起之时，日本精工制造的山崎淑夫开发出世界上第一块液晶显示式数字石英手表“精工石英 06LC”。自此，精准、廉价、省电和款式多样的日本电子表风靡全球，最大程度地满足了消费者移动计时及装饰需求。

不过，随着信息产业发展和电子产品日益增多，以手机为代表的拥有计时功能的电子产品逐渐替代了电子手表，手表产业迅速衰落。今天，手表仅作为高端奢侈品而存在于市场，以满足人们追求地位以及收藏的需求。

近年有些科技企业开始研发智能手表，人们在猜想互联网重新定义了手机、眼镜，又要再次定义手表吗？这个古老的产业又要复兴了吗？

早在 1999 年，三星公司就推出了 SPH - WP10 手表，它是智能手机和手表的“二合一”产品。但是，其 700 美元的高价令消费者望而却步。2009 年，三星再次发布了一款手表/手机混合设备——S9110，但市场对这款产品接受度有限。

除三星外，智能手表还有 LG 公司的 GD910、摩托罗拉的 MotoACTV、索尼公司的 SmartWatch，以及比尔·盖茨于 2002 年亲自发起的 SPOT 项目。

这些智能手表要么因为价格太高，要么定位不清晰，市场表现均不佳。直到专注于智能手表的 Pebble 推出智能手表以及意大利一家名为 I'm S. p. A 的公司推出 I'm Watch 智能手表，苹果、微软、谷歌等科技巨头相继跟风，人们对智能手表的关注陡增。

科技媒体依然认为，包括 I'm Watch 在内的智能手表都很难解决电池续航时间短的问题。不过，比电池续航时间更为重要的问题是，智能手表如何定位。智能手表如果定位为计时手表，则必然失败；如果定位为便携式手机，也难获成功。如果把三星手机与三星手表功能模糊，手机与手表也就形成相互竞争的局面。如果没有特殊功能，用户拥有手机必然会放弃手表。我们应该合理定位智能手表，不能“把所有东西都塞到一块手表里”。

I'm Watch 可以打电话、看天气、浏览网页、查看电子邮件、播放音乐等。摩托罗拉的 MotoACTV 除了这些功能外，还配置了计步器软件。索尼公司的 SmartWatch 与耐克推出的 Fuelband 非常相似，可以准确计算使用者身体的热量、血压等生命体征。

就通话功能而言，智能手机与智能眼镜会更加合适。由于手表与人体长时间接触，生命体征检测是智能手表发展方向之一。不过，这可能还不足以让智能手表生存下来。

其实，智能手表的技术实现远比智能手机、智能电视更容易。在智能手机没有大范围面市之前，智能手表已经出现。所以，智能手表今日和未来存在的价值是过去以及其他智能设备不具备的。

今日，苹果已经通过云服务 iCloud 将 iPhone、iPad、Mac、ipod 设备以及 iTunes、App Store 连接起来形成一个生态系统。但是，谁来控制这个生态系统呢？答案或是智能手表 Apple Watch。

2014 年 9 月 10 日，苹果秋季发布会正式拉开帷幕，全新智能手表 Apple Watch 正式亮相。苹果将 Apple Watch 定位为“iPhone 第二屏”，目的在于用其替代 iPhone 成为智能控制终端。

可以预测，智能手表将作为随身控制工具而存在。在云计算的支持下，用户只要通过智能手表就可以实现多终端的数据同步，也可以远程控制家里的智能电视、智能冰箱、智能汽车等。

可以肯定，谷歌如果开发了智能手表，也会与其产品和相关服务实现无缝兼容。苹果、三星、谷歌的野心不仅仅是对现有设备和产品进行控制，还对所有家庭设备进行控制。而他们下一个目标就是智能电视。

前面章节我们分析到，智能电视的瓶颈在于笨拙的遥控器无法实现高体验的控制。而智能手表就是打开这个瓶颈的钥匙。苹果在美国已经推出了 Apple TV，谷歌也有 Google TV，如果将智能手表与 TV 连接，用户就可以通过语音控制智能电视。

苹果、谷歌和微软都有可能在开发智能电视，而研发智能手表就相当于研发智能电视的遥控器，开启家庭娱乐中心的大门，实现占领客厅的战略。

目前，三巨头都在争相收购一家名为 id8 Group R2 Studios 的创业公司。R2 拥有着一些跟电子设备控制和控制界面相关的专利，公司主要业务是利用移动设备来进行家庭自动化，其开发了一个让用户利用智能手机来控制家庭供暖和照明的系统。

三巨头对 R2 的企图已经非常明了。我们看电视不能没有遥控器，作为遥控中枢的智能手表应该具有不可限量的市场前景。除了智能家电，智能“可穿戴”用品、智能医疗器材、智能交通工具都是智能手表的受控终端。

全球运动品牌巨头耐克公司有一款 NIKE + FuelBand 数字运动产品，这款具有创新科技的腕带可以记录和测量日常生活中的运动量，其点阵型的 LED 显示屏上可以显示时间、卡路里、步数和 NikeFuel① 四种可测量数据。

Nike + FuelBand 数据已经对私人社交应用 Path 开放，用户可以将 Nike + FuelBand 的运动数据上传到 Path 上，与好友分享。

耐克，这家传统的运动品牌，如今也踏上了数字化之路。随着信息产业边界不断扩大，逐步与运动服装交叉，传统运动产品附上信息化元素。

耐克的数字运动平台 Nike + 始于 2006 年，当时为了解决用户跑步时的枯燥乏味，耐克公司选择了容易令人轻松的音乐。于是，第一款基于 Nike + 的产品 Nike + iPod 诞生了，也催生了运动 + 音乐的理念。

后来，耐克公司发现一些互联网公司开始涉足运动数字平台，并很快意识到数字化不仅仅是音乐这么简单。

---

① NikeFuel 根据官方的解释，其有别于一般的根据性别和体型不同而发生差异的卡路里计算方式，NikeFuel 提供了一种标准化的计量单位，即不论你高低瘦胖，相同的运动总是会获得相同的分数。

2010 年，耐克成立了独立的数字运动部门（Digital Sport），正式涉足互联网产业。耐克先后将仅限于跑步产品线的 Nike + 扩大至篮球及其他品类中，推出了两款革命性的产品——内置 Nike + 芯片的篮球鞋 Nike + Basketball 和训练鞋 Nike + Training。耐克公司还为它们分别开发了对应的移动客户端产品“Nike + Basketball”和“Nike + Training”。

2012 年，在多款重量级数字产品相继问世后，Nike + 线上社区的注册用户数量也从年初的 500 万迅速增加到 1000 万以上的规模。

美国商业杂志 Fast Company 网络版发布了“2013 年世界上最具创新力公司 50 强”榜单。第一名居然是非纯天然科技公司耐克。而号称创新科技公司的谷歌和苹果公司仅分别排在第 11 位和第 13 位。耐克位列第一名的理由是推出革命性的新产品以及发扬“笃信者”文化。

相信耐克永远不会成为一家科技公司，但不代表其不具备数字化革命的能力。耐克公司推出数字化产品的根本意图不是耐克智能鞋，而是数据和社区。网络社区的目的一是通过社交方式强化顾客黏性和品牌忠诚度，二还是数据。

Nike + FuelBand、Nike + Basketball 等产生的大量数据以及 Nike + 社区中的海量数据，是耐克公司重要的无形资产。这些数据资产的开发，可以为耐克在产品设计、生产、营销、品牌方面带来巨大的经济价值，同时也为竞争对手设立了很高的门槛。

在 SXSW 大会上，谷歌公司展示了一款“会说话”能够计量穿着者运动量的阿迪达斯休闲鞋。这款智能鞋并不是对耐克数字化的反击，事实上，阿迪达斯公司甚至没有参与这个项目。它是谷歌与创意机构 YesYesNo、Studio 5050 基于一款阿迪达斯的休闲鞋合作改造而成的。

谷歌公司并不是想做鞋子，而是将收集数据的触角伸到人们的脚下。谷歌公司以“不作恶”为原则的无边界扩张，实际上反映了信息产业的强大渗透力。无边界扩张并不代表谷歌公司没有明确的战略方向。谷歌公司声称公司并没有明确的战略。但事实上，无边界扩张正是谷歌公司一直奉行的战略组成部分，其战略就是以云计算、大数据为核心的多终端战略。

从手机、平板电脑、电视、眼镜、手表，再到鞋子，谷歌公司掌控了众多终端的数据，而这些数据上传到云端大数据库，形成一个庞大的数据金矿。这就是智能时代，数据是硬件＋软件网模式的核心。

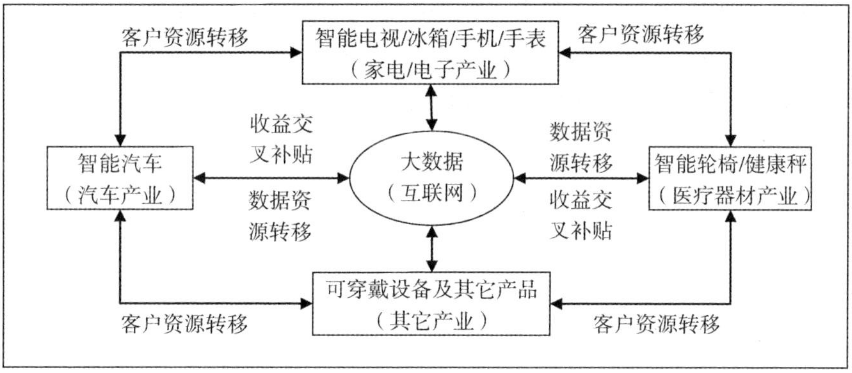

图 2－17　基于大数据的智能产品网模式

在网模式的逻辑中，大数据是“硬件＋软件”积累的重要资产，任何一端上传的实名和匿名的数据都有助于其他端甚至其他产品的价值深挖。例如，可以根据智能计步器的数据预测用户需要购买健康秤，或接受医疗服务；根据智能汽车的数据，计算出该车的最佳投保金额；根据智能冰箱数据，判断 CIP 走向以及居民饮食习惯。

2009 年，Fitbit 公司利用互联网思维激活了几近没落的计步器产品。Fitbit 公司发现传统计步器在统计完用户的各项数据后，却没有很好地利用该数据。而他们推出的 Fitbit Tracker 可以将所有的运动数据会自动上传至云端，还可以与 iPhone、iPad 及其他智能手机实时同步数据。在 Fitbit 的网站和客户端上，所有这些运动数据会自动生成一系列专业的分析报表，用户可以一目了然地掌握自己的运动情况，并且及时做出调整。用户还可以将运动数据放在 Fitbit 社区与好友分享。

经过量化分析的数据，可以激励用户坚持锻炼，还可以使用户做出调整；对于 Fitbit 的价值会更大，运动品牌、健身会所、医疗机构都可能成为他们合作的客户。

Fitbit公司用同样的方法正在改造另一个古老的产品——电子秤。Fitbit公司推出的智能电子秤Fitbit Aria，它能够同时管理8名不同家庭成员的体重、脂肪含量、BMI等数据，结果数据还会自动同步至云端。

Fitbit实际上掌控了一个庞大的移动健康数据系统，这是一个巨大的宝藏。如今，Fitbit已经开始开发这个宝藏，用户只要一年花50美元成为Fitbit的高级用户，就可以得到健身指导、营养建议以及睡眠咨询等增值服务。

第八章 “线上+线下”网模式

一、O2O零售网模式：全渠道资源整合

顾客在店里看好商品，然后在网上购买，这是实体商家最为担心的。当实体店成为了展示柜，实体商业还怎么生存？在电商冲击，必然有些实体店会亏损，甚至倒闭，但这不是主流。

电商的日子也没有好到哪里，一场场价格血战后，当当已显疲态，京东萌生退意，淘宝紧咬不放。价格战已经难以为继，加之网络安全成本上升压力日增，电商转型已属必然。

团购网泡沫破灭后，人们看清楚了谁在裸泳。不过，团购网留下了一笔非常宝贵的财富——O2O模式，它让人们看到了线上与线下零售共生的希望。携程、大众点评网是O2O模式的鼻祖，但是团购网将其发扬光大。这需要感谢移动互联网，团购App、二维码促进了线上与线下的融合。

微博、微信等移动互联网是推动O2O商户用户增长和互联网走向线下的重要力量。新浪支付系统升级为新浪微博钱包，为O2O构建了移动支付一环；微信二维码是打通线下线商业的重要纽带。

线上到线下被认为是下一个万亿级市场，是移动互联网时代的一座金矿。血本无归的电商开始携手线下实体商家，共同开挖这个大金矿。从线下到线上被认为是实体商家的救命稻草，是移动互联网时代实体商家的必然选择。O2O商户用户已经超过了1个亿，未来线上和线下用户将融合，

形成数亿甚至十几亿的O2O用户。

从“千团大战”到“春秋五霸”，团购市场逐渐进入稳定有序的寡头竞争格局。不过，O2O网站如果仅仅依靠收取广告费、下载费，并没有太大前途。O2O需要在解决消费数据统计分析的基础上，深度整合整个餐饮产业链，深入上菜加菜、结账买单、评价反馈以及信息系统管理等各环节，最后形成O2O闭环，即O2O网模式。

通过互联网打通餐饮信息系统，将内部系统与外部系统联合，形成网络化的信息管理体系。这是O2O深入整合的重要一步。O2O发展最大的问题在于传统实体商家的互联网管理思维与互联网企业的鸿沟。

要改变实体商家的管理思维就要找到他们的痛点。目前，中国餐饮业面临人力成本攀升的局面，而网上订餐点菜、结账买单无疑可以帮助商家节省人力成本。另外，网络评论及社区是商家开展互动营销、了解顾客需求的重要途径，有助于餐饮商家改进菜品和提升经营效益。

教育商家、培育市场让O2O网站付出很高的成本。不过，随着市场日渐成熟，团购进入寡头竞争后距离盈利之日就不远了。

所以，O2O网站的重点不在网上，而是网下，即如何整合优质商家。O2O网站已经脱离了传统互联网“轻公司”概念，演变成一家“重公司”；O2O是网模式，也是“重模式”。如何高效地整合分散的渠道，避免耗时耗力，是O2O网站经营成败的关键。

电商热潮过后，投资者终于明白，电商的本质终究还是商业，是商业就要踏踏实实赚钱，没有太多投机取巧、空手套白狼的机会。电商公司不再是轻资产的平台公司，而是一家立足于实体的“重公司”。京东、当当、阿里巴巴都在全国各大区组建了大仓库，并加快物流建设。京东在那次最大规模价格战中率先退出，主要原因是亚洲一号物流仓储的建设需要大量资金投入，价格消耗战已经不堪亏损了。

电子商务已经突破了互联网的范畴，不断地向物流仓储、金融支付、零售渠道等实体领域渗透。京东将自己定义为供应商的“保姆”，为供应商提供小贷、仓储、销售、配送一条龙服务。亚马逊已经将递送渠道渗透到实体领域，将快递货柜箱安放在“7 - 11”等便利店，顾客可以自行取货。顺丰快递正利用其便捷配送优势进入 O2O 领域，大举开辟黑客门店。

在电商的压力之下，传统零售商纷纷“触电”。沃尔玛成功收购 1 号店，英国著名奢侈品网站 Net - a - porter 收购熟客网，美国高端连锁百货尼曼玛戈集团上线中文电商网站“尼曼中国”，意大利时尚品牌零售巨头 YOOX 上线中文网站。相比之下，百思买、家得宝、万得城零售巨头在华进入传统零售渠道却铩羽而归。美国第三大零售商好市多试图避开高昂成本的零售渠道，借道电商杀入中国市场。美国最大连锁百货品牌梅西百货也借壳佳品网从线上扩张华人市场。

为了防止线上与线下渠道冲突，传统零售商一直都采取双渠道独立管理的方式。然而，移动互联网改变了这一切。顾客在零售店中就可以通过手机上网购买相同的商品，且价格更加优惠。纸已经包不住火了，零售商的渠道整合势在必行。

IT 公司率先从技术上破解整合难题。NFC 技术可使得智能手机与其他移动设备近距离交换信息，顾客在零售店中可以利用这个技术实现网上买单。埃森哲咨询旗下 IT 咨询公司 Avanade 推出了名为 Grab & Go 的交互购物方案，结合了 NFC 和 QR 二维码等入口技术，实现便捷的网上网下购物交互。

英国最大的跨国商业零售集团玛莎百货将推出自己研发的移动支付应用 Paddle，顾客可以在其商店内使用手机完成购物支付。顾客只要将 Paddle APP 安装在手机上，购物时就可以用摄像头扫描商品的代码完成支付。在玛莎百货的咖啡店中，顾客在座位上就可以下订单和买单。

沃尔玛推出的 iPhone 自助结账应用及终端设备已经在 200 多家店中试行。苹果公司计划提出移动支付钱包，沃尔玛已经与其达成合作。沃尔玛试图利用自身庞大渠道的优势，尝试推出了众包快递服务。这只是整合的开始，沃尔玛商店与沃尔玛在线、1 号店在采购、渠道、管理、营销等方面会深度融合。Fast Company 杂志甚至预测：未来的 25 年，沃尔玛将会把自己打造为一家数字化公司。

如何解决渠道冲突问题？线上线下的产品线及价格是否统一？如何解决管理跨度问题？两个渠道的采购、客户、商品、组织模式以及企业文化如何有效整合？如何构建商业模式，实现资源共享，渠道共赢？

这些都是传统零售商和电子商务企业在O2O模式构建中必然遇到的问题。受电商冲击和租金持续上涨的影响，国内家居大卖场面临全行业亏损的风险。国内家居流通业龙头企业红星美凯龙被迫于2012年7月推出电商平台红美商城（后更名为星易家）。在电商平台运营半年左右，红星美凯龙成本投入就高达2亿元，却只换来4万元的销售收入。销售收入和流量都极其惨淡。

和红星美凯龙一样，吉盛伟邦、金海马、居然之家在推出电商平台后都遇到运营经验不足、物流成本高，更重要的是无法解决线上线下渠道冲突的问题，难以建立一个科学的覆盖两个渠道的价格体系。由此看来，构建O2O零售模式并非易事，学界和企业需要投入更多的时间和智慧。而正在战略大转型的苏宁实际上是O2O模式的探路者、先行者。

苏宁电器已经更名为苏宁云商，试图打造“店商+电商+零售服务商”的云商模式。在外界看来，苏宁只是抢了一个新概念，事实上苏宁云商内部的改革已启动，开始走上深度整合O2O模式的探索之路。

苏宁组织架构从原有的矩阵式组织转变为事业群组织，以28个事业部联线上线下；扩充大区和城市终端数量，从44个增至60个，城市终端由100多个增加至200多个，增强区域化运营和本地化服务能力。

苏宁电器与苏宁易购在架构上已经融为一体，绩效考核不再以线上线下划分，而是按照大区划分。只要在这个区域内销售，线上线下都算该大区的。

苏宁云商如何实现分工协同？

在三大经营总部中，商品经营部是一个统筹线上线下的采购平台，所有实体商品、服务商品都通过这个平台统一采购。在苏宁电器时期，除了大家电，实体店与苏宁易购分开采购。统一采购无疑可以降低采购成本，同时提高规模采购的议价能力，这对零售商而言是非常重要的。

物流纳入电商系统，由苏宁易购统一配送。苏宁易购70%的商品都是从南京配送，如果能够实现本地化配送，无疑可以降低物流成本。苏宁云商计划投资180亿—220亿元，在全国60个大区建设物流仓储系统。

苏宁易购还建立了用户社区，这个社区不同于过去的网络社区，而是定位在“消费前沿、服务体验、咨询分享，以及O2O活动平台”。新社区从品类、用户兴趣和城市本地化三个维度切入。其中，城市本地化是实现苏宁易购与实体零售店融合的重要策略。苏宁易购将成为全国1700间门店线下活动的组织平台，为各城市苏宁会员提供本地化的消费服务。

目前的问题是，包括苏宁易购在内的零售企业和电子商务企业都没有完全摸清楚线上、线下渠道的差异化优势。只有根据用户需求，打造线上、线下的差异化服务，才能有效地整合两个渠道的资源，形成较高的综合用户体验。

正如郎咸平先生所言：“京东必须得靠‘三板斧’才能把货物配送到你家，可是苏宁在全国各地已经有1700家商店了，它已经在各地都有非常好的仓储运输设备，所以苏宁易购是直接捆绑在1700家门市店的一个运输系统，所以它已经比京东要先进。苏宁在创立苏宁易购的时候透过这1700家的销售网络，送货范围比京东还要广，已经有110个城市可以做到半日达，200个城市可以做到次日达。由于有1700家零售点，等于是说有1700个小仓库，因此它的运输速度一点都不比京东慢。因此它的送货范围比京东广，速度不比京东慢。”

采购、组织、物流、管理逐渐走向融合，苏宁云商依然要解决线上线下产品线与价格是否统一的问题。

在与京东价格大战时，苏宁就宣布线上与线下商品价格统一。不过，这只是非常时期的价格策略。O2O容易陷入一个误区：线上做销售，线下做体验。事实上，产品线与价格应该根据不同的商品品类、不同城市以及不同消费偏好而定。

苏宁目前确定的实体渠道策略：一二级市场以超级店、旗舰店升级为主，部分区域市场进一步弥补市场盲点；三四级市场的渠道进一步下沉。

实际上，这个实体渠道策略是与苏宁易购相融合的。一线城市的顾客具有较强的网购能力，同时对零售店的商品品类及体验服务要求较高。用户在苏宁易购购买了3C、家电等产品，可以在旗舰店享受体验服务。四线城市及乡镇的网购市场不够发达，渠道下沉有利于开发顾客的网购潜力。

目前，苏宁已经收购了红孩子母婴，商品品类已经扩展到母婴、食品、图书、服装等百货领域。而苏宁的挑战在于，从家电到百货、线上到线下，商品品类管理能力能跟得上。不同品类的商品，其价格策略不同。目前而言，在线上与线下之间，合理使用价格策略，是O2O模式能否激活的关键。

过去几年，我国实体零售的人工成本和租金成本快速上涨，电商的价格优势对实体零售冲击巨大。我国连锁经营协会和德勤的联合调查称，连锁零售企业人工费用上涨26%，租金成本上升10%。

但是，未来，线上与线下商品价格会趋于接近，电商的价格优势不是全面的，而是局部商品或微弱优势。因为我国电商的亏损压力巨大，价格战已难以持续，未来网络安全成本也将增加。

价格终归还是营销策略中的一环，受行业、产品、地点、时间等众多因素的影响。Coach、Gucci、BV、Hugo Boss等国际奢侈品牌也试水电商。他们并没有随大流地迎合大众对电商的廉价诉求，而是坚持一贯的品牌定位，采取线上线下同货同价策略。值得学习的是，他们很好地利用了互联网不受时间、地域限制的优点，为不同国家、三四线城市的顾客提供同等的便捷购买渠道。

传统零售与电子商务是竞争协同的关系，只要发挥各自的优势，就可以实现合作共赢。价格因素对O2O模式的影响逐渐变小，线上线下融合形成的用户体验会成为竞争的关键。企业为用户提供最便捷的购物渠道，最具愉悦的购物体验服务，提升用户在经济、心理、情感方面的综合价值。

数据将成为提升用户体验的重要武器。从传统零售中转型的苏宁云商能否提供强大的数据服务，目前还是一个疑问。

大数据对传统零售的推动作用是巨大的。传统零售缺乏与用户互交的平台，难以准确识别顾客需求是传统零售业一直存在的问题。大数据对实体数据、网上零售数据、顾客社区数据以及其他外部数据进行分析后，可以推测市场需求量变化、不同城市不同门店的需求偏好、顾客购买习惯甚至顾客购买时间。借助大数据，传统零售商不再盲目推销，可以在不同城市不同门店调整品类、价格、服务策略，做到精准营销。

大数据收集了来自线下实体的数据，可以有效地补充线上数据。在大数据的共同支配下，在线零售与实体零售可以将各种的优势发挥到极致，最大限度地实现互补共赢。在线零售与实体零售充分享受顾客、数据、品牌资源，并形成交叉补贴的收益关系。

值得注意的是，在推行 O2O 模式时，收益交叉补贴机制是改革成败的关键。企业需要建立有效的机制，平衡线上与线下、公司与经销商、公司与加盟店之间利益。

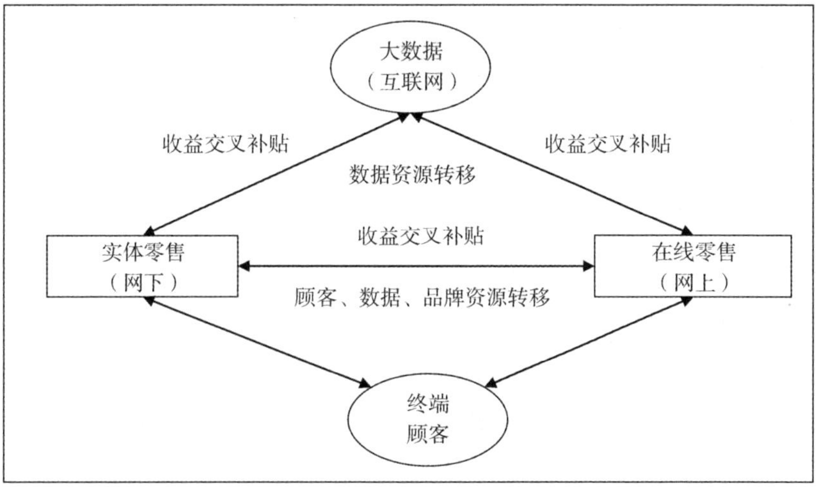

图 2-18　基于大数据的零售 O2O 网模式

中国电子商务的领头羊阿里巴巴已经将数据上升到集团战略层面。阿里巴巴确定了平台、金融、数据三步走战略。在平台与金融构建完成后，数据将对前面两大业务发挥巨大的推动作用。

阿里巴巴设立了数据平台事业部以及横跨其他事业部的数据委员会，

对电商平台内的自有数据进行挖掘和管理。不仅如此，阿里巴巴还努力从外部获取数据。阿里巴巴试图收购股移动应用数据统计分析平台盟友，提升数据业务实力。

阿里巴巴与银泰、复星、富春、“四通一达”、顺丰及金融机构，首期投资1000亿元构建“中国智能物流骨干网”。阿里巴巴希望在8～10年内建立一个能支撑年度约10万元亿网络零售额、24小时内货达全国任何地区的智能物流骨干网。阿里巴巴的目的不再是物流本身，而是物流数据。阿里巴巴如果能够掌控这个物流物联网的数据，就能够精准地把脉用户需求、商品生产、消费偏好乃至中国经济动向。所以，阿里集团首席战略官曾鸣说：“阿里本质上，未来会是一家数据运营公司。”

二、O2O医疗网模式：数据掌控生命权

腾讯与好大夫在线达成战略合作，试图以医药信息交互平台为切入点进入移动医疗市场。目前，好大夫在线App下载量已经超过40万次。在这个移动互交平台上，用户可以查找全国3000多家医院303 367位大夫，可以在线咨询和电话咨询大夫，还可以预约转诊。这个网上转诊平台成功就诊的患者已经超过22万人次。

医疗行业是一个特殊的行业，具有很强的专业特点，医药信息交互平台是移动医疗产业中重要一环。腾讯公司在移动互联网方面的优势与好大夫的医生信息资源优势结合在一起，形成移动互交平台，初步构建O2O医疗模式。不过，这个模式还不够完善，线下与线上没有深度整合，信息互交平台没有渗透到医疗工作各个环节，线下医院与医生对互交平台的利用率不足。

医疗产业与信息产业正在加速融合，医疗与信息相互渗透，形成交叉领域：移动医疗App、智能医疗设备、远程医疗服务、医院信息化管理、医药数据化管理。目前，大多数医院都已经实现了信息化管理，不少医院已经具备远程医疗服务能力。在移动互联网的推动下，移动医疗和智能医疗设备市场开始兴起。医药数据管理、医疗数据管理是信息化医疗管理的

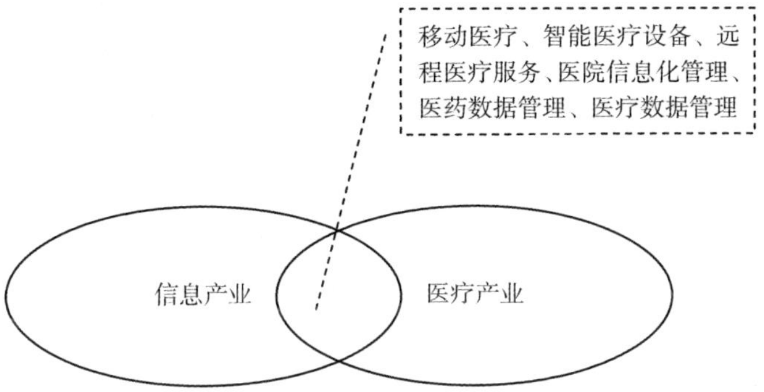

图 2－19　信息产业与医疗产业的“交集”

趋势。

二者如何整合资源、有效协同，是目前面临的难题。医疗产业具有很强的专业性和封闭性，互联网公司很难像智能手机一样整合整个医疗产业。医药数据和医疗数据主要由医院和医药公司掌控，互联网公司很难涉足。大数据必须依赖医药、医疗数据及医疗专业人士的协助才能建立各种准确的分析模型及标准。

目前智能医疗发展的最大障碍是，医疗行业出于规避风险和保护利益不愿意公开数据。人为因素阻碍了医疗产业与信息产业的融合，互联网公司只能在智能医疗设备、医疗 App 应用这两个领域试探发力。即使是智能医疗设备、医疗 App，也需要医疗专业人士的配合。于是，互联网企业更多地从健康 App 领域试探性切入。

计步器、健康秤、智能血压器主要聚焦于生命体征健康监测，健康数据为医疗服务提供支持。三星公司推出了一款名为 S Health 的健康软件，配合专业的医疗设备科对人体的血糖、血压等信息进行检测。

只有打破医疗产业的信息壁垒，外部监测数据与医疗内部数据结合才能实现智能诊疗。目前，医院内部信息系统与外部网络联合，实时监测患者的生命体征。

英国发明了一种监测心率的智能工具 Smartheart，它与智能手机连接，用户和医生都可以在手机上实时查看心电图。加拿大一家医疗智能有限公司，开发出第一个无线便携自动心脏报警系统 VPS（生命定位系统）。该系统能够自动检测到院外患者的心脏病发作，并向急救系统报警，报告患者的病情和发病地点。这个系统连接到一个手机或 PAD 上，含有一个全球定位系统（GPS）和一个自学习分类的人工智能软件。这个软件可以检测心血管疾病发作的最初信号，并立即启动急救系统。

用户和创业公司呼唤医疗行业的“大数据”：即各个医院之间信息的互通，并且对外开放。互联网公司能调用这些数据为产品开发所用，那时候才真正是移动医疗行业的引爆点，才有各个细分领域出现：专注于牙齿健康，专注于脸部护理，专注于眼睛保健，等等。

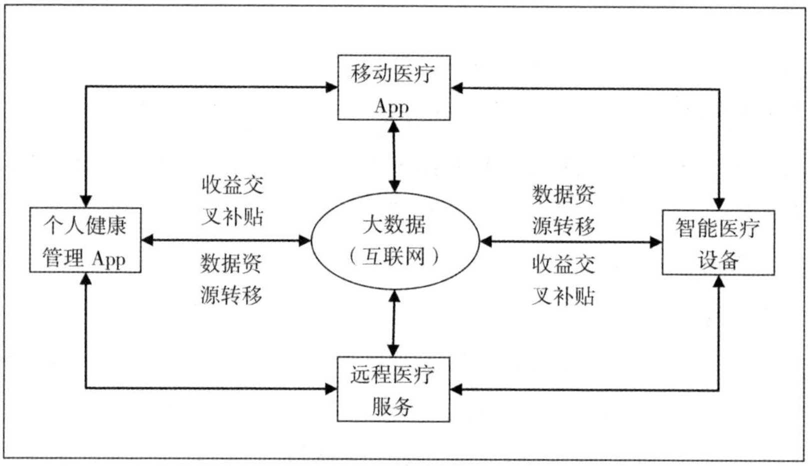

图 2－20　基于大数据的医疗 O2O 模式

信息产业与医疗产业融合已经不可逆，医疗企业与 IT 企业的竞争协同已经成为必然的战略性选择。剩下的就是技术问题，即如何构建网上与网下融合的 O2O 医疗模式。简而言之，网上网下的参与者以患者或所有人为中心，如何合理分配利益，实现数据、技术、研发、渠道、服务领域的协同效应。

数据服务和医疗服务都是非常专业的领域，智能医疗模式需要线上线下共同协作。由于数据依赖于医疗、医药内部体系，大数据权力机构依然会是医疗部门，IT 企业只能作为技术与服务支持。当然，一旦 IT 企业掌控数据资源，数据权力争夺战也可能上演。数据资源转移和收益交叉补贴会在大数据中心与智能医疗设备、移动医疗 App、个人健康管理 App、远程医疗服务之间展开。移动医疗和个人健康管理 App 将会打破医疗数据垄断以及医疗权力体系，App 将推进医疗及健康管理平民化。在大数据的支持下，智能医疗设备、远程医疗服务更多地掌握在专业医疗机构手中，更有利于医疗技术及个性化医疗服务水平的提升。

在国外，相对开放的医疗体系有助于协作的开展，智能医疗将在医疗内部率先获得突破；在国内，医疗体系封闭，互联网公司可能会以传统“疯狂乱战”的姿态进攻这个堡垒，过程很惨烈，结果很惨淡。下面几个国外的例子或许能够给予人们一定的启发。

基因组学是大数据在医疗健康行业最经典的应用①。在戴尔公司云计算的支持下，DNAnexus、Bina Technology、Appistry 等公司对基因海量数据进行加速基因序列分析，最终更快、更容易、更低成本地发现病变过程，为每一个患者特别是癌症患者提供个性化治疗和提前防御提供了更好的技术支持。

就目前而言，将方向定位人类基因序列分析的美国企业多达 2000 家，这个数字到 2015 年有望达到 8500 家。其中，比较著名是 2013 年刚开业就获得 Google、Dropbox 等投资机构的两轮风险投资，这个创业团队的平均学识无人能出其右，均是来自斯坦福大学与加州大学伯克利分校的博士。Bina Technology 的目标就是把生命科学与计算机科学融合起来，采用大数据的方法分析人类基因序列，他们的分析所得将成为研究机构、临床医师等下游医疗服务行业的基础素材。然而，这些公司在处理复杂的基因数据上都力不从心。

这些基因分析公司都能够采集人类基因序列信息并加以应用，推断出不同客户容易患上何种疾病，但其中很多数据并不可用。Bina Technology

① 关志刚．改变医疗行业的八个大数据应用．IT 职业经理网，2012－07.

希望填补这一空白，成为一个平台、一个数据库，让能够在他们提供的数据之上，进一步摸清基因变异与各种病症之间的关系。

Bina 已经与包括斯坦福遗传研究所在内的研究型大学、医药公司、医疗机构等下游机构合作，这些机构为其提供数据。Bina 可以帮助他们将曾经长达几天的耗时缩短到 5 个小时。

PatientsLikeMe 是一个患者社交网站，患者可以在社区内分享病史、诊断报告、临床情况等。2009 年 7 月，比利时 UCB 制药公司与 PatientsLikeMe 达成合作，拟共同建立癫痫患者社交网站。通过癫痫患者社交网站的数据分析，为药品研发提供有价值的支持。

制药巨头葛兰素史克通过公开 13 500 种化合物数据，并在科技公司的帮助下开发出了抑制疟原虫的新药物。葛兰素史克与科技公司分享数据的巨大价值，便准备利用 Linux 开源模式分享行业信息，提升产品开发能力。

Cloudera 正在与西奈山医学院合作开发新的生物数据分析方法和系统。Cloudera 还与 FDA 合作侦测多种药物组合的副作用，与埃默里大学合作帮助病历学家更准确地分析医疗影像。Cloudera 的客户之一——Explorys 的业务主要是聚合并分析医疗记录，而英特尔和 NextBio 则合作使用 Hadoop 处理基因数据。

IBM 在医疗领域建树颇多，正在与 WellPoint 合作开发一种问答系统 Watson，系统能“听懂”医生的自然语言问题，同时快速分析堆积如山的医疗研究数据给出答案。

在中国，移动医疗任重而道远，医疗被认为是医院院墙内的生意，尝试者试图在院墙外的健康领域寻找机会。2013 年 5 月 20 日，淘宝网宣布与行政部门主管的半官方网站挂号网合作，推出在线挂号服务，然而该服务一上线即遭到北京市卫生局叫停，而后民营在线挂号尝试陷入沉寂。

目前，国内超过 80% 的医疗资源仍然掌握在公立医疗机构手中，传统公立医疗机构必然坚决捍卫这块大蛋糕。未来，医疗机构、主管部门、IT 公司等参与者要有更深的远见、更大的魄力和更高的智慧，才能真正开启中国互联网医疗之门。

三、O2O出版网模式：数字化到数据化

这是一个最好的时代，每一个人都可以发表自己的见解，“出版”自己的言论，世界信息触手可及；这是一个最坏的时代，垃圾信息正在包围着我们的生活，信息的泛滥占领了我们的时间、空间与精力。更糟糕的是，它让我们再也难以专注于心。

在数字化时代，精英手中的创作权杖旁落，民间智慧拉长了出版的尾巴。内容泛滥并不代表“内容已死”，只是内容不再为王。在信息海洋中脱颖而出不一定是最好的，但一定是用户喜爱的，因为这是一个“用户为王”的时代。

一曲《江南style》让“鸟叔”红翻全球，我们很难看出这位大叔有多高的音乐造诣。但是没办法，观众喜欢。在过去十年，中国数字出版最为火爆的领域不是电子书，而是数字音乐。开放的网络平台成就了一大批网络歌手、民间艺人，一时大红大紫的歌手在经纪人的带领下广泛涉足影视、商业活动，以最快的速度和最大限度地获取商业回报。

有人认为，数字出版业也可以仿照数字音乐业的商业模式，即数字音乐销售、歌手商演、歌手代言、个人演唱会等多元化收益模式。也就是说，图书策划人变成经纪人包装作者，让作者变成明星，形成数字图书销售、作者代言、作者宣讲、内容植入广告等多元化收益模式。事实上，中国也涌现了一批明星作者、明星专家以及戴着图书策划人帽子的作者经纪人。

这种模式模仿其实是极其危险的。相信没有人会反对通过宣讲、受采访等方式传播知识，也没有人反对传播知识者获得应有的报酬，但是以商业利益为目的的知识传播则有违学术精神。作者明星化容易毁掉人类知识进程的前途，知识商业化容易被利益者操纵而失去知识传播的真正价值，甚至歪曲知识本身。歌手与作者有本质区别，歌手以眼球经济为第一要义，作者以创造知识为第一责任。有位科学家曾经说过：科学家总出镜意味着其科学生涯已经到头。我想，这个科学家不仅仅是自然科学家，也包

括社会科学家。

不过，这些都难以威胁到数字产业以及知识界的前途，因为读者会用脑投票，戴着明星光环而无法创新创造的作者最终会被赶下神坛。就连音乐明星也在数字大潮中起起伏伏，有些甚至昙花一现，因为这种模式难以为继，不能支撑中国音乐走向繁荣。

在音乐免费的年代，音乐人难以从音乐唱片中获利，只能将自己打造成品牌明星，然后通过商业代言、演唱活动、拍影视剧等赚钱。这样就形成了一种浮躁的恶性竞争模式：炒作—出名—商业活动—获利—再炒作，而并不是每一个人都能成为明星或都想成为那种明星，那些真正热爱音乐、单纯做音乐的人被挤到边缘。

收费音乐商业机制建立起来后，真正做音乐的人获得生存空间。这样有利于促进纯正音乐的发展以及音乐多元化，那些偶像派的音乐人依然有他们的发展之地。

未来，免费音乐依然存在，但是收费音乐是主流。收费，让音乐回归简单。

当下，最令人担忧的是，在产业融合的大潮中，各参与者缺乏竞争协同的精神。整个产业并没有本质进化，传统出版业“不叫好但叫座”，数字出版业“叫好不叫座”。旧的没死、新的没活，产业变革如鲠在喉。

传统出版商、图书策划公司、电子设备厂商、电子商务公司、搜索公司、在线内容公司、移动通信公司和作者都在这个市场中无序乱战。

传统出版商是传统利益的捍卫者。在体制保护下，传统出版商对数字出版的态度或不屑，或打压，或逃避。可以预言，如果传统出版商不尽快拥抱数字出版，并转型成学习解决方案提供商，将面临 20 世纪 90 年代中后期唱片公司纷纷倒闭之灾难。

面对数字出版迅猛发展和纸质书市场日益萎缩的压力，传统出版商亦有所行动。上海世纪出版集团率先推出了全球首款由出版机构出品的电子阅读器——辞海悦读器；中国出版集团和读者出版集团都推出了电子阅读器；不少出版商都成立了或收购了数字出版机构。

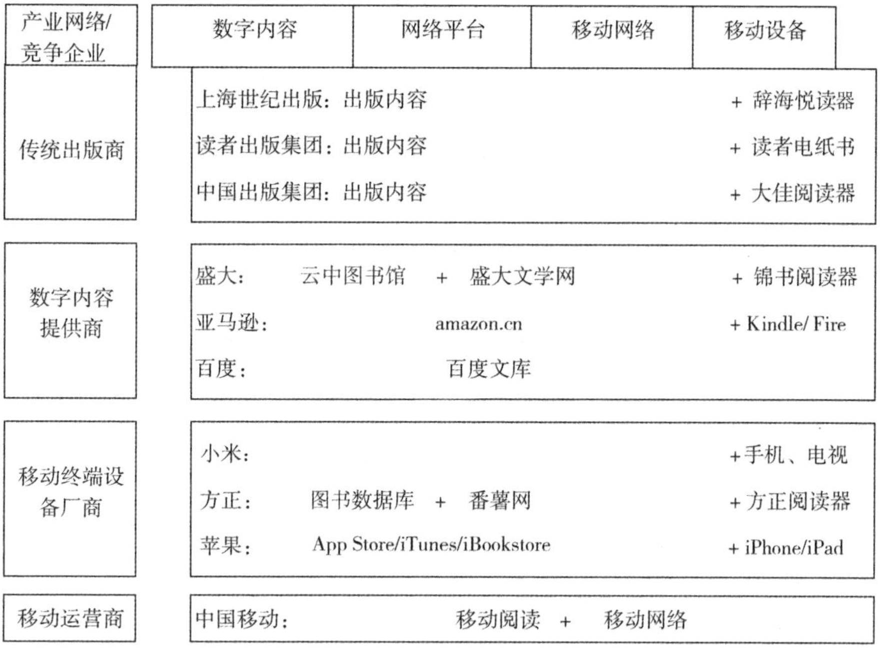

图 2－21 数字出版竞合格局图

但是，体制保护依然阻碍着出版商经营理念、战略思想、商业模式的变革。时代出版、中南传媒、凤凰传媒和长江出版这样的大出版商打着数字出版的旗号上市融资，却依然依靠垄断书号、固守教材市场获利。由于版权政策限制，新兴的学习解决方案提供商却没有获得内容资源（版权）的资格。如果版权政策开放，图书策划公司最有可能成为学习解决方案提供商，到时出版商将面临灾难。

数字内容平台是数字出版的主体，从上，整合内容提供商；从下，分发阅读平台。数字内容平台主要有以盛大文学为代表的在线原创平台、以亚马逊和当当网为代表的电子商务平台、以谷歌图书馆和百度文库为代表的搜索平台。

亚马逊是全球数字出版业的领跑者。亚马逊开发了与 iPad 外观极其相似的 kindle 电子书阅读器，模仿“iPad + App Store”模式，构建了“Kindle + Amazon. com”。目前，Kindle 系列的销售已经超过百万台，电子书的销量和订单已超过传统印刷图书。

为了扩大分销载体，亚马逊还推出了平板电脑 Kindle Fire，试图组建“Kindle Fire + Amazon. com”。不过，Kindle Fire 热销一段时间后迅速回落，并被 iPad 甩开几条街。亚马逊还可能推出 Kindle Phone 智能手机，构建“Kindle Phone + Amazon. com”，直指“iPhone + App Store”。

从商业模式的角度来看，构建数字内容平台 + 多分销载体的生态模式并没有太大问题。不过，亚马逊需要在战略上有更多的思考。电子阅读器的成功经验未必能移植到智能手机和平板电脑上。Kindle 成功的本质是 Amazon. com 海量电子书。纵然智能手机、平板电脑是电子书重要的阅读媒介，却与阅读器有本质区别。二者分工明确，智能手机、平板电脑基于 App Store，阅读器基于电子书。乔布斯曾经不屑于 Kindle，后者的成功说明前者的误判。而亚马逊的 App Store 远不如苹果和谷歌，再加上平板电脑市场的有限和智能手机市场的惨烈，亚马逊的平板和手机战略有待考验。

近年风生水起的小米公司在智能手机、智能电视领域攻城略地之后，开始进军内容市场。2014 年 11 月，小米宣布斥资 10 亿美元投资视频内容产业，主要解决小米电视与盒子的内容问题，并聘请前新浪执行副总裁、新浪网总编辑陈彤负责具体投资与运营。

搜索引擎公司利用搜索平台的优势成为数字出版的有力竞争者。Google 收购了一家名为 eBook Technologies 的公司，从而掌控了智能阅读设备和能够控制电子书发布和自动出版的证书控制技术。早在 2004 年 Google 就开始寻求与图书馆和出版商合作，欲打造世界上最大的数字图书馆。目前 Google 的 eBookstore 电子书店已经正式上线。

最大的中文搜索引擎百度公司在冒着侵犯版权的风险大力扩张百度文库，以积累数字出版资源。这里所体现的版权保护缺失也是影响数字出版业发展的羁绊。工业革命两大动力是技术创新和专利保护。版权和著作权保护是作者创造和创新的动力。版权保护缺失带来的产业低端生态系统的恶性竞争，阻碍产业商业模式构建和产业创新发展。

作者是这个生态系统中非常重要而又非常弱势的一环。不少传统作者依然抵制数字出版，一部分是因为抵制网络盗版；一部分是因为没有认识到数字出版的大势；一部分是因为其读者多数在纸质图书市场。作者一边呼吁著作权保护，一边又不得不依赖于网络的泛滥传播。

目前，整个中国数字出版业生态系统的竞争还处于低级、无序的阶段，作者是其中的受害者。著名音乐人宋柯总结中国唱片业衰落原因：不是因为人们写不出好歌，也不是因为消费者不付钱，也不完全是因为盗版，是这个暗中拉着这个行业倒退的分成比例从根上让音乐行业坏死掉了。他提出“40%”理论，即如果内容商，包括电影、电视，从商业体系中得到的收益比例，达不到40%的话，这个行业一定是不健康的。

在数字出版市场中，内容商远没有达到40%的收益比例，而作者能获得10%以上版税的少之又少。各种渠道，不同的定价和分成比例，导致价格系统混乱，串货现象非常普遍，作者资源不稳定。盛大旗下起点爆发的“离职风波”就是行业乱象的缩影。

当年的歌手、音乐人面临一个尴尬：中国人对音乐的理解和尊重非常有限，再加上媒体管制因素，音乐创作者和内容提供商就难有话语权。这种尴尬也发生在作者、图书策划人身上：由于历史原因，原本尊师重道的中国人如今对知识、人才缺乏应有的尊重。文化与体制让这个产业变得扭曲。

不过，面子是自己挣来的。在整个生态系统中，谁控制着消费者，谁就能够获得更大的收益。科技正在打破体制，市场正在革新文化。互联网让音乐突破了传统媒体管制，歌手和数字音乐逐渐赢得大众的尊重和喜爱。

终端设备厂商是数字出版最积极有力的推动者。津科、方正、易博士、汉王四大先锋及众多山寨设备激烈争夺电子阅读器市场。另外，手机和平板电脑也是电子阅读器的劲敌。Knowledge Networks 的研究显示，70%的 iPad 用户曾经在 iPad 上看过电子书，61%的用户在 iPad 上看过电子杂志或报纸。最终会胜出的阅读器只有在眼球跟踪、健康阅读等方面形成高度用户体验和低廉价格优势。不过，目前阅读器厂商多处于亏损状态，未来也难以从阅读器身上赚取。因为这是由商业模式决定的。

就像铃声下载平台一样，电信运营商利用“管道”优势，同样可以构建数字内容平台。早在2009年，中国移动就推出移动阅读服务平台，介入手机阅读市场。

如今数字出版正在打破固有利益分配格局，产业在混战之后必然走向良性化。在数字产业竞争中，中国出版集团总经理刘成勇认为，“短期看终端，中期看平台，长期看内容。”

不过，数字出版只有从数字化走到数据化的那一天，整个产业才会走向成熟。数据化与数字化有本质区别：数字化是将复杂多变的信息转变成计算机可识别的二进制码，是一个输入过程；数据化则恰恰相反，是将庞大无序的数据经过数据挖掘处理转变成有价信息，是一个输出过程。

数字化将人类从原子世界带入比特世界，信息出现爆炸性增长，人类进入信息社会。时至今日，很多人每天都在为数字化工作而努力，数字出版就是一项典型的数字化工作。然而如何将海量信息变成有价信息，成为信息社会的首要难题。所幸的是，人们找到了数据处理方法来化解这一难题。在大数据时代，数据处理得到空前发展，数据仓库变成一座座巨大的金矿，被挖掘出各种价值连城的信息。

谷歌与全球最大的图书馆合作，通过自动翻页扫描仪将每一页图书转化成电子文本，试图打造世界上最大的数字图书馆。这一数字化项目是世界数字出版史上非常了不起的成就。不过，谷歌的野心远不仅于此。在文本数字化后，谷歌使用了能识别数字图像的光学字符识别软件来识别文本的字、词、句和段落，对所有文本进行数据化。

数字化让谷歌形成了全球最大的数字图书馆，而数据化才能充分挖掘这个数字图书馆的巨大价值。文本数据化之后，人们可以通过大数据对数字图书馆中的每一本书每一页每个段落每行文字每个词语进行数据分析。数字图书不再是图像文本，而是众多数据化的标签组成。人们可以通过一个或几个词语就能发现各个领域研究的进程及智慧积累的轨迹。这种方法还可以有效地打击学术抄袭和减少重复性研究。

在大数据的支持下，用户在云平台中可以随时获取，按需使用，随时扩展，真正帮助读者解决学习的问题。一方面，读者更容易获得自己所需要的信息，不但可以找到大数据研究的书籍，还可以找到具体的页面和段落；另一方面，全息化改造后的内容融入云平台后，大数据会将所有内容重新配置，给予读者真正需要的内容。

在整个数字产业生态系统中，阅读器显得“忽略不计”，内容是核心，云平台是基石，大数据是助手，在用户与内容之间穿行，为用户调配资源。事实上，大数据有更大的作为，大数据将用户、云平台以及社交阅读平台整合在一起，形成以大数据为核心的网模式。

亚马逊在2008年收购了一家名叫Shelfari的阅读类社交网站，近期又以1.5亿美金收购社交阅读网站Goodreads。这家成立于2007年的阅读分享网站已经收录书籍超过3.6亿本，每月新增2200万本，用户数为1600万人。Goodreads中来自各地的书友在网站中讨论并分享自己的读书心得。

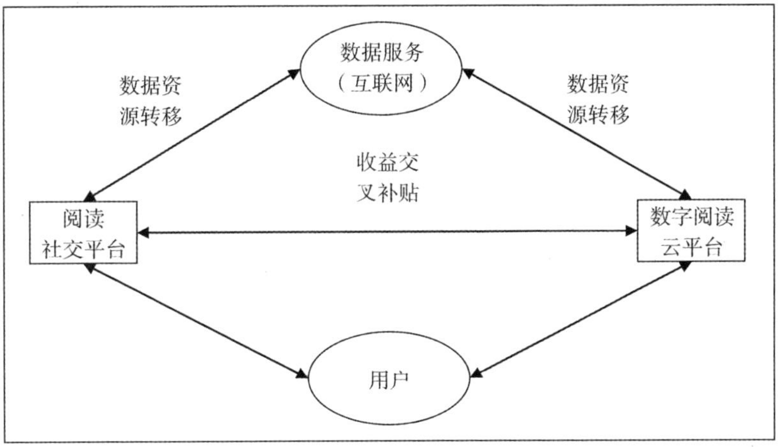

图2-22　基于大数据的数字出版网模式

亚马逊想要的不仅是将1600万用户转移到电子商务平台中，而是利用大数据充分挖掘阅读社交网站的价值。亚马逊是全球最杰出的大数据服务公司，Goodreads是全美最著名的阅读社交网。二者结合犹如一群分工精细的挖掘团队开挖一座丰富的宝藏。亚马逊对 Goodreads 产生的阅读、评论等数据进行分析，为亚马逊图书推荐、销售组合、个性化营销等提供决策参考。阿里巴巴也正在做这方面的努力，通过数据服务提高电商销售。豆瓣网也是一家阅读社交网站，当当网再不行动，或许就错过了大数据良机。

数字阅读时代到来，意味着纸质阅读走向没落。纸质书越来越少但不会消失，留下的只有经典的和定制化的纸质书。很多传统书店也面临关门大吉的命运，但是总有一些书店会留存下来。

传统书店正在探索数字出版时代的生存之道，台湾诚品书店是一个值得借鉴的案例。这家成立于 1989 年的书店，经过二十多年经营，如今已成为艺术、文化与品位的象征。诚品书店的年客流量高达 1.2 亿，而台湾只有 2300 万人口。

诚品书店在创办之后的 15 年亏损期间不断地摸索经营模式，最终他们放弃了“卖书”的定位，将书店打造成为集合人、空间、活动三大元素的精神文化场所。诚品书店采用复合式经营，将书店、画廊、商场、音乐馆、餐厅、艺术空间融为一体，而独特的文化是诚品书店的灵魂。这或许是未来书店发展的方向：文化、休闲、品位与社交。

第九章 “虚拟＋现实”网模式

一、网络金融网模式：大数据挖掘大金矿

信息是金融的生命，信息技术是现代金融服务提升的重要力量，现代金融业无处不有信息产业的影子。与信息相比，金融业更注重技术的改造；相对于信息的内容，金融业也更侧重于信息的及时性。金融业一直将信息技术视为一种工具，将互联网视为一种渠道。

直到信息产业进入大数据时代，金融信息才从及时性、技术性、小数据模型上升到大数据挖掘、价值开发的阶段，金融业也因此被颠覆。金融业与信息业融合形成的金融信息服务业被认为是金融行业的核心成分。一般认为，金融信息服务业由金融资讯、第三方支付、网络信贷三大板块组成。事实上，金融信息服务业的核心业务应该是数据服务。

大数据时代，金融业已经不满足于信息的及时性、不对称性，而是深入信息加工、数据挖掘，实现顾客价值。可以预测，未来金融会沦为基础服务，而金融价值的开发依赖于数据服务。今天，银行正在面临“脱媒”危机，难以企及的数据服务让银行感到不安。马云甚至豪言：“银行不改变，我们改变银行。”

中国平安董事长马明哲曾说过：“以移动互联网、大数据、云计算等为代表的现代科技正在迅猛发展，相互融合，并不断向传统行业渗透，这些不仅为我们每一个人创造了全新的生活方式和消费体验，也极大地影响

了各行业生态环境和现代企业的组织和经营方式，不断催生出新的商业机会和模式，甚至会出现颠覆性、革命性的变革。这不仅为金融业引入新的竞争主体，也在逐步改良甚至完全重塑传统金融的经营模式，带动以客户体验为核心的竞争不断升级，对传统金融市场的竞争格局和竞争方式产生深远影响。”

埃森哲在《2016 年的银行业》报告中，提出了未来银行的 3 种主要创新模式：“智能多渠道”型银行——通过强化多渠道体验来留住客户，并有效满足其金融需求，同时将数据分析战略性地应用到该模式的核心部分；“社交参与”型银行——充分利用社交媒体互动来提高客户亲密度；“金融或非金融数字生态系统”型银行——将银行定位于金融及非金融服务销售生态系统的中心，充分借助移动技术的力量。

事实上，只要产生大量用户数据的平台都是未来银行的价值源泉。汽车社区、社交网站等将形成信息数据，通过数据挖掘后应用于金融衍生品创新、用户理财服务等金融服务中。Facebook、Twitter 对银行业的威胁是可以预见的。移动终端特别是移动支付也将产生大量有金融价值的数据。马蔚华说：“我们提出招行是应该最先把信用卡废掉，实际上不是真正地废掉，是让它和手机合二为一，这是未来的一个非常有潜力的事儿。”

电商型金融是网络金融最具潜力的业务，电子商务与网络支付、消费信贷、投资信贷、理财之间关联紧密，电商形成的消费数据、信用数据有助于金融业务开发及风险防范。电商公司最为核心的资产应该是数据，数据服务于金融与电商。阿里巴巴集团参谋长曾鸣说：“阿里本质是一个数据公司，数据是核心生产力。我们真正要做的是，运营数据，让数据价值最大化。”

金融的权杖将从银行转向信息企业，正如斯蒂格里茨在《通往货币经济学的新范式》所言：权力从货币转向信息，而且是转向“与某个具体借款人信誉有关的信息”。在数据的理念和技术上，信息企业无疑更胜一筹。结果将印证比尔 · 盖茨的话：“未来，银行业是必要的，银行是不必要的。”

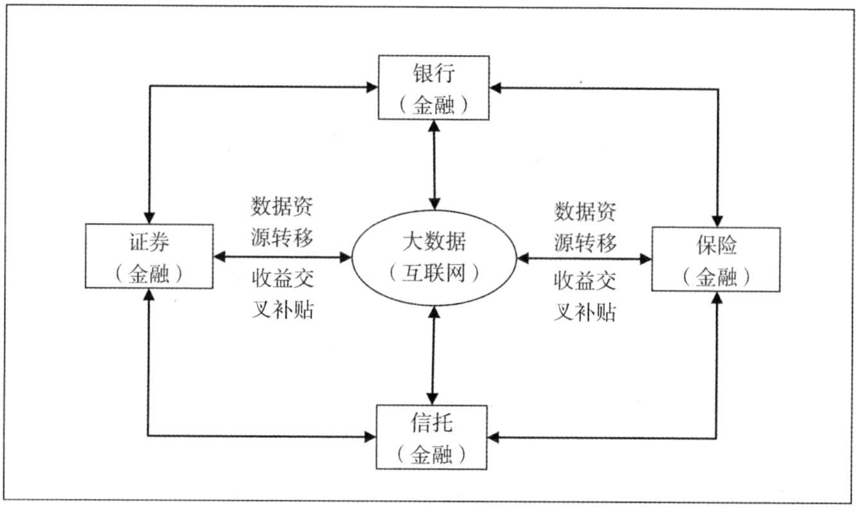

图2－23　基于大数据的互联网金融网模式

银行业并不会消失，相反，银行、保险、证券、信托等金融业在大数据的支配下将迎来爆炸性发展。金融创新是金融产业发展的不竭动力，而大数据将在精准、高效、个性化、低风险方面激活金融创新。如电子商务公司可以交易记录、信誉级别等数据分析，为用户提供个性化的按日结算的消费信贷。

用户信用、金融消费数据、支付信息、财务信息、供应链信息、经济数据等汇集成了一个巨大的数据库。这个大数据库成为未来金融发展的“核动力”。大数据也是未来金融产业最为核心的生产资料，通过对生产资料的开发，实现金融产品创新及其价值最大化。

金融业务之间通过数据汇集、挖掘，形成“数据资源转移、收益交叉补贴”的价值网络。这种价值网络是大数据支撑下的大金融模式的主流趋势。如银行数据将应用到保险、信托等业务领域，挖掘出新的有价需求。

第三方支付是金融信息服务业的重要业务，但是在未来金融中，移动支付只是一个简单的货币通道，是一项非常基础的金融服务。移动支付包含近场支付（NFC）、虚拟远程支付、刷卡支付三种方式，未来近场支付和虚拟远程支付会成为主流，刷卡支付会减少。刷卡支付减少并不意味着支付收益（刷卡手续费）下降，未来移动支付的价值不在于手续费和利息（信用卡），而是数据。

姜奇平先生也同意这种观点："信用支付"并非靠借钱生息获利，而是靠数据获利。获利的本钱，也不是金融，而是商务本身。阿里由自己掌握的商家数据出征信报告，由合作银行负责放贷。这将是一种新型的"商务服务＋支付服务"。

大数据促使金融重新回归其本质——信用。支付带来的是可靠的支付数据，这些支付数据通过数据挖掘形成信用数据，信用数据成为金融商务业务发展的核心资产。

世界新经济研究院院长陈瑜曾经提出富有争论的"消费资本论"。他认为，消费能产生资本，消费能成为资本家，企业应该将部分利润返还给顾客。陈瑜的"消费资本论"实际上是利润返还给顾客的经济学解释。

在大数据时代，"消费资本论"具有新的解释，且更具价值。消费不但能产生资本，而且产生企业核心资产——数据。消费信息中隐藏着价值无穷的信用数据，信用数据是信贷、保险等金融业务的核心资产，也是金融创新的基础动力。如以积分作为抵押的消费信贷就是信用数据应用的案例。

阿里金融的威慑力不在于金融服务水平，而是电子商务平台产生的庞大消费信用数据。阿里金融正在将信用支付功能接入淘宝和天猫等平台的商家体系，每个签约商家将为此支付1%的服务费。信用支付情况决定信用额度，信用额度将作为信用评级标准，影响用户的信贷能力。根据不同信用额度，为用户提供精准的金融服务项目。

除了支付数据，顾客对卖家发货速度、服务态度、商品质量的评价也会被解读成不同等级的信用。目前阿里金融已开始对相关数据进行初始化收集和分析，主要包括用户注册时间的长短、网上消费不良记录、实名认证、买家信用等级等核心指标，并根据用户资质分成不同的层级，来决定最后的授信额度，最低为200元，最高可达5000元。

依赖数据挖掘和信用分析，阿里金融相继开发出阿里信用贷款、淘宝信用贷款、淘宝订单贷款等小微贷产品，既为淘宝和天猫的客户提供订单贷款和信用贷款，也为阿里巴巴客户提供信用贷款。这样，消费产生资本的时代才真正来临，一个皇冠撬动千万资金已经不再是传说。

截至 2013 年末，阿里小贷累计获贷客户数 64.2 万家，累计放款金额 1722 亿元。“三马”合办的众安保险能够发展的两个保险品种是“运费保险”和“阿里巴巴小额贷款保证保险”，对于第一年的保费收入预期是 10 亿～15 亿元。

虽然目前阿里信贷的规模还难以与传统商业银行抗衡，但是收益性、流动性、安全性三方面阿里信贷都具有更大的优势。更重要的是，阿里巴巴掌控着金融的核心——信用数据，在此基础上更容易获得金融创新和风险管理的能力。

阿里巴巴一直不愿意承认其对传统商业银行的威胁，相反他们积极地寻求与银行合作共存之道。“我们让银行进来，一起通过互联网技术、大数据、云计算来去识别风险，管理风险，这是我们做的。”阿里巴巴集团副总裁胡晓明说：“我们不做银行，我们只做平台，找到融合之道。”

阿里巴巴的高明之处在于，一边喊着与银行共存共赢，一边暗地里掌控着金融的命脉。马云的说法透露出他们的野心和目标：“阿里巴巴会重建一个金融信用体系，在这个金融体系里面，我们不需要抵押，我们需要信用；我们不需要关系，我们需要信用。”

金融生存之道在于信息不对称，而金融风险也在于此。互联网开放、透明、分享、互动的精神正在改善金融存亡矛盾，大数据分析和信用透明，大大提高了金融风险的可掌控性。

“创新金融事业群所开发的新型微贷技术是其解决小微企业融资的关键所在。数据和网络是这套微贷技术的核心。”胡晓明认为。创新金融事业群利用其天然优势，即阿里巴巴 B2B、淘宝、支付宝等电子商务平台上客户积累的信用数据及行为数据，引入网络数据模型和在线视频资信调查模式，通过交叉检验技术辅以第三方验证确认客户信息的真实性，将客户在电子商务网络平台上的行为数据映射为企业和个人的信用评价，向这些通常无法在传统金融渠道获得贷款的弱势群体批量发放“金额小、期限短、随借随还”的小额贷款。

公开透明的数据分析，降低了验证客户信息真实性的成本。阿里巴巴旗下的深圳一达通公司开发了一种全自助在线服务系统，在这个系统上上万家中小企业客户将实现24小时点对点下单。阿里巴巴通过这种深度介入中小企业外贸过程的系统服务，可以全面、准确掌控客户信息，为贷款业务提供了更加真实的数据支撑。2012年，银行通过一达通提供的交易数据为中小外贸企业提供贸易融资18亿元人民币。这一举动也引起了银行的高度关注，2013年则有约10家银行争相与一达通合作，总共授信额度达到50亿元人民币。

阿里巴巴的经营逻辑是，将一个个平台视为数据车间，车间产生的大量数据汇总到集团数据库，形成数据大金矿，通过数据服务将数据资产应用到金融业务中，最大限度地开发数据价值。

未来，数据将成为金融的核心，金融创新及风险管控都依赖于精准的大数据服务。打个比喻，数据是金融的内力，金融业务是金融的招式。没有数据支撑的招式都显得软弱无力，在数据支撑下，招式才能收放自如、精准打击。

二、文化信息网模式：古文化传递新内涵

人总是从昨天走到今天，又从今天走向明天。昨天留下的智慧是我们创造明天的动力，艺术、文化、精神、思想的传承成为人类历史发展的永恒课题。

先人给华夏子孙留下无数瑰宝，这些瑰宝在激荡的社会洪流中若隐若现，有些被淹没，有些被珍藏，有些被无视。政府、民间艺人正在用他们的方法挽救古文明，而商人则利用商业的逻辑让文化在金钱的河流中发光。

兼顾社会价值和商业价值，就像名利双收一样令人奢望。探索全新的

商业模式一直是商人将奢望变成现实的最佳办法。造纸术和印刷术是华夏文化得以保存和发展的重要工具，今天印刷术甚至计算机技术都不再是文化传承的关键。不过，能够将先进技术融入全新商业模式中，艺术与商业便殊途同归，文化传承寻找到可持续的方案。

雅昌集团，被誉为“印刷业的艺术家”，成功印制了《北京2008年奥运会申办报告》《上海2010年世界博览会申办报告》等国家级重要印刷品。这家创办于1993年的印刷厂很快把握住了时代的脉搏，成为中国艺术品印刷的领军企业。

雅昌董事长万捷需要感谢自己当年看过的《印刷大趋势》一书，书中预测传统印刷业在未来与信息产业结合，与文化产业结合。传统印刷业与信息产业、文化产业的结合，就是本书一再提及的产业融合。万捷大受启发，很快跳出了传统印刷业的产业局限，并抓住传统印刷业与信息产业、文化产业融合的商机，开创性地创造了“传统印刷+IT技术+文化艺术”的价值网商业模式。在这个商业模式中，雅昌集团整合了印刷业、IT产业和文化艺术业，并形成强大的产业体系和竞争合力。万捷认为“雅昌要做最优秀印刷品的文化产业，而不是最优秀的印刷厂”。

雅昌集团在大力拓展艺术品印刷业务的同时，推出了战略性业务——雅昌艺术网。雅昌集团并没有像一般印刷企业一样成立印刷官方网，而是跳出印刷行业，站在印刷业好文化艺术产业融合的高度，打造了中国艺术品门户。

雅昌艺术网成立于2000年10月，拥有艺术品拍卖资讯、艺术品数据库、艺术品市场指数信息和艺术家社区等重要频道。目前，雅昌艺术网已经成为全球最大最重要的中国艺术品门户，是获取艺术资讯的首选媒体平台，是艺术品收藏投资及爱好者不可或缺的工具。

雅昌艺术的商业模式正是在雅昌艺术网这个平台上构建的。雅昌集团通过雅昌艺术网控制了大量拍卖公司、出版社、美术馆、博物馆、艺术家、艺术爱好者会员及艺术品资源。目前，雅昌艺术网拥有超过50万的专业会员，已经为5万名中外艺术家提供了高质量的印刷服务，与100多家中外艺术拍卖公司、230 多家出版社、近 100 家国内博物馆、美术馆和纪念馆以及近 30 个国家的艺术和商业客户合作。

与传统印刷业删除数据不同的是，雅昌集团通过雅昌艺术网将文化艺术品数据保存，并形成中国艺术品数据库，拥有中国艺术品图片就 150 万张。文化艺术品数据库还保存了近 2000 场中国艺术品拍卖会和 70 万件中国珍贵艺术品的交易资料，包含来自国内外 600 多家的拍卖机构 400 万条的拍卖数据。随着艺术家和艺术爱好者不断加入，雅昌艺术网正在以每年 10 万件拍品的速度递增图片和成交数据。

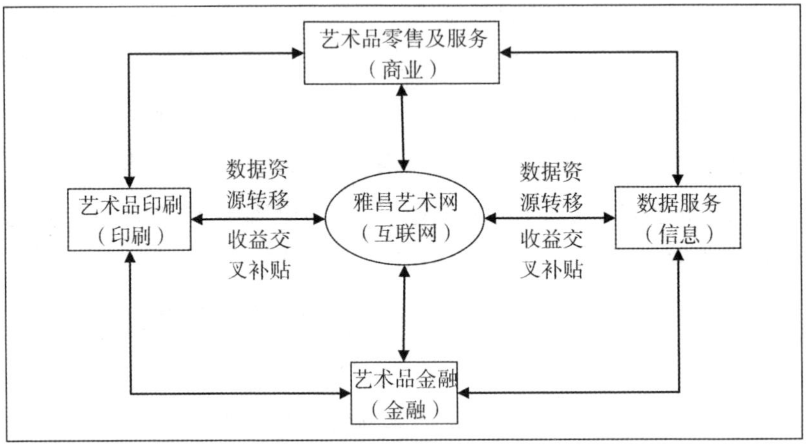

图 2－24　雅昌艺术网模式

这些数据信息为艺术品印刷、金融、零售及服务提供了良好支撑。雅昌集团将雅昌艺术网中大量的出版社、博物馆等顾客资源和艺术品资源转移到雅昌印刷业务中，极大地提升了雅昌艺术品印刷业务的效益。目前，雅昌印刷已经在全国艺术品印刷业务中占据重要市场份额，其中国内艺术品拍卖印刷业务市场份额高达 95%。

雅昌拍卖预展是国内最大的拍卖预展数据查询平台。它依托雅昌优势数据资源，为用户提供准确、及时、专业的拍卖会、拍卖专场以及预展拍品等多维度的查询信息。你可以通过时间、地点、专场分类筛选自己想要的拍卖会与专场，可以通过选择估价、拍品的分类和重要属性快速选择自己想要的拍品。雅昌艺术还成立了艺术品电子商务交易平台——雅昌交艺网（www. artebuy. com），为艺术品、收藏品及艺术衍生品的卖方和买方提供在线展示、交易、交流、信息服务。

在雅昌艺术网平台中，艺术品印刷、印刷品拍卖资讯、艺术品市场指数、艺术家社区、艺术品数据库、艺术品展览等增值服务形成了业务网络体系，构建顾客资源和艺术品资源转移、共享和高效利用的价值网模式。价值网模式极大地挖掘了艺术品资源价值和顾客价值，艺术品拍卖资讯、艺术品市场指数吸引艺术家和艺术爱好者加入，而艺术家和艺术爱好者又为艺术品数据库增加艺术品资源，艺术品数据库又带动艺术品拍卖和艺术品印刷。雅昌集团还推出策划、展览和艺术印刷等增值服务，大量挖掘艺术品数据库中文化艺术品资源的价值。

随着，金融产业与文化艺术产业的关联结合，文化艺术金融衍生品又是雅昌艺术下一个延伸的金牛业务。目前，雅昌艺术市场指数已经成为艺术品爱好者值得信赖的投资分析工具和反映中国艺术品市场行情的“晴雨表”。雅昌集团将利用雅昌艺术市场指数的巨大优势，深挖文化艺术金融衍生品这座金矿。

在雅昌艺术网这个平台上，雅昌集团构建了从数据服务到艺术品印刷、金融、零售及服务，涵盖印刷、零售、信息、金融领域的业务网络，形成了数据、顾客、艺术品资源相互转移及收益交叉补贴的价值网模式。

三、制造金融网模式：金融资本转移补贴

通用电气（GE），堪称商业历史上最为经典的公司。它经历了人类历史上最大的两次世界大战、最大的两次经济危机，却毫无沧桑倦容之色，反而因祸得福、容光焕发，真正做到基业长青。通用电气是世界上盈利最稳定、最受赞赏的公司之一。通用电气还是自道·琼斯工业指数 1896 年设立以来唯一至今仍在指数榜上的公司，见证了近现代工业的光辉历史。

通用电气真正被中国大多数企业人士认识，是在管理学教科书上、各种企业课堂上和《杰克·韦尔奇自传》一书中。原通用电气董事长兼 CEO

韦尔奇与通用电气一样作为企业多元化战略的经典案例被写进了全世界管理学院的教科书。

当很多人在批判多元化，甚至否定多元化的时候，通用电气的成功给这些人的论调泼了一盆冷水。从家用电器到工业电气，从金融服务到娱乐媒体，从飞机制造到医疗设备，通用电气已经不仅仅是一家电气公司，而是涉足12大领域的世界超级航母。关键的是，通用电气并没有像其他多元化企业一样机构臃肿反应迟钝，而是仍然行动敏捷积极进取，并成为各个领域的领先者。目前，通用电气旗下12个事业部都是各自的市场上的领先者，有9个事业部能入选《财富》全球500强。

托马斯·爱迪生一个伟大的发明家，一生共有约两千项创造发明，被后世誉为“世界发明大王”。基于众多发明成果，爱迪生于1879年创办爱迪生电力照明公司，第二年公司新产品白炽灯上市销售。1890年，爱迪生通过业务整组成立爱迪生通用电器公司。两年后，资本家约翰·摩根将爱迪生通用电器公司与汤姆·休斯顿电气公司整合，成立了通用电气公司。不过，老摩根认为通用电气应该由擅长经营管理的尔斯·科芬来掌管，而不是发明家爱迪生。结果，发明家黯然出局，企业家掌管通用，通用电气开始在资本的助推之下，呼啸狂奔了一个世纪。

拥有世界上最伟大发明家的通用电气，在技术领域具有先天优势。早在1900年，通用电气就建立了公司最早的研究实验室。当技术遇到摩根银行的金融资本，通用电气不成功真的很难。1914年第一次世界大战爆发，美国相安无事。通用电气也像美国一样在世界大战中大发战争横财。第一次世界大战后，通用电气成立美国无线电公司，在新兴的无线电技术领域独占鳌头并垄断了全美无线电工业。20世纪20年代，通用电气公司曾同西屋电气公司、美国电话电报公司、美国无线电广播公司实行合资经营，取得长足发展。

1945年，人类又一次爆发了空前的世界大战，对商机异常敏锐的金融资本又一次引导通用电气卷入这场战争。在第二次世界大战期间，通用电气为美国政府制造和提供军事武器及配件和战略物资，又一次大发战争横财。1939 年，通用电气在美国只有 30 多家工厂，到了第二次世界大战后的 1947 年增至 125 家。

第二次世界大战后，美国和苏联两个世界大国就在全球积极战略部署，试图遏制对方，最终形成两大阵营对峙的冷战格局。两大阵营之间开展军备竞赛，通用电气再次从中获益。从 1956 年开始，通用电气就在美国、日本等国家建工厂生产导弹、原子能、原子燃料、战机、火箭发动机等，并向部分国家出售核武器。在 1973 年，通用电气的军事订单达 14.2 亿美元，成为美国政府第二大供应商。此时的通用电气俨然成为一家全美第二大、世界级的军事企业。

军事业务促使通用电气高速发展并获得巨额利润。20 世纪 70 年代末，通用电气已经成为全美排名前十的大企业。1977 年，通用电气的总资产高达 136.96 亿美元，销售总额达 175.15 亿美元，净利润达 10.88 亿美元，成为美国第五大公司。

资本没有国界！在摩根财团的引导下，通用电气在成立之初就开启了全球化之路，是迄今为止最早又最具影响力的跨国公司之一。早在 1906 年，通用公司就是中国市场上非常活跃的贸易商。1908 年，通用公司在沈阳建立了第一家灯泡厂。到 1976 年，通过大量并购海外电工企业，通用电气已经在全球 24 个国家拥有 113 家工厂，成为当时最著名最庞大的跨国公司之一。

不过，通用电气的发展并非一直一帆风顺、所向披靡。到了 1980 年，虽然光塑料、民用电器、核反应堆和喷气发动机的销售收入已经高达 250 亿美元，但是通用电气庞大的产业集团逐渐凸显机构臃肿、等级森严、冗员严重、市场反应迟钝等内部管理问题。加上 20 世纪 80 年代开始，美国经济开始衰退，市场萎缩一度让通用电气陷入内外交困的局面中。

上帝总是眷顾积极进取的人。通用电气毅然将被尊称为“美国商业领袖”的雷金纳德·琼斯董事长换下，选择年轻有为的杰克·韦尔奇担当重任。1981 年 4 月，45 岁的韦尔奇成为了通用电气史上最年轻的董事长和首席执行官，通用电气也从此进入全盛的“韦尔奇时代”。

面对当时通用电气的种种问题，韦尔奇首先从内部管理体制上开刀。韦尔奇将8级管理层次减少到3~4层次，打破了森严的等级制度，提高了管理效率和反应速度；还将350个经营单位裁减合并成13个主要的业务部门。

在发展战略方面，韦尔奇坚持著名的“数一数二”原则，提出明确发展方向的“三环”战略——核心圈、高科技圈和服务圈。韦尔奇非常果断地出售、整合、关闭了“三环”以外的企业，大力增强壮大“三环”以内的企业。韦尔奇一只手出售了150多家企业，另外一只手又大力发展医疗设备、医疗保健信息技术、金融服务、塑料、陶瓷等业务。韦尔奇一共卖掉了通用电气近100亿美元资产，又新添置了180亿美元的资产。

历史数据显示，韦尔奇的改革堪称伟大！从韦尔奇上任到卸任期间，通用电气的年营收从250亿美元增至1005亿美元，净利润从15亿美元增至93亿美元，公司市值从130亿美元上升到了4800亿美元，通用电气一跃成为全球第一大市值公司。韦尔奇在战略上纠正了盲目多元化势头，明确了未来发展方向，使通用电气成为多元化战略的经典案例。在“韦尔奇时代”，通用电气实现了从庞大到强大的历史性跨越。韦尔奇也因此被誉为“20世纪最伟大的CEO”。

韦尔奇在通用创造的一个又一个奇迹逐步传到中国之后，中国大地涌现了大量的韦尔奇粉丝。韦尔奇中国之行，上千位韦尔奇粉丝争先恐后亲临膜拜，试图得到“全球第一CEO”真传，助推自己打造像通用电气一样伟大的企业帝国。然而，韦尔奇的成功秘诀并非拿来主义所能获取。韦尔奇在内部管理和多元化战略两个方面无疑是高手中的高手，但是有多少人能读出其背后的逻辑和真谛。

多元化战略还是专一化战略，一直是企业争论的话题。而通用电气的多元化战略一直是多元化战略拥护者的经典佐证。通用电气的多元化业务涉及航空、医疗、运输、能源、商务金融、电影、家电产品、照明产品等几十个领域。很多人没有理解这些业务之间的逻辑关系，而是直接依葫芦画瓢地模仿。

其实，在“韦尔奇时代”之前的通用电气的多元化战略，是不值得模仿的。因为当时的通用电气完全受摩根财团的金融资本控制。资本的天性就是逐利，当时通用电气的多元化战略实际上是由金融资本主宰的，而非企业使命愿景主导的。唯利是图的金融资本领导通用电气卷入第一次世界大战、第二次世界大战和“冷战”，纷纷涉足导弹、原子能、原子燃料、海军鱼雷、战机、火箭发动机等军事领域。当工业电气遭遇垄断调查时，欧文·杨将业务拓展到大众消费者领域；当发生第二次世界大战时，查尔斯·威尔逊大力发展飞机、坦克等军事产业；当世界进入“冷战”，弗雷德·博奇豪赌原子能、飞机引擎和计算机三大业务，仅飞机引擎业务就为通用电气后几十年的发展带来数千亿美元的合同；雷金纳德·琼斯则大力发展高额利润的金融业务。

另外，通用电气也同样大范围涉足消费家电、照明、塑料等十多个行业。20 世纪 50 年代，通用电气还涉足计算机行业，并成为世界上第八大计算制造公司。但是，最终因为投资者对计算机业务盈利不满，于 1970 年将该业务卖给霍尼韦尔公司。而历史证明，计算机作为信息革命的助推器，通用电气放弃了一次领导信息革命的绝佳机会。

金融资本主导的通用电气造成了两个结果：高回报和过度多元化。在此期间，通用电气获取高额利润，为股东带来高额回报。但是，当 20 世纪 80 年代美国经济出现陷入低迷时，过度多元化造成的“大企业病”在通用电气身上凸显出来，公司逐渐失去活力、创造力和执行力，公司在战略上迷失了方向。

我们将“韦尔奇时代”之前的通用电气时代，称之为“金融资本疯狂扩张期”。资本家导演的唯利是图的资本扩张大戏最终将通用电气带入过度多元化的困境。这个时候，应该由企业家站出遏制这种疯狂的行为，并以企业使命愿景为指导（而非资本），回答企业发展三个最根本的问题——通用电气是什么？往哪里走？为什么？

韦尔奇用“数一数二”的原则和“三环”战略解答了以上三个问题，砍掉了一些业务，也增强了一些业务，把通用电气从过度多元化之路上拉回来。我们真正要思考的是，韦尔奇以什么样的标准去衡量哪些业务该砍掉，哪些业务该增强。

韦尔奇选择以市场领先来衡量通用电气该发展的业务，不是“第一第二”就必须砍掉。很多人没有发现韦尔奇的第二个标准，那就是协同关联。韦尔奇真正做的是将通用庞大的业务网络合理地整合在一起，实现集团管理、资源共享、业务协同的产业网络。

韦尔奇砍掉了不相关的矿业，大力发展了与通用电气业务高度关联金融服务业、医疗设备业务和高性能塑料业务。1986 年通用电气合并了美国无线电公司；1990 年，买进基德尔·皮博迪投资银行公司，收购了匈牙利图斯拉姆照明公司；1991 年，收购英国索恩光源公司的产权。“后韦尔奇时代”，实际上任然坚持这两个原则发展多元化业务。

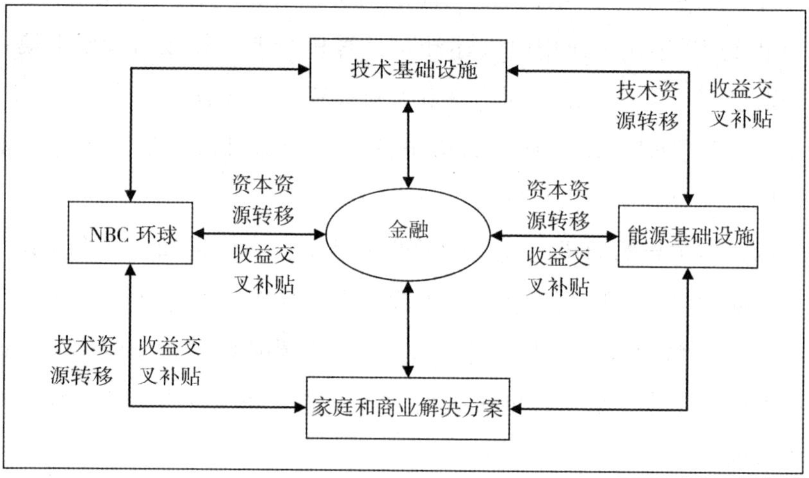

图 2－25　通用网模式

如今，通用电气拥有技术基础设施（航空、企业解决方案、医疗、运输）、能源基础设施（能源、油气、水处理及工艺过程处理技术）、金融（航空金融服务、商务金融、能源金融服务、消费者金融、债券）NBC 环球（电视、电影、国际、网络、体育和奥运会转播）、家庭和商业解决方案（家电产品、照明产品、安防产品、智能平台）五大业务板块，其涉及主要业务领域达二十多个。

在这个庞大的产业网络中，五大业务模块通过技术资源和资本资源相互共享，实现协同。技术和资本是通用电气多元化发展的左膀右臂，技术是发展的基石，资本是发展的催化剂。

技术资源的相互共享，是整合产业网络的关键，也是通用电气多元化成功的关键。其实，通用电气是世界上最大的提供技术和服务业务的跨国公司，这个定义才能深入揭示其成功的秘密。

通用电气由伟大的发明家爱迪生创办，生下来就具备技术的基因。更重要的是，后续者将这个技术基因不断传播，繁殖出一个庞大的技术集团。通用电气首任 CEO 尔斯·科芬做了一件与爱迪生发明电灯一样伟大的事情——创办了通用电气研究实验室。这个研究实验室被世人称为“魔术屋”，发明了 X 光管、钨灯泡和高频交流发电机，还诞生了两位诺贝尔奖科学家。

目前，通用电气拥有全球规模最大、最多元化的工业研究机构——通用全球研发中心。通用全球研发中心拥有近 1000 名博士，美国专利数量达 986 项（2007 年），研发经费达 60 亿美元（2007 年）。

通用全球研发中心为通用所有的业务提供创新技术和技术转换成果，是通用电气立于不败之地的重要基石。通用全球研发中心提供多元化的技术资源，并应用到从能源、传感器、材料、纳米技术、计算与决策系统到医疗、安防、家电各领域。技术转移和共享，为通用电气各个产业发展提供了不竭的动力。

以发动机为例，飞机发动机集团生产的 37 种型号的发动机泛应用于 91 种飞机系统、42 种轮船和其他工业系统之中。军用、民用、船用及工业等业务都共同享有了发动机技术，极大地降低了技术研发成本，实现了技术资源的高效利用。通用电气旗下的普惠发动机联合公司就是世界上最大的商业喷气发动机的制造商和出口商，名列世界航空航天工业 100 强第 8 位。

资本资源的转移和共享，在“韦尔奇时代”之前，通用电气已经演绎得淋漓尽致。通用公司的成立，就是老摩根资本运作的结果。而拥有摩根财团作后盾的通用电气公司，在近百年的发展过程中都伴随着资本扩张和企业并购。2003 年，通用电气斥资 250 亿美元连续收购了威望迪环球影视、芬兰医疗设备制造商医思公司及英国医疗诊断和生物科技公司安玛珊三家公司，这也是通用电气历史上最大的收购。

在韦尔奇掌管通用电气之前，通用电气已经是一家年收入 250 亿美元的巨无霸，已经拥有大量的金融资本。金融业务更是为通用电气的发展提供了巨额资金。航空金融服务为通航空业务提供贷款、金融租赁、融资计划、保险、债券等金融服务；能源金融服务为能源基础业务提供贷款、金融租赁、融资计划、保险、债券等金融服务；消费者金融为消费者提供信用卡、保险、个人贷款、家庭贷款等服务，促进家庭和商业解决方案业务发展。

第十章 “产业+产业”网模式

一、大地产网模式：先圈地，后建房

2008年以后，国家制定并实施了“四纵四横”为主干线的《中长期铁路网规划》，这一规划极大地提高了全国各大城市的地铁建设速度。目前全国有33个城市已规划地铁建设，28个城市已获批。北京地铁已经达到十多条，深圳多条地铁线也陆续开通。

不过，地铁大建设依然无法掩盖地铁大亏损的事实，目前中国大部分地铁公司都面临大范围亏损。北京地铁每年财政补贴达20亿元，上海地铁年亏损数十亿元，广佛线预计亏损5～7亿元，深圳地铁五年后或亏220亿元。

一边是各大中城市纷纷申请规划地铁，另一边是地铁公司大范围巨亏，这种似乎矛盾的逻辑有点让人费解。其实，各城市根本不在乎地铁公司数亿元甚至数十亿元的亏损，而更关注地铁建设对地产、商业等相关产业带来发展机遇和收益。正常情况下，地铁建设将会给沿线房价带来15%的“溢出效应”，一亿元地铁投资可能创造2.63亿元GDP和8000个就业岗位。

市政府正是利用网模式发展城市地铁，即地铁建设—周边相关产业发展—政府财政增加—补贴地铁公司，最终地铁公司不倒闭，周边相关产业得到发展，城市GDP增加，政府财政税收增加。

政府着眼于整个城市经济的发展，将地铁建设纳入城市经济网络中，构建了以地铁网为核心的城市经济网络模式。但是，当然政府主导市场并非市场经济的生存法则，地铁公司终究是企业，盈利是首要目的，而不是等着政府救济。纵观全球，只有香港地铁、东京地铁等少数城市地铁公司盈利，而港铁的盈利模式值得大陆地铁公司借鉴。

中国内地地铁公司首要的是创新商业模式，通过新的商业模式实现企业盈利。香港地铁公司创造的“物业模式”为其带来巨额利润，无疑值得大陆地铁公司学习。北京、深圳等地铁公司已经与香港地铁公司合作尝试复制香港地铁模式，试图实现企业盈利。深圳四号线与香港地铁公司合作经营，香港地铁公司设立独立项目公司拥有30年经营权。另外，深圳政府把地铁沿线190万平方米土地交予地铁公司发展，这意味着深圳四号线地铁可能复制香港地铁模式经营。

香港地铁公司是全球少数实现盈利的地铁公司，其商业模式是以地铁建设为核心，连带周边物业，深入挖掘运营增值服务，即地铁+物业+增值服务的价值网模式。香港地铁公司首先根据选择地铁沿线具有增值潜力的物业，并向政府申请获取土地开发经营权。然后，与房地产公司合作，由房地产公司出资和建设商品房、写字楼等，香港地铁公司不用负担其中成本和承担风险。

最后，由于地铁建设带来物业增值，香港地铁公司与开发商共同分享后物业租赁、物业管理等利润。由于香港山多人口密集，香港特区政府努力将住宅、商业规划在地铁站辐射范围以内，以解决市民交通出行问题。地铁建成后地铁周边物业升值达50%，投资回报率达到15%，香港地铁公司从物业升值中获得丰厚利润。在增值服务方面，香港地铁公司在地铁运营过程中，提供地铁广告、电子媒体、电信、地铁商业、地铁商铺租赁、银行服务、技术咨询等增值服务，增加利润收入。

香港地铁公司通过地铁控制顾客资源，然后将顾客资源以及自身的轨道交通资源转移到物业和增值服务中。地铁交通使周边物业增值，同时也带来庞大而密集的人流量，促使物业和增值服务获得不菲的利润收益。一

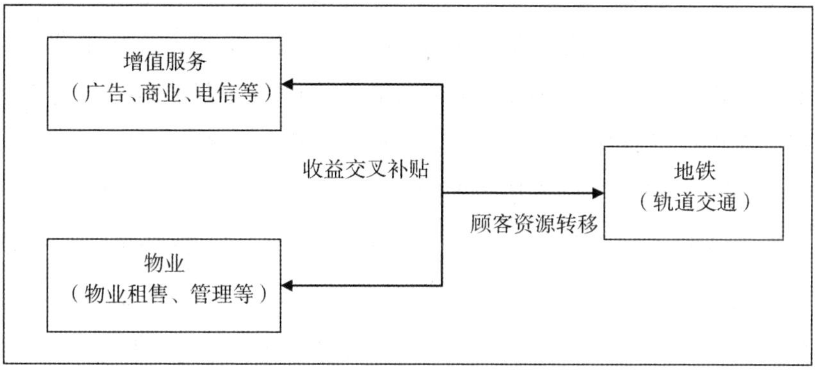

图 2－26　港铁网模式

般情况下，地铁公司仅仅依靠车费难以实现盈利，地铁业务的价值未能完全实现。所以，物业、增值服务领域中的利润必须补贴给地铁业务，最终地铁业务的价值得以实现。地铁、物业和增值服务三方关联在一起形成价值网，通过交叉补贴和资源转移，香港地铁公司最终实现不错的收益，企业整体竞争力得到提升。

2005 年香港地铁公司的经营总收入为 91.53 亿港元，比 1986 年增加了 6 倍多，其中车费收入 62.82 亿港元，占总收入的 69%；非车费收入包括广告、电信、车站内商务业务、物业租赁及管理收入以及顾问服务的收入 28.71 亿港元，占总收入的 31%。在建于 1975—1986 年的 3 条铁路线上，香港地铁公司开发了 18 处房地产。到 2005 年底，香港地铁公司管理的住宅单位为 54 358 个，商业及写字楼面积达 562 296 平方米，物业发展利润达 61.45 亿港元，占当年未经折旧经营利润的 55%。我们不得不感叹，香港地铁公司才是香港最大的房地产公司，属于隐形地产商。

2012 年报显示，港铁总收入 357.39 亿港币，其中不含投资物业估值股东净利润达 97.75 亿港币，仅香港发展物业利润为 32.38 亿港币，物业租赁及管理收入为 34 亿港币，利润 27.74 亿港币。

地铁公司历年出售物业所得利润全部补贴给地铁业务投入地铁建设，成为香港地铁发展重要的动力。2008 年，香港地铁公司合并其在港地铁，总资产超过近千亿港元。近年，香港地铁公司更是抓住内地城市地铁“大跃进”的契机，通过与内地政府合作的方式“跑马圈地”，涉足北京、深圳、上海、南京、沈阳、杭州等城市的地铁建设和运营，预计参与内地地铁投资总里程接近200公里，超过其在香港经营的168.1公里。

香港地铁公司成立之后历经长达12年的亏损。但是，20世纪90年代后，随着人口、车辆增加，香港城市交通出行压力越来越大，香港政府不得不将商业和住宅规划在地铁沿线，这就增强了地铁交通和物业的关联度。香港地铁公司很快跳出了公共地铁交通的“陷阱”，敏锐地发现地铁交通与物业的关联机会，并布局地铁—物业的网状多元化，并进一步挖掘增值服务价值，创造了全新的“地铁+物业+增值服务”的价值网商业模式，通过交叉补贴、资源转移，促使顾客价值和企业价值在价值网中增值、间接交换和最终实现，企业也形成整体竞争体系，竞争合力和盈利能力大大提高。1998年，香港地铁公司实现盈利，之后便一发不可收拾。

目前，深圳地铁依然亏损严重，短期内难以实现盈利。以深圳地铁一期工程1号线首期段为例，年均客运量为达4亿多人次，一期的平均票价为每人次2.78元，但一期的平均成本达到每人次4.75元，成本是票价收入的1.96倍。前深圳地铁集团董事长黄瑞透露，预计在2012年到2016年期间，深圳地铁计折旧和利息亏损额约达到220亿元。

深圳地铁主要依靠财政补贴维持运营，2010年和2011年期间，政府财政补贴分别达到8.3亿元和7亿元。不过，自负盈亏已经成为深圳地铁乃至全国地铁公司发展的重要任务。深圳地铁龙华线也引入港铁公司经营管理，这一做法也被认为深圳地铁公司正在学习和借鉴港铁模式。

事实上，深圳地铁也在运筹帷幄，为物业开发默默储备土地资源。深圳地铁集团在地铁沿线及周边累计获得地上盖物业建筑面积高达290万平方米，其中商业开发面积达到138万平方米，保障性住房达到125万平方米。按深圳目前一手房地产成交均价计算，剔除保障房面积，深圳地铁旗下商业地产物业市场估值接近500亿元。深圳地铁也就成为名副其实的

“大地主”。

随着深圳地铁线建设开工至完成，地铁将沿线站点的人气带旺，土地物业也迅速升值。2008 年 11 月，深圳地铁以 17 亿元的价格获取深圳前海高达 141 万平方米的地块。此后，深圳地铁相继在深大站、深圳北站、蛇口西、塘朗以及横岗车辆段，累计获得地铁上盖物业建筑面积高达 290 万平方米，其中商业开发面积达到 138 万平方米，保障性住房达到 125 万平方米。

2010 年 8 月 26 日，国务院批复——原则同意《前海深港现代服务业合作区总体发展规划》。如今前海区域是深圳下一个十年的希望，被誉为未来珠三角的“曼哈顿”，也是目前深圳土地升值最快的区域。深圳地铁在所属物业中，初步规划建设住宅、商场、写字楼，预期收入非常可观。如果这些物业收入再投入到地铁的建设、运营中去，深圳地铁自负盈亏的良性循环才能逐渐建立。

2013 年，国务院通过了铁路政企分开的大改革，撤销铁道部政府机构，组建中国铁路总公司承担铁道部的企业职责。备受民众关注的是，新成立的中国铁路总公司将如何化解 2.6 万亿元的巨额债务。这笔巨额债务从行政机构转移到企业，被推向了市场，不得不由市场来买单。铁路运费涨价，提高总收入，是目前铁路总公司能够想到的最直接的办法。

不过，运费持续涨价难以让民众接受，对物价持续上涨也构成巨大压力，只属权宜之计。更何况，与 2.6 万亿元债务相比，铁路总公司的收益甚微。2011 年铁道部的营业收入为 8197 亿元，利润总额为 707 亿元，税后利润仅 3100 万元。铁路总公司每年的利润还不足以偿还借款利息。

除了国家背书之外，铁路总公司的最大优势还是资产规模。中国铁道部的资产规模远超中国石油、中国移动，超过 5000 亿美元。铁路总公司只要盘活这些资产，资金收益也非常可观。

全国各铁路分公司都控制着众多物业，全国多数火车站目前都处于城市繁华地段，铁路公司所控制的物业价值巨大。铁路公司很可能会仿效地铁公司，构建物业模式，通过物业收益弥补运营亏损。事实上，铁路总公司有意与城市轨道公司合作，渗透到城规网络中，更大程度地分享地产盛宴。

地产业不可能一直膨胀下去，但轨道交通网络带来的土地升值是显而易见的。面对地产暴利衰退，先知先觉的地产公司正在逐渐摆脱地产业。拥有全球最大的电影院线的万达集团已经借助商业地产平台，跃升到了商业文化层面。万达集团正在构建融合商业地产、高级酒店、文化旅游和连锁百货的庞大商业版图。而这一商业版图的构建正源于网模式。

二、大旅游网模式：整合“六要素”

2008 年金融危机几乎摧残了中国整个航空业，国有航空全面巨亏，东星航空破产，鹰联航空被收编，春秋航空艰难生存，航空业“国进民退”舆论沸沸扬扬，机场费用大量拖欠。另外，全国高铁“大跃进”，民营航空面临生死威胁。

春秋航空依靠模仿西南航空，极力压缩经营成本，最终艰难渡过了金融危机，2009 年净利润 1.58 亿元，同比增长 524%。海航航空也一度陷入困境，2008 年下半年突然转盈为亏，全年亏损达 14.24 亿元，并因拖欠机场费用上亿元被列入拖欠机场费用航空公司“黑名单”。此时，同样陷入困境的东方航空获得政府 70 亿元注资，南方航空 30 亿元，东方航空 20 亿元，民企东星航空面临破产清算。

海南海空无法获得政府注资，只能自救。2009 年，海航集团向海航航空注资 15 亿元，降低了海航航空的负债率和资金链断裂的风险。2010 年，海航集团整合航空和地产业务，海南航空受让旗下全资子公司海南航鹏实业、海南国旭实业和海南国善实业 3 家地产项目公司各 100% 股权。通过优质地产资产注入，合理的交叉补贴，海航航空避免破产并获得良好的发展空间。2009 年，海南航空盈利 3.34 亿元，2010 年第三季度 17.81 亿元。

随着全国上下大范围布局高铁，高铁成为继金融危机之后对航空公司生存构成巨大威胁的对手。民航业本身存在高投资、高成本、低投资回报率的特点，春秋航空不管如何执着地压缩成本，在价格竞争方面都难以在国家经营的不计投资回报的高铁上取得优势。在高铁时代，不依靠国家财政补贴，凭借自身经营能力活下来，成为中国航空企业面临的首要任务。

在中短途运输中，高铁具有明显的经济成本优势，春秋航空坚持压低成本、降低票价，但依然生存艰难。事实上，航空与地铁作为大众交通业务，很难降低经营成本和提升销售价格。与现在的中国大陆地铁大范围亏损一样，航空公司单靠航空服务很难以获得盈利。轨道交通只有通过物业的交叉补贴才能扭亏为盈，而航空公司也必须另寻新的盈利业务，以补贴亏损的空运业务。与国企航空公司依靠政府补贴渡过危机不同，海南海空依靠集团注资，从旅游、地产、商业等业务中获取利润补贴。这就是海南海空的网模式。

在网状经济时代，已经不再是西南航空单业务竞争的时代，而是海航集团产业网络竞争时代。海航集团作为一家民企经过十余年努力经营，从一家单一的航空运输企业发展成为以航空旅游、现代物流、金融服务三大产业为支柱，涵盖“吃、住、行、游、购、娱”六大产业要素的现代服务业综合运营商。海航集团产业覆盖航空运输、旅游服务、现代物流、金融服务、商贸零售、房地产开发与管理、机场管理和其他相关产业。

海航集团的六大产业要素之间关联度极高，顾客资源可转移性极强，再以金融服务为平台将六大产业要素整合，实现金融资本的转移、共享和高效利用，最终形成具备整体竞争合力、实现高盈利的价值网商业模式。在海航集团网模式中，金融服务是平台，旅游服务、航空运输、房地产开发与管理、商贸零售、现代物流、机场管理是六大支柱产业。

海南省最大的优势资源就是旅游资源，最大的劣势资源就是交通资源。海南的热带旅游资源每年吸引大量游客慕名而来，但是海南是一个岛屿与外界交通联系不便，飞机成为游客登岛旅游的最便捷的交通工具。所以，海航集团抓住海南经济特区大发展和航空服务民营化的机遇，成立了海南航空。

凭借海南航空对乘客资源的控制能力，海航集团将产业延伸到与之关联度高的现代物流和机场管理，充分挖掘了顾客资源价值。但是，海航集团发现控制终端顾客并非航空运输，而是海南的旅游服务，乘客当中大部分是旅客。2006 年底，海航集团对原有旅游产业板块进行了大规模重组整合，组建了海航旅业。海航集团将航空运输向前延伸到旅游服务，最终控制终端顾客。游客除了坐飞机来海南旅游外，还需要购物、娱乐、吃饭、住店。于是，海航集团又将产业延伸到与之关联紧密的房地产和商贸零售行业。

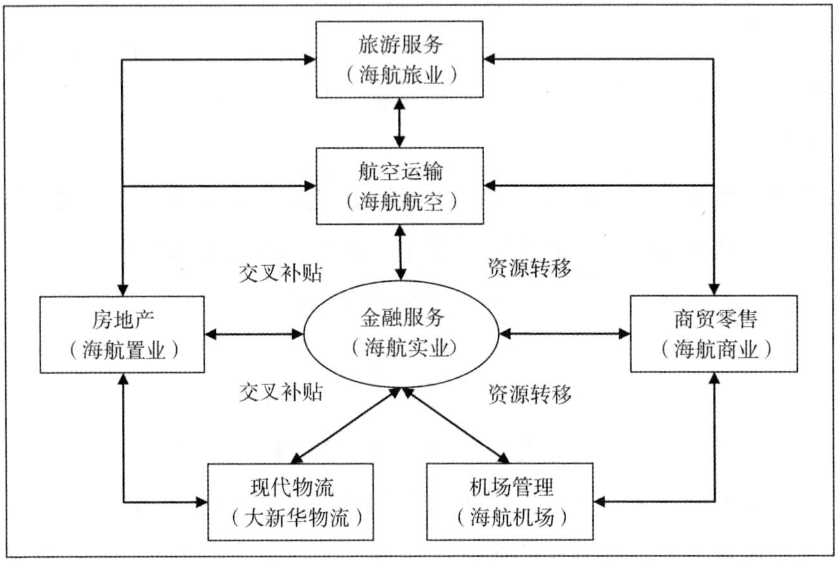

图 2－27　海南航空网模式

我们重新梳理一遍，旅游服务是海航集团控制产业，凭借其对顾客资源的控制，海航集团将产业延伸到航空运输、商贸零售、房地产。而航空运输又凭借其对顾客资源的控制，将产业延伸到现代物流和机场管理。从旅游服务到现代物流、机场管理，海航集团将顾客资源层层转移，将顾客资源价值深入挖掘，房地产与商贸零售之间顾客资源共享，现代物流和机场管理之间顾客资源共享，最终实现效益最大化。简单总结起来，旅游带动航空、商业、房地产，航空又带动机场管理和物流。

将产业关联度高的六大产业构成产业网并深入挖掘顾客资源价值，但是海航集团高明之处不仅于此。海航集团还成立海航实业进入金融服务行业，并通过金融服务将六大产业一起整合，实现金融资本高效转移、共享和最大化利用，降低产业网断裂风险。

海航集团成立海航实业，试图打造一流的国际投资银行和现代金融服务业综合运营商。目前，海航置业拥有投资银行、金融租赁、信托三大核心业务，服务网点遍及北京、上海、天津、香港、悉尼等30个国际大中城市。海航实业在对六大产业整合和金融资本支持方面起到关键作用。

如今，海航集团已经构成一个以金融服务为核心、以旅游服务为控制，顾客资源和金融资本高度共享的七大产业紧密关联的多元化产业网络和价值网模式。价值网模式极大提升了海航集团整体竞争合力和抗击风险的能力，这就是海航集团成功的王道，这也是海航航空没有被2008年金融危机压垮的根本原因。

春秋航空需要做的是像海航一样，大力整合航空、旅游、金融等相关产业形成产业网络，提升整体竞争合力。春秋航空董事长王正华也意识到这一点：“在春秋，旅游为航空带来客源，而航空增加了旅游的竞争力。”

与海航集团形成鲜明对比的是，海航竞争对手东星集团虽然也广泛涉足旅游、地产、交通公路、航空、电信等行业，但是最终因资金链断裂破产。一方面是因为东星集团没有像海航集团一样整合关联产业，而是大范围涉足关联度不高的产业，顾客资源价值没有充分挖掘；另一方面，也是最重要的，东星集团没有建立强大金融服务平台整合各大产业，没有实现金融资本转移、共享和高效利用，没有建立产业网络和价值网模式，各大产业也就没有形成整体竞争合力。

在海航集团的网模式中，海航物流、海上商业、海航旅业等产业还不断地向各自关联产业延伸，不断地深挖顾客资源价值，通过顾客资源和金融资本资源的转移，各自形成“小”价值网模式，并实现快速发展。

大新华物流整合航空货运、海上运输、陆上运输以及船舶与海洋工程建造、码头建设与管理、船舶与船员管理、物流置业等多种相关产业，

2009年6月还成功重组金海湾船业。目前，大新华物流拥有各类船舶近100艘，货机13架，试图成为中国首家构建海陆空综合物流、金融服务、物流信息网络以及大型制造业一体化的全球物流综合服务运营商。

海航商业通过实体零售整合电子商务和金融，采用“实体+电子商务+金融”的发展策略，业态已经延伸到百货、超市、专业店、免税店、旅游零售、电子商务、商业地产、商业金融等。

海航旅业以“一网一卡一中心”为战略目标，以旅游为平台中心，消费卡为串联，编织覆盖“吃、住、行、游、购、娱”六大要素的价值网络，业务涵盖个人消费信贷、航空运输、旅游包机、高端公务机运营、旅游业务、车辆租赁、景区运营及信息化建设等领域。

海航旅业还从传统业务跨入到以海航易生和腾龙九州网为核心的新兴业务。2010年，新兴业务年度收入为118亿元左右，远大于传统业务的83亿元左右。

旅游六要素中每一个要素都关联多个产业，只有要素与要素之间形成资源转移、交叉补贴才能发挥产业聚合和商业模式的力量。海南海空的“大旅游”模式支撑了航空业务的发展，并构建了强大的综合实力。

旅游产业如今正快速与互联网产业融合，部分企业开始筹谋将互联网纳入“大旅游”的网模式中。湖南凤凰古城收费事件将凤凰古城旅游开发操盘手叶文智推到媒体前台，不过国内移动互联网领域新晋明星高德地图董事长侯军才是幕后金主。

侯军资本系近年对旅游业攻击凶猛，通过黄龙洞投资公司将凤凰古城、湖南壶瓶山、邵阳崀山、张家界黄龙洞等多处优质旅游资源的经营权收入囊中。高德侯军才是这些旅游资源的主宰者，叶文智只是一个高调的“策划大师”。不过，他也承认自己来自高德软件，“我也是高德软件的创始人之一，也是投资人之一”。

高德是一家在美国纳斯达克上市的中国移动互联网公司，其核心产品是手机应用软件“高德地图”。为何一家中关村的科技企业会对旅游资源感兴趣？

实际上，侯军在谋划的是一张“大旅游”地图，试图将旗下旅游资源与高德地图一起汇成巨大的商业版图，形成庞大的商业价值。事实上，这完全有可能，也是遵循了价值网模式的基本思路。高德地图及导航可以将“吃、住、行、游、购、娱”旅游六要素串联起来，在旗下旅游景区形成巨大的商业价值网络。在高德地图编制的价值网络中，游客相互穿梭，六要素消费提升并形成交叉补贴的关系。

三、大制造网模式：袋鼠基因遗传

被金融界誉为“股神”的巴菲特对投资者的号召力是不可想象的，其一笔投资、一句话或许可以改变一家公司的命运。绝大多数公司都难以获得巴菲特的恩宠，但是中国比亚迪除外。

2008 年 9 月 27 日，巴菲特的投资旗舰伯克希尔－哈撒韦公司旗下附属公司中美能源控股公司斥资 18 亿港元，以每股 8 港元的价格认购比亚迪 2. 25 亿股股份，约占比亚迪本次配售后 10% 的股份。在巴菲特的号召下，追随者热情澎湃，比亚迪股价在金融危机的寒冬中逆势上扬、一路高走。2009 年 10 月比亚迪股价更是连升 9 天屡创新高，23 日盘中创出 88. 4 港元高价。比亚迪公司市值期内增 400 亿元至 1800 亿元成为全国市值最大车股。比亚迪公司总裁王传福也因此以 350 亿身价荣登中国首富的宝座。

比亚迪股价高走让巴菲特在一年时间内浮赢超过 180 亿港元。180 亿港元只是巴菲特 370 亿美元（2009 年《福布斯》富豪榜）中的九牛一毛，但是，巴菲特却非常在意对比亚迪的投资。有人统计过，巴菲特几乎犯了自己形成的投资“八戒”。2010 年 9 月，当比亚迪股价一路回落时，年数已高的巴菲特却亲临深圳比亚迪，吹捧比亚迪为大气经销商。一贯喜欢入手一线品牌和大企业的巴菲特，为何对中国一家制造企业和二线品牌如此在意?

比亚迪成立于 1995 年，以制造电池起家。在中国制造的大背景下，依靠代工模式迅速成为世界著名的电池制造商，为诺基亚、摩托罗拉、三星等国际通信巨头代做电池。2002 年 7 月，比亚迪（1211HK）在香港主板上市，创下了当时 54 只 H 股最高发行价纪录。比亚迪也因此被全球权威刊物《亚洲货币》评为“2002 年最佳上市公司管理奖”第一名。但是，凭借这个比亚迪还难以打动巴菲特，比亚迪还另有筹码。对于投资者而言，公司未来前景和合理商业模式是投资关键。

事实上，比亚迪在电池市场迅速壮大的同时，大范围涉足二次充电电池、液晶显示屏模组、塑胶壳、键盘、柔性电路板、摄像头、充电器等 IT 及零部件产品。比亚迪 IT 及电子零部件产业已覆盖手机所有核心零部件及组装业务，镍电池、手机用锂电池、手机按键在全球的市场份额均已达到第一位。

但是比亚迪还并不满足，于 2003 年收购西安秦川汽车有限责任公司，成立了比亚迪汽车有限公司挺进汽车产业，开启了中国民族汽车品牌的新征程。目前，比亚迪已建成西安、北京、深圳、上海四大汽车产业基地，随着比亚迪 F0、F3 等汽车热销，已经成长为中国最具创新的新锐品牌。

比亚迪的筹码并非汽车领域的成就，而是以电池为源头，延伸到 IT 及零部件、汽车，再到未来新能源。比亚迪将其发展模式称为“袋鼠模式”。

比亚迪的“袋鼠模式”是在现有成功的业务领域，集中内部资源创造“袋鼠袋”孕育关联业务，时机成熟时孕育出“新袋鼠”，并快速进入“新袋鼠”业务。就这样，比亚迪利用内部的资源像袋鼠一样繁衍一个又一个新业务。

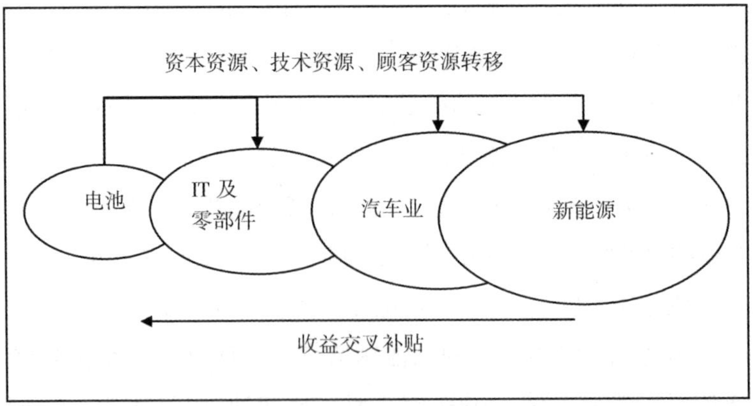

图 2－28　比亚迪“袋鼠模式”

比亚迪的“袋鼠模式”是以关联产业和资源转移为前提，是典型的价值网模式。1995年，比亚迪最早生产电池并快速发展成为全球著名的电池制造企业，控制了大量IT企业顾客和积累了不少资本。在电池市场获得成功之后，比亚迪的“袋鼠袋”快速孕育了IT及零部件这个“新袋鼠”。比亚迪将其电池领域的技术资源、资本资源和顾客资源转移到IT及零部件产品中，高屋建瓴般地迅速成为世界著名的IT及零部件的制造商。为诺基亚、三星等原有电池客户提供二次充电电池、液晶显示屏模组、塑胶壳、键盘、柔性电路板、摄像头、充电器等IT及零部件产品。

2002年比亚迪（1211HK）在香港主板上市之后，拥有大量的金融资本。在大量金融资本、IT技术资源的“袋鼠袋”中比亚迪快速孕育了“新袋鼠”——汽车。2003年，比亚迪将金融资本转移到汽车领域，收购西安秦川汽车快速挺进汽车业。不久之后，比亚迪又收购吉弛模具，投入大量资金购买国外的先进设备，并请日本专家进行技术指导。目前，比亚迪的模具制造已经可以开发全套的整车模具，极大地降低了汽车制造成本。

除了金融资本外，比亚迪原有电池技术资源和IT技术资源在汽车领域也得到充分利用。比亚迪利用原有电池技术和IT技术，大量开发了汽车电池、汽车电子、汽车内饰等汽车上下游众多零部件。2006年半年，比亚迪手机零部件业务较上年同期增长320%，汽车业务营业额同比增加1290%，汽车销售同比增长585%。

2007年，比亚迪电子（0285HK）在香港主板顺利上市并获得大量金融资本，同年底，比亚迪总资产额近300亿元人民币，净资产超过120亿元人民币。2008年，巴菲特“赏脸”让比亚迪的金融资本达到空前膨胀。2009年7月，比亚迪以6000万元的价格收购美的旗下三湘客车厂，进一步壮大了比亚迪汽车。拥有大量金融资本的比亚迪并不满足于汽车领域的一点点成就，比亚迪迅速将电池技术资源、IT技术资源和汽车技术资源整合，强势进入汽车领域的“蓝海市场”——新能源汽车。在推出双模电动汽车、纯电动汽车之后，比亚迪在中国新能源汽车领域取得领跑地位。

比亚迪该收手了吧？在开发新能源电动汽车的同时，比亚迪又在孕育下一个“新袋鼠”——新能源。比亚迪将电池技术、IT技术和新能源汽车技术转移到新能源领域，开发了储能电站、太阳能电站等绿色科研项目。比亚迪立志于继续引领全球新能源变革，并随着巴菲特光顾，开启“电动汽车、储能电站、太阳能电站”三大绿色梦想之旅。

2009年是比亚迪及其掌门人王传福声望之巅的年份，比亚迪携巴菲特旋风，市值一度冲到1200亿元，王传福也以350亿元身家荣登胡润百富榜首富。2010年，比亚迪销售增长20%，第一季度营收126.56亿元，同比上涨70%，比亚迪汽车销量达到51.71万辆，保持连年翻番纪录。

然而接下来的两年里，比亚迪形式急转直下，市值连连下挫，汽车业务销量持续下滑。2011年比亚迪汽车销量仅为43.7万辆，2012年下滑到42万辆。被寄予厚望的电动汽车，也因种种原因没能推出杀手级产品，无法打开市场局面。

节能、环保、美观不是汽车的核心，不管是电动汽车还是混合动力汽车，都必须解决好汽车的安全性能问题。汽车的核心技术不是电池或节能技术，而是动力总成。它由发动机、变速箱和底盘组成，分别相当于人体的心脏、大脑和脊柱神经，决定了一辆汽车的安全性能级别。

比亚迪汽车近几年销量惨淡与全球汽车市场低迷有关，也与自身的商业模式和造车实力密切相关。在“袋鼠模式”中，比亚迪从电池到IT及零部件，再到未来的新能源领域，每次孕育的“新袋鼠”都与“母体”存在血缘基因关系。“血缘基因关系”是由产业关联和资源转移形成的。比亚迪将资本资源、顾客资源和技术资源在电池、IT及零部件和新能源领域转移利用和相互共享，将资源价值最大化。然后，由于比亚迪的“母体”缺乏汽车高水平动力总成的优质基因，比亚迪汽车可以从电池、IT零部件业务中获取电池技术、IT零部件资源，却无法获取发动机、变速箱和底盘技术。

比亚迪通过收购西安秦川汽车有限责任公司进军汽车产业，之后又收购了美的旗下三湘客车厂。然而，不管是西安秦川汽车还是三湘客车，在动力总成技术方面都与国际汽车厂商存在不小的差距。即使节能汽车全面发展的未来，动力总成依然是比亚迪必须迈过的一道门槛。

另外，电池、IT零部件及新能源业务的客户都是手机、汽车等企业客户，业务之间的客户资源容易转移和共享。而汽车业务的客户以个人为主，其他业务与汽车业务无法形成客户资源转移的关系。比亚迪必须从头开始建立经销渠道网络，重新开拓个人市场，营销难度与成本都大大增加。当比亚迪汽车销量下滑时，经销商退网给比亚迪汽车市场与信誉维护带来巨大的压力。

比亚迪的成功源于“袋鼠模式”的基因遗传，从电池到新能源，核心技术、顾客资源、资金资源的层层转移。而比亚迪汽车的困境，源于汽车核心技术基因的缺失，核心技术与顾客资源无法转移。

值得一提的是，随着比亚迪收购美的三湘客车之后，当年觊觎汽车业高利润而涉足汽车的春兰、美的、奥克斯、波导等家电企业都已经退出了汽车制造。春兰、美的、奥克斯、波导等家电企业投资汽车制造的失败，作为反面案例论证了核心资源转移程度低和产业关联度低的情况下，应该收缩退出该产业领域。

第三篇

价值网

——“互联网+”颠覆商业逻辑

第十一章 趋势：从价值链到价值网

一、价值链陷阱：坐井观天与温水煮青蛙

诺基亚，曾经是手机的代名词、世界手机行业的领跑者，而今已随风而去。诺基亚的衰败史已经被一些学者写进了战略管理教材，作为战略及商业模式的反面案例在商学课堂中传播。

诺基亚是功能手机的王者，却是智能手机的失败者。诺基亚的衰败给人的直观感受是，被用户抛弃，被时代淘汰。如今如果有个陌生人在你面前使用诺基亚，你马上就会将此人定义为“守旧、传统、不上网、跟不上时代”。

事实上，诺基亚是最早开发智能手机的手机厂商之一。但是，诺基亚的问题就在于，在产业融合的时代掉进了手机“产业价值链陷阱”中，依然用产业链思维和模式做智能手机，没有及时创新商业模式。

在智能手机出现之前，手机行业拥有完整的产业价值链，整个产业的边界也非常清晰。但是进入智能手机时代之后，手机产业边界逐渐模糊，并与软件、互联网等行业融合，原有完整的产业价值链被打破，产业与产业交叉形成了产业价值网。

在产业价值网中，智能手机厂商不在单兵作战，而是必须联合移动互联网、软件公司等共同为顾客提供软件—操作系统—移动互联网—3G 移动网络—智能手机一体化的综合价值。手机被乔布斯重新定义之后，手机的

综合用户体验提到前所未有的高度，其中操作系统的作用显得极为突出。

此时，如果依然坚持主打通话功能的手机厂商就容易陷入了原有手机产业的“价值链陷阱”。诺基亚仍然坚持传统手机经营理念，只注重手机通话功能，而手机操作系统、应用软件平台的开发非常不力。

操作系统是诺基亚智能手机的硬伤，最终成为诺基亚衰败的重要因素。2008 年 12 月 2 日，诺基亚收购塞班公司。塞班系统一直是功能手机时代的主流系统，因方便快捷，深受用户青睐。但是，诺基亚收购塞班公司后，并没有重新设计塞班系统以适应智能手机的需要。

与苹果 iOS 和谷歌安卓系统相比，塞班系统显得老迈、功能单一，很快就被苹果和谷歌击败。这个曾经手机系统的老大最终沦落到被母公司抛弃的地步。2011 年 6 月 22 日，诺基亚将塞班承包给埃森哲，半年后诺基亚官方宣布放弃塞班（Symbian）品牌，全面转向了 Windows Phone 阵营。

微软其实与诺基亚是一对“难兄难弟”，只是“瘦死的骆驼比马大”而已。诺基亚十年蹉跎，在智能手机操作系统和移动互联网领域被苹果和谷歌全面压制。

微软的问题出在哪里？2005 年之前，微软一直以全球软件行业老大自居，并严重地忽视了决定未来的互联网行业。1995—2005 年，是互联网兴起的十年，却是微软陷入软件产业“价值链陷阱”呼呼大睡的十年。在软件行业与互联网行业融合的大势面前，天才比尔·盖茨做出了错误的判断，以至于坐失产业融合的发展良机。

从某种程度上说，互联网 30 天相当于地球一年，微软在互联网上坐失了十年的发展良机，如今面对 Google 的咄咄逼人，微软试图收购雅虎后与诺基亚战略合作，几乎想尽所有办法仍然无法改变被动局面。

在移动互联网领域，微软缺乏硬件平台导致其强大的软件无用武之地。痛定思痛后，微软找到了同样落寞的诺基亚，试图通过全球最大的智能手机平台释放微软强大的软件能力。因此，全球最大的软件提供商与全球最大的手机厂商联合，为顾客提供“软件 + 硬件”的巨大的一体化价值。

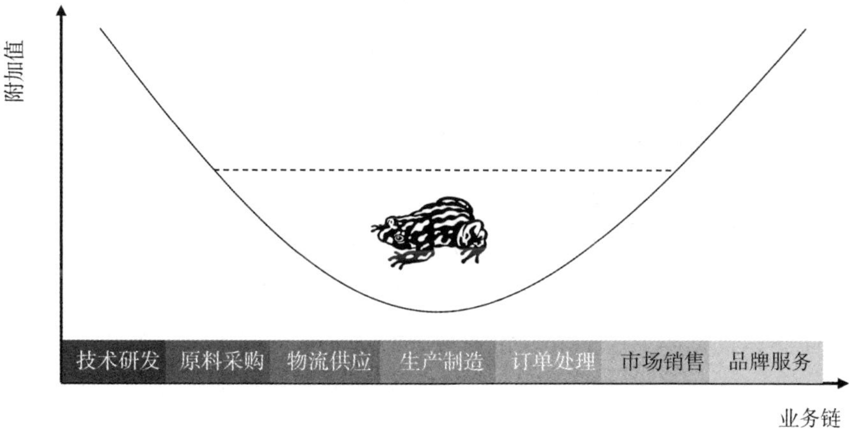

图 3－1　价值链陷阱

事实上，诺基亚和微软都一直陶醉在自身产业的辉煌成就，而忽视了产业关联的大趋势。微软和诺基亚就像掉进“产业链”陷阱的“井底之蛙”，无法察觉产业边界扩张，更没有意识到产业融合时代到来。

过去，很多企业都根据施振荣先生的“微笑曲线”原理和迈克尔·波特的价值链理论制定企业战略，要求企业向产业价值链高附加值的两端发展，把握关键价值链环节。事实上，耐克、苹果、IBM 等企业曾经利用价值链理论指导企业战略并取得重大成功。很多中国制造企业正向他们学习，努力摆脱低附加值环节，向价值链两端整合。

但是，产业环境悄然发生变化，产业边界在不断扩展，并与其他产业形成产业关联网络。产业关联网要求企业跳出本产业，与其他产业联合提供多重价值满足顾客一体化需求。企业如果还以产业价值链理论指导企业发展，必然会陷入“价值链陷阱”。

在产业价值链陷阱中，企业就像“井底之蛙”，只能看到产业局限的“天空”，看不到产业之外的“天空”，只有往本产业链高附加值的两端爬，其战略眼光是仰视的，战略思维是狭隘的，永远无法超越竞争对手。在“产业价值链陷阱”中，企业更像“温水中的青蛙”，外部产业环境在关联变化，水温不断地上升，而青蛙却感觉不到。

价值链理论容易使企业陷入“红海”，导致同质化竞争。“微笑曲线”揭示了产业价值链中价值最大的环节，这就导致大部分企业为了争夺价值最大的环节而设计。价值链理论中价值争夺是企业间的零和游戏，企业常常对上游供应商和下游经销商进行价格压榨，对竞争对手实行价格战，结果导致整个行业微利或甚至亏损。

价值链理论将企业界定在一个产业中竞争和合作，但是当今的产业界限越来越模糊，跨行业竞争对手越来越多，目标顾客在不同行业相互交叉。最终导致企业无法认清真正的竞争对手，难以开发潜在客户。

所谓“天不变，道亦不变”。反过来，天变道则必须变。这印证了中国著名管理专家、“战略定位”奠基人裴中阳先生的重要理论：“商业形态决定商业模式，商业形态变化促进商业模式变革①”。能够顺应天道、顺应产业关联规律的企业，能够及时调整战略和创新商业模式，不但可以摆脱产业“价值链陷阱”，还能把握产业关联的巨大商机。

二、价值网革命：颠覆传统与鲤鱼跃龙门

当一个产业发展不成熟，产业没有形成明确的边界时，企业最佳战略选择是通吃整条模糊的产业链。20 世纪前 20 年，欧美国家汽车产业尚未成熟，汽车产业边界尚不清晰，以福特为首的汽车企业以汽车制造为中心，向汽车产业上下游进军，不断地扩展汽车产业边界。福特也就不断涉足橡胶、钢铁、玻璃、电子、皮革、铸造等几十个行业，并大获成功领衔全球汽车行业发展。

当一个产业发展相对成熟时，产业边界基本成型，企业最佳战略选择是抓价值链高附加值的两端。20 世纪下半叶，随着欧美国家汽车产业步入成熟，汽车产业边界已逐渐清晰，福特、通用等欧美汽车公司开始大举剥离汽车产业边界以外业务，主抓技术研发和品牌运作。福特、通用都大量购买汽车品牌，实行多品牌运作，同时还与中国等发展中国家汽车厂商合

① 裴中阳. 战略定位［M］. 北京：中国经济出版社，2014.

作，通过资本合作、技术支持和品牌授权的方式，将制造组装分配给发展中国家汽车企业。最终，发展中国家汽车企业获得微利，福特则获得巨额利润。日本汽车公司也以同样的战略，但凭借后发优势，轻装上阵，后来居上。

当一个产业与其他产业出现关联、融合时，产业边界越来越模糊时，企业最佳战略选择是跳出产业局限，站在产业关联网的高度，抓住产业融合机遇，构建产业网络并形成多产业竞争合力。

20 世纪后几十年，欧美国家汽车产业逐步走向衰弱的同时，汽车产业在新兴发展中国家得到蓬勃发展，并与体育行业、节能环保行业、电力行业、软件行业、金融行业、租赁行业发生关联。

当汽车行业与体育行业关联，大众、丰田、福特、通用都大力支持汽车拉力赛，使之成为一项重要的体育赛事；当石油面临枯竭、节能环保兴起，汽车与节能行业关联，汽车企业推出节能汽车，并使用节能材料；当汽车行业与电力行业关联，推出电力节能汽车，特斯拉、比亚迪成为其中的领跑者；当金融业蓬勃发展，金融与汽车行业关联，催生汽车金融服务市场。租赁业极其发达的欧美国家，自然少不了汽车租赁，福特公司收购了一家汽车租赁公司扩张汽车租赁业务。

随着汽车智能化需求的不断高涨，软件业加入了汽车业中，使汽车拥有更多智能化、制动化、人性化功能和设计。如今汽车产业已经大大突破了原有边界，制造汽车不再是汽车厂商独有的使命，全球互联网巨头谷歌公司开发的无人驾驶汽车已经进入上路测试阶段。未来，汽车将被智能化重新定义，汽车的概念、功能可能被颠覆。

很长一段时间内，很多公司都根据价值链及“微笑曲线”的原理指导企业制定战略和创新商业模式，并为企业创造巨大的价值。耐克的“美国设计 + 中国制造”的模式就是典型的价值链模式。耐克抓住了价值链中附加值最高的两个环节——设计和品牌，利用中国低廉的劳动力为其生产制造，利用美国一流的设计创造耐克经典，最终获得效益最大化。

但是，实践永远走在理论前面！网状经济时代，产业价值链却成为企业发展的“陷阱”，已经不再适应当今企业发展需求。理论上，企业将视野局限在自己产业内，必然错失产业关联的商业机会，必然遭到跨行业企业的“突然”袭击，必然无法把握产业发展大势，必然走在竞争对手的后面。诺基亚、中国民航企业、微软、索尼等大量反面案例已经证明了一点。

由于长期处于全球价值链分工的最低环节——生产制造，中国制造企业试图摆脱这种“打工”命运，拼命地向价值链两端——设计与品牌发展。但是，残酷的现实是很少中国企业能真正做到。首要的问题在于思维局限，制造企业往往还以制造业的思维去做品牌和设计。以服装制造企业为例，服装制造企业要做服装连锁品牌，就必须跳出服装制造业。因为服装连锁品牌已经超越了服装制造业的范畴，是服装业与零售业关联的产物。如果还以服装制造思维、生产理念做服装连锁品牌，必然死路一条。

长期以来，中国企业特别是中国制造企业成功的经验就是总成本领先和价格战。如今，原材料上涨、民工荒等因素导致企业成本优势荡然无存，价格战亦熄火。企业面临的问题是优势丧失，成本上升，营收和利润双双下滑。不少企业仍然坚持总成本领先和价格战，不断地压榨价值链链条中最弱势的环节，不惜以亏本的价格战打压竞争对手。这种产业链内的恶性价格竞争和成本压榨最终导致企业亏损，甚至全行业亏损，更残酷的是部分产业出现价值链断裂，全行业崩盘的悲剧。在价值链理论的指导下，企业陷入产业“价值链陷阱”已经成为必然。

在网状经济时代，产业相互关联融合形成经济网络，价值链理论已经不再适应企业发展要求。在产业关联网中，众多产业的价值链条关联在一起，也就自然形成价值网。

狭义的价值网理论，指在网状经济条件下，产业之间相互关联形成的价值网络。广义的价值网理论，指在不同市场主体、不同产业（业务、产品）、不同时间、不同地点之间，形成的价值创造、交换和转移的网络。

价值网理论代替价值链理论是大势所趋！

Mercer 顾问公司的著名顾问 Adri－an Slywotzky 在《利润区》（*Profit Zone*）

一书首次提出价值网（Value Nets）的观念。他指出[①]，由于顾客的需求增加、国际互联网的冲击以及市场高度竞争，企业应该改变事业设计，将传统的供应链转变为价值网。随着国际互联网高速发展，市场竞争程度不断提高，顾客的需求也日趋增加。现代企业的决策层亦应与时俱进，转变传统观念，组织相关协作企业进行“再组合”，构成一个虚拟价值网络，式中物质资本所有者与人力资本所有者都具备高科技企业的产权，这也就决定了他们都应该参与企业的股利分配，也就是说高科技企业股利分配的利益主体应该包括物质资本所有者和人力资本所有者，即作为传统物质资本投入者的“投资者”和人力资本投入者的企业经营管理者与核心技术人员。高科技企业适宜采用的股利分配模式应该是“双主体模式”。

对价值网作进一步发展的是美国学者大卫·波维特，他在《价值网》（*Value Nets*）一书中指出，价值网是一种新业务模式，它将顾客日益提高的苛刻要求与灵活及有效率、低成本的制造相连接，采用数字信息快速配送产品，避开了代价高昂的分销层；将合作的提供商连接在一起，以便交付定制解决方案；将运营设计提升到战略水平，适应不断发生的变化（大卫·波维特，2000）。

价值网（Value Web）的概念突破了原有价值链的范畴，它从更大的范围内根据顾客需求来组成一个由各个不同产业、领域的市场主体所构成的虚拟价值网。价值网络的思想打破了传统价值链的线性思维和价值活动顺序分离的机械模式，围绕顾客价值重构原有价值链，使价值链各个环节以及各不同主体按照整体价值最优的原则相互衔接、融合以及动态互动，利益主体在关注自身价值的同时，更加关注价值网络上各节点的联系，冲破价值链各环节的壁垒，提高网络在主体之间相互作用及其对价值创造的推动作用。

波特的价值链理论将企业价值活动看作是线性的链条，企业和外部的联系被看做成对的利益相关者之间的点对点的联系。价值网理论对上述理

---

① 商蕾，王恒斌．基于价值网视角的企业管理模式探讨［J］．会计之友，2010(1).

论进行了拓展和提升，认为价值网络赋予了供应商、合作伙伴、顾客等利益群体对企业资源的进入权，企业价值网络是通过网络中不同层次和不同主体之间的互动关系而形成的多条价值链在多个环节上网状的联系和交换关系。信息和知识等可以沿多条路径在网络中流动。当多个参与人之间的交换关系存在上述交错关联时，由这些关系形成的网络将产生网络效应，处于每个网络节点上的个体或组织可以从这种聚合作用中创造或者获取更多的价值。

管理学家王育琨教授在2011（第七届）《MBA成就奖》发布会颁奖典礼上就《MBA价值走向》发表的主题演讲中提到价值网："我们看苹果，从人的原点，从一个产品链、价值链，简单供应链的思维到达了一个价值网上的思维。中国企业能不能成为巨大无比的价值网的设计者、建构者，广域的架构者……"

管理学家已经感知到价值网的巨大价值，而国外学者已经对价值网有一定的学术观点。中山大学李美云（2005）梳理了关于"产业融合的价值链解析"的研究[①]：有学者进一步研究发现，产业融合产生于一个或多个价值链环节，如采购、生产和分销等，并打破原有的价值链关系。例如，Evans和Wurster（1997）以私人银行为例阐述了这个问题，Hagel III（1996）考察了商务网站价值链的融合问题；Wirtz深入分析了媒体和通信业融合的过程及价值链发生的变化，并且指出驱动产业融合的因素包括数字化、智能网络结构的发展和媒体平台技术融合等技术因素、规制放松以及用户偏好的变化，而产业融合的发生也会推动这些因素的发展，并对公司战略产生特殊的影响。

随着媒体和通信业产业融合的发展，以前各产业所特有的价值链将会解体，形成一种混沌的价值链网，其中原来各价值链的核心环节将会重新组成新的价值链，当然只有那些能真正产生潜在价值的核心环节才会重新组合。Wirtz把这种价值链的重组称为价值增值环节一体化，并认为这种一

---

① 李美云．国外产业融合研究新进展［J］．外国经济与管理，2005（12）．

体化是公司应对产业融合所导致的不确定商务环境的核心战略。但他同时又指出，他的研究结论难以扩展到其他产业，因为其他产业不一定经历同样的融合过程，通过新价值增值环节一体化而引起的价值链重构也并不一定以同样的方式进行。

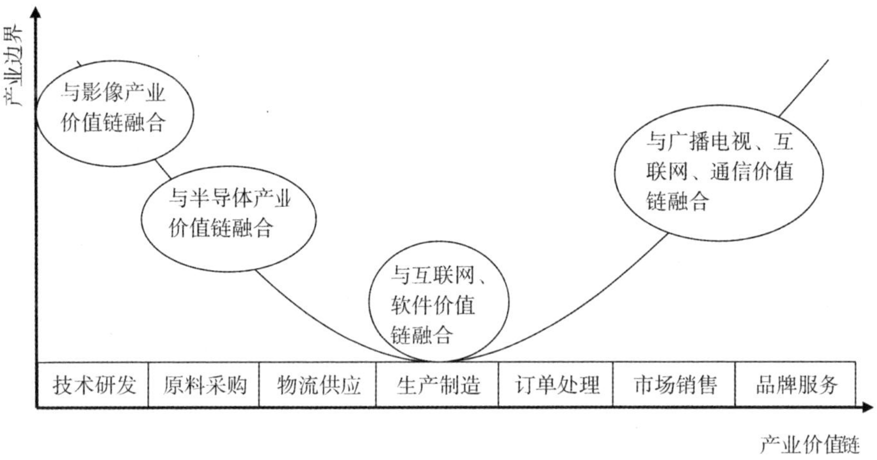

图 3－2　智能电视产业价值网形成详解

价值网的形成并不是多个产业价值链的简单交叉，而是价值链与价值链之间深度关联、融合。产业之间相互渗透到价值链各个环节，经过企业产业网整合之后，原有产业价值链可能被颠覆。

以智能电视为例，从技术研发、原料采购、生产制造，到市场销售、品牌服务，智能电视产业链与影像、半导体、互联网、软件、通信、广播电视等产业价值链相互深度融合，最终形成智能电视价值网。

价值链理论与价值网理论的差别：价值链理论是独立产业思维，价值网理论是网状经济思维。价值链理论中最后一个环节面向顾客，为顾客提供单一价值；价值网理论中所有价值环节都直接面向顾客，为顾客提供一体化的综合价值。

从价值链到价值网，企业之间纵向供应关系变成横向竞争协同关系。价值网并不是“多了几个供应商、几个客户”，也不是“多了几个对手”，而是不同产业的企业共同面向终端，为顾客提供综合服务。

在功能手机时代，软件商是手机厂商的供应商，手机厂商采购软件组装成整机后卖给用户；在智能手机时代，软件商是手机厂商的战略合伙人，手机厂商将手机卖给用户之后，软件商依然为用户提供服务，并从中获利。

价值传递方式发生根本变化：由节点式变成循环式。在价值链中，企业将产品或服务卖给终端顾客后，整个产业的价值链服务也就结束；而在价值网中，终端顾客购买企业的产品或服务后，跨产业企业循环地为其提供其他产品和服务。

在功能手机时代，手机厂商将手机卖给顾客之后，整个产业链的服务就完成了；在智能手机时代，顾客购买智能手机之后，每天还接受软件厂商、互联网提供商的各种应用服务，并持续形成购买关系。更重要的是，未来互联网公司利用大数据将这个购买关系扩展到各行业各领域，形成价值流通源源不断的网络。

价值链理论指导的是仰视战略，战略视野起点低、狭窄、受产业局限；价值网理论指导的是俯视战略，战略视野起点高、开阔、不受产业局限。价值链理论指导企业同质化竞争，难以超越竞争对手；价值网理论指导企业洞悉产业融合趋势，实现跨产业竞争与合作及跨越式超越。

价值网的前提是网状经济。世界已经从原来的单一产业链向产业相互融合的产业网络发展，产业价值链向经济价值网发展为大势所趋。产业之间已经打破了上游下游的有序格局，而是融合在一起，共同面向终端市场，共同为终端顾客提供价值。产业之间形成庞大的价值网络，为顾客提供综合的价值体验。商业模式也由原来的基于价值链的单一价值商业模式向基于价值网的网络价值模式发展。

商业模式的本质是价值逻辑，链模式的本质是价值链，网模式的本质是价值网。

价值网模式竞争力来源于不同产业（业务）有效组合的竞争合力，通过控制性产业（业务）控制终端，金牛产业（业务）获取利润。沃尔玛零售业务与自有产品组合，通过品牌和平价零售店控制终端顾客，再自有品牌获取利润；而今，零售业务又与金融业务组合，通过金融产品控制终端顾客，再零售业获取利润。苹果公司将硬件制造业务与互联网业务、软件业务组合，通过手机、电脑硬件控制终端顾客，再通过互联网产品和软件产品的增值服务获利。

在大数据时代，数据成为企业核心资产，也是企业挖掘、控制用户的有效手段。未来，阿里巴巴的数据服务为其金融、平台业务提供强大的支撑，数据服务为金融业务开拓客户、创造新的金融产品，实现电商平台的精准营销和服务水平的提高。

克里斯·安德森先生在其畅销书《免费》中，用交叉补贴理论解释免费模式，但是并没有解释交叉补贴发生的前提。免费模式是价值网模式的极端表现，通过交叉补贴，收费业务补贴免费业务，免费模式得以存在。但是，只有通过资源转移，才能实现交叉补贴。如果不存在资源转移，那么两个业务或者多业务之间不存在关系，交叉补贴才能实现，免费模式才具有战略意义。

所以，资源转移理论解释了交叉补贴的实现，也就揭示了价值网和价值网模式的内在逻辑。从价值网逻辑图中清晰反映出，在网状经济条件下，产业关联形成网络，企业跳出产业做企业，从产业链模式发展到价值网模式，构建价值网是价值网模式的核心，交叉补贴又是价值网的核心，而资源转移又是交叉补贴的核心。

三、以人为本：顾客的需求与效用

价值理论是经济学基石，是经济学重要的研究命题。经济学主要围绕价值的起源和衡量来展开研究。西方经济学主要涌现了劳动价值论、要素价值论、效用价值论、边际效用价值论、均衡价格论和现代价格论。最早出现的劳动价值论与要素价值论是从生产供给角度阐释价值，强调价值的客观性；与之相对的效用价值论和边际效用价值论则是从消费需求角度阐释价值，强调价值的主观性；而均衡价格论则综合前两种价值理论，从生产供给与消费需求两个角度阐释价值，但是均衡价格论没有阐明价值是由什么决定的；现代价格论则认为，价值主观性使价值难以量化，应该直接用交换比率来替代价值，提出了价格理论。

现代价格论实际上将价值理论带入歧途。其实，价值是一个相对概念，是客体之于主体的有用性。价值并不存在客观价值，因为价值只有客体作用于主体才产生。劳动价值论和要素价值论所阐释的价值，实际上是商品或者物质客观存在的功能。只有当相对主体加入进来，商品或物质的功能才会产生价值。而这个商品或者物质是否有价值、价值的大小，取决于相对的主体需求。主体可以是人、动物和任何物质，当主体是人时，价值就具有主观性。这就是要效用价值论和边际效用价值论所阐释的价值。当主体是动物和任何物质时，价值不具有主观性，即不随人的主观意识而变化。

所以，在物质世界中，任何物质都具备客观功能，而不具备客观价值。只有物质之于某主体时，功能才会变成价值。当主体是人时，物质的价值由人的主观意识决定，并随人的主观意识而变化；当主体不是人时，物质的价值由主体的客观需求决定。

在商业经济中，价值的客体是商品，主体是消费者，商品虽然凝结了人类劳动但是并不具备客观价值，指具备客观功能。只有消费者对该商品产生需求时，其客观功能才变成价值。例如，菜刀具有切菜、行凶等功能，如果没有消费者买菜刀，那么菜刀才变成废铁；如果有消费者买菜刀切菜，那么菜刀才具有切菜价值；如果有消费者买菜刀砍人，那么菜刀就具有行凶价值。

解决了价值起源的问题，还必须回答以下三个问题：一是如何衡量价值大小；二是价值与价格的关系；三是价值与使用价值的关系。

商品价值的大小不是由人类无差异劳动时间或投入要素多少来衡量的，而是根据消费需求来衡量的，由每个消费者为此愿意付出的成本决定的。一瓶可乐，普通消费者认为其具备解渴价值，并有消费需求愿意支付2.5元购买，说明其价值是2.5元。而要走一公里到便利店才能购买这瓶可乐，我则认为其解渴价值不值2.5元，因为我还额外花费较高的时间成本。但对于被埋在地震废墟下等待救援的小伙子来说，一瓶可乐的价值远远高于2.5元，甚至可能是无价。商业经济之外的其他价值都无法衡量。因为我们无法衡量海水之于鲨鱼的价值，空气之于人类的价值，太阳之于地球的价值。

针对价值问题，还必须解释一个经典说法——自行车的价值永远大不过汽车。这种说法根本上是错误的，因为客体本身不具备价值，其价值是由主体决定的。如果自行车或汽车面对不同主体，其价值大小不同；如果自行车和汽车都面对各自主体，其价值是无法比较的。这个说法的荒谬性等同于“刘翔和姚明谁更厉害”的问题。对于现代社会的普通人而言，汽车价值要高于自行车；对于自行车爱好者而言，汽车价值未必高于自行车。

当客体面对不同条件下的同一主体，其价值也不同。根据边际效用递减规律，商品带给消费者每单位的效用是递减的。如果两个汉堡能填饱肚子，你或许愿意支付15元购买第一个汉堡，却不愿意支付一分钱购买第三个。第一个汉堡给你带来的价值远大于第二个，第二个远大于第三个。

现代价格论认为，价值难以量化，就直接用价格替代价值。其实，价格是价值的表现，价格实际上是价值量，即价值量化表现。每个消费者愿意支付的成本就代表其商品价值量。有人愿意花8000元购买电脑，说明此人认为该电脑具备8000元价值量；而有人则讨价还价，只愿意花7500元购买此电脑，说明此人认为该电脑只具备7500元价值量。而商品的平均成交单价就是商品之于顾客的价值量。供求关系对商品价格的影响，实质是商品价值相对于消费者在不同供求条件下的需求程度。求大于供，商品不易获取，消费需求强烈，商品之于顾客价值大，商品价格高；供大于求，商品容易获取，消费需求不强烈，商品之于顾客价值小，商品价格低。所以，供求决定价格，本质上是供求条件下顾客需求程度决定商品价值。

等价交换是价格（价值量）相等的交换，不是价值相等交换。因为商品对不同消费者而言其价值不一样。6000元购买一部iPhone6，对我而言，iPhone6的价值包括通信、玩游戏、上网、成就感等，其价值量是6000元；对商家而言，6000元的价值可能是6000元支付功能、实现企业盈利、发放员工工资等。

一般认为，价值大的商品其使用价值一定大，使用价值大的商品其价值未必大。这里的使用价值其实是商品的功能。换言之，客体不存在使用价值一说，而只有功能。当客体功能碰到主体时，就变成了价值。

总结以上，价值是相对概念，只有物质之于主体时，才具有价值；价值的起源于主体的需求，商品价值不是由生产供给方决定，而是由消费需求决定，商品价值量由顾客愿意为之支付的成本决定。

四、微笑曲线：思维的定势与革新

经济系统的使命就是缓解资源稀缺性与人类欲望无限性之间矛盾，实现资源效益最大化。企业作为最重要的经济主体，继承经济系统的使命，整合利用资源，并使资源效益最大化，最终实现企业效益最大化。企业效益最大化即企业价值最大化，企业通过提供满足顾客需求产品，实现顾客价值的同时实现企业价值。

要实现企业价值最大化，就必须实现产品价值最大化；要实现产品价值最大化，就必须实现顾客价值最大化；要实现顾客价值最大化，就必须最大化地满足顾客需求。所以，企业价值来源于顾客需求（消费需求方），而非企业生产（生产供给方）。企业生产再好的产品，如果没有顾客购买（没有价值主体），产品就不存在商业价值。

以上深入探讨价值的起源，目的是让企业认识到企业价值和产品价值来源于消费需求方，而非生产供应方。从而为企业价值实现提供战略性的方向——控制终端。

控制终端即控制价值源泉，最大限度地控制终端即最大限度地实现企业价值。

在价值链的每个环节都创造价值，其价值都源于终端顾客。如果产品没有通过市场营销环节销售出去，那么设计研发、原料采购、生产制造、物流供应都是徒劳，都没有创造任何价值。如果不按照顾客需求设计研发、原料采购、生产制造、物流供应，产品不能满足顾客要求，产品将毫无商业价值可言。

在价值链理论的基础上，施振荣先生通过企业经营实践，总结出产业“微笑曲线”理论。产业“微笑曲线”揭示了产业链不同业务环节创造的附加值不同，价值链两端技术研发、原料采购和市场销售、品牌服务附加值高，生产制造最低。

产业“微笑曲线”揭示了产业附加值与业务链关系，却没有解释原因。为什么产业附加值与业务链呈现“微笑曲线”的关系?

根据价值起源理论，价值量的大小由终端顾客决定，产业附加值（价值量）的大小也是由终端顾客决定。终端控制能力与产业附加值呈正相关，终端控制能力越强，产业附加值越高，反则越低。

生产制造对终端顾客控制能力最弱，其附加值最小。中国出口加工企业对顾客需求控制非常弱，只知道根据欧美发包企业的订单要求加工生产，因此获得最低附加值。欧美发包企业的订单要求源于顾客需求，欧美发包企业通过其品牌服务和技术研发对终端顾客的控制最强，因此获得最高附加值。顾客愿意支付800元购买一双耐克品牌、耐克设计的球鞋，而不在乎其“Made in China”还是“Made in Korea”。这就是耐克品牌和耐克设计对终端顾客的控制力。换言之，品牌服务和技术研发降低顾客消费替代性，生产制造则很难降低顾客消费替代性。

事实上，并非所有的产业都符合“微笑曲线”规律。在卖方市场，产业链中生产制造的附加值最高，“微笑曲线”变成“难过曲线”。因为生产制造对终端顾客的需求控制是最强的，只要生产出来的产品，不论什么品牌多少技术含量都能满足顾客需求。在不成熟的技术产业中，技术研发的附加值非常高，而市场销售、品牌服务的附加值很低，“微笑曲线”变成类似“长尾”的“长尾曲线”。因为技术研发对终端顾客的控制最强，顾客最关注的是产品的技术含量。在原料稀缺性产业中，原料采购的附加值

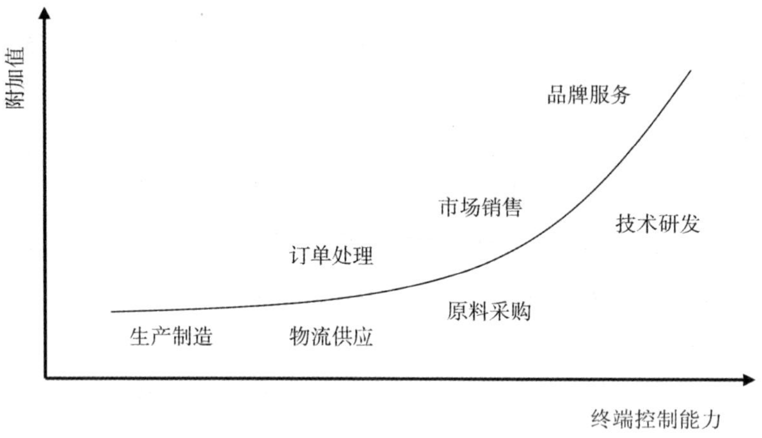

图3-3　产业附加值与终端控制能力的关系

最高，“微笑曲线”变成“波浪曲线”。因为稀缺原料对终端顾客的控制最强，顾客最关注的是产品原料。

不同细分市场其产业附加值分布也不一样。以中国石材产业为例，在工程石材行业中，技术研发和原料采购的附加值都非常高，而生产制造的附加值也不低。因为天然石材原料的稀缺性对工程客户的控制很强。另外，中国工程石材行业发展尚不成熟，石材企业难以实现生产制造完全外包。工程顾客仍然非常看重石材企业的生产制造能力，如果企业没有生产工厂，客户很有可能直接跳过企业与生产厂家合作。所以，生产制造对工程客户控制仍然很强。但是，在标准石材行业中，原料采购和品牌服务的附加值非常高，而生产制造的附加值很低。原料和品牌对顾客的控制非常强，顾客非常看重石材原料和品牌，而很少关注生产制造（标准石材生产制造相对简单）。

控制能力源于顾客需求，控制顾客核心需求的能力就是企业成功的关键能力。在传统产业链中，满足顾客核心需求的价值链条获得更大的附加值。例如高端运动鞋行业，顾客的核心需求是品牌服务，那么品牌营销是企业成功的关键能力，品牌营销在整个产业价值链中获得最高附加值。

在经济网中，多个产业共同面向终端顾客，哪个产业控制顾客的核心

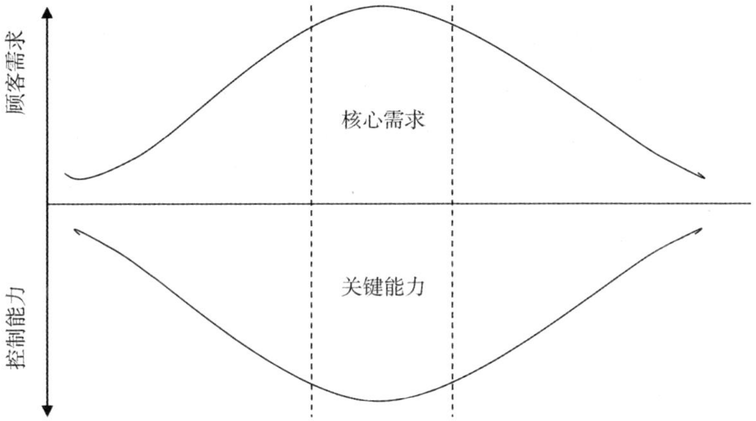

图 3－4　顾客需求与控制能力的关系

需求，就能够获得更高的附加值，在竞争与合作中获得更大的主动权。如智能手机领域，操作系统和基础应用控制着用户的核心需求，因此互联网及软件产业获得更大的附加值，对传统手机产业形成控制之势。

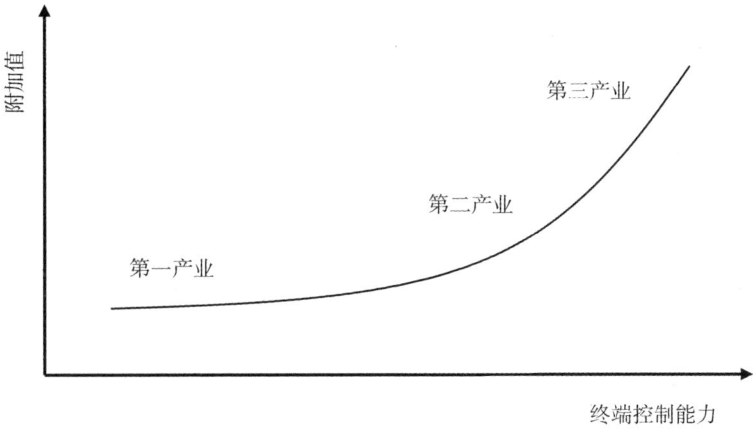

图 3－5　三大产业附加值与终端控制能力的关系

国家一再强调调整产业结构，增加第三产业比重。第三产业比重是衡量一个国家经济发展水平和产业结构合理性的重要标志。因为在产业附加中，第三产业创造的附加值大于第二产业，第二产业创造的附加值大于第一产业。

因为第三产业对终端顾客控制最强，第二产业次之，第一产业最弱。以绝味鸭脖为例，鸭子养殖是第一产业，鸭子屠宰是第二产业，鸭脖零售是第三产业。一般情况下，一斤活鸭不会超过 10 元，一斤鸭肉 10 多元，一斤绝味鸭脖达到 24 元。终端顾客只关注鸭脖而且是“绝味”品牌的，而不在乎鸭子是哪里屠宰的，哪里养殖的。由此可以看出，绝味鸭脖零售对顾客的控制力远远大于鸭子屠宰和鸭子养殖。

所以，在经济网中，当多个产业共同面向终端顾客的时候，企业首先要明确顾客的核心需求，然后通过整合资源和协同提升关键控制能力。对于企业而言，控制顾客核心需求才能在竞争协同中获得主动权；对于产业而言，控制顾客核心需求才能立足于经济网中。如果一个产业在产业融合中丧失了控制终端顾客的能力，那么整个产业都将面临被其他产业整合的命运，产业边界将重新界定。

五、控制终端：战略的起点与终点

顾客需求的变化决定产业关联融合规律，产业关联融合规律决定网状经济形态，网状经济形态决定企业产业网布局，产业网布局决定价值网商业模式。企业战略根本上由顾客需求决定，商业模式针对顾客价值设计。

顾客决定了一家企业的兴衰成败，终端顾客决定了一个产业的生存状况。在整条产业链中，与顾客核心需求最密切相关的环节便获得最大的利润空间，而与顾客需求无关紧要的环节只能获得产业中的“残羹剩饭”。在经济网中，与顾客核心需求最密切相关的产业将获得竞争的主动权。

在智能手机时代，手机厂商自身产业内的资源难以满足顾客一体化的需求，产业合作成为必然趋势。然后，操作系统在智能手机中具有具足轻重的地位，这决定了软件或互联网企业在智能手机竞争与合作中占据主动地位。

在网模式中，企业不是没有轻重地布局产业网络，而是率先布局控制性产业控制终端，然后在向终端上游产业延伸，形成金牛产业并获取利润。控制性产业控制终端顾客，金牛产业实现盈利，二者结合形成合力。

企业之间的战略竞争，根本上是对终端顾客的竞争。终端为王，谁控制了终端，谁就能在竞争中赢得主动，获取更大的价值；谁控制顾客，网模式才能真正发挥作用，资源转移和交叉补贴才能进行。控制终端顾客，成为企业战略的起点与终点，也是网模式执行的必要条件。

从顾客角度出发，企业必须先判断顾客的核心需求，满足顾客核心需求才能真正控制终端。从企业角度出发，控制终端的主要方法有稀缺资源控制、品牌控制、技术控制、顾客参与控制、习惯控制、关系控制、产品关联性控制、渠道控制、价格控制和潜在顾客控制。

资源稀缺性是经济无法回避的核心问题，对稀缺资源的争夺是市场主体共同行为。稀缺资源之于大量的顾客需求，其价值非常大。稀缺资源主要包括稀缺原料（石油、煤炭、金矿、天然石材）、垄断资源（经营资质）、独特自然资源（独特气候、地貌）。

2012 年《财富》世界企业 500 强前 10 强中，就有 6 家石油公司，他们是荷兰皇家壳牌石油公司、埃克森美孚、英国石油公司、中国石化、中国石油和康菲石油，年营业收入合计超过 20 000 亿美元。石油公司通过控制全球石油资源控制全球旺盛的石油需求，从中获取暴利。而阿联酋、沙特阿拉伯等中东国家也凭借其对石油的控制，通过出售石油获得巨额财富。

品牌通过控制顾客思想和心理实现控制终端的目的，品牌控制本质上是对顾客思想和心理的控制。品牌对终端顾客的控制，就像宗教对教徒的控制一样强烈。很多顾客对某品牌近乎疯狂地崇拜和追捧，反映出该品牌对顾客强大的控制能力。

在终端消费品领域，品牌控制力成为核心竞争力；在整条产业链中，品牌比其他业务链对终端控制更强，因而获得更高的附加值。在价值网中，品牌与品牌之间的控制力较量，成为竞争的关键。

2010 年年末，康师傅和家乐福展开激战，康师傅因不满家乐福提高通道费而停止对其供货。这是供应商与零售商矛盾的典型案例。零售商凭借其强大的品牌控制力和渠道控制力，往往在与供应商议价时占据优势。因此，很多零售商对供应商收取进场费、上架费、通道费等费用。品牌实力较弱的供应商只能服从零售商的游戏规则，而如康师傅、中粮等品牌控制力较强的供应商则敢与其叫板。供应商与零售商博弈，实际上考验的是双方品牌对终端顾客的控制力。宝洁公司与沃尔玛、格力电器与国美电器曾经也发生过类似的博弈。

品牌控制最大的优势在于品牌增值，即当品牌控制终端顾客之后，品牌可以在一定范围内向其他产品延伸，从而将品牌收益和企业利润最大化。

品牌控制的关键是品牌定位，即针对目标顾客提出品牌理念，并通过传播，使顾客认同和接受该理念，最终在顾客大脑留下“烙印”。此时，顾客对品牌消费依赖性非常高，甚至是唯一消费选择。

在高新技术行业中，技术控制无疑是硬道理。技术通过专利使其固化，并成为行业技术标准，其控制力将大大增强。

国际电信联盟（ITU）在2000年5月确定W－CDMA、CDMA2000、TD－SCDMA以及WiMAX四大主流无线接口标准。世界顶级科技公司高通公司研发的CDMA标准，正迅速风靡全球并已占据20%的无线市场。目前，全球CDMA用户已超过2.56亿，遍布70个国家的156家运营商。高通公司已经向全球逾130家电信设备制造商发放了CDMA专利许可。专注于技术创新的高通公司，已拥有3900多项CDMA及相关技术的美国专利和专利申请。

高通公司在技术研发方面投入巨资，并获得大量国家专利。高通公司在全球共有超过25 000项已获得专利权和正在审查中的专利，在美国有超过4800项已获得专利权和正在审查中的专利（截至2006年6月）。高通公司将大量的专利汇入专利池，使专利形成一个整体为手机和系统设备许可厂商所用。

满足顾客需求意味着实现产品价值，所以企业一直致力于“比竞争对手更好地满足顾客需求”而努力。但是，顾客却一直对企业的产品或服务百般挑剔，很不满足。一方面受信息不对称影响，企业难以完全了解顾客的真实需求；另一方面，顾客需求越来越多样化，企业难以满足每个顾客的需求。如何破解以上难题？

让顾客自己去创造产品吧！

每个人都对自己创造的东西最为满意，顾客对自己创造的产品必然爱不释手，从而无形中控制了顾客。互联网 WEB2.0 开启了用户创造时代，每天都有大量用户在 Youtube 上传自己拍摄、制作的视频，在 Facebook 分享自己的照片，在腾讯发微博。很多用户会非常自愿并乐此不疲地为网站创造产品，提供信息，并且会花大量的时间装扮个人空间。如果网站剥夺了顾客创造产品的权利，他们一定会找网站算账的。

有种东西，经济学叫路径依赖，物理学叫惯性，生活叫习惯。习惯的力量是无穷的！控制顾客习惯，意味着顾客不能自拔地跟着企业走。

1435 毫米，这个奇怪的数字，就是国际标准轨距。为什么这个数字会成为标准轨距呢？因为英国铁路使用 1435 毫米轨距。为什么英国铁路使用这个轨距？因为英国建设的第一条铁轨使用这个轨距。为什么第一条铁轨会使用这个轨距？因为他们使用建造运货马车的工具与夹具来建造铁轨，而运货马车的轮距就是 1435 毫米。为什么运货马车的轮距使用这个尺寸呢？因为马车的轮距是按照古代泥土中车辙的宽度设计的。为什么车辙的宽度是 1435 毫米？因为这个车辙宽度是罗马帝国 1435 毫米轮距的二轮战车压出来的。为什么罗马帝国的二轮战车轮距是 1435 毫米？因为拉战车的两匹马的屁股宽度是 1435 毫米。

我们回过头猛然发现，1435 毫米的标准轨距居然是两匹马的屁股宽度决定的。1435 毫米或许不是最佳的轨距，但却是路径依赖的结果。如果使用其他规格的轨距，那么替换成本就非常高。全世界的铁路公司不但要改变火车轮宽度，还要改变隧道、桥梁的宽度。

习惯控制最大的作用就是增加顾客的替换成本。微软操作系统的优势在于用户对 Windows 操作系统形成使用习惯和依赖性，从而大大提升了替换成本。大量的盗版软件提供商实际上最大程度地帮助微软普及操作系统，从而增加了用户对操作系统的路径依赖。随着中国政府对盗版软件打击力度的加强，习惯于 Windows 操作系统的用户不得不购买正版操作系统。这就是微软的竞争筹码。

对顾客使用习惯和生活习惯的控制，是重要的终端控制手段。传统出版的送葬者并非数字化的便捷性，而是电子阅读习惯。现在仍然还有不少人买纸质书，那是因为 20 世纪 80 年代之前的人大部分还保持了纸质书阅读习惯。而“80 后”“90 后”很小就开始接触电脑，他们通过电脑、手机、阅读器中阅读的信息远远大于纸质信息，从而培养了电子阅读习惯。电子阅读习惯的形成预示着传统出版的死亡。

关系控制指并非直接控制顾客本人，而是通过控制与产品相关的用户关系人，从而间接地控制用户。

在“3Q 大战”中，多数用户虽然对腾讯不满，但是仍然保留 QQ 软件而卸载 360 软件。原因很多，但是从产品特性上，QQ 软件更胜一筹。QQ 聊天软件与 360 杀毒都具备“唯一”特性，即用户一般不会同时使用多个聊天软件或者杀毒软件。但是，QQ 聊天软件还具备价值倍增特性，即第一个 QQ 账户没有任何价值，而每增加一个 QQ 用户，所有 QQ 聊天软件产品的价值都会增加。因为每增加一个 QQ 用户，意味着其他 QQ 用户多了一个联系对象。而 360 杀毒软件不具备价值倍增的功能，每增加一个 360 杀毒用户，对其他用户几乎没有任何影响。QQ 软件的价值倍增特性使其能够控制大量的用户关系人，即 QQ 软件用户的“好友”。迫于其好友、同事都在使用 QQ 软件，用户不得不使用 QQ 软件以便维持发展关系。

微信的崛起源于 QQ 未开发的关系资源。在移动互联网时代，原本在电话簿里尚未形成 QQ 用户的关系资源，通过微信添加瞬间转化成微信关系用户。这群用户开始摆脱移动通信的沟通方式，逐渐进入移动应用的关系结构。

渠道控制实际上是通过渠道的宽度、广度和深度三方面，对顾客购买途径的控制，包括实体渠道控制、网络渠道控制、人员渠道控制和支付渠道控制。

商业渠道是实体渠道的典型代表，每个城市的商业中心都是商家渠道争夺的焦点。商业中心是一般顾客的购买半径，控制顾客购买半径等于控制顾客购买途径。在百货商场中，优质的展柜和中层货架同样是企业渠道争夺的焦点。宝洁公司的高明之处在于，通过物美价廉的飘柔占领市场，从而控制商场优质渠道，进而将沙宣、潘婷、海飞丝引进该渠道。

与实体渠道相对的是互联网渠道，沃尔玛、国美、苏宁、美特斯邦威等企业纷纷建立网络零售平台，以控制网络渠道。对于互联网企业而言，对用户控制主要体现在注意力和黏性的控制。与实体渠道一样，互联网渠道同样具有相当的宽度和深度，如搜索引擎渠道、门户渠道、SNS 社会化网络渠道等；如从论坛渠道到 SNS 社会化网络渠道再到 IM 即时通信渠道。

人员渠道是容易被忽略的一种渠道，主要指以人为沟通、交易的通道。人员渠道的基础是人际网络，动力是口碑效应。人员直销企业主要通过人员渠道销售产品。如安利、完美等直销企业在全国分布着千万直销人员，通过人员层层分销的方式，其渠道宽度呈现"金字塔"状，渠道深度从金字塔塔尖无限往下扩展。从渠道深度的角度来看，人员直销并非将渠道压缩，而是将渠道无限扩展，准确而言并非叫人员直销，而是人员分销。

支付渠道包括电子支付和纸币支付，纸币支付渠道一般无法控制。所以，支付渠道控制主要指电子支付控制，包括银行卡控制和网银账户控制。控制顾客支付渠道意味着控制顾客钱袋。沃尔玛涉足零售银行业务的目的就是通过控制消费银行卡来控制零售顾客。阿里巴巴斥资 50 亿元打造支付宝，旨在控制网络支付渠道，从而赢得电子商务竞争的主动权。

合同能源管理（EPC，Energy Performance Contracting）是一种全新的节能改造支付方式和合作机制。企业往往因为节能改造一次性成本巨大而放弃节能产品，节能服务公司则通过改变支付方式，与用户签订能源管理合同，免费或者低价为用户节能改造。然后，节能服务公司从用户减少的能源费用中获取一定比例的回报，以实现企业盈利。最终，节能用户不必为节能改造支付巨额费用，同时也节省了能源费用，节能服务公司也从中获取了利润。随着支付渠道的创新，特别是各种金融衍生品的创新，将改变顾客支付理念，激发消费动力。

产品价格直接关系到顾客购买成本及顾客让渡价值，是控制终端的关键因素。

曾经有个日本人以进货价将渔网卖给渔民，物美价廉的渔网广受渔民的欢迎。久而久之，这个日本人已经控制了大量的渔网市场，渔网厂商也非常乐意将大量渔网供给他。不过，因为中间没有利差，这个日本人没有赚到一分钱。有一天，他找到渔网厂商，要求以更低的价格供货给他。渔网厂商虽不乐意，但是因其控制了大量渔网市场，不得不满足他的要求。结果这个日本人赚得盆满钵满。

其实，沃尔玛和这个日本人一样，通过低价控制终端顾客，占领零售市场。然后压低供应商供货价格和降低物流成本，以实现盈利。

价格对终端的控制往往是立竿见影的。一般而言，免费对顾客的“杀伤力”是最强的，对终端的控制也是最强的。淘宝、360 杀毒、QQ、163 电邮等都是通过免费快速控制终端占领市场。但是，对于奢侈品和高端品牌而言，高价反而是控制终端的有力武器。因为高价恰恰满足了目标顾客的需求，实现了该类产品的高端定位。

提前锁定潜在顾客，企业便在市场争夺中赢得主动。我们在街上经常接到各种各样的免费会员卡和优惠卡，企业通过广发“卡”来挖掘潜在顾客。招商银行则通过广发信用卡，锁定潜在顾客。招商银行推出针对大学生的低额度信用卡，当大学生毕业后，招商银行则会提醒顾客转卡，将学生信用卡升级为普通信用卡，并根据信用额度提高信用卡额度。

比招商银行信用卡更绝的是，浦发银行通过信用卡锁定顾客，然后将顾客引导至保险业务。浦发银行大量发放低额度信用卡，然后通过电话营销等方式向用户推销保险。随着金融混业时代的到来，用信用卡或某一业务来锁定潜在客户会是银行常用的营销策略。

从顾客角度，终端控制实际上是对顾客思想、心理、生活方式的控制。所以，企业可以针对目标顾客，在研究其思想、心理和生活方式的前提下，使用以上控制方法控制终端。

第十二章 逻辑：资源转移与交叉补贴

一、社会本质：商业逻辑与国家逻辑

让钱在不同业务、不同主体、不同时间、不同地点转移；让价值在不同业务、不同主体、不同时间、不同地点形成的价值网中创造、转移和交换，这就是商业的逻辑。

交叉补贴和资源转移促使价值交换和转移，这揭示了商业的逻辑。但是，并非所有的问题都是通过商业来解决的，商业的逻辑能否解释国家的逻辑？商业模式能否构建国家模式？

荷兰，这个曾经在 17 世纪雄霸世界的国家，其国家起源让人匪夷所思，又符合国家的逻辑。

15 世纪地理大发现之后，极具商业头脑的荷兰人抓住了远洋世界贸易的机遇，大力发展鲱鱼捕捞和远洋贸易，经济快速发展，商业极其繁荣。但是，在经济发展的同时，他们面临一个问题：谁来保护他们的财产？那个时候，荷兰人没有自己的国家，城市平时由当地贵族管理。精于计算的荷兰市民对贵族收取过高的保护费不满，于是用商业的方式从贵族手中购买了城市的管理权。荷兰市民通过自己立法，实现城市自治。1543 年，当时的海上强国西班牙依靠联姻的方式，获得了荷兰多数城市的管理权。有意思的是荷兰人欣然接受西班牙派军队和总督管理荷兰各个城市。但是，贪婪的西班牙人无止尽地要求荷兰人纳税，这激怒了荷兰人。荷兰各城市联合起来反抗西班牙的压迫，最终将西班牙人赶走，荷兰人自己掌握了主权。

但是，荷兰人又陷入新的苦恼，那就是到底谁来管理这个国家？匪夷所思的是，荷兰人似乎对政治权力毫无兴趣，居然把国家的管理权交给了英国女王。他们仍然用商业思维来管理这个国家，“聘请”英国女王为“职业经理人”，由英国人来保护他们的财产和安全，而自己一心打理生意。后来，精明的荷兰人发现，英国人比西班牙人更贪婪，收取更高的保护费。英国人被赶走之后，荷兰人开始考虑自己保护自己的财产和安全。1588年，荷兰联省共和国成立，荷兰人开始通过纳税、选举政府来管理自己的国家。

中国人似乎很难想象，荷兰人对待政治权力的淡泊和商业的狂热。极具商业天赋的荷兰人，用商业的方式与西班牙、英国交易国家管理权力。荷兰国家最终的成立，似乎更像是一个公司的成立。荷兰人用选举方式挑选“职业经理人”——国家管理者，通过纳税方式给国家管理者发“工资”，国家管理者的职责是保护他们的财产和安全。

荷兰、美国、加拿大都是商业立国的国家，这些国家的逻辑就像商业逻辑一样，民众的经济利益大于一切，金钱在不同主体之间平衡，而政府则扮演着“劫富济贫”的角色。中国、印度、古罗马帝国都是政治立国的国家，政治利益高于民众利益。在中国人的理念中，国家更像是阶级矛盾不可调和的产物，是统治阶级的管理工具。政治立国的国家在市场经济的年代，面临去“政治化”难题，建立符合商业逻辑的国家体系成为国家发展的当务之急。

在荷兰人的商业理念中，政府作为国家代表只是“物业管理处”，先后聘请西班牙、英国人负责管理。而荷兰国家的成立，同样也是一种商业交易，选举政府领导等于聘请CEO，纳税等于给CEO发工资，政府对纳税人负责就像职业经理人对股东负责。这种国家的逻辑就是纳税人和政府的商业交易逻辑，就像价值链模式的逻辑，即“谁纳税谁受益”，纳税人选举政府并上缴税收，政府用税收雇佣管理者、建立管理设施保护纳税人利益，最终纳税人和政府的利益、价值共同得到实现。所以，历史学家称其为世界上第一个“赋予商人阶层充分的政治权利的国家”。

如今的荷兰已经不是17世纪的世界霸主，却是一个公民享受高福利、高度文明的国家。高福利的荷兰依旧保留着荷兰人与生俱来的商业思维，依旧符合商业的逻辑。只是高福利的荷兰，通过交叉补贴和资源转移，通过福利建设和基础建设保护纳税人利益的同时，还兼顾了低收入者的利益，推进了文明进程。荷兰坚持着同样的商业逻辑，不同的是不再用单一的价值链模式，而是用价值网模式。

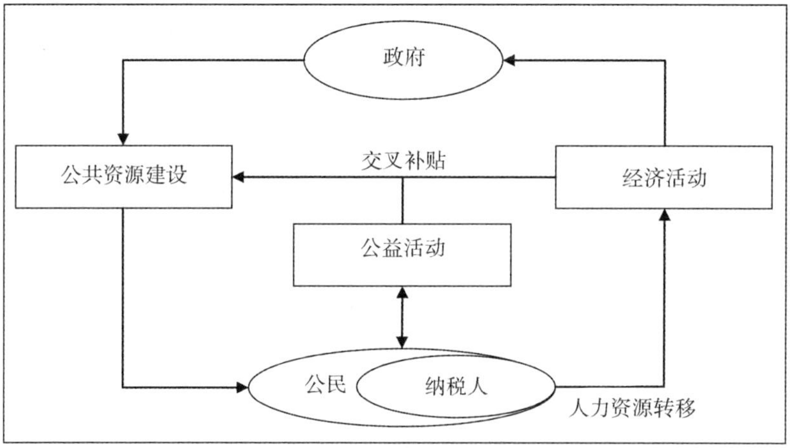

图3－6　福利国家模式

福利国家模式是网模式，政府通过建设保障性住房、医疗保险、基础教育、信息交通等公共资源，然后合理分配给公民，并兼顾低收入者，让居者有其屋、病者有其医、勤者有其业、劳者有其得、少者有其学、童年有其乐、读者有其校、弱者有其助、老者有其养、车者有其位、工者有其薪、农者有其地、商者有其利、优者有其荣、能者得其用、阅者有其悟、学者有其为，从而实现了公民价值。公民中一部分纳税人将其自身的人力资源转移到经济活动（投资、生产、销售、消费、就业等）中为社会和自己创造财富，实现了纳税人价值。另外，公民（主要是纳税人）参与公益活动（捐助）补贴给公共资源建设，这个过程中公民的价值（声誉）得到实现。

福利国家模式改变传统“谁纳税谁收益”的单一价值链模式，将实现纳税人价值扩大到公民价值，兼顾低收入者、弱势群体，通过交叉补贴和资源转移，经济活动、公共资源建设和公益活动构成价值网，同时实现政府价值和公民价值，在效率与公平中找到平衡。

在福利国家模式中，普通公民可以免费享受大量公共资源，而这些公共资源由纳税人买单。为什么要让普通公民甚至没有纳税的人享受公共资源呢？政府提供大量的公共资源，让普通公民可以享受平等的接受教育权利、生育权利、医疗保障等，避免贫富差距和社会矛盾激化，保证社会发展的平衡性和可持续性，同时也为经济发展提供不竭的内需动力。反过来，经济可持续发展和社会保持稳定，也是在维护纳税人的利益。所以，少部分人纳税，所有公民享受公共资源，是纳税人通过政府维护社会价值网平衡的表现。

目前，荷兰、挪威、英国等不少欧美国家，已经建立了福利国家模式，实现了高福利、高度文明。中国 GDP 已经超越日本，税收突破 10 万亿，但是仍然处于“国富民穷”状态。主要原因：①我国没有建立福利国家模式，政府的转移支付存在不合理，公共资源建设不足、分配不合理，没有纳入全体公民。②政府将大量税收作为投资进入经济活动领域，导致公共资源建设不足和经济增长方式落后，影响经济发展和社会进步。③偷税漏税和公益活动缺失，导致交叉补贴不足。

所以，政府根本上要构建福利国家模式。首先，政府需要加大保障性住房、医疗卫生设施、基础教育、交通通信等公共资源建设，逐步减少、退出对经过活动领域的投资，从国家建设者向国家管理者、社会服务者转变。其次，合理分配公共资源，将全体公民纳入公共资源分配体系中，兼顾低收入者和弱势群体。最后，规范市场经济秩序，打击偷税漏税和不正当竞争，倡导社会责任，引导公益活动。

在福利国家模式中，我们看到国家模式与商业模式的逻辑是一样的。

福利国家模式将经济活动、公益活动和公共资源建设组成一张价值网，在这张价值网上通过交叉补贴、资源转移实现了政府价值和全体公民价值。克里斯·安德森说："世界是交叉补贴的大舞台"，准确地说是，国家是交叉补贴的大舞台，国家的逻辑是价值交换的价值网。

二、无价资产：品牌资源与数据资源

"日出嵩山坳，晨钟惊飞鸟，林间小溪水……"相信很多人都还会哼这首由郑绪岚演唱的电影《少林寺》插曲。1982 年，正是由李连杰主演的这部电影《少林寺》，让藏于深山老林的"千年古刹"少林寺为海内外观众关注所熟知，电影的热映引发万人空巷，甚至不少壮士受电影影响慕名上少林拜师学艺。

电影《少林寺》让少林寺蜚声中外之余也带来大量的游客。根据门票统计，从 1974—1978 年少林寺总共的游客是 20 万左右。而《少林寺》上映的 1982 年游客就达到了 70 多万人，1984 年创下历史纪录 260 万人，20 世纪 90 年代以后基本稳定在每年 150 万人左右。

但是，在少林高僧看来，历史悠久、博大精深的少林寺却只因一部电影得以闻名，不值得炫耀反而显得尴尬。此话另有它意，如今的少林寺已经不再是藏匿深山、与世隔绝的寺庙，而是一个在海外直接办了 40 多家公司的商业性文化中心。虽然少林寺一再撇清开海外公司一说，自称是文化中心，只是注册为公司。

事实上，少林寺在国内外大量巡回商业演出已经是不争的事实，更何况少林寺在登封市工商局已经注册了三家公司：少林寺文化传播（登封）有限公司、登封少林药局有限公司、少林欢喜地（登封）有限公司。另外，少林寺的下属机构还包括少林无形资产管理有限公司、少林武僧团、郑州少林香堂有限公司、海外文化中心等。

少林寺开公司、商业化的行为使少林寺及其方丈释永信陷于舆论的旋涡中，有人讨伐，有人质疑，有人支持，褒贬不一。但是，释永信，这个 MBA 出身的、被人称为"少林 CEO"的方丈，却毫不忌讳地认为，少林寺如今不是开发过头，而是开发得不够。

显然，作为少林商业化的“始作俑者”，释永信非常坚持商业化道路，并将少林寺作为品牌打造，深挖少林寺品牌价值。他认为，少林在世界范围内已家喻户晓，具备了巨大的品牌价值，如果不加以开发，而让它遭到肆意侵权、破坏，那么1500年少林文化的无形资产将会逐渐丧失殆尽。

少林寺通过商业化运作确实取得不菲的成绩，依靠少林带动旅游收入已经占当地财政收入的1/3，如今少林寺每年的门票收入也突破1亿元。但是，在释永信却认为，少林寺收取门票是“很伤感情的事”，希望少林寺取消门票能像博物馆一样对外开放，向世界传承少林文化，让少林文化广为人们熟知。

释永信不愧是MBA出身，熟知文化品牌价值挖掘和商业模式运作之道。少林寺拥有1500多年的悠久历史，少林功夫、少林中医、禅宗文化等博大精深，且都具有非常高的文化品牌价值。如果继续将其藏匿山林，不但文化品牌价值遭受损失，传统文化也在默默地流失。就像释永信当年刚入少林寺时，僧人连饭都吃不饱，谈何推广少林文化。如今，少林寺涉足商业演出、旅游开发等，不但自己丰衣足食，更重要的是将少林文化传承，挖掘少林文化品牌价值。

少林寺完全可以将“少林寺”作为一个文化品牌运作，将其延伸到文化艺术、旅游、医药等行业，深入挖掘品牌价值。

“天下功夫出少林”，少林文化的核心是功夫文化，功夫文化元素非常有利于转移到影视、游戏、文艺演出等文化传播产品中。刘德华主演的《新少林寺》就是由少林寺文化传播公司参与制作的产品，而文艺演出在海外更是层出不穷。

另外，2010年7月，中断700余年的“少林药局”恢复，并将从不外传的千年秘方公之于众，深入挖掘“少林寺”品牌在医药领域的价值。少林欢喜地则涉足运动、健康、休闲、家居、餐饮、素食，旅游等产业。

极具商业头脑的释永信在布局少林商业版图的同时，也在设计“少林商业模式”。他试图通过免费门票、影视投资、文艺演出进一步扩大少林品牌知名度，然后将少林品牌资源转移到旅游、餐饮、游戏、医疗等领域，深入挖掘品牌价值。更是出人意料是，少林寺将从不外传的《易筋经》、七十二绝技、点穴功等少林武功秘笈以及修炼方法通过网站向全世界公开。

通过免费门票、公开文化产品等方式，提升传统文化品牌影响力，让人们广为熟知。然后，将文化品牌资源转移、延伸到各相关领域，开发相关产品和服务，最终既实现了传承、弘扬传统文化目的，又进一步挖掘了文化品牌的价值。

ELLE 是什么？是杂志、服装、箱包、手表……ELLE 杂志于 1945 年在法国创刊，目前已经在全球 36 个国家发行，月销量为 500 万册，拥有超过 2000 万忠实读者。ELLE 杂志是女性杂志，专注于时尚、美容、生活品位。

1985 年，ELLE 杂志超过法国的界限成为领导世界时尚的杂志。就在这时间段，ELLE 还突破了杂志的界限发展女性时装。ELLE 杂志的时尚品牌转移到 ELLE 时装中，让 ELLE 时装充满现代、朝气、优雅、活力的品牌形象。

今天，ELLE 已经远远超出了杂志、服装的经营范畴，在全球拥有超过 150 个版权商和 250 产品种类，已经成为国际性的时尚品牌，成为时尚的代名词。ELLE 从杂志媒体平台上将“ELLE”打造成为时尚品牌，再将“时尚”的品牌资源转移到其他产品中，实现品牌价值最大化。ELLE 也就光荣入选由世界品牌实验室（World Brand Lab）评出的《世界品牌 500 强》(2006 年度)。

路虎推出手机，阿迪达斯做洗发水，麦当劳进入童装，霸王生产凉茶，保时捷做服装。汽车与手机之间、运动鞋与洗发水之间、汉堡与童装之间、洗发水与凉茶之间、汽车与服装虽然产业关联度不高，但是依靠品牌资源转移依然可以涉足多元产业。企业通过品牌资源转移经营多元化产业，是企业品牌资源效益最大化、品牌价值增值的重要战略。企业已经从品牌制造商发展成为品牌运营商，不卖产品卖品牌。

但是，企业通过品牌资源转移进入多元产业经营，并不意味着品牌资源是“万精油”随意延伸到各种产业。

用生态学中可以的生态位来解释品牌延伸再合适不过。生态位告诉我们，自然界中每个物种只能在特定的生态环境中才能生存。每一个物种在每个生态因子的轴上，都有一个能够生存的范围，范围的两端是该物种生存的耐受极限，能够生存范围的跨度称为生态幅，又称生态位①。

每个品牌也都在特定的市场生态位中生存，都有个一个生存范围，也有其死亡最高限和最低限，当品牌延伸到死亡极限时，品牌资源转移率为零。

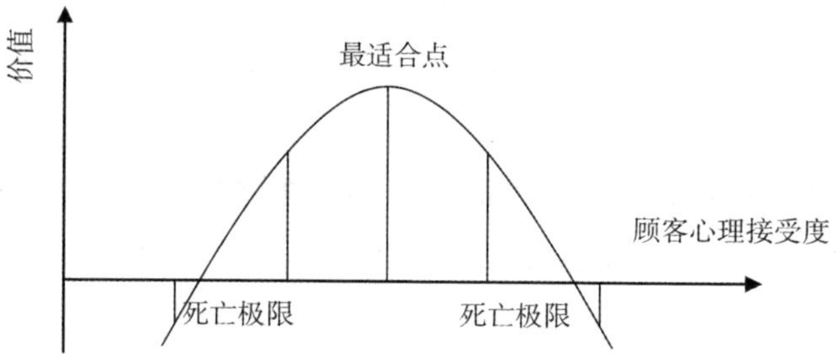

图3-7　品牌延伸生态位

在品牌延伸生态位中，横轴为顾客心理接受度，品牌所在产业（如“麦当劳”所在的快餐业）是最适合点，也是品牌价值最大化的产业。以这个产业为中心，品牌资源向其他产业转移和延伸，品牌在不断增值的同时也在逼近死亡极限。死亡极限是顾客心理接受的临界点，如果品牌突破死亡极限，延伸到顾客无法接受的产业中，品牌资源转移率为零，品牌价值就会受损导致贬值。因为品牌通过定位在顾客心理形成固定印象，如果品牌延伸到顾客心理不可接受的范畴就会伤害顾客心理。顾客因心理受伤可能会采取抵制品牌、拒绝购买等方式“报复”品牌，最终造成品牌价值受损。

① 胡晓娣，张洪波．理性品牌延伸——巧借品牌杆杆力［J］．企业经济，2004（3）．

品牌从最合适产业向死亡极限产业延伸过程中，品牌资源转移率递减，所在产业的品牌价值递减，但品牌总价值在递增。品牌最大价值就是死亡极限两点与最合适点所构成的图形的面积，也就是死亡极限产业以内的所有品牌价值之和。任何企业应该努力将品牌资源转移延伸到合适产业，实现品牌资源效益最大化，品牌价值最大化。判断品牌是否延伸到死亡极限产业的关键是顾客心理接受程度。

百事可乐将其“激情”“活力”“年轻”的品牌文化资源通过授权的方式转移到运动服装领域并获得成功。百事可乐的品牌文化与运动装代表的体育精神是可以相容的，顾客心理可以接受这种品牌文化资源的转移。如果百事可乐将其品牌延伸到正装就很有可能会失败。因为百事可乐品牌文化与正装代表的正统、严谨的商务文化是格格不入的，顾客心理难以接受。这意味着百事可乐到达或者突破了死亡极限，品牌资源转移率为零，正装领域的品牌价值为零甚至负，品牌总价值没有增加甚至减少。

品牌资源在合理生态位中延伸可以获得巨大的经济利益和无形价值。品牌延伸不是简单地 LOGO 复制，而是将品牌精神、文化赋予产品之上。品牌资源是无价资产，因为精神、文化无法用金钱来衡量。

与品牌资源一样，数据资源也是一种无形资产。在大数据时代，数据资源也是无价资产，大数据库就像金矿，通过数据挖掘可以开发出源源不断的商业价值。

2013 年 6 月，前中情局（CIA）职员爱德华·斯诺登通过英国《卫报》和美国《华盛顿邮报》爆料了一个爆炸性的信息：美国国家安全局和联邦调查局于 2007 年启动了一个代号为“棱镜”的秘密监控项目，直接进入美国网际网路公司的中心服务器里挖掘数据、收集情报，监控美国公民的通话记录、电子邮件、聊天记录、视频及照片等秘密信息。包括微软、雅虎、谷歌、苹果、威瑞森等在内的 9 家国际网络巨头与美国政府一道卷入这场震惊世界的“棱镜门”事件，全球舆论一片哗然。

“隐私，是流淌在美国人血液里的一种价值观”（美国众议院众议员，安娜·埃舒，2002 年）。人们原以为只有某国才会监控民情、引导舆情，没想到最注重隐私权保护的美国也会干这么龌龊的事情。这个事件的是非曲直很难定论，不过可以确定的是，“棱镜门”展示出大数据的强大与可怕之处，在大数据“热炒”的今天激发人们更多的冷思考。

美国政府甘愿冒天下之大不韪监控舆情，实际上在与企业、民众争夺统治权。在大数据时代，数据即统治权。未来，很难想象一个没有掌控舆情大数据的政府，该如何管理这个国家；一个掌控着亿万用户每天生活数据的公司，会产生多强大的政治掌控力和经济效益。而这些数据，如果让不法分子掌控，人类或许面临比“9·11”事件更加恐怕的灾难。

事实上，美国政府的数据监控确实与犯罪防范密切相关。早在纽约犯罪猖獗的 20 世纪 70 年代，一位名叫杰克·梅普尔的地铁巡警发明了一种预测案发的图谱①：梅普尔用不同颜色的大头针在几百幅地图上，标记每次地铁抢劫案发生的时间和地点，并从中找出原因和规律。这种方法极大地提高了梅普尔预判抢劫案发生的准确时间和地点，为设伏提供参考。

1990 年，新任局长普雷特提拔已经小有名气的梅普尔为副局长，并将这个图谱方法在全局推广。次年，纽约市地铁抢劫案下降了 27%。不仅如此，普雷特还要求梅普尔按照图谱思路组织开发一套电子图谱——CompStat。CompStat 每天通过电话和传真收集全纽约 76 个警区的案件详细数据，并对数据加以分析，为预防、侦查提供决策参考。

自 CompStat 诞生之后，纽约犯罪率连年下降，凶杀案从 1994 年的 1561 宗降到了 2009 年的 466 宗。当然，CompStat 没有预测到恐怖分子劫机撞击世贸大厦。因为 CompStat 只是“小数据”监控，但是“九一一”事件之后，美国政府开始全力构建覆盖更广、威力更强的大数据监控。

美国政府顺应民众自身安全需求，以反恐的名义出台多部法案，大力监控民情。《2002 国土安全法》中提出了一个万维信息触角计划。这个计划在全方位收集民众信息的基础上，开始通过数据挖掘追踪恐怖分子的“数据脚印”。后来，在联合调查的压力下，该计划被迫终止，而“棱镜”

---

① 涂子沛．大数据［M］．南宁：广西师范大学出版社，2012：78.

计划则万维信息触角计划的多次升级版。

大数据包括数据整合、分析、挖掘和应用。“小数据”时代的CompStat只有数据整合和分析，而真正产生强大威力的是数据挖掘。数据挖掘是指从数据库的大量数据中揭示出隐含的、先前未知的并有潜在价值的信息的非平凡过程。它是从大量数据中寻找其规律的技术，可以为决策提供非常精确的相关性参考。

例如，它可以利用算法追踪到恐怖分子嫌疑人的“数据脚印”：无业、居无定所、频繁流动、大量存款、经常接听国际电话、购买特殊工具……

美国中情局经常利用无人侦察机寻找恐怖分子，并时空袭炸死毁恐怖头目的成功案例。早在1999年，美国“捕食者”号无人侦察机就在阿富汗发生了本·拉登，但因为飞机没有携带武器，错失了除掉拉登的良机。本·拉登最后被杀与美国反恐成绩与大数据分不开，要知道在追捕拉登的十年里，美国中情局投入1100名专业人士，除了特工之外，还有许多分析师。

密集炮火覆盖了阿富汗整个托拉搏拉山区，最先进的X－51A冲压喷射导弹也没有击中拉登。然而数据却在恐怖分子防范和拉登抓捕行动中立下汗马功劳。最终确定拉登藏匿所的不是“无间道”，而是一个“无”的数据：偌大的别墅没有通信数据。

美国政府如果将大数据用在普通民众身上结果与恐怖分子一样可怕。很难想象，数据如今成为政府与民众、国家安全与隐私权的战斗焦点。掌控数据，意味着掌控权力、金钱和一切。

三、补贴趋势：产品补贴到产业补贴

宝洁公司通过9.9元低价高品质的飘柔洗发水迅速占领市场，然后将“飘柔”的渠道资源（日化品销售，渠道为王）、宝洁品牌资源（公司品牌）、技术资源（洗发水是高科技产品）转移到海飞丝、潘婷、沙宣洗发水产品中，大获成功。继而，宝洁击败联合利华、德国汉高、日本花王，花费巨资从百时美施贵宝公司够得伊卡璐品牌，运用同样的资源转移策略，推广该产品。

普遍认为，宝洁公司通过多品牌战略及合理品牌定位获得成功。其实，多品牌战略成功的内在逻辑是资源转移和交叉补贴。宝洁非常合理地将飘柔、海飞丝、潘婷、沙宣及伊卡璐形成产品组合，通过内部资源转移和交叉补贴形成强劲的竞争合力。交叉补贴原本是一种价格组合策略，但在商业模式领域，是一种以资源转移为前提的收益（价值）交换，与资源转移构成网模式的两大支点。

在商业模式中，交叉补贴不仅仅是价格策略，它促使产品、业务或产业组合形成在价格、渠道、技术、品牌、数据等形成可持续的控制用户的竞争优势。

最常见的组合是由明星、金牛和控制三产品组成，我们称之为“铁三角组合”，将这种竞争策略称为“三角进攻策略”。三角进攻策略，就是将不同产业、业务、产品有机地组合，形成整体竞争合力。

组合、体系、团队对抗个人，已经成为企业界、体育界、政界等领域的共识。篮球领域有名震天下的三角进攻战术。三角进攻战术由原堪萨斯州教练 Tex Winter 创造，在菲尔·杰克逊执教生涯中发挥到了极致。菲尔杰·克逊运用三角进攻战术建立了 20 世纪 90 年代伟大的公牛王朝和湖人 3 冠霸业。三角进攻战术就成为了 NBA 最强的进攻战术，也成就了“禅师”作为教练的 11 枚 NBA 总冠军戒指，“禅师”也就成为了迄今为止拥有 NBA 总冠军戒指最多的教练。

在公牛王朝的三角进攻战术中，乔丹大帝是三角进攻的顶点和发起者，“蝙蝠侠”皮蓬和“大虫”罗德曼占据另外两点，三个人的站位构成三角阵型。在进攻中，罗德曼拉到外围为乔丹挡拆策应，当乔丹突破时，皮蓬切入底线一侧，与乔丹形成的平行直线攻击篮筐。当乔丹受到防守包夹，罗德曼就掩护皮蓬接应乔丹，或者为乔丹策应。罗德曼主要担任着挡拆、策应的角色，为皮蓬和乔丹创造机会，皮蓬与乔丹之间相互换位进攻。

三角进攻组成的方式有很多种，但是每种三角进攻战术都以相对稳定的进攻阵型对防守方构成极大的杀伤力。三角进攻的杀伤力源于创造多点进攻机会，策应点为反复为两点创造进攻机会，另外两点并举换位进攻，最终在空位或者错位的有利时机攻击对手。这就是三角进攻战术厉害之处！

波士顿咨询公司创始人布鲁斯·亨德森发明的波士顿矩阵就是一种分析和规划企业产品组合的方法，旨在解决如何使企业的产品品种及其结构适合市场需求的变化。波士顿矩阵根据市场增长率和相对市场份额两大维度将企业业务划分为四象限，分别是问号、明星、金牛和瘦狗。

但是，很可惜的是，人们只是将波士顿矩阵视为判断产品现状和规划产品组合的方法，而没有将其作为产品组合攻击市场的战术工具，更没有将其作为构建商业模式的基础。

在网模式中，我们试图构建一个像三角进攻一样有杀伤力的业务组合。在这种业务组合中，我们可以利用一个业务通过优质低价的方式快速攻击市场，占领市场后策应掩护其他关联业务进入市场，企业从关联业务中获利。控制市场的业务就像三角进攻战术中的策应点，目的不在于盈利而是掩护关联业务。关联业务像其他两个进攻点，给企业带来丰厚的利润。控制市场的业务与关联业务形成具有强大攻击力的业务组合。

事实上，宝洁公司就是通过低价优质的飘柔洗发水迅速占领终端市场和渠道，然后将顾客资源和渠道资源转移到关联产品中，从而掩护海飞丝、潘婷、沙宣、伊卡璐等品牌进入商场进而扩大市场份额，为宝洁公司带来丰厚的利润。低价优质的飘柔目的不是盈利，而是控制市场并掩护海飞丝、潘婷、沙宣、伊卡璐等品牌进入市场。宝洁公司将飘柔、海飞丝、潘婷、沙宣及伊卡璐形成产品组合，飘柔低价控制市场，其他品牌盈利，其他品牌补贴飘柔，最后形成竞争力极强的业务组合。

三角进攻策略由控制产业（业务、产品）、金牛产业（业务、产品）和明星产业（业务、产品）三方面组成稳定的“铁三角”强势攻击竞争对手和市场。控制产业单位赢利水平低，市场市场份额大，目的在于控制终端顾客。控制方式并非只有价格，还有品牌、渠道、技术等控制。明星产

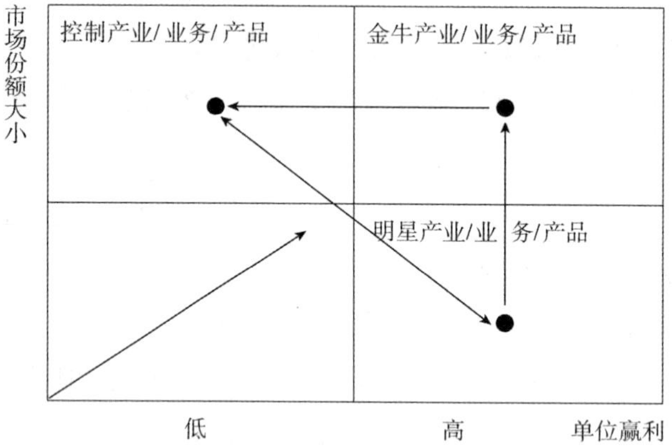

图3－8　“三角进攻”策略

业市场份额小，单位赢利水平高，具有强的开发潜力。金牛产业市场份额大，单位赢利水平高，是企业最优质的资产。

三角进攻策略运用：利用控制产业对终端顾客的控制作用，将其顾客、品牌、技术、渠道等资源转移到明星产业，然后带动提升明星产业的市场份额，将其转化为金牛产业，企业将金牛产业补贴给控制产业。这样，企业就形成“控制”“明星”和“金牛”三角进攻，企业整体的盈利水平提高、市场份额扩大，整体竞争力也得到提升。企业还可以不断培养明星产业，并通过控制产业将其打造为金牛产业。

在宝洁公司的洗发水业务“三角进攻策略”中，首先，通过低价（赢利水平低）飘柔迅速占领市场（市场份额大），将其打造为控制产品；然后，相继推出明星产品——中价位海飞丝、潘婷和高价位沙宣；再将飘柔的顾客、品牌、渠道等资源转移到海飞丝、潘婷和沙宣，提升他们的市场份额，将他们打造成金牛产品。最后，通过交叉补贴的方式，将潘婷、海飞丝、沙宣的利润补贴给飘柔。宝洁运用同样的方式，推出明星产品伊卡璐，并逐步将其打造为金牛产品。这样，宝洁公司的飘柔、潘婷、海飞丝、沙宣和伊卡璐就形成强有力的“铁三角”，全面提升了洗发水业务的市场份额、赢利水平和整体竞争力。

在网状经济时代，产业融合加剧，“铁三角”组合开始突破产品范围，扩大到产业。产业组合成为新的组合方式，产业之间的交叉补贴成为趋势。

与产品组合相比，产业组合更难形成资源转移和交叉补贴。只有在产业融合程度高，产业之间资源转移程度高，交叉补贴才能有效进行。

在“大旅游”网模式中，顾客消费“吃、住、行、游、购、娱”旅游六要素，顾客资源在运输、酒店、旅游、娱乐、商业、地产等产业中转移，交叉补贴也在其中进行。不少景区公司通过压低门票吸引游客，然后通过娱乐、酒店、商业等产业中获利，并交叉补贴旅游景区。海南航空则通过旅游、地产、商业等产业的收益支撑海南航空的发展。

与产品控制一样，产业控制除了价格控制，还有产业渠道、技术、品牌等控制。沃尔玛不遗余力地渗透到银行产业，其目的就是想通过银行业务控制支付渠道，为零售业务带来更多顾客和更大的竞争力。

未来，企业之间的竞争，突破价格策略和产品组合的竞争，上升到控制策略的竞争和产业组合的竞争，即商业模式的竞争。

第十三章 新常态：跨界竞争与协同

一、跨界协同：串联、并联与共同利益

网状经济的本质是网，网网相关，网网相连，所有经济活动都具有某种外部效果，所有经济活动的参与者都是不同程度的利益攸关者，从而为企业之间的相互合作共赢提供了战略空间。

不同产业的企业为了共同利益结成异业联盟，从而在经济网中形成串联、并联共存的价值网络。在黄金时代和大传媒时代，好莱坞经历了两种不同的统治模式，前者是垂直整合的托拉斯模式（串联模式），后者是横向整合的大传媒模式（并联模式）。黄金时代，独立影片公司整合了影片的创作、发行、上映整条产业链，形成托拉斯垄断组织；大传媒时代，独立影片公司被收购整合成传媒集团，传媒集团不再控制电影产业链，而是大范围地渗透到互联网 、纸质、电影、电视、广播、电信等各种媒体。中国不少影院被地产公司控制，如保利、万达影院，这也是并联模式。

微软与诺基亚战略联盟或许是2011年全球强大的战略联盟，前者是全球最大的软件企业，后者曾经是全球最大的手机制造商。软件产业与手机产业融合，软件商与手机厂商并联也就不足为奇。互联网巨头谷歌收购曾经的手机巨头摩托罗拉，也形成了并联模式。

理论上，优势互补的产业联盟，无疑可以降低企业的交易费用。根据交易费用理论，企业和市场是两种可以相互替代的资源配置机制。由于存

在有限理性、机会主义、不确定性与小数目条件使得市场交易费用高昂，为降低交易费用，企业作为代替市场的新型交易形式应运而生。在产业网络中，很多企业都无能力替代市场降低产业与产业之间的交易费用，而市场推动的交易费用又过高。为了最大限度地降低交易费用，不少企业在企业配置和市场配置找到一种折中的方法——战略联盟。

战略联盟，将企业与企业之间的交易在一定时间内确定下来，无疑可以降低不确定性和减少机会主义，从而降低联盟企业的交易费用。除了追求交易费用最低，战略联盟必须实现资源效益最大化，从成本和效益两方面综合考量战略联盟作用，即同时追求交易费用最小化和资源效益最大化。

但是很多案例表明，并联模式并非理想中那么完美，“1 +1 >2”的化学反应并不常见。微软与诺基亚的联合，被认为是“软件 + 硬件”组合，然而二者至今依旧没能联合推出具有市场效应的产品。谷歌收购摩托罗拉后，便抛售给中国联想。

在跨产业联合或并购的案例中，文化融合、经营理念分歧和本位主义成为合作的主要障碍。人和企业都会形成一种路径依赖，依照原有的理念、方式做事，容易陷入本产业“陷阱”中。软件企业未必能够真正理解手机厂商的难处，而手机厂商又有多重视软件企业的价值。而既能做好手机，又能做好软件的也就只有苹果公司一家。

新闻集团最终还是被拆分为出版公司和娱乐公司。产业融合催生大企业集团，考验企业集团管控能力，企业管控模式亟须创新，以应对这种变化。

随着“三网融合”的推进，互联网购物与电视购物将融合，并催生互动电视购物商机。阿里巴巴还与华数数字电视集团结成战略联盟，双方斥资 1 亿元所组建的合资公司“华数淘宝”，共同开发互动电视购物市场。华数数字电视集团是全国最大的互动电视、3G 手机电视和互联网电视综合数字化内容的运营商和提供商，拥有 3G 手机电视牌照、IPTV 牌照、互联网电视牌照。淘宝网与华数集团合作无疑是优势互补，并率先抢占互动电视购物的商机。

不少实体企业也通过与网络公司的战略联盟，形成优势互补进军电子商务领域。2010年，中国邮政与李嘉诚旗下TOM集团结成战略联盟，高调进军电子商务B2C业务，试图打造结合高端线上网购和线下零售于一体的独特创新购物服务平台——邮乐网。中国邮政曾经在2000年就推出了183电子商务网，后因经营不善转型为中国邮政网上营业厅。在合资组成的邮乐网中，中国邮政利用自身庞大物流网络的优势，提供线下的销售、物流、收款和仓储服务；Tom集团则利用自身技术、网络运营经验的优势，投入不超过2亿元推广网站。另外一支“国家队”CNTV也联手中国电子商会，计划打造3C电子商务平台。

随着互联网与金融产业融合，网络金融既是互联网企业与银行的竞争焦点，也是二者的合作交叉点。阿里巴巴一直回避阿里金融与银行直接竞争的说法，不断宣传自身是推动银行转型、与银行合作的角色。阿里巴巴已经与腾讯、平安跨界组建了众安在线财产保险公司。

腾讯公司还与招商银行结成战略合作伙伴，双方资源共享、优势互补，将在实现全方位的金融服务平台和综合性的网络生活平台之间强强联合。腾讯公司借助招商银行金融服务，激活6亿QQ用户的金融服务需求，将金融服务与网络平台相结合试图在网络金融领域有所建树。

随着网上网下的融合，互联网企业开始与众多实体产业合作。为了解决“最后一公里”的服务问题，亚马逊已经与7－11、FamilyMart等连锁便利店达成合作，推出包裹自提服务。

随着产业融合的加剧，网上与网下、软件与硬件、现实与虚拟的产业联盟会越来越多。

与一般战略联盟不同的是，品牌联盟必须以品牌理念不冲突为前提。如果品牌定位迥然不同，品牌理念冲突，品牌联盟必然导致各方品牌受损。如果品牌理念一致或类似，品牌联盟对联盟各方的品牌价值的提升具有重大作用。

同为百盛集团旗下的百事可乐和肯德基顺其自然地结成战略联盟，而可口可乐与麦当劳长达半个世纪之久的合作实在难能可贵。目前，可口可乐是全球万家麦当劳最大的饮料供应商。而从1995年以来，可口可乐也成为迪士尼乐园唯一的饮料供应商。另外，迪士尼与麦当劳签订了十年的战略合作协议，合作内容涉及联合使用商标协议、联合开拓市场、联合开发新项目等联合营销领域。这就意味着，可口可乐、麦当劳和迪士尼形成了“三剑客”的战略联盟。

可口可乐、麦当劳和迪士尼结成战略联盟对三大品牌发展具有很大的推动作用。可口可乐的品牌理念是激情、活力和快乐，麦当劳的品牌理念是快乐、温暖，迪士尼的品牌理念是创造和传递快乐。所以，可口可乐、麦当劳和迪士尼三大品牌的理念都在人类的“快乐”上形成交集。顾客在迪士尼乐园的麦当劳餐厅喝着可口可乐，享受着快乐的气氛。“三剑客”联盟无疑强化了三大可口可乐、麦当劳和迪士尼品牌理念，增加了顾客忠诚感。

二、跨界竞争：交叉、利益与共同市场

2013年6月20日，这是疯狂的一天，足以载入中国银行史册。当日，银行间隔夜回购利率最高达到史无前例的30%，7天回购利率最高达到28%。在近年来很长时间里，这两项利率往往不到3%。

“钱荒”突然降临，银行到处借钱，紧缩信贷闸门，由此引发股市大滑坡。6月24日，股市出现崩盘式下跌，上证综指逼近1949点，近200只个股跌停，银行股全线崩溃。当市场恐慌情绪开始蔓延时，人民银行一天三次表态：市场流动性整体充足，银行备付金充裕。

中国M2余额27年增长143倍高达104.21万亿元，位居世界第一，市场流动性并不紧缺。市场也正在解读中央政策，银行与人民银行似乎正在进行一场多年未见的博弈。

新一届政府上台后，改变以往宽松的货币政策，坚持稳健的货币政策。过去，中国商业银行就像被“央妈”溺爱的孩子，手上随时都可以拿到充足货币，转手就赚钱，日子过得无比滋润。而这一次“钱荒”，被认

为是“央妈”想给银行“断奶”，让银行自力更生。李克强总理在同一个月三次表态：盘活货币信贷存量，让货币支持实体经济。

不过“钱荒”并没有持续多久，就在股市再度下挫的25日，人民银行就向部分金融机构提供了流动性支持，当天下午股市逆势上扬解读了这一利好消息。人民银行妥协了吗？

妥协，是政治的主题。面对这群娇生惯养的孩子，“央妈”不可能坚持“不放水”，毕竟孩子是自己的心头肉。人民银行行长周小川解释：钱荒是人民银行在演习，给银行做压力测试。可以肯定的是，虽然人民银行出手给银行注入了流动性，但是银行随意伸手要钱的好日子将一去不复返。毕竟，如果继续增加流动性将把中国经济带入万劫不复的境地。

近些年，中国的金融与实体陷入冰火两重天的境遇，与实体经济举步维艰不同，中国银行坐等暴利。2012年，中国十大最赚钱上市公司，有7家是银行，工商银行继续稳坐榜首。工、农、中、建、交五大行共计净赚7752.29亿元，相当于每天净赚21亿元，每分钟净赚147万元。

市场流动性充裕，银行赚取暴利，为何还会出现“钱荒”？“钱荒”的正确解读应该是银行同业业务短期资金错配所致，银行的资金结构不合理导致大量的资金在金融体系内空转套利，钱没有走到实体经济。通俗的说法是，银行就像习惯大手大脚挥霍的公子，手上的大量现金都用去购置豪宅、豪车去了，突然有一天“央妈”不给钱了，公子手上突然没有了现金，“钱荒”就这样发生了。

在这场银行利益与中国前途的博弈中，人民银行试图扮演“虎妈”的角色，倒逼银行加快其去杠杆和去“影子银行”的进程，优化资金配置结构，盘活和用好存量货币，引导金融更好地服务实体经济。通俗点讲就是，银行把豪宅、豪车变现，通过合理投资，自力更生。

其实，银行真正的危机不是人民银行，毕竟人民银行还是自己的“亲妈”，而是金融混业竞争和跨业竞争。

在金融改革之初，为了控制金融风险，防止金融危机过渡延伸，中国政府采用“分业经营，分业管理”的监管模式，金融业由“一行三会”进行监管。在这种监管模式下，工行等商业银行与中国平安等保险公司不存在直接竞争关系，更多的是合作关系。

但是，随着全球金融业的深入发展，中国金融改革做出了重大调整：银行、保险、证券不再分业经营、独立发展。这意味着，银行、保险和证券将紧密关联，中国金融行业将出现大融合局面，金融混业经营将成为中国所有金融企业未来主导的发展模式。在金融混业经营时代，银行、保险和证券公司都可以涉足对方的业务，从而形成直接的竞争。

中国平安率先整合银行，布局银行业务，从而直接对工行、建行等商业银行构成直接竞争。2003 年，中国平安收购福建亚洲银行开启了银行业务；2006 年 12 月，中国平安集团购入深圳市商业银行 89. 36% 的股份，成为该行最大股东；2007 年 6 月 16 日，中国平安将深圳市商业银行与原平安银行合并，并更名为深圳平安银行股份有限公司；2010 年，中国平安收购深发展 29. 99% 的股份，成为深发展最大股东，也创造了 A 股史上最大收购案。

通过一系列收购，中国平安已经形成保险、投资和银行三大金融业务，并采用金融混业经营和构件三大业务体系。中国平安的保险、投资和银行可以充分实现资本资源、顾客资源和渠道资源转移和共享，极大地提高资源使用效率，降低企业运营成本。

并购深发展之后，中国平安获得深发展 6244 亿元资产、全国 20 个主要城市的 303 家网点及众多企业和个人客户。而目前中国平安保险 5600 万名个人客户、200 万名公司客户、3800 多个分支结构及服务网络、41. 7 万名寿险销售人员及 8. 3 万余名正式雇员将极大地促进银行业务的发展。另外，保险业务可以提高商业银行的抗风险能力，而银行业务可以提高保险业务的现金流和偿付能力，投资业务为保险业分散风险，实现资金保值和增值。日益强大的中国平安银行业务以及由保险、银行、投资三位一体的竞争体系和网模式将会给工商银行等商业银行构成巨大的挑战。

事实上，依靠银行、保险和投资合并崛起早有先例。1999 年 4 月 6 日，老牌银行巨头花旗银行与全美最大的投资、保险公司之一旅行者集团合并之后，其总资产高达7000亿美元的。花旗银行集银行、投资和保险服务于一身，一跃成为全球银行界的龙头老大和金融界的超级服务商，对其他金融企业构成严重的威胁。

工行、交行也申请成为首批试点参股保险业务的银行。工商银行在收购太平保险陷僵局之后，于2010年10月以12亿元转向收购金盛保险60%股权，成为其控股股东。交通银行行动更为神速，早在2009年就从中国人寿手中购得中保康联51%股权。建设银行则于2009年12月从荷兰国际集团（ING）手中购得太平洋安泰人寿保险有限公司50%的股权。招商局早在2003年就与美国信诺集团合资成立了招商信诺人寿保险公司。

依靠收购保险公司还远远不够，依赖利息生存的中国银行一方面要布局大金融网络，另一方面要构建大金融网模式，优化业务结构，形成整体竞争力。

然而，未来银行业最大的竞争对手不是金融结构，而是信息业。马蔚华很早就提出这方面的担心：未来像Facebook这样的互联网巨头是银行的真正对手。马明哲在平安内部讲话中点出了所谓“新的竞争主体”即是像腾讯和阿里巴巴等现代科技公司：“我们现在所面临的，是一场现代科技与传统金融业之间的竞赛，谁跑得快谁就赢……平安要作为传统金融业进军现代科技，和现代科技进军传统金融业赛跑。”

金融业与信息产业竞争，这就是典型的异业竞争。

当沃尔玛向美国政府申请银行经营许可证的时候，平时尔虞我诈、机关算尽的华尔街银行巨头纷纷联合起来反对这个新兴的强大敌人。在经济网时代，沃尔玛这样的零售巨头也成为银行的竞争对手。与沃尔玛相比，像阿里巴巴这样的电商巨头对传统银行的威胁更加可怕。

阿里巴巴2009年净利润为10.13亿元，不及工商银行的百分之一。但是，阿里巴巴的优势在于其控制全球最大的B2B贸易平台——阿里巴巴，中国最大的C2C网上零售平台——淘宝网，中国最大的第三方网络支付平台。

阿里巴巴已经覆盖了B2B、B2C、C2C及第三方支付，将淘宝网、阿里巴巴、支付宝的用户和交易金额加起来，阿里巴巴至少控制了5亿用户、几百万家企业和超过1万亿元的年交易金额，这是包括工商银行在内任何一家国内商业银行无法比拟的优势。阿里巴巴下一个十年目标是，为1000万企业生存；为全世界1亿人创造就业机会；为10亿人提供网上消费平台。

对于银行而言，可怕的不是亿万用户和企业，而是阿里巴巴已经找到撬动这些资源的工具。数据、金融与平台是阿里巴巴最新提出的战略，三位一体对传统银行的威胁将是毁灭性的。

数据挖掘一直是传统银行控制金融风险和金融创新的重要工具，然而电子商务平台中产生的大量交易、支付、交流数据比传统银行所获取的数据更加充分，大数据挖掘远比普通数据挖掘更具生产力。例如，阿里巴巴可以对用户的购买、支付等数据进行分析，然后提供个性化的消费信贷。

在大数据时代，银行业依然存在，传统银行就不一定能活下来。数据将成为整个金融体系的核心，金融就像埋藏于地下的金矿，数据就像挖矿的工具，通过各种数据挖掘，源源不断地挖出宝藏。而如果没有了数据，金融就长眠于地下，一文不值。

智能手机时代，互联网产业统治手机产业；大数据时代，信息产业统治金融产业。随着产业融合加速，异业竞争将越来越普遍。今天，移动互联网正在革运营商的命，运营商拼命反抗千方百计地压制微信。然而，食古不化者终会被时代的脚步踩死。

三、跨界博弈：竞争、协同与共同顾客

西方经济学中有个著名的假设叫“经济人假设”，经济人假设来自亚当·斯密《国富论》中的一段话：我们每天所需要的食物和饮料，不是出自屠户、酿酒家和面包师的恩惠，而是出于他们自利的打算。我们不说唤起他们利他心的话，而说对他们有好处。经济人假设表达的是假设市场主体包括个人，都是以自我利益最大化为目标参与经济活动。经济人也就被理解为自私自利的人。

事实上，经济人利己行为恰恰是市场经济客观需要的行为，推动经济的发展。资源的有限性导致人们在获取资源时产生竞争，而竞争行为是利己行为的表现。但是，除了竞争行为，人类还有各种各样的合作行为，例如制订法律约束和打击犯罪、国际联合救援行动等。合作行为表面上是人类共同意志和利益驱使的行为，实质上个人利益驱使的行为，只是人类的个人利益在某一点上形成共同点。

所以，竞争与合作都是人类利己行为的表现，都在客观上推动了市场经济的发展和人类社会的进程。竞合才是人类行为的常态，才是企业生存的法则。

哈佛大学校长的萨默斯曾经提出“金融恐怖平衡”的概念。一方面，美国巨额的资本输出和双赤字成就了美国作为世界最大市场的地位；另一方面，庞大的商品出口使新兴国家外汇储备急剧增大，在美元主导的国际货币体系下这些外汇储备又被迫流回美国回购美元资产，弥补了美国财政与经常项目赤字，支持着美国经济的持续稳定发展。在这种格局下，美国和中国等新兴国家相互需要、相互牵连和相互制约，称为“金融恐怖平衡”。

美国是世界上最大的发达国家，中国是世界上最大的发展中国家；美国是世界第一经济大国，中国是世界第二经济大国。美国与中国在经济、政治、军事上存在全方面的竞争，但是多领域特别是经济领域保持密切深入的合作。美国是中国第一大贸易国，大量中国商品出口到美国。巨额的贸易逆差也导致中国外汇储备急剧增加，美国则面临通货紧缩的危机。理论上美国必须增加货币投放量来弥补巨额资本输出的空缺，但是事实上，美国不需要开动印刷机，中国就会将巨额的美元资产通过购买国债的方式“归还”给美国。因为在美元主导的国际货币体系下，美国如果开动印刷机就意味着中国巨额外汇缩水，中国人民的血汗财富就会蒸发。

就在这种金融恐怕平衡中，美国与中国既竞争又合作，相互博弈相互牵制。中国成为美国最大的债权国，美国作为负债国却理直气壮地逼迫中国人民币升值。一方面，中国必须加强与美国经贸合作；另一方面，中国又被迫将大量外汇与美国换“白条”（国债）。

大到人类行为、国家行为，小到企业行为，竞合都是常态，都是生存法则。无视竞争，企业必然自取灭亡；无视合作，企业必然陷入孤境。

欧美国家的产业竞争格局相对成熟、稳定，竞争巨头之间往往保持一定默契的“恐怖平衡”。即竞争巨头之间一般不会恶意或者大力抢占对方市场，或者疯狂打击对手，而是保持一定的相对平衡稳定的竞争势态。如果竞争巨头之间展开激战，就很有可能给第三方留下机会，第三方乘机而入，直接威胁竞争巨头们的利益。竞争巨头之间的“恐怖平衡”实际上是竞争中的无形合作。

在大融合时代，企业所处的外部环境发生了变化，产业关联往往产生新的机会市场，那么企业的战略方向和商业模式必须发生变化，目标顾客、竞争对手、合作者都可能发生变化。产业融合促使多个产业共同面对终端市场，这也就导致多个产业共同角逐同一个机会市场。所以，原本跨产业的企业不存在竞争关系，而今逐步变成竞争对手。然而，由于产业网络庞大，就连世界IT巨头微软也往往难以完全控制产业网络，这就为企业跨行业合作留下巨大空间。在你中有我、我中有你的产业网络中，竞争对手也可能是合作者。所在，在网状经济条件下，竞争与合作并存已经成为一种常态，企业必须重新界定竞争对手和合作者。

拜耳糖尿病治疗中心和著名的游戏设备制造商任天堂合作开发了一款叫作Didget的血糖仪，Didget可以和任天堂掌机对接，奖励那些坚持测试血糖的玩家积分，这些积分可以帮助玩家闯关成功。然而这这种跨界合作并不是传统医疗企业与“界外”企业的第一次握手，只是即将或正在进行的各类跨界合作中的冰山一角。

十年前戴尔被认为是PC行业不可撼动的巨头，戴尔的商业模式被认为是所向无敌，在今天却走上了迷失之路。戴尔与PC行业一同走向衰落，互联网大力渗透到多元化终端的年代，固守PC的戴尔必然江河日下。戴尔本质上是一家贸易公司，没有太多技术积累，难以在软件与多元化硬件结合领域有太大作为。

日本家电集体死亡，也源于对产业融合的漠视。坚持硬件技术的日本家电在软件领域落后于欧美企业，跨行业竞争正在击溃日本家电产业。

在大融合时代，跨界竞争与合作已经成为一种趋势和常态。产业大融合带来无穷无尽的商业机会与无处不在的商业威胁。站在产业边界消失的路口，跨界商机从身边略过，而跨界对手随时都可能弯道超车。

这是最好的时代，也是最坏的时代。

后　记

八年，归零

我是一个普通的“80后”，普通的大学本科毕业，在深圳一家“小而美”的公司上班，一度过着“月光族”式的生活，后来怀着某种理想和情怀与朋友一起创办了一家管理咨询公司。写书并不是我的主业，但或许是出于学习习惯与职业，我乐于把思考、研究的东西写出来。高负荷、高压力的工作之余还要坚持研究写作，这绝对是一种透支身体的体力活。

关于“产业大融合”的研究始于2007年，算来也有不长不短的八年时间。长期以来，“产业融合”并不受大众关注，即使在产业经济领域也算是一个相对冷门的课题。我最开始研究的是商业模式，然后从一堆困惑中衍生出产业融合的研究。相信看过此书的读者已经明白，如果脱离商业形态而研究商业模式犹如盲人摸象，抛开产业融合而创新商业模式亦是无水之源。

当我掀开产业融合这层面纱之后，感觉像捅了一个巨大的马蜂窝，源源不断的新发现喷涌而出，让我有点手足无措，恨不得披星戴月地把它们写出来，并奔走相告。当时我一有机会就向朋友推销我的“新发现”，我告诉他们：互联网就像一个魔爪，正在加速入侵传统产业，并试图将各个产业收入囊中占为已有，整个世界经济形态都将被颠覆，一个巨大的融合体正在形成，这就是所谓的“产业大融合”。

在这个基础上，后来更多的新发现和新研究，如产业边界消失竞争无处不在、跨界超车、竞争与合作新常态、网模式、价值网理论等都已经写入了这本书。我当时称之为“革命性的发现”和“颠覆性的创新”。

我认为这一切是“正在发生的未来”，然而大众与出版商却不这样认为。2011 年，这本书的初稿已经完成，我兴奋地向 40 多家出版社投稿，结果只有两家出版社回复了邮件，稿件均未被采纳。于是，我采用其它方式联系出版社，四处托人推销，答复几乎一致：读者兴趣不大。

那段时间的研究进入了低潮，当时的感觉就像一位男士兴奋地捧着一束漂亮的玫瑰向女士求婚，却被对方打翻在地。今天看来，不圆满的爱情终归也是美好的。但是，那个时候支撑我继续研究的动力是两句话——“伟大的作品源于伟大的信念”“文字本身应该是书信体”。

后来有一段时间，我一度忘记了出版这回事，有点一条路走到黑的意思。有了前面的基础，接下来的研究融入了 O2O、物联网、大数据、“互联网 +”等后，逻辑越来越清晰，思想越来越丰满。同时，我努力尝试改变自己的语言风格，采用“与人交流”的方式重写。

内容的增删与语言风格的改变，使写作变成了“立了破，破了立”的艰苦过程，也将我折腾的不成样子，但书的模样却越来越漂亮了。到目前为止，这本书在出版之前经历了六次“推倒重来式”的大改、无数次小改，前后写作字数加起来超过 100 万字。从求学写到工作，从单身写到成家，从结婚写到孩子出生，如今我女儿已经两岁了。期间虽有出版社愿意出版，但被我婉拒了，我的埋头苦干与完美主义一定程度上延误了本书的出版。

正所谓“好事多磨”，随着人们对互联网与传统产业融合的认识加深，这本书的出版时机也就成熟了。2015 年“两会”上马化腾提交了关于“互联网 +”的提案，李克强随后将“互联网 +”写入《政府工作报告》，将其上升到国家战略层面，并制定了“互联网 +”行动计划。

“互联网 +”顿时成为了热门词，互联网界炸开了花，说明大众对这一现象与理论的接受度越来越高。不过，如今大家基本还停留在谈概念的浅层次阶段，“互联网 +”对经济形态、商业模式、企业战略、竞争格局、思维方式、管理模式等将带来哪些变革？应该如何应对这种变化？如何调整战略？如何改变思维？如何创新模式？这一趋势的规律与理论基础是什么？

由于之前对这些问题都已经做了深入研究，这本书也就系统性地解答了这些问题，故而成为“第一部系统论述‘互联网+’大融合与大变革的著作”，强调的是“系统性”。出版前出版社建议我将书名更为“互联网+”，我犹豫再三，主要原因是担心误导读者，将这部系统性的著作与那些赶时髦、随大流的拼凑书混为一谈。出版社则认为，相信读者能够识别出本书的系统性和创新性，并使之脱颖而出。于是，我接受了更名。

这本书倾注了我人生中最美好的八年光阴，随着研究的深入我将付出更多，包括放弃更好的机会，透支健康的身体。八年过去了，内心归零，从心出发，新的更深入的研究将写入“互联网+”系列书籍中并陆续出版。

我孜孜不倦、笔耕不辍的动力不是该书如愿以偿的出版，而是在历时八年的研究过程中，我明白了一个简单而深刻的道理——人生苦短，要抓紧时间做那些令我辗转反侧、做完又能随风而去的事情。这些事情不受金钱、名利、人情、权力的束缚或收买，它的回报在当下、在过程之中，就是那种很“爽”的精神享受。或许这就是人生的意义。

在这个漫长的研究过程中，很多人给予了我很大的鼓励和帮助。詹志方博士，是我的启蒙老师，是这一研究、这本书的开启者，也是改变我人生轨迹的人。感谢詹志方老师及其爱人王辉老师对我的培养、关心与鼓励。

李忠玉先生，是本书的另外一位作者，也是我的同事与好友。李忠玉先生拥有十余年企业管理经验和近十年管理咨询经验，他的理念富有见地且非常实用，他的加入使本书更加“接地气”。感谢李忠玉的支持，也感怀我们一起学习、研究、工作的历程。

裴中阳老师，是一位令人敬佩的管理专家，也是我学习和研究的引路人。本研究深受其开创的“战略定位”理论的影响，更重要的是他严谨的风格与坚定的信念深深地感染了我。在此，对裴老师的贡献和勉励说声“谢谢”。

美国学者克里斯·安德森、凯文·凯利、大数据专家维克托·迈尔－

舍恩伯格、斯坦福谢德荪教授、北大王建国教授等前辈的研究对我启发很大，在此以表感谢。

感谢中国经济出版社和于宇编辑，正是他们的慧眼与辛勤，才促使这本书顺利出版。一路走来，需要感谢的人太多太多，篇幅有限就不一一点名。总之，非常感谢我的家人、朋友、同学、同事以及热心的读者朋友们。

最后，深深地感谢一直陪伴着我、支持我的爱妻吴艳女士和可爱的女儿薛然，她们是我最温馨的家，是我最坚强的后盾。谨以此书献给她们！

薛金福

2015 年 4 月 9 日于北京